江苏省教育科学“十二五”规划重点课题“基于移动终端的普通高中课堂教学设计优化与实施的研究”、南京市基础教育前瞻性教学改革实验项目“智慧学习空间下的普通高中课堂教学范式研究”研究成果

南京市中华中学教育探索与实践丛书

基于智慧校园的中学课堂教学探索

JIYU ZHIHUI XIAOYUAN DE
ZHONGXUE KETANG JIAOXUE TANSUO

主编◎王圣华　陶德华

中国科学技术大学出版社

内 容 简 介

本书包括智慧校园规划与建设、智慧校园探索与反思、智慧校园案例与分享三个部分。"智慧校园规划与建设"部分从总体规划和软硬件建设的层面阐述了中华中学智慧校园建设的理念、构想和实施过程；"智慧校园探索与反思"部分以省级重点课题研究过程为主线，全面、详细地对智慧校园促进中学课堂教学方式转变的思路、方法进行了反思和总结；"智慧校园案例与分享"部分提供了一批经过实践检验，具有很强操作性的教学案例，总结了实践经验。本书代表目前国内普通高中智慧校园建设研究的较高水平，可供同类中学的教师在工作中参考使用，也可作为师范院校师生的教学资料，并可为高校、科研院所的相关研究提供基于实践的参考材料。

图书在版编目(CIP)数据

基于智慧校园的中学课堂教学探索/王圣华，陶德华主编. —合肥：中国科学技术大学出版社，2020.4

(南京市中华中学教育探索与实践丛书)

ISBN 978-7-312-04821-0

Ⅰ. 基… Ⅱ. ①王… ②陶… Ⅲ. 课堂教学—教学研究—中学 Ⅳ. G632.421

中国版本图书馆 CIP 数据核字(2019)第 269440 号

出版 中国科学技术大学出版社
安徽省合肥市金寨路 96 号，230026
http://press.ustc.edu.cn
https://zgkxjsdxcbs.tmall.com

印刷 合肥市宏基印刷有限公司

发行 中国科学技术大学出版社

经销 全国新华书店

开本 880 mm×1230 mm 1/32

印张 14.5

字数 432 千

版次 2020 年 4 月第 1 版

印次 2020 年 4 月第 1 次印刷

定价 45.00 元

序　言

教学与管理是学校教育工作的关键内容，教学也好，管理也罢，都将提升学校的整体教学质量作为基本目标，而学校的声誉，则主要依赖于学生的发展品质。高品质往往会通过好的结果体现出来，但更需要通过学习过程来实现。

教学，是教师和学生为了实现共同的目标所完成的各种活动、任务等事件序列的总和。每一位学生，都怀揣一份梦想；每一位教师，心中都驻扎着成为教育家的念想。从新手逐渐成长为专家型教师，教师的每一段成长经历，都是与学生的成长密不可分的，在此过程中，教师能够逐步掌握教育规律，洞察教育问题，明白教育事理，并最终将对教育的认识转化到引导学生学习的具体实践之中。

学习，是学习者理解已知世界，并运用其中包含的知识与技能，探索未知世界，以形成解决真实世界的各种复杂问题的能力的过程。高品质的学习，需要依赖特定的学习时间和学习空间。当技术不断革新以后，学习空间也自然会发生诸多变化，与此相适应，学习的内涵，包括学习的形态、时间分布、序列关系等也必然会发生相应的变化。

管理，是学校为了更好地面向未来，对学校各项事务进行统筹规划，以便教师更好地施展才华、学生更加自由地发展个性，促进学校优质发展的各项活动的集合。对于学校管理者而言，需要构建信息化领导力，能够适应时代的变革，巧妙地向信息化借力，对决定学校发展的相关事务进行系统规划，并通过构建智慧学习与管理空间，满足学生和教师组织实施混合学习活动的需求，促进师生的共同成长。

学校将会借助于新型空间建设与应用，营造新型的育人文化，为学校的所有利益相关者创造更多的发展机会，为形成高品质的教育奠定基础。

长期以来，在教学与学习的关系问题上，人们已经形成了一些基本的共识，并以这些共识来设计学校教育活动。譬如，大家普遍认为教师、教学内容、学生、教学方法等是教学的核心要素，教学就是由教师通过合适的教学方法教会学生掌握相应的教学内容。事实上，有效的教学并不是一成不变的，往往存在着很多不同的样式，样式可以看作“一种求知的方法，一种组织和分类信息的方法，一种思考和决策的方法”[①]。无论是教师还是学生，往往都存在自己所熟悉的样式，并借助于这些稳定的样式完成教学与学习活动。

受制于学习条件，在早期的教育实践中，学生获取知识或技能的途径主要有两种：一是书本，二是教师。教学过程主要是由教师和学生双方以一种约定的方式进行的，教师负责设计具体的学习路径，学生依据教师设计的路径完成相应的学习行为即可。在教学过程中，教师也会运用一定的技术帮助学生认知，但是受到技术功能本身的限制，加之人们对技术的认识水平等因素的制约，教师使用技术的主要目的还在于帮助学生理解知识或技能本身，教学的主要任务在于帮助学生建立对已知世界的认识。

体现了联通主义思想的技术出现以后，技术的作用范围和领域都在发生着重要变化，不仅仅可以用来改变知识或技能的表征方式，还能够参与知识与技能的传导。随着新技术的出现，包括新型学习环境、学习空间的出现，学生获取知识和技能的途径已经不再局限于身边的人或物，还可以是远离自己的人或物；教师也不再是原来意义上站在课堂讲台前的那个人，通过互联网构建的新型时空中的各类资源提供者、素未谋面的知识传授者等正在丰富着教师的内涵，并可能会成为未来学生获取知识与技能的重要支持者。

---

① 霍尔特，凯斯尔卡. 教学样式：优化学生学习的策略[M]. 沈书生，刘强，等译. 上海：华东师范大学出版社，2008.

在现代的教学实践过程中，一系列重要的变化正在发生：一是学生的学习已经不再简单依赖于教师提供的特定教学样式，而是有机会选择更多的符合自己认知旨趣的灵活样式；二是教师在组织教学活动的过程中也不再仅仅通过提供单一的方式来完成教学活动，而是能够为学生提供可供选择的多样化的方式；三是教学活动中教师不再要求学生在规定的时间内完成统一的学习任务，而是允许学生以不同的行为方式来完成学习活动，对于学生的行为方式的认同度正变得越来越高；四是在教与学的过程中，教师对学生学习效果的判断方式也不再仅仅依赖于一张标准化的试卷，而是从不同的角度来关注学生综合能力体系的变化，从核心素养的角度来观察学生，更加贴合学生个体的发展需求。

一个显著的变革现实是，人们对于技术的认识越来越符合技术自身的特征。但一个不容忽视的事实是，在当前的教育实践中，技术的应用程度和理论界的期待之间还存在着较大的落差，两极化的倾向还比较明显。一方面，学校信息化的配备水平越来越高；另一方面，信息化的应用水平却呈现出极度的不平衡。对于新技术的教育价值，人们的认识尚存在较大的差异，在回答不同技术的教育价值差异、技术对于学生的成就水平的影响等问题时，似乎还显得比较苍白，爱之弥深，疑之弥切，时而靠近，时而远离，教育工作者对于“技术之于学校的价值”的认识，一直处在震荡之中。

中华中学作为一所信息化教育研究与实践的老牌学校，在信息化的实践过程中，始终处在探索的最前沿。学校适应智慧教育的整体发展趋势，注重教学结构的变革，关注学习结构的研习，将混合学习纳入学校教育的实践体系中，混合学习正逐步发展成学习的新常态。在此过程中，学习环境的建设内涵也发生着相应变化。学习环境是可以促进学生建立学习灵感的学习空间，在此空间中，学生会遭遇各种现实问题，当学生建立了解决问题的诉求以后，再引导他们进入特定的学科领域，通过建立学科知能体系，形成解决外部世界的真实问题的能力。为学生建立丰富生活体验的同时，激发学生形成认知冲突，这是学习发生的基本条件。创建新型学习空间，就是要能够便于构造更加丰富的学习环境，便于学生在学校的小世界中，感受到生活的大世界。沿着人的内在认知的需求，站在学生视角设计的学习活动，才真正能够体现学习者的中心地位，也只有如此，才能够促进学习者的主体自觉。

当新型学习空间出现以后，包括在线学习等在内的不同学习样态将会进一步丰富学习的基本形态，学生的选择机会也会越来越多。在新的学习背景下，教师的主体性将会通过其主体责任的转变表现出来，并体现出更多的主体担当。教师能够从学生的认知规律和不同学习需求等多个视角出发，主动担负起设计不同形式的学习任务、活动和路径等责任，为满足学习者差异化的学习选择提供更多的条件。

技术变了，我们生活的空间变了，我们的学习方式变了，我们的教学方式也必须相应改变。在此过程中，我们需要不断变革，期待在未来的实践过程中，中华中学的教师们能够秉承传统，持续创新，围绕以下方面，做出更多的突破。

第一，适应新型空间，创设可变环境。学校教育源于生活，但又不同于生活，每一位教师都需要不断探索，如何从生活实际出发，通过构建体现生活实际的学习场景，帮助学生建立生活与学习的关联。

第二，适当渲染聚焦，启迪数据意识。生活本身是复杂的，而学习的目标往往又是相对明确的，在此过程中，引导学生建立数据意识，就是要让学生能够学会从自己身边发现问题，从特定的生活环境中发现数据，能够学会关联数据，从而在生活与学习之间建立起稳定自然的连接关系。而数据意识的确立，离不开教师有意识的宣传与渲染。借助于某些技术元素，教师可以对需要学生刻意关注的数据进行渲染，促进学生形成数据意识的同时，学会多角度采集数据。

第三，拓宽循证视野，提升思维层次。容易遗忘的学习结果，通常是相互孤立的内容体系。引入了思维以后，学习内容之间，内容与生活之间，生活与生活之间就可以借助于思维而建立起联系。思维本身其实也是一种关系，这种关系需要通过循证来建立，而循证往往又存在着不同的角度，基于数据的思维就是一种理性的思维方式，将学生从生活实际中提取的数据作为自己思维的证据，就可以引导学生建立更加合理的思维体系。在引导学生形成思维体系的过程中，教师需要关注思维的不同存在形式，譬如对于一般的因果关系或论证关系，就需要关注思维的不同表征方式，合理地利用技术工具，将不同关系变量之间的复杂映射关系充分体现出来。

第四，完整理解学习，重视智慧达成。在长期的教育实践中所出现的学习与应用脱节的现象，已经到了不得不改的阶段了。但是，如果在改变的过程中，只是实现了从知能体系到思维体系的过渡，却忽视了两者之间的关系，就可能会出现新的问题，譬如，学生可能建立了一套完整的逻辑体系，却无法将这种体系用于解决真实世界的问题。因此，在变革的过程中，有必要强调知能结构与思维结构的双螺旋结构体系下的心智结构的建立，同时，还要重视引导学生建立学习意愿，表现在学习的设计中，就是要能够注重设计出有利于学生保持学习兴趣的学习活动，让学生在一种愉悦的状态下形成心智结构，从而为解决可能遇到的各种复杂问题奠定基础。

学习是伴随人的终身成长的行为，学校教育是人成长过程中的特殊阶段，对于人的终身学习而言，在此时期所建立的学习样式，往往会有终身的借鉴作用。真诚地敬佩中华中学的老师们在信息化的建设征程中所做的各种尝试，也期待中华中学的明天更加美好！

南京师范大学教育技术学系

沈书生

2019 年春节

目　录

第三部分 智慧教学案例与分享

第一部分
智慧校园规划与建设

以教育信息化带动教育现代化，是我国教育事业发展的战略选择。中华中学紧跟时代潮流，充分发挥学校教育信息化特色和优势，努力打造以物联网为基础的校园工作、学习和生活一体化环境，建设安全、稳定、环保、节能的智慧校园。

南京市中华中学智慧校园建设方案

为了贯彻落实国家《教育信息化十年发展规划(2011～2020年)》《教育信息化"十三五"规划》以及江苏省、南京市关于智慧校园建设的一系列指导意见的文件精神,使学校在新一轮课程改革中抢抓机遇,在教育竞争中占据有利位置,进一步加强学校内涵建设,提升教学质量,推进整体发展,打造学校品牌,促进学校整体办学水平、综合实力和社会形象的提高,围绕学校信息化建设工作,积极稳妥地推进信息化进程,促进教育管理和教学手段的现代化,特制定学校智慧校园建设整体规划方案(2012～2020年)。

一、现状分析

中华中学是南京市校园信息化的先行者和开拓者,很早就开始注重信息化基础设施建设和信息化人文素养的提升。学校不断投入经费和人力、物力进行校园信息通信网络、计算机等基础硬件设备建设,到目前为止已经形成了较为完整的硬件基础支撑体系。在软件方面,为了实现部分业务的信息化和精细化管理,引进了一部分应用软件和平台。从教职工信息素养来看,教师基本能熟练应用多媒体开展教学活动,管理人员能熟练应用办公应用软件。总体来说,学校信息化建设已初显成效,数字化校园逐步成型。

但随着时间的推移与师生信息化应用的不断深入,一些问题也逐渐显露,主要有:缺乏统一技术标准,信息孤岛处处存在;上级配发的应用软件陈旧、单一,应用效果不佳;业务系统的开发和维护模式不统一,更新维护困难;数据资产利用不足,无法提供决策分析等。已有的信息化应用与学校的社会定位和发展目标还有很大差距,智慧校园建设大有可为。

二、指导思想

以“统筹规划，分步实施；重点推进，突出实效；深化应用，资源共享”为原则，高标准推进学校信息化建设，通过打造智慧校园，创设良好的信息化氛围，引领教师发展，促进学生成长，提高学校教育教学质量，提升学校的信息化管理水平。

三、建设目标

以“云计算、物联网、大数据”等技术手段，支撑“数据、服务、感知”等核心资源，通过“不断优化智慧教学”的探索与实践，实现“以智慧校园促进师生和谐发展”的整体目标。

学校在推进智慧校园建设的过程中，以“三项建设”（智慧环境建设、智慧管理建设、智慧教学建设）为抓手，坚持强化应用、注重实效、力求信息技术与教育教学深度融合的核心理念。以运用信息技术改造课堂、打造高效课堂为重点领域，一手抓基础设施建设，按中小学教育信息化标准，本着够用、适用的原则，提高学校信息化基础设施配置水平；一手抓应用环境建设，大力推进教育管理信息化，提高教师应用信息技术水平，加快优质教育资源汇聚，推进信息技术与教学融合，推动学生学习方式的变革。

四、具体任务

1. 智慧环境建设领域——建设“云端中华”，利用互联网、移动互联网、物联网、云计算、大数据、人工智能等信息技术，不断改善学校信息技术基础设施，营造网络化、数字化、个性化、泛在化的智慧教育环境。

(1) 搭建智能、高效、安全的基础网络平台。升级改造学校网络中心机房，实现万兆主干，千兆到桌面，实现校园无线网络全覆盖，更新教室多媒体设备，提高教师用机配置，提高网络运行管理的专业水平，实现核心平台智能高效、网络出口智能安全、网络接入智能灵活、网络管理智能统一。

(2) 构建学校公共网络存储系统。开发能够满足学校数据存储需要的大容量、可扩容、可动态调配的存储系统、备份系统，确保学校数据资源的储存和安全备份。提供面向部门和用户的个性化存储及公共网盘等服务，为实现师生的移动办公和学习提供条件。

(3) 建设功能强大、设计美观的门户网站、微信公众号平台。新的校园网站既集成学校各应用系统的数据入口，为师生员工提供全面的信息服务，同时也展示学校的视觉形象和教育理念，体现中华中学的百年文化底蕴和办学特色。

(4) 实现互联网、校园广播网、校园安防网等多网融合。新建学校数字化广播网，校园安防网全部升级成数字信号系统，实现互联网、校园广播网、校园安防网等多网融合。

(5) 建设网络直播录播教室。建设具有课堂录播、互动教学、网络直播、远程交互培训、视频会议等多功能的直录播教室。

(6) 建设学校公共服务区域数字化系统。安装校园数字化文化展示系统，如大屏幕阅读机、触控一体机等。学校主要出入口配置户外 LED 显示屏。

2. 智慧管理建设领域——建设“综合信息管理平台”，推进信息技术与教育管理的深度融合，提升教育治理水平，提高学校教育管理的功能和效率。

(1) 建设信息门户平台。学校网站上设数字化校园信息门户平台，建立个人化信息门户。搭建学校统一认证系统，使用户实现跨部门和信息系统的协同工作和交流。

(2) 开发先进的电子校务管理系统。以信息化手段改造和优化校务管理工作。开发和完善办公自动化管理模块、教务管理模块、云录播教学系统、视频会议系统、监控安防系统、人事管理模块、教职工数据模块、学籍管理和综合素质评价模块、学校财务和后勤管理模块等。

(3) 完善校园"一卡通"工程。"一卡通"包括食堂管理系统、图书管理系统、门禁管理系统、考勤管理系统、签到管理系统等。实现"一卡通"系统与电子校务系统的无缝对接。

3. 智慧教学建设领域——不断推进"e学习"研究与实践,扩大优质资源覆盖面,实现教育教学的数字化、个性化,推动基础课程与信息技术的深度融合,满足学生自主、便捷、高效、个性化的学习需要。

(1) 建设校本资源库和资源库管理平台。加快课程和专业资源的数字化改造,实现教案、试题、课件的数字化和网络化。整合各类教育资源平台,完善学校各学科教学资源库。

(2) 为教师提供有效的网络授课环境,为学生提供有效的网络学习环境,为教学的状况评估提供科学依据。引入移动智能终端,探索基于网络的开放、交互、个性化的新型教学方式。实现师生多渠道即时沟通,培养学生基于网络的终身学习能力。

(3) 加强信息技术与教育深度融合实践研究。推进学校智慧课堂教学实践,促进教育技术与学科教学的深度融合。

四、保障措施

(1) 转变观念,为教育信息化发展提供思想保障。教育信息化是实现教育现代化的有效载体,是实施素质教育、培养创新人才的必然要求。全体教职工要充分认识加快教育信息化建设的重要性和紧迫性,进一步提高认识,转变观念,加快信息技术与学校管理、教育教学的深度融合。

(2) 加强领导,为教育信息化发展提供组织保障。成立学校教育信息化工作领导小组,由校长任组长,分管校长任副组长,负责制定学校教育信息化发展规划和规章制度。各部门积极支持,明确职责,密切协作,共同推动。

(3) 加强管理,为教育信息化发展提供制度保障。完善教育信息化管理制度,建立教育信息化检查评估机制。建立信息技术应用工作定期总结表彰制度。把教育信息化工作纳入各部门工作考核，切实推进教育信息化工作。

（4）加强网络与信息安全，为教育信息化发展提供安全保障。严格执行国家、江苏省、南京市的网络、信息安全相关法规、政策，建立信息安全组织管理体系。落实信息安全责任制，确保网络健康、安全运行。

（5）加强队伍建设，为教育信息化发展提供人才保障。加大对教师、信息化工作人员、行政管理人员的培训；加快建设具有现代信息素养、熟练应用信息技术的教师队伍和管理队伍。

（6）定期有效投入，为教育信息化发展提供经费保障。将教育信息化建设、应用和维护资金及信息技术能力培训经费列入预算。树立项目意识和经营意识，拓宽经费渠道，促进教育信息化的可持续发展。

续写网络环境下的教学改革新篇章

毕泳慈　陶德华

2013年1月9日，南京市教育局、南京市电教馆、南京市教研室地理教研员等市“网络与数字化环境下的教学实验项目”(以下简称“e学习”)学科核心团队成员及兄弟学校的教师代表等来宾，在南京市中华中学“e学习”实验教室里，倾听了该校高一(9)班校本课“食品安全”和高一(6)班的地理必修课“河流地貌发育”。课后，领导和专家们与周勇、赵宏霞两位授课老师及中华中学全体参与实验的主要成员进行了深入细致的交流和研讨。该校两位老师的“e学习”实验展示与研究课使大家对基于网络和移动终端的教学方式有了进一步认识。来宾们也从这次活动中再一次感受到中华中学在信息技术教育方面的领先之处。

信息技术教育是南京市中华中学的一大特色。“九五”“十五”期间，中华中学是国家级重点教科研课题“基于网络环境下的学与教”的实验学校。该校在语文、英语、地理等多个学科中开展了一系列有益的探索和实践，取得了丰硕的成果。来自全国各地的专家、同行曾对中华中学的实验工作给予高度评价，北京师范大学何克康教授直接把中华中学当时的网络教学模式称为“中华模式”。

在全球网络技术更加先进、学校教育教学设施更加完备、国内外教育改革方兴未艾的今天，如何彰显信息技术教育特色，续写网络环境下的教学改革新篇章，是摆在中华中学人面前的一项现实而艰巨的任务。

2012年3月，江苏省教育厅启动基础教育“e学习”试点工作。自南京实施“e学习”以来，作为南京市普通高中仅有的2所省级试点学校和3所市级试点学校之一的中华中学，在省、市有关部门的领导下,积极贯彻落实南京市“基于脑的教育”“基于网的教育”和“基于小班的教育”的“新三基”教育思想,专门成立了实验工作领导小组和具体负责实施实验的项目工作组,确立了三个实验班级和生物、地理、政治、化学学科及研究性学习等五个主要实验领域。在多次座谈、论证的基础上,制定了试点工作方案,设立了专门的实验教室和备课室,实行了每周一次的项目工作组学习、交流和研讨制度,组织参加实验的主要成员定期参加校内外相关培训,逐步掌握与教育教学相关的先进信息技术,尝试教学方式的变革,比较手持平板电脑移动终端教学与“九五”“十五”期间开展的利用台式电脑进行的网络教学的异同,努力在课程、教材、教学、评价、管理等五个方面有所改革和创新。

经过半年多的摸索、学习、实践和反思,中华中学参加实验工作的领导、老师和同学们从不同角度,都感受到了这项教学实验带来的影响和冲击。

一是教师在思想观念上的巨大转变。信息技术迅速发展,深刻改变着人类的生活方式、学习方式和工作方式。当今时代,瞬息万变,唯一不变的就是变化,适应变化的最好方式是学习。学习力是现代人必须具备的重要能力。作为教师,如果不能勇敢地面对时代的变化,不能积极地接受新生事物,就难以在教育事业上取得新的发展。参加实验的老师们在娴熟操作微软系统的同时学习了“苹果”系统的应用技术。尽管一开始很困难,但随着学习的深入,大家掌握了“苹果”的特殊功能,便能不断感受到游走在“微软”与“苹果”之间的乐趣。

二是课堂教学方式的转变。传统的教学以讲授为主,新课程改革以来,老师们尝试以学生为本、发挥学生主体作用的多种方式,努力改变课堂模式,提高课堂效率。但是由于设备的限制,学生在课堂上接受的信息绝大多数来自书本或老师事先准备好的资料。而在“e学习”实验过程中,教师不仅在备课中充分利用网络资源丰富教材内容,优化教学设计,而且在课堂上充分发挥轻便的手持移动终端的功能,拓展课堂的时间和空间,让学生根据需要上网搜索信息,进入学校自行开发的网络平台进行师生、生生、组组交流与互动，及时检测反馈课堂教学效果，有利于培养学生多方面的能力，提高课堂效率。如赵宏霞老师的地理课“河流地貌发育”，她在课前利用网络资源编制了三段视频，把平面的文字教材变成了图文结合的影像资料，让学生在直观、生动的立体画面中轻松掌握了溯源侵蚀、下蚀和侧蚀三种地貌。

三是课程形态的优化。在实施新课程过程中，人们期待国家、地方、校本三级课程百花齐放的局面，然而现实中的课程资源仍显单调，尤其是校本课程在有的地方、有的学校几乎为零；有的学校校本课程质量低下，甚至牵强附会，大有“校本是个筐，什么都往里面装”的现象；有的学校虽有内容较丰富的校本课程，但是呈现方式仍以纸质为主，难以吸引学生的兴趣。中华中学在“e 学习”实验工作中，尝试编制规范、科学的系列校本课程，并根据课程特点，尽可能将校本课程电子化、多样化、立体化，努力使校本课程以丰富多彩的呈现方式吸引学生，满足学生的需求。如周勇老师上的“食品安全”一课，是中华中学校本课程“生活中的化学”中的一部分。周老师收集整合了大量网络资源和学生生活中的实例，利用“苹果”的 iBooks author 软件将这个课程制成了一本电子书，学生不仅在课堂上可以享受三维视听动画学习情境，而且在课前、课后都可以根据自己的兴趣爱好开展拓展性、研究性学习，电子书上的及时检测与反馈系统可以让学生随时检测自己的学习效果。

四是学生学习状态的优化。以往的学习中，学生自主参与课堂的机会较少，主动性、积极性、创造性不足。在“e 学习”实验工作中，教师力图在发挥学生主体作用上下功夫，充分调动学生学习的积极性。在“e 学习”实验课堂上，学生的座位变化（以 5 至 6 人为一个小组围成相对独立的整体）、学习工具增加（人手一本平板电脑）、信息获取方式转变（被动变主动）和教学方式改变（讲授为主变为合作探究为主）等，让学生获得从未有过的体验。我们对参加实验的班级学生的调查显示：绝大多数学生喜欢上“e 学习”实验课，利用移动终端的教学方式转变了课堂教学模式，扩展了学生的认知空间，更新了学习方法，他们称之为“教学模式的革命”。“e 学习”实践也转变了学生对 iPad 等移动终端的认识，使他们感受到移动终端不仅能满足其课后娱乐的需要，更具有增强学习能力、提高学习效果的功效。

五是数字化校园的建设。中华中学是信息技术方面的先进学校，网络等设施设备在全国均处于领先水平，但是“e 学习”实验工作对网络平台、教学工具、教学场地等软硬件的要求更高。不仅要做到宽带网进校园，多媒体进教室，网络进教室、到桌面，有线无线全覆盖，真正实现广泛的互联互通，达成泛在学习环境，还要建立全新的学习平台，开发丰富多样的学习资源，为“e 学习”创设良好的环境，同时还必须建设一支有专业背景、责任心强、善于创新、不断提高信息素养的“e 学习”领导和师资队伍，才能使这项工作能够深入持久地开展下去。这促使学校必须进一步加快推进校园数字化建设，在人员、硬件和软件等方面给予“e 学习”全面的保障。目前，中华中学已设计并逐步推进“一台两包”（“e 学习”平台、教师电子备课包和学生电子学习包）为主体的网络平台建设，并将建设能够实现跨市、跨省、跨境互动教研和课堂教学功能的未来教室，充分利用网络资源优势，缩短境内外校际交流的时间和空间，努力在“e 学习”实验工作中开展更多的实践，取得丰硕的成果。

“e 学习”实验工作起步不久，已让人们看到它强大的生命力和美好的前景，但是，中华中学和其他实验学校一样都在积极的探索和实践过程之中，还存在一些问题和困惑，如在发挥移动终端学习优势的同时，如何防范学生利用设备做与学习无关甚至有损学生身心健康的事情？在现有高考升学模式下，如何处理好长远素质培养和眼前应试需要之间的矛盾？如何实现“微软”“苹果”“安卓”三大系统的兼容和优势互补，以节约学习成本，提高学习效率？在学校人事编制紧张的状况下，如何统筹安排教师工作，让参与实验的教师有足够的时间和精力投入实验研究中来？……这些问题和困惑需要学校、上级主管部门、软件开发部门等多方合作和努力。我们期待“e 学习”的明天会更好！

（该文原载于《南京教育科学研究》2013 年第 1 期）

打造“云端中华”　用现代智慧推进学校发展

王圣华

中共中央、国务院《中国教育现代化2035》和教育部《教育信息化2.0行动计划》指出：“通过实施教育信息化2.0行动计划，到2022年基本实现‘三全两高一大’的发展目标，即教学应用覆盖全体教师、学习应用覆盖全体适龄学生、数字校园建设覆盖全体学校，信息化应用水平和师生信息素养普遍提高，建成‘互联网＋教育’大平台，推动从教育专用资源向教育大资源转变、从提升师生信息技术应用能力向全面提升其信息素养转变、从融合应用向创新发展转变，努力构建‘互联网＋’条件下的人才培养新模式、发展基于互联网的教育服务新模式、探索信息时代教育治理新模式。”在此背景下，江苏省、南京市教育行政部门一系列建设指导文件的发布，使教育信息化发展已清晰地呈现出智能化、开放化、个性化和社交化等特征。教育信息化工作思路更加清晰，路径更加明确，实效更加彰显。高质量的智慧校园建设与优化成为当前教育信息化发展的主题与潮流。

中华中学有厚重的办学历史和优良的教育信息化传统。1899年，中华中学由英籍加拿大人马林创办。建校120年来，学校几易校址、几更校名，参与和见证了中华民族近现代教育的伟大历史进程。

中华中学是南京市教育局直属学校，南京市老牌重点中学，是南京市教育的窗口单位。作为国家级示范高中和首批江苏省四星级高中，学校多次受到国家、省、市表彰。在办学条件上处于南京市公办高中领先水平，教育信息化是学校的一大特色。多年来在一代代中华人的不懈努力下，教育信息化特色水平不断提高，取得了诸多荣誉(参见附录5“南京市中华中学智慧校园建设成果”)。

为深入贯彻落实国家及江苏省、南京市信息化相关文件的精神，学校研究制定了《南京市中华中学智慧校园建设整体规划(2012～2020年)》,并依据规划,有计划、有步骤、积极稳妥地以智慧校园建设为核心,提升学校教育信息化特色水平,努力以学校教育信息化促进学校教育现代化,全面提升学校办学质量和水平。

学校在推进智慧校园建设的过程中,以教育部《中小学数字校园建设规范(试行)》《江苏省中小学智慧校园建设指导意见(试行)》《南京市中小学智慧校园建设指导意见》及《南京市中小学智慧校园建设评估细则(试行)》为指导,以"三项建设"(智慧环境建设、智慧管理建设、智慧教学建设)为抓手,坚持强化应用、注重实效。以运用信息技术改造课堂、打造高效课堂为重点领域,本着够用、适用的原则,一手抓基础设施建设,提高学校信息化基础设施配置水平;一手抓应用环境建设,大力推进教育管理信息化,提高教师应用信息技术水平,加快优质教育资源汇聚,推进信息技术与学科教学深度融合,推动学生学习方式变革。

下面简单介绍中华中学智慧校园建设中的探索、实践及反思。

一、智慧环境建设领域,建设"云端中华",并在"五大环境"方面重点发力,保证学校各项工作在信息化条件下正常、有序进行

1. 打造坚实的网络与数据环境。进一步提升学校各方面网络条件,电信宽带500 MB与教育城域网1000 MB入校,使各种资源访问更为便捷。校内主干10000 MB,班级终端1000 MB,高水平完成宽带网络建设工作。建有适合学校应用需求的数据中心,并配备各种数据收集和分析工具,为进一步的数据处理打下良好的基础。无线校园网络覆盖教学区和办公区,移动终端漫游学校,支持"e学习"工作中高容量的要求。

2. 建设实用的数字化应用环境。学校建设了基于物联网技术的"一卡通"系统,将师生生活、学习、工作等各场景与其整合,不仅方便了应用,更增加了数据分析的手段。学校数字广播、数字电视、数字会议等系统应用于各种场馆,用多媒体、信息化满足了师生教学、

教研、活动等各项需求。数字终端满足师生使用——师机比例 1∶1，生机比例超过 5∶1，移动终端支持“e 学习”工作；公共服务终端满足校园内师生、家长和外来人员的信息化需要。

3. 优化交互的数字化教学环境。学校每间普通教室和实验室内均已完成无尘化、网络化、交互化的建设，教学多媒体设备和管理系统成为师生课堂中不可缺少的组成部分。理、化、生数字化实验室，不仅满足学生动手动脑的要求，更满足个性化学习，支持混合学习的开展。智慧“e 学习”教室的建设，支持师生教与学模式的探索与创新。全自动智能化录播教室，保障教学和科研信息化、网络化、实际化。

4. 体现人文关怀的校园文化环境。校园信息发布大屏，沟通学校内外，辐射社区周边，是学校一道亮丽的风景线。银杏大道触控屏是年级、班级交流的阵地；智慧“明理书屋”，让物联网把书香带给学生；电子书报阅读终端，学生不出校门可知天下事。

5. 改善虚拟与现实的校园安全环境。现实环境中，智能安防系统覆盖全校，消防、门禁、出入皆有管理、有数据、有分析；虚拟环境中，部署安全设备，强化信息安全制度，保障网络行为可管控，在问题出现前进行化解。

二、智慧管理建设领域，建设“综合信息管理平台”，提供基于数据的数字化服务，不断提升信息化领导力，促进管理优化

1. 建立学校网络安全与信息化领导小组，由校长任组长，分管副校长任副组长，负责制定学校教育信息化发展规划和规章制度。

2. 信息中心作为学校中层职能部门，按照学校教育信息化发展规划的要求，制定学校信息化建设方案，并按计划实施。负责信息化管理和运维。

3. 各部门积极支持，明确职责，密切协作，共同推动。

4. 学校不断健全建设、管理和运作机制，资金配套与保障机制，融合创新激励机制等。

5. 建立和完善综合信息管理平台，提供基于数据的数字化服务。通过统一身份认证和一键登录技术，整合多平台电子身份和数据记录。完成了学校行政办公管理（公文流转、请示汇报、请假管理、会议管理等）、教务管理（课表管理、必修选修课、成绩管理、听课管理等）、学生管理（奖惩评优、活动管理、综合素质评价、家校互动等）、教科研管理（教师发展数据库、评审管理、网络教研等）、后勤管理（工资管理、报修管理、电力管理、车辆管理等），以及宣传工作（宣传外网、官方微信、官方微博等）的信息化和网络化。

三、智慧教学建设领域，以课题为引领，立足课堂，不断推进智慧教学的常态化

1. 以课题引领实践，以实践推动研究，大胆探索，不断推进信息技术与学科的融合。“十二五”期间，学校踏踏实实进行江苏省教育科学“十二五”规划重点课题“基于移动终端的普通高中课堂教学设计优化与实施的研究”工作，并顺利结题。“十三五”期间，学校继续以南京市普通高中“‘e学习’课程基地”和南京市基础教育前瞻性教学改革实验项目“智慧学习空间下的普通高中课堂教学范式研究”为抓手。学校成立了智慧教学中心课题组，对师生开展有效的学习与培训工作，课题组开展智慧教学的探究活动，在实践的基础上，与高校专家一起研讨，对智慧教学课堂要求提出指导性意见，制定“e学习”听课评价表。课题组在省市开展了多次展示活动，受到广泛好评，参与学科逐步覆盖，课程日益常态化。

2. 信息化教学应用全覆盖。不断推进学科与信息技术的融合，推进信息化教学的常态化。通过“e学习”工作由点到面、由表及里、层层深入、扎扎实实的开展，信息化融合学科教学理论已成为教学管理者和教师们的共识。不论是高考的九大学科，还是音乐、体育、美术、技术（通用与信息）等，都在不断探索中，不同程度地向前迈进。信息化备课、积累，信息化课堂教学已基本全覆盖；智慧教学研究、区域网络教学交流和评估、创新教育教学模式成为所有教师的共同追求与实践方向；注重数据采集、汇聚、整理、分析，实现教情、学情及时

反馈，推进精确化的教与学，已成为教学常态；主动使用移动终端，帮助学生自主学习，实现个性化学习，成为中华中学校园一道亮丽的风景线。

3. 资源建设、应用与共享水平不断提高。购买与配置各学科确实需要的数字化资源；建设数字图书馆，支持移动阅读；不断更新校本特色资源库，师生共建共享，不断积累更新，让教育资源“活起来”；依托“e学习”，建立师生实名网络学习空间，支持资源个性化推送，让教育资源“动起来”；优质教育教学资源区域共享，相互取长补短，让教育资源“流起来”。总之，让师生有的放矢，不断创新，将教育资源真正“用起来”。

4. 通过智慧教学的推动，学校优生不断涌现，学生竞赛获奖众多；在优良的智慧教学环境下，学生信息素养不断提高，创新能力得以发展。学校名师不断涌现，教师竞赛获奖众多，教师课题、论文等成果喜人，这些都是在智慧教学基础上取得的。我校高考情况年年提升，得到上级主管部门的认可，学校各领域获奖情况喜人，社会美誉度不断提高，这与智慧教学的建设是分不开的。

四、智慧校园建设的收获与思考

我校智慧校园建设在学校领导及全体教师的共同努力下，按照学校整体规划的目标稳步向前推进。在教育教学和行政管理等方面都取得了一定的成效，也得到了江苏省、南京市教育信息化主管部门和领导的认可，结合探索与实践，我们有不少收获，也有很多思考。

1. 社会信息化的发展加速了教育信息化的发展，教育信息化关键在于教育管理者和教师观念的转变。教育管理者要加强信息化相关理论学习，开阔自己的思路，开放自己的心态，前瞻性地理解教育信息化的深层意义，明白学校在教育信息化方面的投入与取得的成果最终受益的是广大师生，而且这种影响可能是终身的。广大教师要将信息技术作为一种先进的生产工具，以先进教育理论为指导，将视点从单纯的课堂教学提升到学生的学习、体验和成长这一层面上来，真正围绕学生的“素质”进行指导和培养，让学生在信息化的环境中快速成长。

2. 智慧校园建设与应用理论不断完善，优化更重教育教学的实效。智慧校园相对于数字化校园还是较新的事物，为可能的各种理论和构建方法提供了机遇。在比较和分析诸多理论的基础上，才能更好地促进智慧校园建设的科学性与可行性，少走弯路，避免浪费宝贵的人力、物力和时间资源。另一层面，也要及时总结在智慧校园设计和实施中的经验，如智慧校园能否用信息技术优化教育教学过程和促进教育教学效果、效率与效益，如何合理度量等。催生出新的理论和构建方法，供更大范围内的探索与实践。

3. 学校信息中心作为智慧校园建设的责任部门，起着管理、协调和创新的多方面工作，必须一专多能。推进学校的智慧校园建设必须由一个行政部门来主抓和协调。我校于 2000 年 9 月，成立了计算机教研组，2001 年 9 月计算机教研组与电教组合并成立信息中心，2011 年 6 月，学校正式任命信息中心为中层职能部门，负责学校智慧校园建设的计划实施、各种标准的制定、师生的信息化培训以及各种应用平台建设等。信息中心在分管副校长的统一领导下，协调学校各方面的关系，做好学校智慧校园软硬件建设、微课等各种资源的录制与管理、教师的信息化培训等工作，从而使智慧校园建设向纵深发展。

4. 软硬件建设是骨架，高质量的优质教育资源是血肉，教师和学生信息化能力培训是神经，缺一不可。智慧校园建设的最终归宿是能够做到真正的智慧教育，必须花大力气完善智慧教育所需要的软硬件设施和环境，包括泛在学习环境的搭建、大数据平台建设、配套的教育教学资源建设等。必须根据学校的校情，实事求是，切莫盲目攀比。同时，必须加大对教师信息化能力培训的力度，制定各种奖励政策，让教师自觉地运用信息化手段来促进自己的教育教学。

随着高考制度的改革，学生的考试科目与形式都会发生根本的变化。教师要改变原有的教学方式和方法，根据新课程教学实际，做好微课程等高质量的教育教学资源建设，让学生自主学习。利用智慧校园信息化学习等系统，让学生移动学习、泛在学习，实现“以教为中心”到“以学为中心”的转变。

5. 加强学校与学校之间的合作与交流，取长补短，共同提高。加强学校与学校之间的合作与交流，能够共享优质资源，分享成功经验，相互促进，特别是近年随着网络技术的飞速发展，异地授课、远程教育、远程教研、教学资源共享成为可能。地区差异、城乡差距是客观存在的，但在信息化的促进下，这种差别正在减小，通过校际交流促进了学校特色化的发展，学校应该更加开放与合作，共同发展和提高，也有利于学校对软硬件提供商服务进行评估和检测。

以教育信息化带动教育现代化，是我国教育事业发展的战略选择。多年来教育信息化建设成果累累，其经验表明，信息化建设是逐步深入的。只有不断推进，才能不断取得新的成果；只有不断深入，才能进行内涵式发展，才能对教育教学起到真正的促进与融合作用。

智慧校园对数字校园的提升和超越，成为教育信息化的新境界。教育信息化对教育变革的促进作用是对教学和学习效果的促进与提升，对教育科研、管理、政策的实施和改进，对校园环境的智能化改造。要更好地实现教育信息化的预期效果，需要在实践中不断发展，总结问题，提出对策。

建设一流智慧环境　打造现代温馨校园

陶德华　陶　佳

经过多年发展，我校信息化建设取得了较大的进步，特别是在智慧校园整体建设中，软、硬件环境建设已具有了一定的积累。校园网络基本普及，信息化应用已逐步深入教学、管理、服务等各个领域，日益成为师生获取信息、丰富知识、学习交流的重要渠道，在推动教育改革发展、促进思想文化交流、丰富师生精神生活等方面起到了积极作用。

我们努力通过智慧校园环境建设提高学校教育的信息化水平，探索促进基于大数据模式下的教育管理与教育教学实现形式，逐步解决校园教学的全向交互、校园环境的全面感知、校园管理的高效协同、校园生活的个性便捷，最终实现建成完整统一、技术先进，覆盖全面、应用深入，高效稳定、安全可靠、现代温馨的智慧校园。

一、建设方针

智慧校园环境建设是一项结构复杂、涉及面广、建设周期长的信息化系统工程。在智慧校园建设中，为了让每一项建设不流于形式，不成为摆设，而成为提升学校教育教学水平的有利资源，我们坚持遵循以下原则，认真做好每一项建设工作。

（一）统筹规划，分步实施

智慧校园环境建设需要分阶段建设，为保障智慧校园落地效果具备先进性和示范性，对智慧校园环境进行前瞻性统一规划，避免“建成就落后”和“推倒重来，全部更新”的资源浪费，所选取软、硬件设施均根据当前领域前沿技术确定方案。同时，对智慧校园的分阶段任务进行梳理，制定阶段性目标和方案。

（二）需求驱动，融合创新

环境建设以满足实际教育需求为基本前提，围绕教学和管理的核心需求展开，基于先进信息技术的发展和新型教育理念进行创新设计。

（三）递进升级，逐步完善

基于智慧校园规划，制定合理的实施进度表和任务分解书，稳步推进环境项目建设，逐步实现升级改造，边建设、边应用、边评估，逐步推进，充分发挥信息化应用项目优势，确保预期建设目标实现。

（四）上下联通，开放扩展

国家已经规划并实施了一系列的重大教育信息化工程，包括三通两平台、校校通、班班通等，省市和区县也在逐步部署区县教育云服务平台，智慧校园平台预留区县云平台接口并完善兼容区县平台业务。同时，智慧校园环境需接入各项智能硬件，考虑到硬件设备的差异性，平台应具备良好的开放性。

二、建设成果

下面简单介绍我校几个自主设计建设的信息化项目。

（一）有线与无线相结合，信息化基础网络无处不在

基础网络是满足信息化教育教学和行政管理的一项重要基础环境，是教育信息化建设的重要组成部分，是全面实现智慧校园的重要手段，是教育技术装备现代化的主要体现，也是教育现代化的重要标志之一。它的合理应用，提高了师生获取信息、分析信息、处理信息的能力和适应现代社会的能力，大大拓展了教师和学生的视野，有利于培养学生的创造性思维。在教学过程中不仅能改变传统的教学模式、教学方法、教学手段，而且能促进教育观念、教育思想的转变，对学校的发展产生极大的推进作用。

1. 建设原则

(1) 先进性：利用先进的设计思想、网络结构、开发工具指导网络建设，采用市场覆盖率高、标准化和技术成熟的软硬件产品。

(2) 实用性:建网时必须考虑利用和保护现有的资源、充分发挥各种设备的效益。

(3) 开放性:遵从国际标准,系统设计采用开放技术、开放结构、开放系统组建和开放用户接口,以利于网络的维护、扩展升级及与外界信息的沟通。

(4) 灵活性:采用积木式模块组合和结构化设计,使系统配置灵活,满足学校逐步到位的建网实际,使网络具有强大的可增长性。

(5) 可靠性:具有容错功能,管理、维护方便。对网络的设计、选型、安装、调试等各环节进行统一规划和分析。

(6) 强性价比:不要一味追求最新,考虑当前实际和未来发展的需要,合理选择设备搭配,使性能价格比达到最高。

(7) 安全性:包括网络用户级的安全性和数据传输级的安全性两个方面。网络用户级的安全性应在网络的操作系统中予以考虑,而数据传输的安全性则必须在网络传输时解决。

2. 建设情况

我校基础网络综合考虑了校园地理位置、信息点的数量、未来覆盖面扩充等多方面原因,将网络划分为若干区域。划分区域主要考虑:① 可以减轻中央核心交换机的负担;② 管理方便;③ 便于未来的连接扩充。具体网络拓扑结构见图1。

整个基础网络划分为"两部三层"。两部,即学校多媒体网部分(主要供教职员工和学生使用,连接互联网)、学校设备网部分(主要供各种设备系统运行,如"一卡通"、数字化监控、性能检测等)。三层,即三个网络层次:核心层、汇聚层和接入层。相应的交换设备就是核心交换机、汇聚交换机和接入交换机。

核心层网络选择万兆以太网。学校网络中心放置两台 H3C 高端三层万兆交换机进行虚拟化,使"1+1>2",保证网络快速的情况下,更保障了安全性和可靠性。交换机间高带宽连接。汇聚交换机至少两路上行链路连至两台核心层交换机上,采用快速收敛的路由协议实现故障切换和负载均衡,当某一链路出现意外时,也可以从另外一路上进行连接。汇聚交换的下连交换机都为接入交换机。网络采用层次结构，不仅逻辑结构清晰，管理方便；更重要的是大多数的数据流量（主要是同一部门或工作组内）的交换在分布层交换机上直接处理，不经中心设备，节省主干带宽，提高利用率。

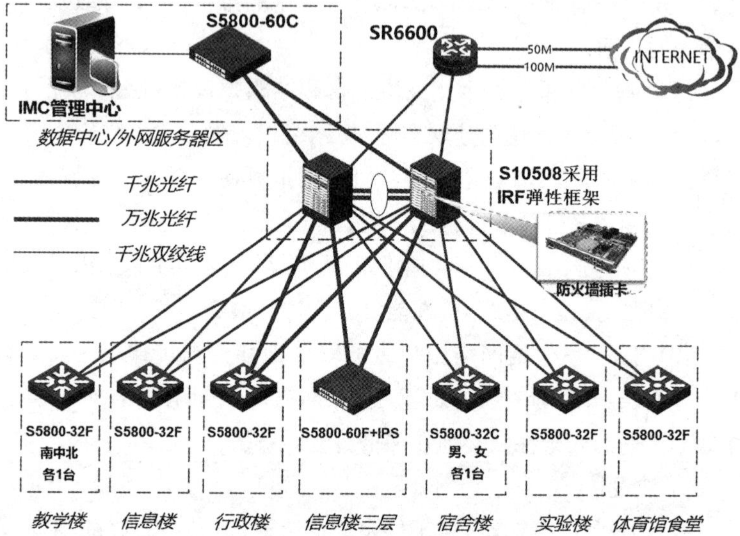

图1　学校网络拓扑结构

核心交换机为整个网络的中心，它对整个网络的性能、可靠性起决定作用。它连接各个物理子网，管理网络内信息交换（包括多媒体信息），控制 VLAN 间访问，保证信息安全（见图 2）。全部的网络设备均支持高效的 Intranet 多媒体和多点广播技术，为多媒体和多点广播应用等提供端到端的带宽保证。

在有线网络基础上不断完善的无线网络，具有一定的前瞻性，不仅满足当前网上应用需要，也为向将来更高性能的升级做好了准备：网络具有的伸缩性、升级和扩展主要集中在网络中心，添加新的接口模块，即可实现用户和信息点的扩充，升级模块即可大量提高主干带宽；配合热备份路由协议和热备份双服务器主机系统，在整个系统内消除单点故障，提供高可用性的应用服务。

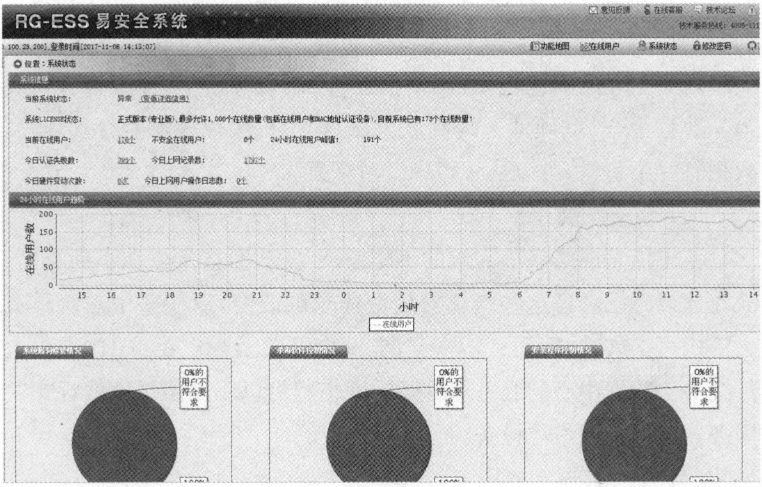

图 2　网络安全重点关注

（二）存放与管理集中化，数据中心建设效果显著

随着数据应用在教育教学和行政管理中的应用越来越广，数据中心建设在学校信息化建设中的地位越来越重要。数据中心作为承载学校各项业务的重要 IT 基础设施，承担着学校稳定发展和业务创新的重任。在当前新型客户与服务模式下，数据中心需要更高效地支持后台业务和信息共享需求，同时要 7×24 小时不间断地提供服务，并支持多种服务手段。这对教育数据中心的资源整合、全面安全、高效管理和业务连续性提出更高的要求。

1. 建设原则

我校根据“先进、实用、稳定、可靠”的总原则，对数据中心软、硬件系统进行了科学、合理的设计，保证数据中心正常运行，向广大师生提供良好的服务。

(1) 高安全可靠性

数据中心能为用户提供连续不间断的 7×24 小时服务，在系统设计和实际工程施工时，就注意尽量减少单点故障的存在。存在薄弱的环节，在建设和应用中减少其对整个系统的影响。由于数据中心内部计算机系统涉及机密信息，其泄密可能严重危害学校和师生利益，所以必须配备安保系统以保证用户的设备和数据不受侵害。实现高安全性的措施包括：网络监控、门禁系统、自动安全报警系统等。数据中心软、硬件系统高度可靠，虚拟机出现故障能自动迁移，数据有冗余备份，可以从故障中及时恢复。

(2) 易于扩展

鉴于信息网络系统需求的不断发展与变化，技术也在不断提高，故在建设时已考虑这些变化对资源需求的改变，以使整个系统具有灵活的可扩展性，特别是精密空调、配电开关及配电柜、UPS及供电母线等。数据中心的服务器、存储、网络都可以不用停机就线性扩容服务器、存储、网络等设备。

(3) 便于管理

通过使用先进和可靠的管理工具来实现系统的高质量管理，以节约人力资源。由于数据中心内设备繁多，具有一定复杂性，随着业务的不断发展，管理的任务必定会日益繁重。所以在建设时，需建立一套完善的数据中心管理和监控系统，实时监控、监测整个数据中心的运行状况、语音报警、实时事件记录，可以迅速确定故障，提高可靠性，简化数据中心管理人员的维护工作。数据中心的资源池支持方便灵活的管理维护和审计。

2. 建设情况

(1) 数据运算与存储

数据中心采用Dell服务器和存储设备统一管理学校各种数据，支持容量、性能的在线无限扩展，提供软、硬件故障情况下的数据重建、远程容灾功能，是适用于云计算、大数据业务并兼具高性能、高可靠性、高可扩展性、大容量特征的新一代存储系统平台。其主要特点有：① 海量存储，在线横向扩展，满足持续增长的容量和性能需求；② 支持NAS/Object/IP-SAN/IB-SAN存储接口，并可同时运行，满足客户在不同时间、不同地点对存储的不同需求；③ 数据持续保护，支持数据卷隔离映射功能、数据快照功能、快照回滚、远程卷复制(同步/异步)、远程数据复制及恢复、逻辑分区动态扩容；④ 模块化设计，人性化管理，完备监控管理方式，当系统出现异常时，除了通过机器指示灯报警外，可通过邮件等方式将异常状况及时通知网络管理员；⑤ 绿色节能，全系统选取节能降耗的处理器、芯片组、风扇和散热片等部件，提高系统的能效利用率。

(2) 数据安全

采用 H3C 和天融信的主机安全增强系统，工作在最贴近用户数据的操作系统层面，不仅可以避免外部的黑客攻击，同样可以预防来自内网攻击的风险。其主要特点有：① 强制访问控制，在操作系统内核层实现文件、注册表、进程、服务、网络等对象的强制访问控制，可配置针对以上对象不同的访问策略来保护系统和应用资源，即使是系统管理员也不能破坏被保护的资源；② 系统资源监控与报警，对系统的 CPU、内存、磁盘、网络资源进行监控，当这些资源的使用状况超过设置的阀值时将进行报警，以提前发现资源不足、滥用等问题；③ 灵活多样的策略模板，提供经过验证的分等级安全策略模板，全面保护系统，方便易用，降低用户的使用难度；④ 免疫病毒木马，抵御黑客攻击，对系统中的文件、注册表、进程、网络、服务、账户等多方面构建立体防护体系，从文件创建、执行、访问资源到结束层层把关，从根本上免疫各种已知或未知的病毒、后门等恶意代码，抵御黑客的攻击，确保系统和应用安全稳定运行；⑤ 丰富的应用负载均衡功能，支持针对多种算法的全局负载均衡，支持针对不同运营商多链路的负载均衡；⑥ 支持冗余电源，最大化网络运行时间，降低了系统宕机或网络故障对业务的影响。

(3) 数据存放场地(中心机房)

我校中心机房采用模块化建设理念，如一体化集成机柜系统、供配电系统、制冷系统、监控系统和综合布线系统，高集成设计，通过简单的接口将相关模块进行组合，从而形成一个完整的中心机房。具有高密模块化、高可靠性与安全性、快速灵活部署、简单低耗、完善监控等特点。

模块化中心机房充分考虑组件设计、功能和相关性，按照在标准化级别与用户灵活性之间取得最佳平衡的方式进行模块化。例如，模块化电源系统在电源、冗余模块和运行时间方面均实现了可扩展性，可以根据当前的IT需求进行部署，并且考虑后续业务的扩展，这种系统规模优化能力显著降低了总拥有成本。而且提供热插拔，从而在不需要停止运行系统的条件下进行维护设备。

（三）“一卡在手，走遍校园”的“一卡通”系统

校园“一卡通”系统是校园基础工程，旨在为广大师生员工的教学、管理和生活提供方便、快捷的电子化服务。“一卡通”系统是智慧校园的重要组成部分，该系统不仅仅是消费系统，还具备身份识别以及信息管理功能。选用非接触式卡，使其具有在校园内实现各类消费、身份认证、信息查询、门禁考勤等功能。利用学校的网络资源，实现学生证、教师证、食堂卡、上机卡、图书证、购水卡、购电卡等多种证卡合一，做到“一卡通用”。实现“一卡通”系统与校园已有管理信息系统之间的无缝链接，最终做到统一平台、数据共享，为学校提供实时可靠的信息来源和决策依据。

1. 建设原则

建立以卡为媒介的、面向校园师生的综合性服务平台，覆盖身份识别、金融服务、信息服务、流程整合等领域，形成高效稳定、功能全面、扩展灵活、管理方便的智慧校园“一卡通”平台，实现“一卡在手，走遍校园”，成为智慧校园的核心内容之一。

(1) 采用多层架构，对核心数据库的访问须通过中间应用服务器，避免软件系统直接访问；各种应用软件尽可能采用B/S模式，运行在中心内部的多台应用服务器上，便于与校园卡服务门户的集成；与学校其他业务管理信息系统对接，实现各类信息的查询、统计、分析、数据共享和交换。

(2) 可扩展性与兼容性：采用统一规范的数据和接口标准，以利于系统的升级和维护。

(3) 可靠性与安全性：校园卡的金融功能严格按照金融安全方面的要求来运行，保证用户使用的安全性。系统充分考虑网络隔离、防病毒和断电、断网的安全性。在外界环境或内部条件发生突变时，能保障系统正常工作。具备身份认证、节点认证、交易数据认证、加

密传输、数据鉴别等一系列安全保障措施。

(4) 管理人员管理方便，持卡人使用方便，采用方便安全的自助应用设备，包括自助挂失、查询、密码修改等，充分利用校园卡的功能强大和能够脱机交易等优点。

2. 建设情况

(1) 实现统一身份认证，提高应用系统的安全性和用户使用的方便性，实现"一卡通"相关应用的单点登录，减少应用系统的开发和维护成本。解决"一卡通"各应用系统间数据一致性、数据共享问题的"一卡通"共享数据平台，面向"一卡通"用户提供高效的、个性化的"一卡通"信息服务门户。实现"一卡通"统计分析，提供面向管理者的营业及财务结算统计表，提供面向学生消费行为的统计分析，提供饼状图、柱状图和统计图表等展现形式。

(2) 建立"一卡通"管理中心，实现校园卡日常事务管理，含人像采集、校园卡制作、挂失解挂、人员离校销户、补卡换卡等日常业务；实现校园营业商户报表打印和结算管理；实现现金业务管理，含现金充值、补贴代发放等。

(3) 采用金融行业标准的账务管理方法，设置标准财务核算科目，对消费情况开设账户，学校账户采用可无限扩展的树型结构管理模式，个人账户可实现一人多卡、一卡多账户，对日常发生的卡交易采用借贷记账法记账。最大程度地保证了账务核算的准确性、可靠性，降低财务风险，而且便于与其他会计核算系统对接。

(4) 会议签到功能，能够记录会议出席人姓名、部门、时间等，实时显示到会状况。灵活的会议时间设置、与会人员名单添加或删除、与会人员的身份设置、统计编码设置等，可以很好地把每次会议、活动或讲座等情况清楚地记录在库，数据处理快捷、高效，查询统计报表灵活、方便、准确，便于查找和归档。

(5) 考勤管理功能，能有效地对学生的上学、放学、上课以及教师的教学进行考勤管理。数据处理时可以精确地得出用户的详细刷卡情况。丰富的报表功能，可以制作各种形式的报表，满足用户要求。

(6) 在学校大门和宿舍的出入口设置通道控制器，对进出人员进行控制和管理，杜绝闲杂人员进入，保证安静、安全的学习、生活环境。系统记录持卡人进入和离开场所的时间，并根据管理需要进行监控、抓拍。

(7) 办公室、专用室及学生宿舍门禁功能，在办公室、专用室及学生宿舍电子门锁上使用，按照人员权限保证相应的活动区域，方便教职员工和学生的工作和生活。

(8) 与学校各种系统的对接，包括统一身份认证、共享数据库、信息门户、交换平台、人事系统、财务系统、科研系统、资产系统、图书馆系统等。通过卡片或者与卡属性相关的信息共享和交换，实现跨部门的业务协同工作。

(四) 绿色环保，功能强大的教室多媒体设备

在教学中，老师通过各种多媒体演示技术，充分调动学生的视觉、听觉，使老师与学生的交流和沟通突破了时间和空间的限制，同时也加大了学生学习的主动性和选择性。教室多媒体设备不断优化和创新建设，为学校素质教育提供了硬件物质条件，同时也不断改变着老师和学生的授课模式和学习模式。

1. 建设原则

(1) 更优显示效果，提高教学质量

发挥交互智能显示屏大视角、智能调节屏幕亮度功能等优势，优化显示效果，缓解教师和学生用眼负担。同时，清晰的画面和丰富的互动性，提高了教师教学质量和学生听课质量。

(2) 脱离讲台束缚，增加课堂互动

传统的多媒体设备会将教师局限在讲台上，而教学提倡教师要脱离讲台，跟学生多点互动。教师使用移动授课终端投屏控制交互智能显示屏，自由地进行大屏和小屏的同步双向操作，完全不受讲台的束缚，解决了教学工具与教学理念的矛盾。

(3) 无缝切换操作，提升课堂效率

教师可利用智能笔远程上下翻动 PPT、课件，通过智能笔自带快捷按键，快速切换笔操作和选择操作、调用放大镜放大查看屏幕内容，方便教师教学操作，有效提升课堂效率。

（4）白板水笔书写，保护师生健康

利用可推拉白板，增加教师书写面积，使用水笔书写，容易擦除。打造绿色环保的教学环境，有效保护师生健康，提升学生听课体验。

（5）高清展台功能，方便课堂演示

教师可利用高清展台功能，随时随地将课本内容、学生试卷、作品等拍成照片，上传到交互智能平板上展示、批注。同时教师还可以将拍摄的视频上传到智能平板上进行实时直播。

（6）无线文件传输，符合教师需求

教师利用文件无线传输功能，可将放在终端或外接U盘内的PPT、Word、Excel、图片、视频等文件无线发送到交互智能显示屏上并直接打开。这不仅给教师授课带来便利，还免去了智能平板接U盘中毒的风险。

2. 建设情况

（1）推拉书写白板

书写板面采用进口E3搪瓷面板，厚度大于0.4 mm，双面涂层，经一万次摩擦后表面粗糙度仍可达到1.6 um；光泽度小于8%，在灯光下没有明显眩光；推拉轨道平行对称双凹槽，支持活动板T型垂直吊装，同时采用静音组合滑轮组。面板正常使用寿命超过15年，适合水笔长期使用。

（2）希沃交互智能显示屏

交互智能显示屏硬件为86英寸LED液晶屏，具备防眩光效果；采用钢化玻璃，具有防遮挡功能，触摸接收器在单点或多点遮挡后仍能正常书写，确保老师课堂操作的流畅性。当整机安装到推拉白板中时，关闭推拉白板，整机将在短时间内自动进入黑屏节能模式。整机只需连接一根网线，即可实现电脑模块的Windows及内置的Android智能系统同时联网。整机内置插拔式电脑模块，使用高性能电脑配置，SSD固态硬盘，保证整个系统的兼容性。

（3）互动式多媒体教学平台EasiNote

互动式多媒体教学平台EasiNote是针对教学的备授课工具，能够快速制作出满足教学场景的交互式课件，提供简单、高效的教学互动方式，并能基于中小学各个学段提供对应的学科工具。其特点为：①云课件：元素级别的元同步，老师输入的每个字、每次操作都即时生效。②备授课一体化：智能识别备授场景，基于教学素材的特点提供工具支持。③自定义授课工具：可满足不同的教学风格需求。④自适应学科工具：可解决各类学科教学问题。⑤思维导图：表达发射性教学思维最有效的图形工具。⑥课堂活动：将教学寄予课堂乐趣中。

(4) 无线互联工具 SeewoLink

无线互联工具 SeewoLink 是基于智能平板和移动智能终端的大小屏互动软件。通过无线互联，可以使用移动终端控制交互智能显示屏，可实现同步 PPT、移动展台、远程鼠标、无线文件传输等功能，轻松进行移动授课，扩大老师授课范围，提高老师上课效率。

(5) 校园集中控制系统

校园集中控制系统可在 Windows、Linux、Android、iOS 等多种不同的操作系统上通过网页浏览器登陆进行操作。可对局域网内所有交互智能显示屏的使用状态进行实时监控，包括开关机、当前通道、置顶软件、锁定状态、显示模式、音响模式、音量、上电状态、开机通道、信息发布内容等多种监控选项，监控选项列表可根据用户需求进行个性化修改。可远程对选定的交互智能显示屏的任意通道屏幕画面进行实时监控；可对选定的交互智能显示屏进行远程桌面、系统、音量、图像模式等方面的控制。可远程对选定的交互智能显示屏在任意通道下即时发布走马灯文字信息和屏幕固定位置常驻信息，可设置播放次数及时长。

(五) 教学改革的实验基地，不断优化的“e 学习”教室

作为江苏省首批“e 学习”试点学校暨南京市首批“网络与数字化环境下的教学实验项目”学校和南京市首批数字化校园示范校，我校承担着江苏省教育科学“十二五”规划重点课题“基于移动终端的普通高中课堂教学设计优化与实施的研究”任务，需要在移动教学领域率先探索，为后续学校起到引领和示范的作用。因此，学校不断优化应用场景，先后建设了两个专用的“e 学习”教室。

1. 建设原则

“e学习”教室整合了一系列的学习技术，提供了一种真实人机交互体验，实现物与物、物与人之间的泛在链接以及对教学过程的智慧化识别、跟踪、监控和管理，努力克服传统教学弊端，创造自主舒适的学习环境。其创新之处主要包括：

(1) 技术上：整合网络技术、富媒体技术等核心技术；以教学管理系统为核心，应用平板电脑、互动电视、智能网络等多种终端；采用多种高互动的教学软件。

(2) 理念上：改变传统的以教师为中心的讲授式教学，转向以学生为中心的自主创新学习。培养、锻炼学生的自主、探究、合作学习意识，特别是着重发展学生的反思性思维、批判性思维、建构性思维等高级思维能力。

(3) 功能上：“助教”“助学”“助研”三位一体，实现电子阅读、实时展示、知识建构、高清录播、远程互动、多屏显示、无线投影、人机交互、移动学习等多种功能。

(4) 效果上：改变时空结构，满足学生个体、小组、班级等不同层面的学习需求，促进学业成绩的提高，营造良好的学习环境，激发学生的学习兴趣，培养学生自主、探究、合作的学习习惯。

2. 建设情况

“e学习”教室能够充分满足师生的自主创新教和学的需求，切实体现教育教学手段的全面提升。在“助教”方面，为教师提供一个更为便捷的满足备课、课堂互动、学生评价以及学生管理的信息环境，为教师以各类创新教学模式开展教学活动提供有力支持，教师在课堂上可以随时获取分布在后台系统的各种教学资源，包括课件资源、题库资源、学生的历史评价信息等，并即时将教学信息传达给学生。在“助学”方面，促进学生在课堂上生成各类学习成果，系统自动记录练习、问答、测试、讨论等学习活动，即时反馈学生的学习效果，有效实现师生之间、生生之间、课内与课外、校内与校外的跨时空交流。在“助研”方面，不仅可以记录网络上的文本、图片等数据，而且可以及时记录学生小组、班级互动的音视频；系统自带的分析工具也可以为研究者提供教学分析的依据；多重的数据获取及其初步的数据统计将为研究者的深度分析提供有效保证。

（1）智慧教育云平台

支持本地化部署和全平台多终端应用，可在 iOS、Android 等主流移动系统设备上随时随地操作。具备作业功能（出题和创建作业、收发作业、学生作答、批改作业、讲解作业、数据统计、订正与多次批改、错题库、远程微视频辅导、家长端、微信公众平台、学习报告），资源共享功能（微视频录制、教师资源共享、板书管理、学生“笔记本”功能），快速授课功能（课件与板书、课堂记录及自动上传），平台管理功能（校长端、教研端、后台管理端），互动交流功能（多媒体任务、班级圈、教学通知、即时通信），校级管理功能（学校管理、班级管理、教师管理、学校资源库、学校题库）。

（2）移动设备及管控软件

移动设备注册管理，帮助学校做好资产管理；远程安装和移除移动设备的配置，让学校对终端进行高效设置；查询和远程控制设备，让学校了解移动设备的使用情况；远程擦除、锁定和清除密码，在特殊情况下让学校可以保护移动设备中的数据安全；管理应用程序，通过远程推送（静默安装）的方式安装教学相关的应用，不需要人工干预；远程进入单应用模式，把学生的移动教学终端锁定在某一特定应用上面，防止学生在学习时间做与学习不相关的事情。远程进行应用模式的切换，把学生的移动教学终端从某一特定应用程序直接切换到另一程序；远程进行教育软件的批量分发；支持屏幕巡视查看、展示任意学生屏幕内容；支持群组管理。

（3）云录播直播平台

内置视频编码系统，可以全自动录制多高清机位画面，编辑系统强大，内置流媒体 WMV9、H. 264 编码系统，直播录制 WMV、FLV、MP4 及广播级高清音画同步调整；基于 Web 的课堂直播，支持单画面、多画面等多种模式的直播，网络用户通过浏览器即可实时观看；支持 WMV、FLV 多种方式的直播，在直播过程中，提供交流互动界面，客户端用户在线点评、在线互动交流和在线评分等功能；可以同时直播多个课堂教学情景，可以与学校现有的 Web Server 或学习管理系统进行无缝连接；支持组播及校园直播时节省带宽等；具备实时台标、角标、字幕等功能，支持实时字幕及预制字幕发布，支持在局域网内的任何其他电脑上编辑字幕，并将编辑好的字幕通过录播主机直播或录制；系统提供标准的流媒体发布系统，提供 WMS 的 HTTP 及 FMS 的 RTMP 发布系统。

（六）会议、教学、活动一体化的多功能室

随着信息技术的不断发展，学校的多功能会议室除了要满足传统简单的会议要求外，还应具有高雅格调和优美音质、清晰图像演示，并且可以根据要求扩展配备各种子系统，承接各种活动和任务，如教研活动、讲座活动、竞赛活动、公开课、表演等。

1. 建设原则

(1) 以多功能会议室内部功能设定及系统设计的先进、可靠、实用，并确保多功能会议使用时系统稳定、安全、操控方便为建设原则。

(2) 采用建筑声学与扩声系统电声性能相结合的一体化优化设计，合理组织设备选型与组套。充分理解并认真、仔细地研究使用扩声系统场所的声学环境与使用要求之后，从“软件”入手进行系统设计，最终给出所需的系统配置，从而保证预期的使用效果和最经济的资金投入。

(3) 扩声系统的扬声器选型、多媒体与大屏系统组合与布局是非常重要的环节，直接影响到环境特性的多项主要技术指标。

2. 建设情况

配合高清晰度 LED 主屏，并采用 2.5 点间距金线封装 LED 屏，安装电动背景幕布，用于多种会议、活动、竞赛、表演。信号传输采用有线、无线相结合的模式，满足各类会议活动需求。信号处理采用高清混合矩阵进行集中管理，预留 SDI 输入接口，为视频会议及会议录播的扩展需求提供预留接口。会议扩声系统，按照国家语言类场馆一级标准设计，采用线性阵列音柱作为本场所的主扩及辅助扬声器，具有声场覆盖准确均匀、外形小巧精致的优点，可与场馆装潢及其他设备融于一体。控制设备采用调音台搭配数字效果器，保证了会议扩声的稳定性。会议发言采用有线鹅颈话筒,公开课采用无线手持话筒搭配无线头戴式话筒。会议灯光系统,采用会议面光搭配嵌入式顶光设计,使用可远程控制直通箱对灯光进行分组控制,满足各类会议及公开课需求。线路预留:前后墙有线网络预留,高清摄像机信号接入预留,音视频接口预留。建声装潢:对场馆进行简单装潢,进行建声处理,达到更好的会议环境及扩声效果。网络系统采用高密AP,满足小空间多人员同时上网的需求,为"e学习"公开课提供网络环境。公开课配备触摸一体机,移动支架安装。物联网集中控制系统:采用一台触摸屏或PAD即可实时控制会场所有音视频设备的开关,音视频信号的管理调度以及扩展控制灯光、窗帘及空调等。

(七)学生自助借阅图书的"明理书屋"

"明理书屋"是一个无人值守并由学生读者自助借还书的自助阅览室,这是一种新型智能图书馆,是集联网技术、云计算技术、互联网通信技术、远程监控技术等为一体的24小时自助服务平台。该平台通过网络通信与云计算技术,可与市、区、学校图书馆之间进行馆藏资源共享,信息交互。学生读者在宿舍区便利使用,通过自助的方式享受借书、还书、阅读、办证、续借、预约等自助服务。通过智能安防技术,为自助借阅提供安全保障,"明理书屋"给学生读者们创造了一个优雅、安静的阅读氛围。

1. 建设原则

(1) 选择可快速拆卸的环保玻璃房体。

(2) 24小时开放,无人值守。

(3) 自由方便布置,可建在社区、校园一角,有效利用现有空间。

(4) 界面友好,操作简单,即借即走。

(5) 自有书库,提供优质配送,减少中间环节,配送更高效,流通更快捷。

(6) 大容量云书目库,满足更多读者借阅需求。

(7) 后台大数据分析,实现图书精准采购、图书馆维护、读者兴趣引导以及预测派书的目的。

2. 建设情况

（1）图书馆安防系统，充分考虑用户对书籍维护、实时监控、灾难应急、录像查看和智能分析等功能方面的需求，以及实时性、安全性、稳定性和扩展性等性能方面的需求，方案主要由前端监控、事故应急指挥、三合一可视化告警、视频会议、智能视频分析和监控中心等多个部分组成。

（2）图书存放与调度系统是智慧图书馆管理中的一个重要环节，利用现代智能采集技术把存放、安全、管理等方面的信息有机地整合到一起，进行处理、优化、提炼，从而为图书馆安全管理、经营决策等提供科学依据。该系统主要由电视监测、运输系统监控、移动目标定位跟踪、无线通信及调度系统等组成，是将视频监控、视/音频会议、环境数据采集、视频指挥调度和多功能告警联动有机结合的新型智能化平台。

（3）图书馆环境监测系统，能通过传感器与近距通讯设备结合的方式来实现图书馆的环境监测，实现甲醛等有害气体的监测、面向物联网的温湿度调控、灯光管理与实时调控等，有效地降低能耗，维护工作人员和学生读者的健康。

（4）图书馆电子巡更系统是将巡更巡检点安装在巡逻位置，巡逻人员手持巡更巡检器到每一个巡更巡检点采集信息后，将信息通过传输器传输给计算机，显示整个巡逻巡检过程，进而提高各类巡逻巡检工作的规范化与科学管理水平。

智慧校园环境建设之路是一个漫长的历程，同时又是一个具有较大挑战的发展道路。其发展水平和成效，直接影响了学校智慧校园整体发展的好坏，必须引起高度的重视。作为一项系统性的工程，我们不能只谈环境，必须把环境建设融入应用，立足于教育教学和行政管理的实践，才能不断优化、不断前行、不断突破、不断创新。

完善"e办公"平台　促进学校智慧管理

陶　佳　韦　广

中华中学是一所历史悠久、具有优良办学传统和丰厚文化底蕴的百年名校。学校经过多年的信息化建设，已经建立了较为完善的网络、硬件支撑环境，各相关部门也建立了部分应用管理系统，在办公、教育、教学及对外网站等方面取得了很大的进步，对提升学校管理水平、促进文化交流、丰富师生精神生活等方面起到了积极作用。

2013年7月，在我校领导的主持下，信息中心筹备启动了"中华中学e办公平台"项目，经过项目需求调研、项目计划、分析设计、开发及单元设计、系统、上线实施等阶段，"e办公"平台项目于10月份正式上线运行。

我校"e办公"平台的建设是依据《江苏省中小学教育技术装备标准》和《南京市数字化校园评估验收规范》中的相关要求，对其他学校进行调研，并结合我校各部门、年级组、教研组等提出的需求整理归类、完善汇总而成。按照"结构清晰，实效人性，智能开放，扩展便捷"的方针逐步完成建设，并以建设"e办公"平台为契机，为统一标准、应用深入、高效稳定、安全可靠的数字化校园建设做铺垫。

一、"e办公"平台设计背景

在"e办公"平台项目建设之前，我校设计并开发了部分应用系统，如外部宣传网站、电子档案袋、教学日志填报系统、党员之家等，这些应用系统在学校的教育教学信息服务等方面发挥了巨大的作用。随着信息化建设的深入，信息化管理平台建设方面暴露了一些不足，具体如下：

(1) 应用平台(系统)较为零散，没有做全局的规划和设计，系统数据及使用、管理比较分散和孤立。

(2) 各应用系统的用户名/密码不统一，师生使用很不方便，没有实现统一的身份认证和权限控制，信息访问的安全级别参差不齐，存在安全隐患。

(3) 存在应用系统独立的访问入口，没有实现信息服务的集中展现和使用，用起来很不方便。

(4) 缺少一些全局的应用，如全校办公平台系统等。

经过对以上现状的分析，学校的信息化建设从全局角度进行规划，同时对学校现有的系统进行整合集成和优化，并在此基础上开发一些全局的应用，为师生提供高效、便捷、丰富的一站式信息服务，为学校的教学、教研、管理和服务提供强大的技术支撑。

2013 年，学校根据"统一规划、分期建设"的原则，开始规划建设中华中学"e 办公"平台，主要建设了软件基础框架平台，满足学校及各部门需求的应用系统，如网站群系统、办公门户、成绩管理、教学评估、请假管理等，既保证满足各个部门的应用需求，相互之间又能够很好地进行数据整合和交换，满足灵活的应用需求。

2016 年，学校在原有"e 办公"平台的基础上规划了满足用户新应用需求的业务系统，开始了第二期建设，这也是中华中学数字化校园的重要组成部分，是推进学校管理信息化进程、提高管理水平、提升服务质量的重要信息化平台。

通过分期建设，最终建成高水平的数字化校园和智慧校园，为学校的教学、教研、管理和服务提供强大的技术支撑。

二、"e 办公"平台的规划与实施

我校"e 办公"平台的规划和建设以学校实际组织架构为主线，根据数字化校园的建设思路进行优化建设，各种应用通过基础支撑平台可以非常方便快速地构建个性化服务，实现单点登录及数据共享，有效地解决信息孤岛问题和标准不统一的问题，使教与学、教师能力提高及管理信息化等各类应用集成为一个整体，为各类用户提供教育信息化服务。

（一）“e 办公”平台规划设计的特点

在“e 办公”平台设计之初，按照各系统独立运行，同时又要保证系统的相互统一、数据共享与交互操作的要求进行设计，满足后期应用及服务的扩展与集成，其优势主要体现在以下几点：

1. 先进性

采用目前业界流行的先进的门户站点技术，基于 B/S 结构的软件平台，符合 SOA 的体系架构，将各种服务创建为 Portlet，以聚合应用的方式提供给用户，用户在给定的角色、任务中执行这些聚合应用。

2. 易用性

使用人员不用精通技术便能熟练操作系统，具有友好的人机界面，系统易于操作、易于使用。网站设计制作使用的技术不对浏览者使用的浏览器有特殊要求，方便上网个人和企业的使用，部分业务完全或部分自动化处理。网站的维护均基于对服务器和数据库的维护。

3. 开放性

支持跨平台运行的体系架构，系统可以在 Windows、Linux、Unix 平台运行，也可以同时运行在不同的系统平台上。系统具备互操作性和可扩展性，具有兼容性，可以将各种应用系统集成在统一的门户系统上。

4. 稳定性

服务器采用高可用性的容错技术，保证系统能长期、稳定、不间断地运行。系统采用成熟稳定的操作系统、数据库、网络协议等，保证系统的稳定性。

5. 高效性

网站页面设计简洁、美观，尽可能提高浏览速度，突出主要信息。导航系统在层次清晰的同时方便浏览者对相关信息和服务的访问。

6. 符合国家标准

系统采用的各种协议、信息格式、接口标准符合国际标准，保证系统能与其他系统进行信息交互。后台应用软件的设计采用分层的模块化结构设计以及面向对象的设计方法，使系统具有较强的灵活性和扩展性。

（二）“e办公”平台主要功能介绍

“e办公”平台主要功能如图1所示。

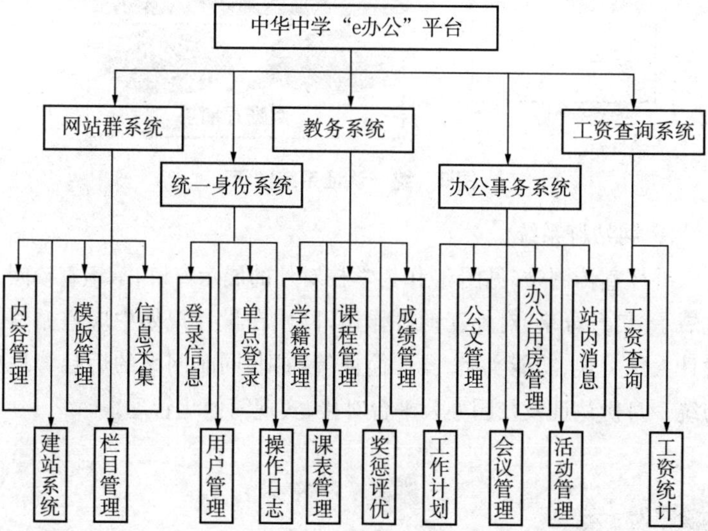

图1　“e办公”平台功能模块结构图

1. 统一身份和单点登录集成

实现全校统一身份认证和单点登录功能，其中包括“e办公”平台、“e学习”平台、上网认证账号、学校已有系统、平台等(见图2)。

通过指定相应的集中认证技术规范，提供统一的应用系统用户管理接口，最终实现所有新建系统用户认证的统一集中化管理，做到真正意义上的集中认证。实现各应用系统的“集中认证”，可以彻底改变各自为政、管理松散的用户管理模式，充分发挥内部网络管理维护部门的管理职责，规范用户操作行为，强化用户合理使用网络资源的意识。

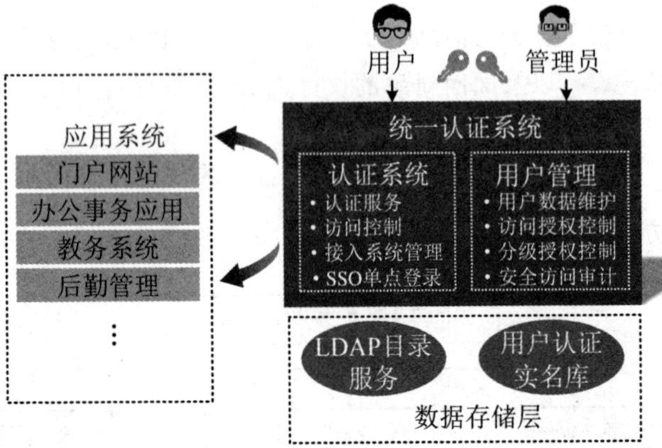

图 2　统一认证系统图示

2. 网站群系统

外部宣传网站(见图 3)作为学校对外的展示窗口,承担着校园文化展示、信息分享、对外互动等作用,网站在设计规划中应遵循整体设计大气美观、功能实用、操作简便等原则,同时网站的后台管理应与统一身份认证及校园办公平台对接,实现简便化管理。

图 3　中华中学网站首页

3. 教务系统

教务系统包括对学生学籍管理、学校开设的校本课程选修课、国家课程选修课和必修课管理、学生的选课和专业管理、学生考试成绩的管理等，各模块之间相辅相成，每学期期末学生可以浏览自己的综合素质评价表。

综合素质评价管理系统是在新课程改革背景下为学校建立学生电子化成长记录册的教育信息化应用软件。它采用完全符合新课程理念的全新评价标准构建师生输入、自评、互评的便利平台，管理和记录学生的综合素质评价，包括道德品质、公民素养、学习能力、交流与合作、运动与健康、审美与表现等方面。

系统能实现学生日常表现的记录与汇总，管理教师对学生的评价。每个学生都有自己的账户，可随时查阅自己的成长资料，了解自身发展状况。

系统提供全校学生综合素质（基础类、教育类、教学类、健康类）等信息的上传、记录、查询、合并归档和下载使用。

4. 办公事务管理

办公事务管理包括收文管理、发文管理、请示管理、阅文管理、请假管理等模块，是学校“e办公”平台的核心部分，是各部门文件传阅的重要途径，也是学校实行无纸化办公的起点（见图4）。

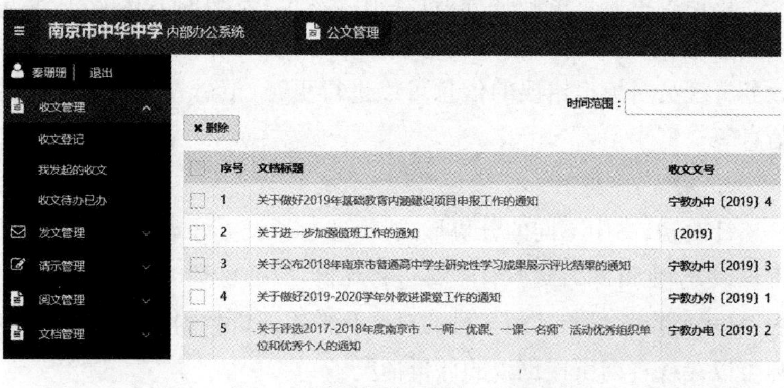

图4　中华中学内部办公系统

办公事务管理不仅仅是收发文和公文交换的过程，在“e办公”平台中，公文管理是从拟稿、审稿、核对、签发到归档的过程，也是一个公文流转的过程。在“e办公”平台中，已形成一套完善的公文管理体系，它实现了电子公文一体化运转，支持校内各部门之间的电子公文交换，其公文流转功能可处理日常工作中的内外部公文，包括了公文的发文拟稿、发文上报、发文审核、发文签发、收文登记、收文传阅、公文传阅、公文查询以及公文的流程监控、公文催办等。

5. 工资查询系统

可查询每年度中每个月或多个月的工资收入汇总，根据数据表格可灵活管理数据的显示。

（三）与“e办公”平台对接的自主开发软件

1. 继续教育学时管理模块开发

包括个人学时登记、管理员学时修改、数据导出等功能，教师个人可以随时修改学时，管理员可以根据教师个人上报材料给予确认，汇总导出数据上报省市教研平台，节约人力和时间，提高管理效率。

2. 微课、论文评审模块升级

微课、论文评审升级后，老师们可以在线上传作品，自动生成相应类别的编号。管理员可以在线审核、管理作品，查看评委评审进度，导出评审结果报表等。

3. 教学日志填报模块

包括班级账号密码管理、特殊情况登记、考勤记录登记、作业量反馈等，教学日志可以记录每班每天的课堂教学、作业量及反馈等，教务管理员对填报错误的信息可以进行更正，汇总查询各班填报的信息等。

4. 初、高中评教评学模块升级

针对初、高中不同的分班形式，管理老师设置好本教室对应的评价班级，学生可匿名对所有学科进行评价，数据整理以后可形成评价表，显示所授学科与其他学科的对比及平均评价数据情况，各学科老师可以在线查询所授班级的评价情况。

5. 因病缺勤登记模块开发

为了保障广大学生的身体健康，有效防止传染病疫情在学校的发生，早期发现传染病病人和疑似病人，早隔离，早治疗，根据学校的相关规章制度，我们设计开发了因病缺勤登记模块。通过该平台，各班级可将每日因病缺勤数据填报到平台，也可以选择无缺勤填报，管理员可查询每日全校缺勤情况汇总，查看各班是否按时填报每日的缺勤情况，查询每班每天或某阶段的缺勤情况，还可以按学生查询某阶段的缺勤情况。

三、“e 办公”平台建设的思考

随着手机、平板等移动端操作系统的持续升级以及 Wifi 的普及，通过手机、平板电脑实现随时随地的办公已经成为趋势，通过移动应用实现对时间碎片的高效应用成为关注点。

微信企业号一经推出，各大软件厂商将自己的办公系统与微信企业号对接，企业用户也多选择了此类的办公系统，微信企业号的主要优势在于：

（一）内部沟通的简易化

流程审批实现了语音化。目前，微信办公系统已经实现了流程审批的语音识别操作，这种技术不仅可以具备高效的真实性核对，更可以通过语音方式明确批注的详细解释，让流程审核更具精准性。

（二）移动集成化

以往的办公系统中，移动仅限系统本身，现在已可以和其他应用软件高度集成，实现在微信端的信息共享，这将改变办公系统单一存在的局面。

我校已开通了微信公众号、微信企业号的应用服务，部分应用软件平台已相继接入微信平台，我校“e 办公”平台的后期规划建设也将向移动化、集成化方向发展，真正实现远程办公、随时办公、高效办公。

四、“e办公”平台的完善策略

2014年，我校的“e办公”平台系统正式启用，标志着我校智慧办公进入了新阶段，在行政办公、教育教学、教科研方面都发挥了巨大作用。但随着Web技术的快速发展，各种操作系统和浏览器出现，对我校智慧办公平台的后期规划建设也提出了更高的要求。为了让全校师生更方便、更习惯地使用“e办公”平台，我们将从以下几方面对“e办公”平台进行规划设计：

（一）移动性和兼容性

目前我校的“e办公”平台在使用中最为突出的问题是与部分办公电脑浏览器不兼容。主流的浏览器从IE 8、IE 9、Google Chrome到Apple Safari、firefox，各软件都支持不同的主流浏览器，致使“e办公”平台中许多应用要依据软件兼容的浏览器频繁转换。随着CSS 3＋HTML 5技术的应用，使得Web应用软件更有可能在多个浏览器下实现更加一致的用户体验。CSS 3提供了非常多的新途径改善设计工作，使得我们对页面的布局、字体、颜色、背景和其他效果实现更加精确的控制，而HTML 5则将Web带入一个成熟的应用平台，在HTML 5平台上，视频、音频、图像、动画，以及同电脑的交互都被标准化，在不同的操作系统、不同的浏览器、不同的终端都可以自适应。这也是智慧办公平台中的应用能否获得良好使用效果的第一要素。

移动办公基于浏览器提供友好的用户界面，最大的好处是摆脱了办公方式与办公环境的束缚，真正让办公更加随心，实现移动终端的数据和计算机桌面端的数据实时同步，全校师生通过手机即可操作办公平台，包括收发消息、审批文件、上传下载、安排日程等，彻底改变我校“e办公”平台使用终端单一化的局面。

（二）实用性和标准化

智慧办公平台的开发设计，既要考虑最大限度地增加系统的价值，最大限度地吻合我校各类应用的需求，充分考虑系统今后功能扩展、应用扩展、集成扩展多层面的延伸，实施过程应始终贯彻面向应用、围绕应用、依靠应用、注重实效的方针；同时又要兼顾成本控制、项目周期控制等因素，因此在功能的部署上也需要遵循实用主义。

同时，我们在规划设计时，还会考虑整个项目的标准化，如同我们的插座和插头的关系，也如同我们的外设和 USB 接口的关系，智慧“e 办公”平台需要轻松地与各种操作系统、中间件、数据库、业务系统及工具软件进行平滑对接，需要有完善的二次开发接口，以避免数据孤岛、信息孤岛、应用孤岛的问题。

（三）稳定性和安全性

任何一个“e 办公”平台系统内部流转了大量的管理数据，因此必须是可靠的，一般的人为和外部的异常事件不应该引起系统的崩溃，当系统出现问题后能在较短的时间内恢复，而且系统的数据是完整的，不会引起数据的不一致。

智慧办公平台的稳定性基本上要做到：平均无故障运行时间大于 10000 小时，系统总体平均可用率在 99.99%以上，主机系统能够保持 7×24 小时稳定的不间断运行。

我们在开发设计时既要考虑信息资源的充分共享，又要注意信息的保护和隔离，因此系统应分别针对不同的应用、不同的网络通信环境和不同的存储设备，采取不同的措施，包括系统安全机制、数据存取的权限控制等以确保系统的安全性。根据目前的技术水准和未来的发展趋势，我们主要从以下几方面进行设计：

(1) 平台安全：架构设计考虑安全性要求，平台软件达到安全设计标准。

(2) 应用安全：权限控制、支持身份认证接口、防篡改、防暴力破解等措施完善，并且可以跟 USB key、CA、IP 地址限制等各种安全措施进行方案组合。

(3) 数据安全：支持文档安全软件整合技术，从而做到数据传输加密、远程安全访问、数据存储加密，并且可与 VPN 等各种安全方式进行绑定，支持入侵检测与防御系统、防火墙的应用。

(4) 容灾备份：支持各种容灾的软硬件设备的使用等。

(5) 管理安全：提供完善的日志功能，能够记录系统使用人员的关键操作，保证系统应用的安全。

（6）密码策略：初始密码强制更改、启用图形验证码、支持 USB key 接口、密码过期控制、密码错误次数控制、密码强度设置等，从而防止暴力破解和恶意攻击。

智慧办公平台建设是一个长期而艰巨的工程，因此，学校在建设过程中起着至关重要的作用，需协调智慧办公平台建设中各方的矛盾与关系，同时还需要各部门的密切配合，推动智慧办公平台的建设顺利进行。

坚持e路勇探索　智慧教学结硕果

陶德华

一、“e学习”实验探索

2011年，南京市中华中学高中部搬迁至河西新城，建成了百兆接入、千兆到桌面、万兆为核心的有线网络，无线网络现已覆盖全校。每个教室配备虚拟交互式白板，开始了全数字化、多媒体化、无尘化的教学。

2012年，江苏省和南京市先后启动“e学习”实验，中华中学作为南京市普通高中仅有的两所省市双重试点学校之一，率先参加了实验。“e学习”对教学环境有一些特殊的要求，特别是无线网络必须畅通，还要有能够让师生、生生进行及时和远程交互活动的设施设备等。为此我们做了一些专门改造和建设，以完善软硬件环境和设施设备。现在，中华中学初、高中部均已实现有线、无线全覆盖，有专用机房7个、录播教室3个，具备移动学习课堂教学环境的“e学习”多功能专用教室3个，全程实况录播、转播系统齐全，供学生使用的移动终端有3套(满足3个班级同时使用)，自主建设的个性化智慧教育云平台高效便捷。全校教师均配有办公电脑和移动终端，在移动专用设备的保障下，教师可在任何教室开展“e学习”教学。教室更新换代后的全新多媒体系统，有力地促进了信息技术与课堂教学的深度融合，提高了教学质量和效率。“星光基地创新实验室”、“创意传媒活动室”暨校园电视台、校园“数字阅读体验区”、学生自助借阅图书的“明理书屋”等场所不仅激发了学生的学习兴趣，发挥了学生的特长，更让学生的随时随地学习成为可能。

经过三年的学习、摸索、实践和反思，我们从不同角度，感受到了“e学习”实验带来的影响和冲击，也越来越意识到，课堂是学生学习的重要场所，基于移动终端的课堂，可以跨越时空的界限，包括常规的实体课堂和虚拟的网络课堂，让课堂教学成为面对面教学与学生在线学习的统一体。我们应该利用信息技术在教学上的益处，把网络、移动终端等设施设备和技术与我们的课堂科学地结合起来，提升课堂教学质量和效率，才能充分展现实验的价值，推动教学改革与创新。经过充分的调研和论证，我们于2014年12月正式申报了江苏省规划课题“基于移动终端的普通高中课堂教学设计优化与实施的研究”，并获批立项为江苏省教育科学“十二五”规划重点课题。在学校领导和相关部门的大力支持下，我们以课题研究为引领，以数字化学习理论、移动学习理论、混合式学习理论、主体性学习理论等为指导，紧紧围绕“教学设计优化与实施”这一主题，运用科学的研究方法，不断深化实验研究，掌握促进学生“自主学习”的有效方式，切实提升课堂效率与质量，总结在不同学科，尤其是思想政治学科中进行“基于移动终端的普通高中课堂教学设计优化与实施”的基本操作范式，推动“e学习”由实验向常态化教学方向发展。

2017年12月28日，由我校信息中心主任陶德华主持的江苏省教育科学“十二五”规划重点课题“基于移动终端的普通高中课堂教学设计优化与实施的研究”结题工作在我校成功进行。与会专家们对中华中学五年来坚持开展“e学习”实验探索，立足课堂开展课题研究，引领学校“e学习”实验暨智慧校园建设，推动课堂教学改革给予了充分肯定，认为该项课题的研究对当前的高中课堂教学具有现实指导意义，研究过程真实而有效，研究的成果具有新颖性和独创性，一致同意该课题结题。专家们还对今后我校如何深化课题研究，提高信息化特色水平，充分发挥榜样示范作用给予了很好的意见和建议。

2017年9月，南京市召开了“网络与数字化环境下的教学实验项目”总结表彰会，我校荣获该项目先进集体称号，杨克俊等三位教师获先进个人称号。现在,我校的“e学习”课题研究虽然已经结题,但并没有停止对“e学习”的深入探索与研究。

结题会议结束后,校领导带领信息中心和“e学习”工作组成员认真学习消化专家们的意见和建议,明确了推进“e学习”实验向纵深发展的方向和目标——促进高考全学科的常态化教学,推动学校教学改革向纵深发展。为此,学校专门成立了智慧学习中心组,以中心组成员为重点带领更多教师开展“e学习”探索和实践。2018年3月,我校申报的“智慧学习空间下的普通高中课堂教学范式研究”被南京市教育局批准立项为南京市基础教育前瞻性教学改革实验项目,申报的“‘e学习’课程基地”被南京市教育局批准立项为南京市课程基地。目前,我校正以这两个项目建设为抓手,不断巩固和推进我校的“e学习”实验工作,并发挥其榜样示范和辐射作用,努力为促进信息技术与学科教学深度融合,实现更高水平的智慧教学,提升智慧校园建设水平添砖加瓦,让中华中学教育信息化特色绽放新的光彩!

二、专家点评

陆静(南京市教研室副主任):来中华中学参加“e学习”活动不止一次,每次都提很多问题,共同研究。本课题很应景,很接地气,抓住了课程重要环节:学生的学习、课堂教学的过程。每次来都感到实验和课题研究工作不断推进。开展课堂改革的思路清晰,非常扎实,重点落地,非常好。可进一步提炼、丰富成果,如一本专著,申报科研成果奖等,还要注重成果的应用和推广。建议如下:

1. 借助学校很好的优势条件,利用实验过程的大量原始数据进行数据分析,构建基于数据证据分析教学行为、促进教学行为改进的框架,由经验性向科学分析发展。

2. 本课题的核心是设计和实施。课题研究制定了相关教学评价表与课堂教学设计表。建议进一步分析基于移动终端的课堂教学评价标准的特点,提炼出所制定的评分表和设计表的特有优势,比较该表与常规课堂评价的不同,增强研究成果的科学性。

3. 目前课题研究在学科参与度上不很均衡。今后，还没有完全开展实验工作的学科，可以分步推进，借鉴前期的研究成果进一步实施，促进后期实验工作更加规范、高效。

陈平（南京市电教馆馆长）：中华中学是电教工作的老典型，为全市各级各类学校提供了应用典范，2012年成为省市数字化学习的试点学校，2016年成为南京市智慧校园建设与应用的首批试点校。学校领导高度重视、支持，使信息化成为学校发展的特色，推动信息中心在数字化建设中走在全市各类学校的前列。

本课题研究至今，我来过学校好几次。学校在数字化学习环境建设、学习平台建设和数字化资源建设与应用等方面做了卓有成效的工作，取得了骄人的成绩。学校立足于为高中学生的学习服务，促进互联网背景下的教学变革，在教师队伍的信息化能力提升和专业发展上做出了突出的贡献。由开始的少数学科、少数教师的研究与实践拓展到多个学科的许多教师参与研究与实验，对数字化学习实验项目有了进一步的了解与认识。

学校在项目研究中，围绕目标开展活动，影响大，成果明显，开展过很多次研讨与展示活动。中华中学是接待外地来访、考察高中数字化学习的首选学校，应该说在数字化学习方面取得了良好的效果。建议课题组进一步梳理研究成果，参与评审。祝中华中学走得更高、更快、更远。提几点建议和想法：

1. 如何更好地运用大数据研究对高中学生进行学习改革。实施基于大数据采集与分析的学情诊断和优质资源的推送，可以让教学在传统的基础上增加亮点。可实施个性化教学，至少可以从个性化的作业布置入手，提高教学效果。

2. 要在数字化学习的常态化推进方面下工夫。在现有学科研究与实践的基础上，推进数学和外语学科的应用实践，可以借助人工智能的优势，优化教学，减轻教师的负担，提高教学质量。要勇于进入课题研究的深水区，求变、求新。

吴东胜（原江苏省电教馆馆长）：非常高兴到中华中学参加重点课题的结题工作。国家在教育信息化如何推进教育现代化方面提出了目标、任务，中华中学取得了很好的成效，做了前瞻性的实践和思考，对我来说是一次全面的学习。谈三点感想：

1. 中华中学一直高度重视信息技术的应用，走在了全省的前列。更难能可贵的是，在高中探索，思想转变快。正是看到并且坚信技术对课堂变革的深刻影响，才有决心开展实践。

2. 本课题研究非常扎实，一系列工作都认真、严格地按照江苏省课题研究的要求推进，取得了很好的成果。案例可作为其他学校的样板、示范加以推广。务实的研究，促进了教师的专业发展，很多参与人员都是年轻教师，年富力强，课题实践和研究带来了很多可喜的变化。虽然在提高教学质量方面短期内没有明显的证据，但是我非常赞同结题。

3. 作为教育信息化推进的主管部门，建议年轻人要坚信信息技术将带来革命性的影响。习近平主席的有关讲话，对推进教育信息化建设具有非常重大的意义。不管你信不信，信息化都对各行各业产生了深刻的影响，但对教育的影响相对慢一些。学校有顾虑，怕影响学习成绩。中华中学作为名校，老师们要主动迎接挑战，顺应趋势，敢于变革，抓住课堂主战场。期待中华中学在这方面加把劲，向主学科推进。

为精准化的教学提供服务，是智慧课堂、智慧校园建设的重要任务。希望中华中学能够在全省做出新的示范，期待中华中学以此次课题结题为起点，继续深化信息技术的课堂应用，要经常用、普遍用。信息技术在"十二五"期间尚处于1.0阶段，"十三五"期间迈进2.0阶段，其特征是深入应用，融合创新，要与课堂无缝对接。希望中华中学构建可复制、可转化的各种学科的教学范式，率先引领、垂范，打造高中各门学科的教学范式，继续保持领先地位，打造出中华中学、南京市乃至江苏省的教学模式。

沈书生（南京师范大学教育技术学理学博士、教授、博士生导师）：前面的专家做了充分的肯定，内容丰富，作为课题的研究工作基本完成，我不再多说，谈几点看法。

1. 关于高考与此课题的关系问题。有人说，"e学习"影响了高考。是不是真的影响了？没有定论。我们的课题研究就是要解决这些实际存在的问题，让人们看到信息技术有助于高考，要进一步从信息技术的应用中，提炼出有助于教学的范式、样式。

2. 教学的空间变了，支持教学的技术变了，我们的教学环节、教学要素、教学过程要不要变？举个例子，从米到爆米花，构成事物的成分没有大的改变，只是存储的空间变大了，味道变了，但人们更加喜欢吃爆米花。在课堂教学改革中，我们要增加学习过程的“味道”，要勇于创新，让学生喜欢学习。改变首先要让师生学会应用信息技术，再用好信息技术，为教学服务。要充分体现应用信息技术的变化，促进新教师、新学科愿意进入此项目的研究。

3. 各层次的教师应如何介入此项目的研究？从育人方面，新技术的作用有不同的层次，我们可以从低到高入手。如从较低层次的拓展知识、增加学习方法手段方面入手，再进行提升；也可以从较高层次、同等时间下，满足师生更多的要求入手，提高课堂效率。全学科、全时段的应用效果与使用者的思想观念、使用方式有很大的关系。今年中华中学的高考，跟以往相比又有了进步，我不能直接断言这是我们进行实验的结果，但至少说明我们的课题研究和实验没有影响高考，可做深入研究。

沈曙虹（南京市教科所副所长）：作为今天结题活动的主持人，我应该使用话语权先讲。因为前面的几位专家讲了很多，我到最后最难讲。我是第一次参加该课题活动，听了几位专家的点评，感受很深。本课题研究自身的价值已毋庸置疑。另外，我更感受到本课题研究的附加值：它回答了教师们的疑问——教师的本职工作可以与教科研高度融合，不仅能促进教学质量的提升，教师专业的发展，而且为师生的教学提供了很好的范本，应该给予充分的肯定。

鉴于有关领导和专家指出，结题活动千万不能开成追悼会，只讲好话。因此，我在赞同前面几位专家所说的基础上提几点建议。

1. 课题主持人做结题报告时，如数家珍，心情和动机我们完全能够理解，看得出是真的在做课题研究，工作非常扎实有效。但是，在撰写结题报告时，应该突出重点：研究的内容和结论，研究的任务是否完成？是如何完成的？如若打造智慧教育空间，你的研究过程如何？通过什么样的方式？结果怎样？……在结题报告中，一定要有总有分，“总”就是共性的经验总结和理论提升。

2. 今后，学校在学习空间重构上，要重视听觉维度的建设。随着信息化的高速发展，很多人已从听课变成看课，人们的听觉在萎缩。听觉对人的成长有重要作用，想象力和批判力是创新精神和创新能力的重要体现。视觉有终点，而听觉具有开放性、情感性和联想性等特征。高度的视觉化，会让听觉成为弱化的感官。视听结合的学习方式，更有助于高效学习，也会让学生获得喜出望外的效果。学校在深化课题研究方面可以做一些探索，使教学空间、教学资源和教学过程不仅要可视化，还要可听化，要进一步有意识、创造性地开发听觉资源，争取有更大的、突破性的进展。

最终，经过专家组成员讨论、表决，一致同意该课题结题。

第二部分 智慧校园探索与反思

“学习—实践—反思”的不断循环是个人成长、学校发展的必经之路。自2012年参加江苏省南京市“e学习”试点工作以来，中华中学以智慧教学为中心推动智慧校园建设，智慧校园建设为智慧教学创造了有利条件。一批教师带头实验，注重总结与反思，推动了学校教育教学的改革与探索。

全方位探索，让信息化融入常态课堂

陶德华　张长利

一、走进南京市中华中学

（一）学校概况——认识中华中学

南京市中华中学是一所历史悠久、具有优良办学传统和丰厚文化底蕴的百年名校。学校创建于1899年，高中部地处南京市建邺区河西新城兴隆大街208号，占地面积100亩。目前高中部共有39个班级，于2015年面向全市进行招生，学生总人数1800人左右。学校教职工（含聘用）总计300余人，其中在职在编教职工197人。

（二）环境建设——中华中学的信息化条件保障

中华中学高中部自搬迁至河西新城以来，已经投入使用的教室达44间。其中有专用计算机教室4间，生物实验室2间（生命科学实验室和组培实验室）和物理DIS实验室等，同时学校还设有2个录播教室、具备移动学习课堂教学环境的多功能教室、“e学习”专用教室、备课教室和报告厅、电视演播厅等。学校每个教室和实验室都配备有虚拟交互式白板，实现了全数字化、多媒体化、无尘化的教学，为全校信息化教学的常态化提供保障。同时，学校也实现了有线和无线网络的全覆盖，达到“百兆入校，万兆主干，千兆桌面”。

二、社会认同感:中华中学是一所什么样的学校

(一) 社会认同感之一——学校获得的社会荣誉

中华中学是江苏省“e学习”实验基地,拥有江苏省基础教育百校数字化学习试点学校、江苏省电化教育示范学校、现代教育技术实验学校、南京市网络与数字化环境下的教学实验项目试点学校、江苏省电化教育先进单位、南京市中学生信息技术活动基地、江苏省示范校园网、南京市数字化校园示范校、江苏省OEH多媒体教育网络实验学校、江苏省青少年科技教育特色学校、江苏省青少年科技教育创新基地、南京市科技教育特色学校等多项荣誉称号。

(二) 社会认同感之二——信息化带给学校的荣誉

2013年,中华中学被江苏省确定为“e学习”试点学校,被南京市确定为网络与数字化环境下的教学实验项目试点学校。2014年,中华中学参加江苏省“e学习”试点暨南京市“网络与数字化环境下的教学实验项目”,是南京市普通高中唯一的首批省市双重试点学校。学校在“e学习”项目的带动下,将信息技术融入教学、管理等各个层面,综合应用多屏互动、远程实时互动、虚拟实验、移动学习、数字教材、在线教学管理系统、无纸化作业等多种技术和手段,推动实验工作向纵深发展,充分发挥信息技术改革教学方法和模式的优势,使学校教育信息化在探索中不断前进,推动“e学习”由实验性向常态性教学方向的发展与转变。

三、信息化建设

(一) 信息化着力点——多管齐下的信息化

中华中学在信息化建设的过程中,以“3e建设”(“e环境”建设、“e管理”建设、“e教学”建设)为抓手,坚持强化应用、注重实效、力求信息技术与教育教学深度融合的核心理念。以运用信息技术改造课堂、打造高效课堂为重点领域,一手抓基础设施建设,本着够用、适用

的原则，提高学校信息化基础设施配置水平；一手抓应用环境建设，大力推进教育管理信息化，提高教师应用信息技术水平，加快优质教育资源汇聚，推进信息技术与教学融合，推动学生学习方式变革。

（二）信息化发展规划之一——信息化教育常态化

中华中学的信息化建设在加强应用的同时也在不断改造，在用的“e学习”教室目前有1间，正在建设第2间，将逐步实现信息化教学的常态化。录播教室也在进行升级改造。教室、报告厅、教师备课教室等在内的投影机、白板等设备及其连线，学校做到5年定期更新。学校信息化发展，将借助“书香校园”建设，制作电子读物，推动高中师生的阅读，有设备帮助师生查阅（三种终端：手持终端、触摸终端、云终端），以达到“校园处处有图书、校园处处可读书”的标准。

（三）信息化发展规划之二——教师信息化能力的发展

学校对教师信息化能力的发展提出了相应的要求，一般需遵循以下几个原则：要满足教师自身常态化教学的需求；要促进教师个人专业发展的要求，以提升课堂质量；教师具有一定的信息技术水平，如独立制作微课等，信息中心同时也会提供技术支持；学校教师须全员参与“江苏省教师信息化能力提升工程”。

在以信息化素养促进教学方面，要求教师拥有以下几方面的能力：信息获取能力与信息处理能力；整合资料的能力；展示能力；对学生成绩等的数据处理能力；教科研与微课制作的能力。

（四）信息化发展规划之三——信息中心的建设与管理

学校对信息化建设极为重视。在部门设置方面，2000年9月，学校成立计算机教研组。2001年9月，计算机教研组与电教组合并成立信息中心。2011年6月，学校正式任命信息中心为中层职能部门。在部门管理方面，设有专门的主任与副主任，完善了部门的组织与管理职能；在部门人员方面，通过校聘来充实信息化建设的队伍，包括引进教辅人员、技术保障人员、网络管理人员与信息技术教师等；在财政投入方面，每年都会投入四五百万元的预算，包括信息化设备添置、人员引入、外请教师、培训费用、服务等多方面。

四、亮点写真

在学生培养方面，中华中学秉承“敬德修业、博物明理”的校训，着重培养学生的三种核心能力，即创新能力、国际竞争能力和终身学习能力。

（一）亮点写真之一——“创意 VB”

“创意 VB”是中华中学的特色项目。学校根据校情开展“创意 VB”软件制作活动，依托学校信息化硬件支持，启发学生认识信息科学与人类生活和生产的关系，让学生用科学的研究方法，借助技术的手段，用创新的观点去解决实际问题，充分促进学生的全面发展。学校组织学生参加校科技周程序设计竞赛、信息奥赛冬令营等交流活动，学生也曾在全国青少年信息学奥林匹克联赛中获得佳绩。

（二）亮点写真之二——“创意传媒”

“创意传媒”是南京市星光基地特色示范项目。以学校华星电视台为实践基础，学校安排校本课程学习，旨在培养具有创新性媒介思维的新型人才，提高团队成员的媒介产品创造等能力。学校定期为团队开展课程及培训，并依托南京师范大学等高校对学生的理论学习与实践活动进行指导，开设公开讲座，全面发展学生的兴趣与爱好。

（三）亮点写真之三——课程评价

一方面，学校各个班级都设置了信息委员，每堂课对教师的教学情况进行记录，学期期末也会通过问卷的形式让学生对教师的学期课堂授课情况进行匿名评价。另一方面，教师之间，通过网络评价实现了无纸化作业和匿名评价。教师可以通过校园内网查看自己的学期课表、检索听课信息。学校也设置有专门的课程评价标准，方便教师对课程进行标准化评价，对其他教师的课程进行研讨并提出建议。

五、课程变革

（一）课程变革之一——心理健康教育中心

学校的广播和电视每天都会定时播放音乐鉴赏、百家讲堂、体育节目、心语心约等相关节目。学校是首批心理教育特色学校，设有心理健康教育中心，是南京市首批心理咨询室，实验室配备了音乐放松仪、沙盘等心理健康教育专用设备，同时也配备了电子白板等全套多媒体专用设备。学校专门开设心理健康教育课程作为校本课程，校园网内部也专门设有心理健康专题网站，对学生心理健康状况的调查与采集工作主要借助网络进行。

（二）课程变革之二——“e 学习”专用教室

学校开设有“e 学习”试点教室与移动学习实验教室，主要用于数字化及网络条件下教学与教研的开展。中华中学聚焦课堂，明确信息化服务课程教学，促进学生全面健康发展的目标，以江苏省教育科学“十二五”规划重点课题“基于移动终端的普通高中课堂教学设计优化与实施的研究”为引领，研制“e 学习”课堂评价标准，增强“e 学习”实验工作的科学性、规范性和实效性。在“e 学习”专用教室旁边还设置备课教室，方便教师对更多信息化资源或技术工具的获取与使用。

六、教师成长

自 2012 年 3 月江苏省教育厅启动基础教育“e 学习”试点工作和 2012 年 5 月南京市实施“网络与数字化环境下的教学实验项目”以来，中华中学在“e 学习”领导组和工作组（信息化中心）的带领下，积极探索开展相关工作，不断扩大学校实验工作的影响力与实效性。

（一）教师的信息化能力培养之一——各类培训助力教师成长

学校结合“校—市—省”多级培训，分期分批对教师进行信息化应用培训。校级培训主要包括外请专家学者到校讲座，培训教师微课制作技巧等多方面的能力；省、市级培训主要包括网络远程授课和集中组织的专家讲座培训等。通过多层次对全体教师教学资源应用和课件制作的培训，教师能够独立制作微课、教学课件等，提高了教学效果和教师数字化教学资源应用及开发的能力，极大地促进了教师信息化应用能力的提高。学校大力支持教师参与各级各类竞赛（如微课、一师一优课大赛等），并适时给予奖励与支持。近两年来，中华中学教师积极参与省、市和国家级教学设计、教师基本功等信息化大赛，且多人次获得优胜奖和一等奖。

（二）教师的信息化能力培养之二——以研究提升信息化行动力

自学校 2012 年申报开展“e 学习”双试点项目以及江苏省教育科学“十二五”规划重点课题“基于移动终端的普通高中课堂教学设计优化与实施的研究”以来，学校不断尝试寻找网络、移动终端等设备或技术手段与传统课堂教学的契合点，以实现有机结合的课堂教学。实验教师队伍不断壮大，制定课堂教学评价标准，以考核和激励方式不断鼓励教师参与项目工作。“e 学习”项目的参与学科从之前的政治、生物、化学和地理，到目前的高考学科及心理健康实现全覆盖。实验领域不断扩展，实验班级也已覆盖到全校高中的绝大多数班级。以信息中心为主要工作组，不定期组织参与教师进行跨学科间的互相学习与交流，以科研促进教师的专业成长，以信息化提高教师教学效果、学生学习质量，从而推动学生的全面发展。

七、信息化管理

中华中学以“中华云”建设为基础，以“e 办公”平台为建设内容，实现了校园内部各个职能部门之间的连通与管理。

（一）信息化管理之一——信息化助力行政办公

中华中学目前已经建成行政管理系统与教务管理系统，用信息化助力行政办公。行政管理系统，实现了校外公文的收发、校内传阅交办、网络申请批示、请假核准归档、人事档案管理、会议管理、正文管理、年级轮聘管理、工会社团活动、消息流传等功能，实现了信息化校务公开管理。教务管理系统，实现了电子阅卷、排课调课、课程表查询、必修选修课管理、研究性学习选课管理、校本课程管理、教学评估、听课管理、成绩管理、学生综合素质评价等功能，帮助教师更好、更方便快捷地获取课程及学生成绩等相关信息。

（二）信息化管理之二——信息化实现师生评价

中华中学目前已建成学生管理系统和教科研管理系统。学生管理系统，实现奖惩评优管理、学生问卷调查、家校沟通、运动会综合管理、社团管理、校友会等功能，方便学生的自我管理、活动参与及家校沟通。教科研管理系统，实现教师综合素质评价、论文案例在线评审、校刊投稿管理、微课制作评估等功能，便于教师科研情况管理工作的开展。

（三）信息化管理之三——信息化完善后勤管理

中华中学还建成了后勤管理系统，实现在线保修管理、后勤服务管理、功能室管理、工资查询、消费查询等功能，使后勤与学校教育教学一起，步入信息化建设的道路。学校还建成信息化管理系统，实现网格综合管理、全校组织机构权限管理、统一身份认证等功能。中华中学丰富的“e管理”建设，使得学校的各种管理流程更加清晰，提高了学校的管理效率，也大大降低了管理成本。

八、外部环境

在家校合作方面，学校推出“零手机”试点活动，以实现“零手机学校”“零手机班级”。为方便学生与家长之间的联系，在每个班配置两部手机，使学生得以在紧张的学习之余与家长进行沟通交流。对于学生综合素质的管理和班主任的管理等方面，学校还推出了班主任助理制度，借助校园网实现资料上传与下发的电子化。通过建设班级QQ群和家校一线通平台，让家长时时掌握学生在校情况以及学校的时事新闻，方便家长与学校的互相监督与交流。学校与家长之间还成立了家委会，实现家长对学校的监督，定期举行“家长开放日”，让家长一起参加学生的成人礼等活动，共同关注学生的健康成长。

（该文原载于前沿科学思想学术文库《信息化教育在行动·走进南京》一书）

基于移动终端的高中“e学习”

陶德华 林 琳

一、项目基本介绍

（一）项目简介——“e学习”项目

信息化是当今世界经济和社会发展的趋势，以多媒体和网络技术为核心的信息技术已成为拓展人类能力的创造性工具，以教育信息化带动教育现代化，是我国教育事业发展的战略选择。2012年3月，江苏省教育厅在全省启动基础教育百校数字化学习试点工作；5月，南京市教育局启动“网络与数字化教育下的教学实验项目”（简称“e学习”项目），中华中学作为南京市普通高中唯一的首批市双重点学校，率先争取加入了实验。经过四年多的学习、实践和反思，中华中学越来越清楚地认识到，课堂仍是学生学习的重要场地，基于移动终端的课堂，可以跨越时空的限制，将常规的实体课堂和虚拟的网络课堂相融合，成为面对面教学与学生在线学习的统一体。

中华中学遵循主体性学习理论、数字化学习理论、移动学习理论和混合式学习理论，以江苏省教育科学“十二五”规划重点课题“基于移动终端的普通高中课堂教学设计优化与实施的研究”为引领，不断尝试将网络、移动终端等设备设施和技术与传统课堂有机结合，综合应用多屏互动、多点触控、远程实时互动、虚拟实验、移动学习、数字教材、在线教学管理系统、无纸化作业等先进技术和手段，切实提升课堂效率与质量，促进学生自主学习，推动“e学习”由实验性向常态化教学方向发展。

（二）师生团队——信息中心与学科教师的结合

项目主要职能部门是中华中学的信息中心①，主要负责项目的实施工作和技术支持工作。“e学习”项目成员从最初4位教师发展至今已有20多位教师。学校教师可自愿申请加入该项目，但学校对参与项目的教师具有以下要求：学科教学过关；动手能力强；愿意尝试新事物；有创新意识。

该项目从一开始的4个学科，包括政治、化学、生物、地理，目前已经基本涵盖全学科，高考学科中除了数学课堂教学未参与，其他学科都参与了，但是数学在练习、评测等活动中也使用到了大数据分析等方法。另外，从高一、高二到高三的三个年级段的学生都参与了该项目，实现了全学科全覆盖。

（三）支撑环境——“e学习”的信息化条件保障

“e学习”试点教室（又称移动学习实验教室），配备Smart白板、电视机、触控一体机、电脑、摄像机、Pad等设备，以一个平台（通过上课来不断完善平台的功能）为基础，在此基础上使用其他软件辅助；“e学习”备课室（又称移动学习备课室），配备苹果笔记本、苹果电脑等为教师提供研究技术支持教学的空间。此外，全校教师人手一台笔记本，学校为每个人都配备了一台台式电脑，这为教师开展“e学习”实验提供了有力保障。

（四）重要事件——从一次次展示活动中获得成长

2012年9月，中华中学吴虔老师执教的“原始的农耕社会”是南京市首次“e学习”实验课。2012年12月，在南京市“网络与数字化环境下的教学实验项目”课堂教学展示活动中，戴俊老师上了“国家财政”一课。2013年1月，南京市中华中学举办了“e学习”暨“网络

① 2000年9月，中华中学成立计算机教研组。2001年9月，计算机教研组与电教组合并成立信息中心。2011年6月，学校正式任命信息中心为中层职能部门，主要负责全校技术教学、信息技术服务和保障、学校“e办公”和“e环境”建设、数字化学习课堂教学改革实验、中学生科技星光基地、校园学生电视台和心理健康教育等方面的工作。

与数字化环境下的教学实验项目”课堂教学展示与研究活动。2013年12月，南京市中华中学展示了2013～2014学年第一学期“e学习”实验项目研究课。2014年5月，南京市中华中学承办江苏省“e学习”政治(品德)学科试点学校观摩研讨活动。2015年4月，南京市中华中学举办“基于移动终端的高中课堂教学设计优化与实施”展示与研讨活动，南京市电教馆、市教研室、市教科所有关领导及专家等70多人参加了本次活动。2015年12月，为进一步推动“e学习”实验工作，学校举行了“基于移动终端的普通高中课堂教学评价标准研讨活动”，特邀南京师范大学教授、省市教研室政治教研员、省市电教馆分管“e学习”实验工作的主任和省“e学习”专家组成员等参加了研讨。2016年5月，学校开展了以“基于‘e学习’课堂评价标准，优化高中教学设计与实施”为主题的南京市“网络与数字化环境下的教学实验项目”中华中学展示与研讨活动。

二、项目前期分析

(一) 项目需求——外在机遇与内在诉求并存

为进一步推进教育信息化，促进中小学教育教学模式和学习方式的转变，在2012年，江苏省教育厅启动基础教育百校数字化学习(“e学习”)试点工作。由于中华中学拥有丰富的底蕴基础，客观条件优越，教师信息化素养水平整体比较高，被江苏省确定为“e学习”试点学校，同时，也被南京市确定为“网络与数字化环境下的教学实验项目”试点学校，这对该校来说既是一个机遇又是一个挑战。

参与“e学习”项目，毋庸置疑可以促进教师的成长，转变教师的教学观念和教学方式，以适应当代和未来社会发展的需要；同时，能够促进教师教学和学生学习的效果。但是，高中对应试要求高，要想大面积推广“e学习”，教师、家长都存在顾虑，“万一不成功影响成绩怎么办?”收不到预期效果就是浪费时间，会遭到指责和反对，所以先行者面临的挑战非常大。

（二）项目目标——以教育信息化带动教育现代化

开展“以移动终端为核心的教学设计与实施的课题研究”，并申报省、市级课题，并以此为抓手，进一步探索“e学习”教学模式，形成学校实验特色和阶段性成果。在前期实验研究的基础上，尽快确定并完善专用实验平台；建立并完善学校“e学习”专题网站，不断丰富网站内容。在这样的过程中，以教育信息化带动教育现代化，培养学生信息素养（搜索信息的能力、抵抗干扰的能力、有效利用网络优势资源的能力、交互评价、人机互动等），提升学生的综合能力。

（三）信息化的助力——iPad与平台的搭档

“e学习”项目是以信息化为基础，在软硬件的支持下推动项目的实施。整合校园内无线和有线网络，确保“e学习”专用教室及其他可以开展“e学习”课内外活动的场馆真正实现有线、无线网络畅通，“e学习”课堂网络无障碍。目前，在该校的绝大多数高考学科的新授课或复习课中都使用了信息化（例如，最常使用的有iPad、安卓平台等）用来支持课堂内部教学，而数学学科则是用其来提高学生的练习效率（例如，提高做题的效果，实现做一个题目代替以往的做十道题目的效果），用信息技术实现检测、统计、及时反馈等功能。

三、项目实施与管理

（一）实施过程——八大实施步骤

本项目对参加实验的教师明确提出“六个一”基本要求，即每人确立一个重点内容为实验切入点（最好形成课题）；制定一个实验计划并于开学后第二周内上交；每月上一节“e学习”实验课或听其他学科“e学习”实验课一节（互相学习和研讨）；在日常教学中开展实验课的基础上，上一节校级以上实验公开课（展示与交流）；于学期结束前上交与实验相关的教学课例、课件和论文或工作总结各一份。具体实施过程包括以下八个步骤：

本人申请。根据实际情况，教师在网站上下载申请表“南京市中华中学参加‘e学习’实验教师申报表”，填写并向学校提交申请。

学校审批。学校根据教师提交的申请表给予审批，申请表上包括个人基本情况分析、能够完成学校规定的"六个一"计划、望学校提供的保障、教研组意见、学校审定意见等内容，基本上提交的申请都能通过审批。

教师培训。学校组织教师开展集中培训以及老带新培训，让新加入实验队伍的教师尽快进入实验状态。经过培训后的教师需要明确任务，最好能形成课题。

实施方案。信息中心调整实验教师队伍、试验班级和实验学科，落实实验教师；实验教师制订研究、实验计划，设计"e学习"课程实施方案。

团队讨论与沟通。学科教师与技术人员沟通所设计的"e学习"课程实施方案中需要用到的技术功能，一同探讨平台能否实现该功能，若不能实现则需要寻找解决途径。

学生培训。在不影响正常教学的情况下，技术人员给学生做些普及性的培训(例如，Pad的使用方法)；学科教师给学生做学科专业软件的培训(例如，学科专用软件的使用方法)。

实验实施。教师在实验实施前需要自己网上预订"e学习"试点教室；实验实施过程中，会有团队教师听课；每次实验实施，都会有相应的记录，项目团队会填写"e学习"实验课登记表(包括学科、教师、课题、班级、具体时间、课型、上课地点、软件平台等信息)。

教师评课。教师开展"e学习"课时，会有相应教师(本学科教师或跨学科教师都会有)来听课，课后教师间需要根据学校研制的"'e学习'课堂评价标准"互相评课。

（二）管理策略——八大保障机制

项目管理过程中建立以下"八大完善的保障机制"：课题引领机制，该校于2014年12月正式申报了"基于移动终端的普通高中课堂教学设计优化与实施的研究"课题，获江苏省规划办批准立项为"十二五"规划重点课题；组织领导机制，组织做好顶层设计，拥有明确方向，落脚于课堂，促进课堂教学质量和教学效率的提升，将前端性的教学优势与现实的传统方式相结合，寻找理想和现实的结合点，提升学生的素质；专家指导机制，开展学习和培训活动，增强教师运用现代信息技术，尤其是移动终端组织学科教学的主动意识和应用能力，积极寻求南京师范大学等高等院校、省（市）教研室和电教馆等上级主管部门和相关企业单位的人员和技术支持，构建信息技术与学科教学整合的理论和技术支撑的合作团队，推动实验工作的展开；任务驱动机制，对参加实验的教师明确提出“六个一”基本要求；考核激励机制，学校会定期考核并给予参与项目的教师适当物质鼓励和精神鼓励；软件硬件机制，例如，移动终端由学校统一管理，学生只能在课堂上使用；实践检验机制，每堂课都要经过实践来改进教学设计；学习交流机制，组织教师之间互动交流，跨学科互相学习、互相借鉴。

（三）实施效果——“e 学习”课堂评价标准

本项目通过四年多的实施，明显提升了学校教师信息素养，促使教学变革，课堂变得更有新意、更有特色，提高了学生学习的兴趣。另外，中华中学从学习目标、学习内容、学习过程（包括“师生行为”和“混合学习”两个方面）和学习效果等方面制订了“e 学习”课堂评价标准，以新的课堂评价标准作为参照，使得上课和听课的人都有一个依据，促进“e 学习”课堂质量的提升。

（四）问题与措施——即使戴着脚套，也要展现五指的最美状态

管理者遇到的问题。由于受到高考制度的冲击，学校担心 Pad 影响学生的学习，目前并没有做到让学生人手一个移动终端、随时随地上网。也许这并不是常态化的“e 学习”，由于信息化与考试制度存在冲突，学校只能通过不断做“e 学习”的多学科的尝试，在尝试中积累经验，不断放开枷锁。另外，目前学校只有一间“e 学习”试点教室，Pad 等设备数量有限。面对设备无法长时间使用，需要定时充电的问题，管理者决定再购买一套设备以备用。

教师遇到的问题。目前已有的平台不能满足教师的需求，寻找不到一个能够满足高中开展教学的平台，平台基本上不存在文理科倾向性。面对该问题，中华中学的教师走“厂学研”相结合的道路，一边与厂商合作开发、定制、完善、推动平台建设；一边做教学实验研究。所以，教师们遇到的最大的困难就是备课的同时还要和厂商沟

通做平台的开发、改进工作，教师的工作量非常重。

学生遇到的问题。学生对软件平台不熟悉，在上过一次实验课后，如果长时间不再上课，就容易忘记软件平台的使用方法，就算之前接受过技术培训，后期也需要再次接受培训，而课前的技术培训又占用学生的时间。面对该问题，中华中学打算在未来实现常态化的“e学习”，防止该问题的产生。

四、未来规划

汇总实验相关课例、课件和论文等资料，形成阶段性实验研究成果；在不断实验和总结的基础上，申报省市级课题，并以此形成学校实验研究特色。在南京市电教馆为学校新配备实验设备的基础上，建设第二个“e学习”专用教室，开展苹果系统和安卓系统的比较研究。坚持并完善组织保障、学习交流、考核激励、软硬件保障等机制，吸引更多教师参与，促进实验研究工作的顺利进行。

（该文原载于前沿科学思想学术文库《信息化教育在行动·走进南京》一书）

基于移动终端的普通高中课堂教学设计优化与实施的研究

陶德华

一、研究背景

1. 适应教育信息化发展的要求。信息化是当今世界经济和社会发展的大趋势,以多媒体和网络技术为核心的信息技术已成为拓展人类能力的创造性工具。互联网和教育的结合将推进未来社会生活的发展,影响个体的发展以至一个国家、一个民族的发展。以教育信息化带动教育现代化,是我国教育事业发展的战略选择。2010 年,我国颁布的《国家中长期教育改革和发展规划纲要(2010～2020 年)》对我国教育信息化的发展方向和具体实施目标作了明确的表述。2012 年,教育部颁布了《教育信息化十年发展规划(2011～2020 年)》。《南京市教育事业发展“十二五”规划》明确要求:教育信息化建设和应用全国领先。2012 年,南京市教育局提出了“新三基”精神,基于网的教育就是其中之一,致力于给学生更自由的学习选择。

2. 促进移动学习发展的需要。网络技术发展至今,移动通信技术的发展和智能设备的普及促进了移动学习的发展。移动学习是一种结合移动终端运算能力和无线网络传输能力的新型学习模式,可在移动设备的支撑下能够随时随地开展学习。它带来了教育理念的变革和教学方式的转变,引领着我国未来教育的发展方向,在基础教育的小学和初中阶段开展实验的热情更加高涨,北京、上海和广东等地走在了全国前列。2012 年 3 月,江苏省教育厅在全省启动基础教育百校数字化学习试点工作。2012 年 5 月,南京市教育局启动“网络与数字化环境下的教学实验项目”。由于移动数字化学习这一概念是引自国外，真正做到本土化需要一个较长的适应过程，加之国内多个非教育产业的联动，使得当前关于移动数字化学习的研究更多倾向于学习设备的研制、教学资源的开发、学习环境的架构以及对教师开展专业培训等方面，对移动数字化学习理论和实践的学术性研究相对贫乏。

3. 符合教学设计的研究方向。数字化学习和教学设计是教育技术两大研究领域。现有文献资料和各类科研成果报告显示，有关数字化学习和教学设计的研究成果数量已极为丰富，在发展中形成了相对成熟和稳定的科学体系。与此同时，两者交叉融合衍生出的基于数字化学习环境的教学设计这一研究领域也逐渐受到重视并逐渐发展，大量专家学者正在积极探索这一研究领域。

随着移动学习在学校教育、远程教育、职业培训等领域得到广泛运用，移动学习的研究也正成为当前的研究热点。基于移动终端的学科教学设计和资源开发也成为移动学习研究方向之一。虽然平板电脑在移动终端市场已占有一定份额，但专门为此设计的学习资源却远远少于台式电脑，基于移动数字化学习环境的普通高中课堂教学设计研究则少之又少。所以如何设计和开发基于平板电脑的学科课程急需我们去探索。

4. 学校具有优良的现实基础。信息技术教育是中华中学的一大特色。“九五”“十五”期间，学校是国家级重点教科研课题“基于网络环境下的学与教”的实验学校，并取得了丰硕的成果。著名的北京师范大学何克抗教授曾对中华中学的网络教学模式给予高度称赞。凭借优良的办学传统、丰富的办学底蕴和鲜明的信息技术教育特色，中华中学作为南京市普通高中唯一的首批省市双重“e 学习”试点学校，率先进行了实验探索。经过三年的学习、实践和反思，深刻意识到课堂仍是学生学习的重要场所，基于移动终端的课堂，可以突破时空的限制，将常规的实体课堂和虚拟的网络课堂相融合，让课堂成为面对面的教学与学生的在线学习的统一体，充分体现个性化学习的魅力。经过充分的酝酿和准备，学校于 2015 年申报了“基于移动终端的普通高中课堂教学设计优化与实施的研究”课题，被江苏省教育科学规划领导办公室批准立项为“十二五”规划重点课题，批准编号为：B-b/2015/02/075。

二、核心概念及界定

1. 移动终端。本课题中制定、优化和实施课堂教学设计中的移动终端主要指学校配发给师生的安装了“e学习”专用平台软件的便携式移动平板电脑。为保证优化的教学设计得以顺利实施，师生在课前、课后使用的移动终端因此涵盖各类可进行移动学习的便携式终端设备，如手机、平板电脑、笔记本、POS机甚至车载电脑等。

2. 课堂。课堂是学生学习的场所。基于移动终端的课堂，可以跨越时空的界限，包括常规的实体课堂和虚拟的网络课堂。本研究中的课堂主要是常规的实体课堂，也包括为实现优化了的教学设计的目标而适当延伸和拓展的网络时空。

3. 普通高中课堂教学设计。教师根据普通高中课程标准和教材的要求，根据现有的教学辅助条件，基于学习者的特点与需求，对整个教学过程的各组成要素进行合理安排，对课堂教学实施活动过程进行设计。

4. 优化与实施。教师在原有常规教学设计的基础上，增加“移动终端”的相关元素，依据教学目的，运用系统科学的方法，遵循一定的教学过程和学生的认知规律，按照从实践到认识、再实践再认识的多次反复的认知过程，采用多种方式对教学活动中的各要素进行优化设计，提高教学设计的有效性和可操作性，解决教学实践过程中出现的各类教学问题，从而达到预期的教学目标。

“基于移动终端的普通高中课堂教学设计优化与实施的研究”努力最大限度地摆脱传统教学思想的禁锢，真正树立以学生为中心的教学理念。以学生的“学”为一切教学设计的出发点和落脚点，优化教学设计，提升课堂教学的质量和效率。教师不仅根据课程要求设定教学目标，还要根据不同的教学环节设计不同的教学活动，选用不同的教学方法；根据学生的实际情况选择教学内容、调整教学顺序甚至是自编教材等。本研究突出三个特点：严格遵循教学规律，充分体现社会实践活动的创造性，以提高教学质量和效率为直接目的。

三、研究的价值

概括地说，中华中学开展的基于移动终端的高中课堂教学实验与研究是师生人手一个移动终端（平板电脑），借助专用的网络教学平台，通过在线学习和课堂面授相结合的方式，实现师生、生生及其他相关人员的课前、课中、课后的交流与互动，从而完成教学任务，更好地达成教学目标的教学实践。它紧紧围绕数字化学习、移动学习，并结合教育技术领域尤为关注的教学设计这一话题，运用科学的研究方法，致力于研究“教学设计的优化”这一主题，期待通过本课题的研究，寻找适合普通高中开展移动学习，优化课堂教学效率与质量的有效途径和模式，为全省、全市范围内推进高中移动学习提供范本，也为丰富和发展移动学习理论提供真实有效的实践经验和资料。其实践价值和理论价值，主要体现在：探索“e学习”与普通高中课堂教学的联系，深化实践，探索基于移动终端的普通高中课堂教学优化设计与实施的可行性，为更多的教师优化教学设计与实施提供范例，为丰富和发展数字化学习、移动学习等理论提供实践经验。

四、理论支撑和预设目标

以数字化学习理论、移动学习理论、混合学习理论、学习主体性学习理论、后现代课程理论等理论为指导，对数字化学习、移动学习对“教学设计”影响的特征分析，揭示数字化学习、移动学习的特征及其在教学实践发展过程中存在的一些问题和面临的诸多挑战，选择性解答受众和社会对数字化学习、移动学习可能存在的担忧和顾虑，总结并建构数字化学习环境下，基于移动终端的教学设计的一般模式，为数字化学习理论的研究和发展奠定基础。

运用内容分析法构建教学设计新模式，在真实课堂教学实验基础上形成一系列教学课例，可以使研究成果更科学、更实用，便于广大数字化学习教学实践工作者能够快速领会和掌握设计思想和操作要点，易于上手、便于操作、轻松实践，为广大教育工作者和教学实践工作者乃至更多非教育产业人士对数字化学习、移动学习各要素进行整合优化，为数字化学习后续研究提供实践和理论指导，打开新的研究视角。

具体来说，本研究和实验将充分发挥信息技术和移动终端的作用，努力在切实提高课堂教学质量和效率，为更多的教师优化教学设计与实施提供范例，推动“e学习”由实验向常态化教学方向发展等方面取得成效。

五、研究方法、过程和主要做法

本研究采用了文献研究法、行动研究法、比较研究法、经验总结法、案例研究法和调查、访谈、交流法等方法，主要分为酝酿、准备、实施和总结四个阶段。具体实施的主要做法如下：

1. 坚持“123456”的基本思路。即：突出一个主体——学生，围绕一个中心——课堂教学设计优化与实施；通过两种方式——在线学习和面授，利用两种资源——网络和现实；兼顾三个阶段——课前、课中和课后；结合四种课型——新授课、复习课、习题课、试卷讲评课；把握五个环节——课堂导入、新课讲授、检测反馈、课堂小结、课后作业设计与布置；实行“六个一”任务驱动——每人每学期要完成六项任务，即确立一个重点内容为实验切入点（最好形成课题），制订实验计划并于开学后第二周内上交；听其他学科“e学习”实验课各一节（互相学习和研讨）；在日常教学中开展实验课的基础上，上一节校级以上实验公开课（展示与交流）；于学期结束前上交与实验相关的教学课例、课件和论文或工作总结各一份电子材料。

2. 明确研究的主要内容与分工。根据参与课题研究的人员结构和特点，将研究内容进行分解和分工，各成员以子课题的形式参与研究。主要工作分两个方面，一是以为教师进行课题研究提供基本保障和操作模式为方向，建设促进高中课堂教学优化的智慧教育空间；另一个是以提高课堂效率和质量为目标，优化基于移动终端的普通高中课堂教学设计并实施（分学科）。子课题有：网络与数字化环境下优化普通高中课堂教学基本路径的研究、数字化学习平台下高中思想政治课学习资源生成方法的研究、基于移动终端的普通高中课堂教学评价标准的研究、基于移动终端的高中语文课堂教学实践研究、基于移动终端的物理力学习题课的课堂优化研究、“e 学习”平台与高中物理课堂教学整合的实践研究、基于移动终端的普通高中生物实验复习课的课堂教学设计优化与实施的研究、基于移动终端的历史思维能力培养方式的研究、基于“e 学习”平台的高中地理高效学习方法探索、基于移动终端的高中思想政治课堂教学优化与实施的研究、基于移动终端的高中政治试卷讲评课优化方式的研究、高中政治课堂学生信息素养培育方式的研究和高中心理健康教育数字化课程建设与实施研究等。

3. 八个步骤扎实推进课题研究。按照本人申请、学校审批、教师培训、学生培训、制订方案、组织实验、团队协作、教学研讨等八个具体步骤有序开展实验和研究工作。

4. 八个机制为课题研究保驾护航。课题引领机制、组织领导机制、专家指导机制、任务驱动机制、考核激励机制、软件硬件机制、实践检验机制、学习交流机制等八大机制为实验和研究的深入推广提供了有力的保障。

5. 把握契机实现课题研究质的飞跃。学校自参加“e 学习”试点项目以来，既注重量的积累，更注重质的提高。一方面依托实验学科教研组的力量，经常性地开展磨课、研课活动；另一方面自加压力，把握契机，于每学期或每学年至少举办一次省市级实验展示交流活动，每次均邀请南京师范大学、省市电教馆和教研室及兄弟学校的专家和同行到校指导，为老师们搭建锻炼和展示才干的平台，既为实验项目和课题研究的推进寻求突破，也充分展现了学校在教学改革创新方面在省市的引领和辐射作用，如 2014 年江苏省“e 学习”政治（品德)学科试点学校观摩研讨活动在中华中学举行。据不完全统计,学校参加实验的教师开设市级及以上“e学习”观摩课、公开课近50多节。其中学校举办或承办市级以上专题展示和研讨活动近10次,开设实验课30多节;另有14位实验教师分别在江苏省、南京市教研活动、中华中学第八周对外开放展示及其他市级以上对外接待活动中也开设了近20节“e学习”公开课;陶德华等开设市级以上专题讲座、网络课程和经验介绍等近10次。

六、研究成果

经过五年多的实践,取得了一系列丰硕的成果,如10多篇“e学习”实验和课题研究论文在省级以上刊物发表或在市级以上评比中获奖;积累了一批“e学习”实验暨课题研究的课例——教学设计与反思课堂教学实录光盘;研制了《南京市中华中学基于移动终端的普通高中课堂教学评价标准和评分表》和《南京市中华中学基于移动终端的课堂教学设计表》(详见附录1、附录2),使课题研究更加规范和科学;自主设计并制作的《网络与数字化环境下的教学实验探索——基于移动终端的普通高中课堂教学设计优化与实施》网络视频课程(详见附录3)通过专家组评审,成为南京市网络课程,让更多的网民受益;掌握了优化教学目标、优化教学内容、优化教学效率、优化教学管理方式、优化教学评价方式等网络与数字化环境下优化课堂教学的基本路径;中华中学智慧教育空间建设不断完善,学校与合作企业联合自主开发了计算机软件“中华中学智慧教育云平台”(简称:中华智慧教育)和“中华中学课堂教学优化融合系统”(简称:中华课堂教学优化),获得了国家版权局的中国版权保护中心颁发的著作权证书(详见附录4);“e学习”实验项目和课题研究获南京市先进集体称号,杨克俊等三位教师获先进个人称号;参加“e学习”实验和课题研究的师生信息技术应用能力和水平显著提高,有效促进了教师的专业发展和师生核心素养的提升,在近几年省市教科研论文、课例、微课大赛、科技创新大赛等评比中获奖成果居同类学校前列。

七、主要观点与创新之处

1. 主要观点。信息化是当今世界经济和社会发展的大趋势，以多媒体和网络技术为核心的信息技术已成为拓展人类能力的创造性工具。基于网络和移动终端的移动学习为人们终身学习、随时随地学习提供了便利的条件和丰富的学习资源，在国内外许多地区都已经开展移动学习进入中小学校园的实验和推广。基于移动终端的学习将会成为包括中小学生在内的人们学习的常用方式和惯用手段。

2. 创新之处。基于移动终端的课堂教学设计优化与实施充分发挥信息技术和移动终端的作用，使课堂更生动，小组合作、课堂交互、及时反馈更及时、更方便，学习效率更高、学生课堂展示机会更多、能更好地调动学习的积极性和主动性，激发学生自主学习热情，能切实提高课堂教学效率和质量。在对教学设计进行优化的过程中能充分体现教学方法的多样性、灵活性的特征，对不同的教学方法进行创造性的应用，甚至能创造出新的教学方法。开设的市级及以上50多节“e学习”暨基于移动终端的普通高中课堂教学实验研究公开课，为更多的教师优化教学设计与实施提供范例。不断总结实践经验，听从专家指导，集众人之智慧，研制的《南京市中华中学基于移动终端的普通高中课堂教学评价标准和评分表》，值得推广和借鉴。采用校企合作、联合开发的方式，创建了适合开展“e学习”暨基于移动终端的普通高中课堂教学的“智慧教育云平台”和“课堂教学优化系统”。“课堂教学优化系统”能够进行跨“苹果”“安卓”系统运行，功能比较齐全，操作简单便捷，具有中华中学特色。自主设计创建的“e学习”专用教室，符合开展“e学习”暨基于移动终端的普通高中课堂教学的实际需要，成为很多学校学习和借鉴的样板。

随着“e学习”实验探索和“基于移动终端的普通高中课堂教学设计优化与实施的研究”课题研究的不断深化，中华中学已经在便捷的“e学习”场所、跨平台的“e学习”专用软件、不断壮大的“e学习”师资队伍、更高素养的学生群体、规范科学的“e学习”评价标准、丰富的“e

学习”资源(课例、课件、微课、论文等)、可贵的“e学习”实践经验、更多的相关获奖荣誉等方面取得一定的成果,课题已于2017年12月顺利结题,并受到评审专家的一致称赞(详见附录5)。

课题研究暂告一个段落,但智慧教育任重道远。中华中学参与“e学习”实验和课题研究的教师在体验课题研究与实践价值,憧憬美好未来的同时,也对工作中存在的问题感到困惑和无奈。例如,在现行高考模式下,如何处理好学生长远素质培养和眼前应试需要之间的矛盾?如何统筹安排教师的工作,让他们有足够的时间和精力深化实验研究?如何走好校企联合的道路,在资金、人力等方面给予支持,确保符合普通高中课堂教学的专用软件平台得以及时修正和完善?不同商家能否开放网络阅卷系统等与教学直接相关的软件平台,实现各类教育教学资源的共享和对接?如何有效实现“微软”“苹果”“安卓”三大系统的兼容和优势互补,以节约“e学习”教学软件平台成本?……这些都不是课题组老师能解决的,也不是学校一方可以实现的,需要省市和国家教育主管部门从顶层设计,充分发挥市场和计划的双重调节作用,促进教育资源,尤其是优质软件教育平台的整合与优化配置,为基础教育教学改革插上腾飞的翅膀。

如何在省、市及全国范围内进行推广,让“e学习”由探索向常态化迈进,让更多的师生分享不断优化的“e学习”?如何发挥信息技术优势,更加科学地记录和积累教学资源,进一步提升课堂教学质量和效率?……今后,中华中学将在这些问题上作更加深入的探索与实践。我们相信只有进行基于大数据分析的课堂教学改革与创新,才能着眼于提升核心素养,促进师生健康和谐发展,更加科学、高效地进行教与学。我们愿乘着“互联网+教育”和“人工智能”不断发展的东风,为推动新一轮基础教育改革做出更大的贡献。

探寻阅读教学的“真味”

——数字技术优化语文课堂教学案例

金　星

随着移动终端时代“互联网＋”行动计划的实施，移动互联网已经深深地影响并改变了人们的生活，尤其是2012年移动互联网教育逐渐兴起，以平板电脑等智能终端为基础的智慧教室对移动学习提供了技术支撑环境，进一步丰富了移动终端学习的理论，移动终端技术对高中语文教学的影响是深远甚至是颠覆性的。从发展的眼光看，在保证传统教学语文味不变的前提下，如何利用好移动终端技术这一教学手段，教会学生真正读懂文本，优化高中语文教学，提升核心素养，值得思索。

一、手段与目的：移动终端技术与语文教学的关系

长期以来，很多学者对信息技术冲击语文教学诟病已久。其实，从两者关系上看，技术终究是为语文教学服务的手段，语文教学最终目的是为了教会学生在文本体悟中提升核心素养。移动终端技术优化教学的立足点始终是学生，教学的定位依然是学生这一主体。站在学生这一立场上看，两者是手段与目的的关系。

移动终端时代的最大特征，就是社会在逐步进入现实与虚拟二元交互式的空间模式。00后的高中生在接受新事物的认知度上远远走在时代的前列。移动终端技术已经超越了原有的移动终端课堂的概念，不仅仅指教师利用课件等单一方式来优化教学。从手段上讲，移动终端技术在语文教学中的表现载体主要是以网络和移动终端技术，以平板电脑为依托的智慧教室。教师在智慧教室中依托语

文教材，可以选择适当的教学软件、互联网功能、大数据集成功能、微课、慕课、翻转课堂等形式来优化教学，拓展文本内容，开发课程资源。

利用移动终端技术优化语文教学可以使教学重心进一步下移，使学生亲近文本，读懂文本，从生本课堂走向生生课堂。因此，优化后的语文教学要不打折扣地体现语文的“真味”，不以技术手段取代教学，以实现语文教学根本任务为目标。

二、文本预读的精准反馈：教学目标的优化

高中语文教学的根本任务在于读懂文本。教师在教学目标的设置时应该基于学情，教师对学生达成认知目标的了解决定了教学目标的有效设定，因而预知学生预读文本的结果往往很重要，这些真实的预读问题却常常被忽视。这样带来的后果就是教师在课堂中总是按照自己的预设确定教学目标，深浅全凭经验甚至运气。而学生对文本究竟读懂多少永远是无法预测的，教师若不充分掌握，课堂中自然无法真正做到“以教师为主导，以学生为主体”。

以《兰亭集序》为例，作为一篇经典文言文，常规课堂的教学目标主要落实在知识能力、过程方法、情感态度价值观三种维度上，它较能体现教师对文本的解读。比如：

常规课堂教学目标：

(1) 疏通并掌握本文的重要字词以及句式。

(2) 理解课文内容及作者的写作缘由，以及作者在行文中的情感变化。

(3) 认识作者的人生观，为培养阅读经典的鉴赏能力打下基础。

常规课堂制定教学目标的出发点是教师，是教师希望通过教学向学生传授特定知识。学生预读的反馈以及真正原生的问题究竟是什么？常规课堂的教学目标无法作出准确预设，而移动终端技术则可以提供优化的手段。比如我在授课前曾作出以下要求：首先指导学生利用 iPad 中自带的电子书籍，阅读余秋雨《遥远的绝响》和李泽

厚《美的历程》中的“魏晋篇”，使学生对王羲之所处的魏晋时代风貌有所了解；同时指导学生通读全文，结合书下注释，自我梳理不懂的字词，上传至小组电子文件夹中，以小组合作的方式解决翻译障碍；还可以结合全篇提一两个最有价值的问题并思考。

优化后的教学目标：

(1) 结合注释梳理字词，上传疑问至小组文件夹，合作翻译。

(2) 围绕全文情感脉络整体感知，提出一两个最有价值的问题并思考。

(3) 揣摩并感悟王羲之创作的情感，体悟作者的人生观，培养阅读经典的鉴赏能力。

(4) 阅读电子书籍余秋雨《遥远的绝响》和李泽厚《美的历程》中“魏晋篇”，初步理解魏晋时期的时代风貌。

优化后的课堂基于教师对学生预读的充分了解。学生提出的疑问就很有意义，比如，有同学问：作者何以由乐到痛到悲？王羲之乐极生悲的原因究竟是什么？这些问题贯穿全篇，学生抓住的关键字解决了本该在课堂中提出的问题，解决了传统教学中“整体感知”的部分环节，提高了课堂效率。教师在目标设定上如果能将重心进一步下移，将传统课堂师生共解的问题让给学生自己完成，会极大地调动学生学习语文的热情，将原本课堂预设中的水分挤出，让课堂出现更多的“干货”。

移动终端技术可以极大地调动学生读书的积极性并节省课堂时间，精准体现学情。教师可以通过教学软件的数据收集功能，将学生在预读中提出的问题归纳为几类并获得比率，如文言理解障碍、情感变化疑惑、时代背景困扰、主旨理解难题。每类问题指向的学生都不同，因为学生的学情不同，教学目标的设置也就需要做出精准的设置并在课堂中对具体学生进行反馈。教学目标的下移基于真正落实学生课堂主体地位这一根本原则，移动终端技术可以帮助教师更好地精准关注学情，帮助学生在阅读中生成问题，读懂文本。

三、文本探究的广泛参与：教学内容的优化

高中语文教学的活力来自文本探究的效度。探究文本，说到底是文本阅读的深化。目前在语文教学组织上存在这样两个问题：一方面，教师个人对文本探究很深，但教学组织有问题，学生与教师产生距离；另一方面，教师能组织好探究性的教学，但只有部分学生能达到教学预设，教学效果打折扣。

移动终端技术可以在一定程度上提供优化的手段。移动终端学习虽然包括了终端、内容、活动等几类要素，但说到底还是内容这一要素最为重要，它可以极大地辅助拓展教学内容。传统的信息技术在语文教学中的运用仅仅是使用投影仪或者 PPT，使用不当还会引起各种诟病。在移动智慧课堂中，移动终端技术会自发地吸引学生的思考力，教师只要引导得当，就会取得事半功倍的效果。

比如，我在讲授《林黛玉进贾府》一文时，着重以“评点法”组织文本探究。在教学中，通过展示脂砚斋评点《红楼梦》的语句指导学生现场评点。传统课堂无法迅速直观地将学生的点评成果大量展示，只能随机地点评，探究个别同学的成果，学生参与度低。但是移动智慧课堂可以很好地提供解决方案。每个学生的成果经过小组评议，通过拍照上传至照片墙，教师将小组点评传至每位同学的 iPad 上，简单快捷，直观清晰。学生在点评、互评中看到彼此的优缺点，课堂生动活泼，学生意犹未尽，自主探究意识强烈。从这堂课中，我们可以观察到，新技术将原本 PPT 的单一展示性升级为 P2P 的交互式模式，学生对文本的探究意识大大增加，课堂容量变大，学生更愿意主动阅读文字，关注问题，思考问题，文本探究的效率大大提升。

再如，我讲授杜甫诗歌《登高》，在授课结束时，请学生根据课堂所学内容，自我探究、设计课堂板书，并拍照上传展示在照片墙中。通过这种直观而大容量的展示模式，我们可以看到学生自主总结课堂学习的成果，有的学生言简意赅，有的学生言语模糊。在传统课堂上，教师无法在短时间内了解学生的学习成果，但是在智慧教室中，

每个学生的理解思路能在极短时间内被全面展示，教师及时点评，教学容量变大且反馈精准有效，学情也能得以及时掌握。

课例：《登高》学生展示课堂板书

生1：景（风、天、猿、渚、沙、鸟、落木、长江）

　　情（悲秋、作客、苦恨、霜鬓）

生2：首联：哀怨，颔联：沉郁，颈联：悲愤，尾联：悲壮

生3：景象宏伟，秋意人生，生命本色，一切景语皆情语

四、文本资源的虚拟开发：课程外延的优化

高中语文教学的深化在于思维能力的提升。语文教学的课程资源不仅仅在于课本，语文的视野和生活的视野是相等的。教师在教学中如何在有限的时间内依托课本，摆脱教材的被动，学会用教材教，移动终端技术可以提供课程资源开发的方式，如微课、教育类APP、搜索引擎访问目标资源等。语文教学说到底要让学生成为“杂家”，文本资源在通过移动终端技术的优化后，语文课堂容量变大，课本之外的阅读资源可以在有限的时间内被无限地发掘。比如，我在讲授《兰亭集序》时，有过前后两次教学尝试。

常规课堂《兰亭集序》案例节选：

师：“一死生”“齐彭殇”究竟该怎么理解？

生：把死生看作一样是虚诞的事情，把寿夭看作平等是虚妄的事情。

师：我们是否就理解到这个程度了？下面不妨来看一篇文章的节选：余秋雨《遥远的绝响》。

（PPT展示：何晏，玄学的创始人、哲学家、诗人、谋士，被杀；张华，政治家、诗人、《博物志》的作者，被杀；潘岳，与陆机齐名的诗人，中国古代最著名的美男子，被杀……）

生：魏晋时代，“天下名士，少有全者”，天下名士，首要任务是保全性命。

生：对于人生、命运他们颓废、悲观、消极，于是清谈、逃避。

师:是的,然而反过来讲,这种颓废与悲观的反面却恰恰是对人生命运强烈的欲求和留恋。

常规的教学课堂中,我利用幻灯片引用了余秋雨《遥远的绝响》中的一段话,余文提到了魏晋时期的几位重要文人,诸如何晏、张华、潘岳、谢灵运、范晔的悲剧命运,旨在指导学生理解魏晋名士的命运,学生有一定感触。在优化后的课堂中,我要求将该文作为预习作业提前阅读,同时列出将近三十位魏晋名士的名字,请学生在课堂中利用平板电脑选择感兴趣的人物进行搜索。

优化后的《兰亭集序》案例节选:

师:"一死生""齐彭殇"究竟该怎么理解?

生:把死生看作一样是虚诞的事情,把寿夭看作平等是虚妄的事情。

师:我们是否就理解到这个程度了?下面不妨来看那个时代一些人物的命运,请同学们选择感兴趣的一两个人利用网络搜索,重点关注他们的命运究竟怎样。

PPT 展示:孔融、杨修、祢衡、丁仪、丁廙、嵇康、陆机、陆云、张华、潘岳、石崇、欧阳建、孙拯、嵇绍、牵秀、郭璞、谢混、谢灵运、范晔、袁淑、鲍照、吴迈远、袁粲、王融、谢朓、陶潜……

(学生活动,利用平板电脑进行搜索、讨论、总结)

生:有的被卷入政治斗争而遭到杀戮,如孔融、杨修、祢衡、丁仪。

生:还有死于西晋末年的战乱之中,如杜育、王浚、刘琨、卢谌。

生:没有死亡的人也选择了隐居,比如陶渊明。

生:魏晋南北朝时期文人命运的关键词:生命短暂、归隐、个人的无力、逃避、杀戮。

师:说得很好!那么特殊的时代告诉了文人们生存的悲剧意义,王羲之要通过《兰亭集序》告诉读者什么呢?

生:"后之览者,亦将有感于斯文""固知一死生为虚诞,齐彭殇为妄作"。

生:对于人生、命运,他们颓废、悲观,但恰恰也是对命运的留恋。

生:有很多文人,比如王羲之,他们都跳脱出了固有的认识,发出了自己的声音。

生:王羲之在这句话的表述中表达了和道家思想相反的思想:多多关注现实,不应空谈虚妄。

师:总结得很好!这就是作者对“死生”的理性思考,也是对人生价值实现的辩证看法。

在优化后的课堂中,学生通过平板电脑的互联网搜索功能,不但迅速搜索提取了信息,还能够对信息进行整合和探究,比如发现魏晋名士命运的不同分类,探究作者的创作主旨,可谓一举多得。在本堂课结尾部分我还播放了自制微课《王羲之文学与书法的共性美》,作为课后阅读资料,将本篇文言文放在美学的范畴之下去深化理解,在加深课堂理解的基础之上再进一步提升学生思维。这也是利用教材,借助于移动终端技术开发文本资源,拓宽课程外延的优化行为。

五、结语

移动终端技术作为一种教学优化手段,它的好处在于,可以激发学生参与语文课堂的热情和探究语文的意识;可以从虚拟层面解决课堂阅读量、信息量不够的问题;可以将传统课堂教学延伸到课堂之外,拓展到生活之中。

移动终端技术带来的是语文教学理念的转变,但不管怎样,语文课终究是语文课,移动终端技术对高中语文教学的优化仍应坚持语文课的“真味”不变,即在真正读懂文本中提升语文核心素养。

[该文系江苏省教育科学“十二五”规划重点课题“基于移动终端的普通高中课堂教学设计优化与实施的研究”(课题编号:B-b/2015/02/075)研究成果]

参考文献

[1] 陈亚梅.移动终端语文教学应用研究[J].中学语文,2015(18):23.

[2] 李玲.信息技术环境下语文教学误区指要[J].中学语文教学参考,2016

(6):50.

[3] 施岩.寻找信息技术与语文课程整合的生长点[J].中学语文教学参考,2008(6):92.

[4] 仝赛赛.基于平板电脑的智慧移动学习课堂构建研究[J].中国教育移动终端,2016(22):51.

(该文原载于《中学语文教学参考》2018 年第 1 期)

“e学习”平台与高中物理课堂教学整合的实践研究

焦炳胜

随着网络信息和计算机技术的飞跃发展，传统教育模式下的高中物理教学也由多媒体教学向“e学习”这一崭新的教学模式迈进，并以其显现出来的优势引发教学观念、教学内容、尤其是教学方式的巨大变革。如何通过实践研究将高中物理教学与其有机整合，这是实现“e学习”课堂教学的重要环节，需要我们基层一线的教师积极参与“e学习”课堂教育的研究和实践。

一、“e学习”概念及与课堂教学整合的思路

“e学习”即E-Learning，中文意译为“网络(化)学习”，也有叫作数字(化)学习或电子(化)学习。“e学习”主要是通过信息网络进行的学习与教学活动，它充分利用了现代信息技术所提供的、具有全新的沟通机制与丰富资源的学习环境，实现着一种全新的学习方式。“e学习”是以现代信息资源传播和计算机技术为基础的，与丰富有效的教学资源融合的教育平台。我们的任务就是要将此平台与高中物理教学整合起来，使课堂教育的质量和效果得到一定的提高。

物理课堂教学与“e学习”平台的整合思路如图1所示，具体流程如图2所示。

做好课前准备是保证“e学习”课程顺利进行的前提。在做好学生设备操作课前培训的同时，还要做好数据文本等资源的积累。更重要的是将教学素材融入“e学习”的课堂教学中，充分运用“e学习”的特点和优势，使物理课堂教学更加高效。

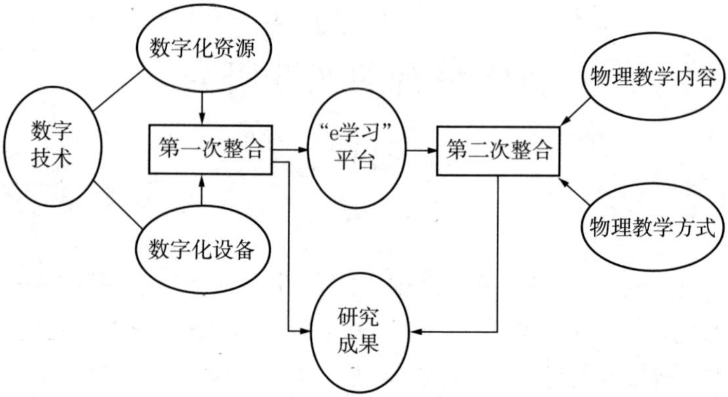

图 1　物理课堂教学与"e 学习"平台的整合

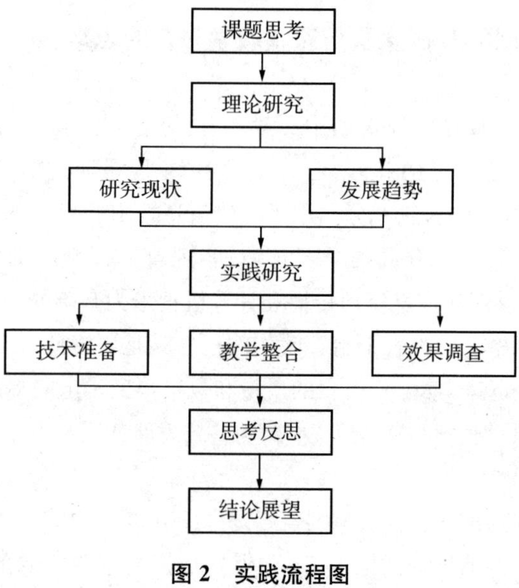

图 2　实践流程图

二、“e学习”与课堂教学的整合过程

“e学习”与课堂教学的整合过程主要分为普通新授课教学、实验课教学和复习课习题教学。

（一）“e学习”与普通新授课教学的整合

普通的新课教学一般需要三部分教学内容的呈现：新授的知识点及其组成的知识框架；针对性的例题；学生解题及教师批注等板书。为了将这三部分教学内容统一起来，我校普遍采用的方式是“双屏模式”（见图3），即用两个屏幕取代一个屏幕进行PPT播放。双屏分别连接两台电脑主机，一个普通屏幕专门播放知识点框架的PPT，期间也可以穿插切换例题，可以用鼠标和遥控来完成；课堂例题教学用的PPT在另一个触摸屏上，可以用触摸、遥控、手持平板等方式控制屏幕切换。同时，在“e学习”平台上，师生、生生的互动也由触摸屏呈现。学生也可以将课堂上做过批改、注释的PPT调出来查看。三部分教学内容在双屏上可以相互切换，知识点可以长时间保留在一个屏幕上；例题和板书可以自由更新和切换而不用担心擦除后就消失了。学生解答习题也不需要“上黑板”了，任何一个学生的解答过程可以迅速而不失真地呈现在触摸屏上。

图3　“双屏模式”教学

以下是运用双屏模式比较电磁驱动及其与电磁阻尼异同的教学片段：

（1）实验引入，问题思考

师:现在我们来观察电磁驱动结构模型。

(在屏幕一上呈现磁驱动实验结构模型,学生观察,同时教师简述模型结构。)

师:为了阐述清楚,我们来观看相应视频电磁驱动实验。

(电磁驱动实验视频在屏幕二上播放,屏幕一中结构模型仍然保留,方便学生和实物对照。)

(2) 在学生观看视频的基础上,教师向学生提问,并进一步阐述

(3) 电磁驱动和电磁阻尼的异同

师:现在我们再来观察前面所说的电磁阻尼摆实验模型和视频,大家注意观察它和电磁驱动的区别。

教师在屏幕一中呈现电磁阻尼摆的结构模型,同时在屏幕二中再呈现电磁阻尼摆实验的视频。

然后在屏幕一中使两种现象的结构图并排呈现,在屏幕二中使两个实验视频并排呈现并且循环播放。学生分别在双屏模式下对两种现象进行观察和对比。

师:现在哪位同学可以说说电磁驱动和电磁阻尼的区别呢?

(教师请学生回答。)

接下来教师分别从成因、效果、能量转化方面阐述两者的区别,与此同时,在屏幕一中将要点呈现出来供学生记录和记忆。屏幕二中的视频可以仍然继续播放。

"双屏模式"将教学内容同时呈现在屏幕上,从而拓展了教学的空间和时间,能够给学生以更加直观、形象的印象。在新课教学中能够更好地保证教学的连贯性,使学生的听课效率更高。只要教学整合过程恰当,"双屏模式"使课堂教学中的师生互动变得更加即时和迅捷,学生的主体性得到充分体现。

(二) 物理实验课教学的处理和实践

高中物理实验课教学不可缺少的三个环节是:实验步骤的理解和掌握;实验原理的分析;实验过程的体验。笔者认为,相对于常规实验教学而言,"e学习"在实验的三个环节上呈现出明显的高效性。

首先,"e学习"教室多媒体设备的先进和齐备为教师迅速、便捷

地进行演示实验创造了条件。教师可结合DIS实验室的传感器设备随时做实验，并利用相应的软件及时将实验数据和图像上传至“e学习”平台供学生借鉴和研究。

其次，在对实验原理的分析中，教师可以在讲解实验步骤的同时将实验过程以录制的视频形式反复同步（无声）播放（这是“双屏模式”体现出来的优势），使学生在学习实验步骤的同时，与实验过程进行对照，在听觉和视觉双重感知下，对实验的过程和原理有更深的感知。学生还可以将自己不理解的地方或者产生的困惑在“e学习”平台上发给教师和其他同学，供大家即时讨论或由老师实时讲解。

第三，高中物理实验中有许多的内容特别是在微观领域方面，无法通过实物演示呈现给学生，因此在物理教学中我们经常运用模拟实验的方法。例如：电流在电路中流动、布朗运动、电子枪、原子核外电子的运动、a粒子散射实验等。如果在“e学习”平台中将多媒体技术与物理实验进行整合，就能够获得良好的教学效果。

第四，利用“e学习”平台可以达到实验视频、图片的即时拍摄制作、上传共享和讨论。笔者在上“涡流、电磁阻尼和电磁驱动”公开课时，设计了一个结合阻尼摆实验阐述什么是电磁阻尼的教学片段。

师：我们再来看一个实验模型（屏幕展示电磁阻尼摆），为什么金属摆最终停下来？仅仅是因为摩擦阻力的作用吗？还有什么力？——涡流导致金属摆受到的安培力的阻碍作用。我们把这种现象叫做电磁阻尼。这金属摆就叫做电磁阻尼摆。

师：如何减小电磁阻尼的效果呢？——减小涡流的产生。

师：现在请大家在平板电脑上，用笔对图中原有的电磁阻尼摆进行改造，使之摆动时产生较小的涡流。

学生做图。老师及时将不同学生的图投影到屏幕上供大家参考与讨论，分析和评价。

师：我们来看看改造过后的阻尼摆摆动的效果（实物演示）。两个金属摆同时摆动，观察谁先停止摆动……

上述演示实验教学环节的特点在于借助“e学习”平台，让每一个学生将自己预想的演示实验画出来，并即时投放在屏幕上供师生一起分析讨论。“e学习”课堂提高了学生课堂参与实验过程教学的自主性，又锻炼了学生的思维。

通过将物理课堂教学整合到“e学习”平台上，形成教师口述、实物演示、模拟实验、视频即时制作和播放、学生讨论交流的“多维”实验教学。在实验操作和讨论中，学生的主体性得到充分的保证，同时使实验教学更加高效，实验过程更加丰富多样化。

（三）复习课的习题教学与“e学习”的整合

学生在复习课上的习题训练，目的是纠正错误、巩固所学的知识。那么，教师在课堂练习中最重要的就是发现学生的错误、分析原因并及时给予指导。通过整合，在习题讲评过程中，教师可以运用以下几个环节：

(1) 锁屏。当教师希望学生抬头看大屏幕时，教师可以通过平台操作将学生平板电脑的屏幕锁定使学生无法操作。这一过程相当于教师说“请大家抬起头来看黑板”。

(2) 触屏注释。在讲评习题过程中，教师可以直接用手或触屏用笔在屏幕上写过程、做笔记，同时将笔记记忆储存，不会丢失。当PPT翻到下一页进行讲解中，需要返回时，教师在原来页面上的注释仍然存在。同时，教师也可以将评讲注释的页面上传，每个学生都可以通过“e学习”平台自由调用学习。

(3) 即时练习。教师的评讲必须与学生的即时练习相结合，以达到即时巩固的效果。评讲完一道例题时，教师可以在触屏上直接改动原题，改动的题目即时截屏上传到网络平台上，并且转发到每一位学生的平板电脑上，供学生即时练习。

(4) 备用选题。教师在每一道例题之后设置几道题型相同、难度不同的习题，供不同层次的学生选择题目进一步练习，充分满足不同层次学生的学习需求，体现差异性教学。

当学生做练习时，教师可以利用自己手中的平板电脑调出任意一个学生的操作界面，观察其解题过程，同时可以进行批改和批注。与此同时，教师的批改和批注也在相应学生的平板电脑操作界面中呈现出来供学生修正。

三、对整合实践的反馈

在经历了“e学习”课堂教学之后，笔者通过问卷调查发现大部分学生对物理“e学习”持肯定态度。学生被“e学习”这种新颖的教学呈现、灵活的互动方式以及较强的自主性、选择性所吸引，对“e学习”教学模式充满了兴趣。“e学习”课堂教学，提高了学生学习物理的积极性，也提高了教师的课堂教学效率。

参考文献

[1] 夏宇，陆琴.区域“e学习”平台部署及在课堂教学中的案例探究[J].中小学信息技术教育，2013(9)：62－65.

[2] 顾建新.“e学习”环境下高中物理课堂教学方式研究[J]. 教育理论与实践，2013(26)：53－55.

[3] 王浩. 基于平板电脑的“e学习”课堂教学[J].中国现代教育装备，2015(18)：17－19.

（该文原载于《中学物理教学参考》2016年第10期）

探究 *RC* 电路中影响电容器充电时间的因素

——记一次教学计划外的实验

钱嘉伟

一、问题的提出

教材中"恒定电流"一章涉及含容电路。按照考试要求,学生应能看出电路中的电容器和哪个电阻或哪段电路并联,从而确定电容器两极板间的电压,进而能求出电容器的带电量,并会根据电路变化,求出电容器上电量的变化量。

尽管对含容电路的暂态过程本身不作要求,但不代表学生对这类问题没有这样或那样的困惑。进行这一部分内容的教学时,两个对物理学科颇有兴趣的学生小Y和小L在课后进行了争论,谁也不能说服对方,进而向笔者提出了问题:

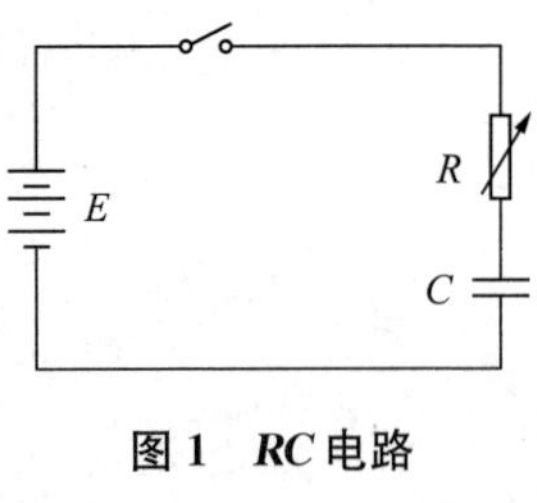

图1 *RC* 电路

如图1所示,在 R、C 恒定不变的情况下,接通开关后,随着充电的进行,电容器极板上逐渐积聚电荷,极板间的电压 U_C 升高,路端电压与 U_C 之差慢慢减小,所以充电电流 i 不断减小。当 U_C 等于电源电动势 E 时,i 变为零,此时电容器充电完毕。小Y认为电池电动势增大时,充电电流平均值增大,所以电容器的充电时间应该缩短;小L觉得电容器最终所充的电量($Q=CE$)增大了,从这个层面看充电时间会延长。那么情况究竟如何?充电时间还和什么因素有关?

这一问题已经完全超出高中物理教学范围,笔者刚想告诉他们不要“自寻烦恼”时，突然意识到在物理教学被现行高考方案大大削弱的今天，学生能提出如此问题有多么难得，冷淡粗暴地扼杀他们的兴趣有多么不明智。笔者飞快评估了一下实验室的设备条件和他们的学习基础，决定安排一次教学计划外的实验探究。笔者鼓励他们说：“老师不想直接给你们答案，你们有没有兴趣到实验室用‘高大上’的设备自行探究一下？”两位学生听到“高大上”三个字，顿时有了好奇心，对视一下后，立刻爽快地答应了。笔者布置任务，让他们课后讨论一下可能影响充电时间长短的因素，并制定相应的实验方案，约定第二天中午午休时间在实验室碰面。

二、探究过程

第二天中午，小 Y 和小 L 如约来到实验室，汇报了他们的讨论成果。他们结合 $Q=CU$，$q=It$ 以及欧姆定律，猜测：电动势 E、电阻 R、电容 C 的大小均对充电时间的长短有影响，并阐述了进行实验探究的主要方法——控制变量法。笔者肯定了他们的想法，并帮助他们对实验方案加以完善。由于充电过程非常短暂，电路中需要串入传感器，借助 DIS 实验系统研究电流随时间变化的规律。

笔者按照他们设计的方案准备好实验器材，包括：6 V 电池组，DIS 系统及电流传感器，电阻箱（J2362 型），单刀开关，不同电容值（4700 pF、2200 pF、1000 pF）的电容器，导线若干。

（一）实验装置和电路

实验电路和实验装置如图 2 所示。

（二）实验步骤

（1）正确连接实验电路，控制 R（$R=150\ \Omega$）、C（$C=4700$ pF）不变，改变电源电动势 E 的大小，探究 E 对充电时间的影响（电动势由 1.5 V 开始做 3～4 次，每次增加 1.5 V）。

① 点击电脑屏幕“开始”钮，并“调零”，再闭合电键，观察充电过程电流曲线。充电完毕，点击电脑屏幕“停止”钮。

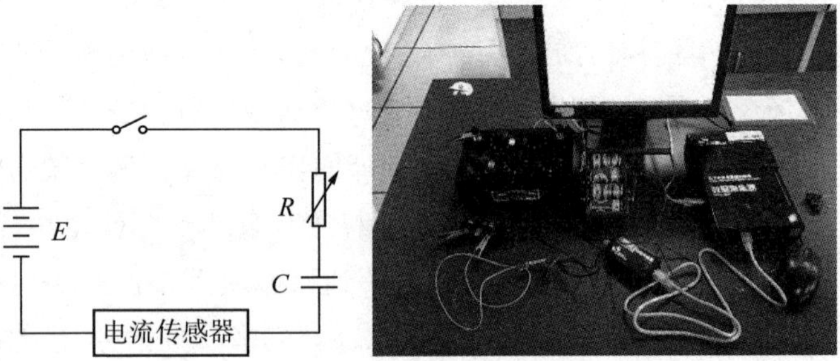

图 2　实验电路和装置

② 改变 Y 缩放，使图像大小适中，并点击保存。

③ 用导线短接电容器，放净已充电荷后，改变电动势，继续步骤①、②。

(2) 控制 $E(E=4.5\ \text{V})$、$C(C=4700\ \text{pF})$不变，改变阻值 R 的大小，探究 R 对充电时间的影响。

(3) 控制 $E(E=4.5\ \text{V})$、$R(R=150\ \Omega)$不变，更换电容器，改变电容值 C，探究电容值 C 对充电时间的影响。

(4) 分析比较每组图像中暂态时间的长短和电容器的带电量，得出结论。

(5) 整理器材。

(三) 实验结果

(1) $R=150\ \Omega$、$C=4700\ \text{pF}$，改变电源电动势 E，实验结果如图 3 所示。根据 $i-t$ 图像可知，电源电动势对充电时间长短无影响，但电动势越大，电容器所带电量就越多。

(2) $E=4.5\ \text{V}$、$C=4700\ \text{pF}$，改变电阻箱阻值，实验结果如图 4 所示。根据 $i-t$ 图像可知，电阻箱阻值对充电时间长短有影响，阻值越大，充电时间越长，但阻值对电容器充电所得的电量没有影响。

① E=1.5 V　　　　② E=6.0 V

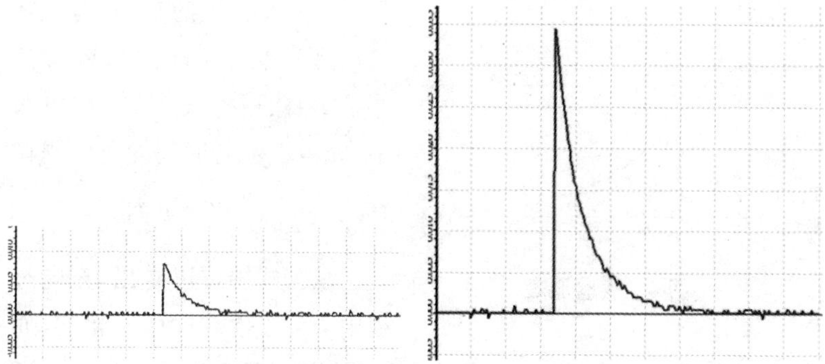

图 3　实验结果(1)

① R=75 Ω　　　　② R=600 Ω

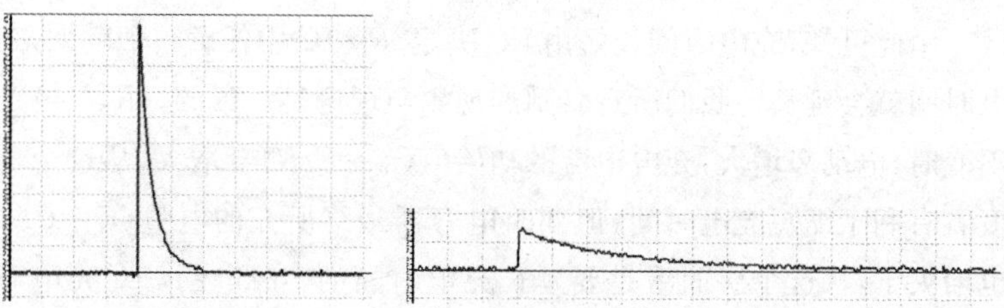

图 4　实验结果(2)

(3) E=4.5 V、R=150 Ω,更换电容器,改变电容值 C,实验结果如图 5 所示。根据 i-t 图像可知,电容器电容值对充电时间长短有影响,电容值值越大,充电时间越长,同时电容器充电所得的电量越大。

① C=1000 pF　　　　② C=4700 pF

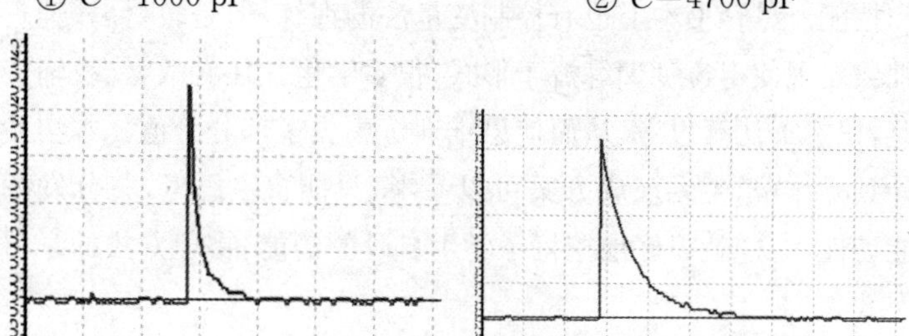

图 5　实验结果(3)

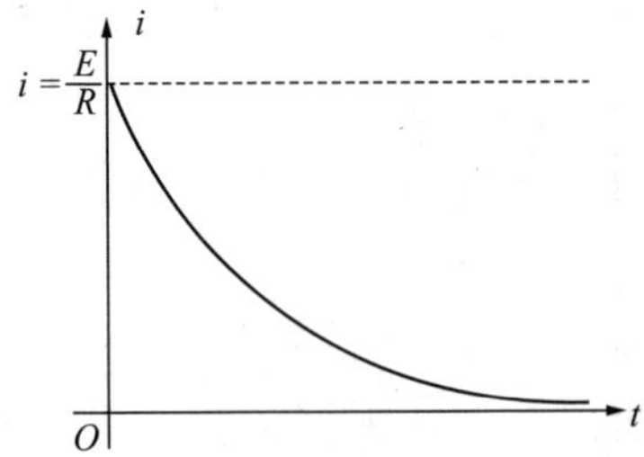

图 6 实验原理

(四) 理论探讨

在实验探究的基础上，笔者又从理论层面简单对实验现象作了解释：研究表明 $R-C$ 电路中，充电电流随时间变化的规律是：$i=\frac{E}{R}e^{-t/(RC)}$（见图 6）。

从公式中可以看出，充电过程中 i 是按指数规律变化的，而充电的快慢取决于电阻和电容的乘积，因此，称 RC 为时间常数 τ，即 $\tau=RC$。

实践中，当 $t=3\tau$ 时，可认为电容器上的电荷已被充满。

由此可知，充电时间长短由 RC 决定，R 和 C 中任意一个增大，充电时间就会延长。我们所观察到的现象与理论是一致的。R、C 恒定不变时，电动势增大，充电电流的初始值（$i_0=E/R$）会增大，从这个角度看有利于缩短充电时间；但同时电容器最终所充的电量（$Q=CE$）也增大了，从这个层面看是要延长充电时间的。故电动势对充电时间的作用实际被抵消了。

三、感悟

运用控制变量法进行实验探究是物理学科中一种重要的思想方法和技能。尽管书本上也有控制变量法的训练，但是教材、教辅资料的细致展现使得这种训练流于形式，很多学生往往有教材、教辅资料借鉴，根本不认真思考，从而使思维训练失去了部分价值。本实验从设计到操作，学生无现成方案可以参考，只能自主思考，充分发挥主观能动性，这样就很好地挖掘了学生自身的潜能，物理方法的学习收到实效。

在实验过程中，从如何接线，到如何让已被充电的电容器放电，为下一组充电实验做准备，再到如何操作 DIS 系统，两个学生状况不断。但是渐渐地，学生就从忙乱到有序，从笨拙到娴熟，操作越来越流畅。探究的操作部分包含了三组实验，第二天只完成了控制 R、C 恒定，改变 E 的那一组，剩余的两组及理论释疑都是在第三天中午完成的。任务多了一倍有余，但时间却没有延长，学生探究效率方面的提高是显而易见的。

本实验以“RC 暂态电路充电时间长短”问题为载体，以控制变量法为核心，以 DIS 系统为支撑，以训练学生实验操作能力和信息处理能力为追求。深化了学科知识，又在一定程度上拓展了学生的眼界，巩固了学习兴趣，还充分挖掘了 DIS 系统的价值，以 DIS 系统直观展示物理现象，使之充分为教学服务，使 DIS 系统物尽其用，可谓一举多得。

这次教学计划外的实验结束了，看着小 Y 和小 L 激动兴奋的表情，笔者想到了爱因斯坦的名言：“如果你忘记了在学校里学到的一切，那么所剩下的就是教育。”笔者坚信若干年后小 Y 和小 L 即使把中学物理知识都忘光，依然会记得这几天紧张而又充实的午间经历。

参考文献

[1] 赵凯华，陈熙谋. 电磁学[M]. 3 版. 北京：人民教育出版社，2011.

[2] 程守洙，江之永. 普通物理学[M]. 北京：人民教育出版社，1979.

[3] 上海市中小学数字化实验系统开发中心，山东远大网络多媒体股份有限公司. 朗威数字化信息系统实验室物理实验实例[G]. 2010(1).

[4] 江苏省教育科学研究院课程教材研究中心，江苏省中小学教学研究室. 普通高中课程标准教学要求(物理・化学・生物)[S]. 南京：江苏教育出版社，2007(1).

[5] 2015 年江苏省普通高中学业测试(选修科目)说明[S]. 南京：江苏教育出版社，2014(11).

[6] 人民教育出版社，课程教材研究所，物理课程教材研究开发中心. 物理(选修 3－1)教师教学用书[M]. 北京：人民教育出版社，2010.

（该文原载于《物理之友》2015 年第 3 期）

利用 GeoGebra 的 3D 视图功能辅助物理教学

——以火车转弯为例

唐　超

随着科学技术的发展,计算机硬件和软件技术的不断进步,计算机辅助教学已经逐渐普及。在课堂中我们可以借助计算机软件的实时演算功能动态展示某个物理过程。相比于传统课堂的静态图片展示和语言描述,即时演算的显著优点是直观、清楚、有趣。在激发学生兴趣的同时,更避免了学生在知识建构和同化过程中类似于"盲人摸象"的情况,极大地提高了教学过程的精确性。而把 GeoGebra 所具有的 3D 场景功能应用于动态展示空间几何关系时,能够很好地弥补传统教学过程的不足。

一、GeoGebra 的简要介绍

GeoGebra 是一个结合几何、代数与微积分的动态数学软件,由美国佛罗里达州亚特兰大学的数学教授 Markus Hohenwarter 设计。它是一个动态的几何软件,可以绘制点、向量、线段、直线、多边形、圆锥曲线,甚至是函数,还可以改变它们的属性。它也允许用户直接输入方程和点坐标进行绘图,也可以对函数作微分与积分,找出方程的根或计算函数的极大极小值。GeoGebra 一共具有以下几个区域:代数区域、表格区域、运算区域、绘图区域 1(二维平面)、绘图区域 2(二维平面)、3D 绘图区域、作图过程和概率统计。用户可以根据需要显示或者隐藏这些区域。用户可以在平面绘图区域中添加按钮、文本框、选择框、滑竿条等动态控制工具,并且可以自定义它们的标签和其他属性。

GeoGebra的主要功能和操作方式和我们所熟悉的几何画板类似，但是它的功能远比几何画板丰富。首先它具有3D绘图、概率统计等几何画板所不具备的功能，这大大扩展了应用领域。除此之外GeoGebra还支持脚本开发。除了自己所特有的GeoGebra Script脚本以外，它还支持JavaScript，这给用户带来了更多的选择性和自由度。在移动设备大行其道的今天，GeoGebra的多平台特性更成为它独树一帜的特性。目前GeoGebra除了传统的Windows平台，还支持Android平台（包括手机和平板电脑）、Linux平台和Mac OS X平台，暂时还不支持iOS平台。鉴于以上特点，我相信在不久的未来它会在教育领域蔚然成风，因此关注GeoGebra的使用和发展是很有价值的。

二、GeoGebra课件的制作过程

如果仅仅让学生根据火车转弯时的静态截面图去判断火车做圆周运动的圆心和轨迹，往往会使学生产生如图1所示的错误判断，图2为正确判断。即使在教师提出思考问题帮助学生否定这一错误判断后，依然有学生难以在空间中想象出正确的情形，如图2所示。考虑到这一点，我们需要制作两个课件，一个展示错误的情形，另一个展示正确的情形。当然为了课件制作的简便，这里将车厢抽象成一个长方体，双轨用两个圆形代替。为了简化文字，类似几何画板的操作过程不做详细说明而只说明作图目的，GeoGebra特有的菜单或命令会明确指出。

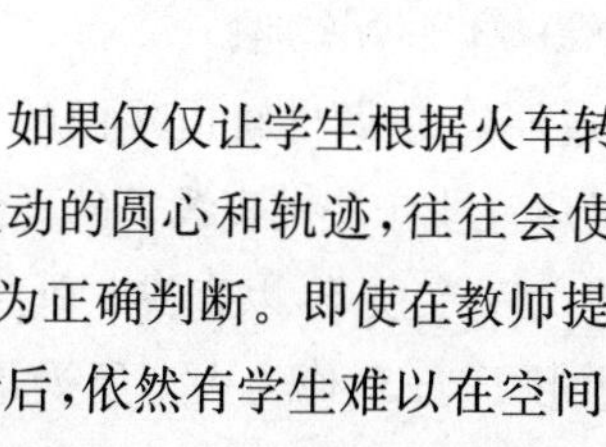

图1　错误判断

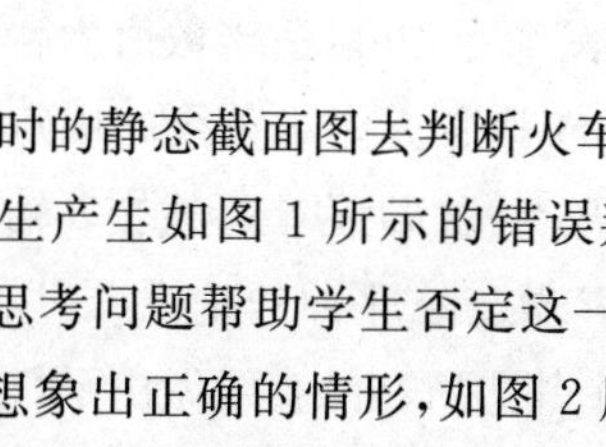

图2　正确判断

展示正确情形的课件的制作过程如下：

(1) 在 xOz 平面内确定一个圆，并在圆上取得一点 B。以坐标原点 O 为圆心，以 B 点为圆上一点，绘制圆形 g 作为火车的内轨道。调整 B 点在圆 g 上的位置，可以改变轨道的倾斜角度。

(2) 在 OB 延长线上取一点 D，以原点 O 为圆心，D 为圆上一点，做出圆 g 的同心圆 h 作为外轨道，并通过点 D 调整圆 h 的半径比圆 g 的半径大少许。

(3) 在圆 h 上取一点 E，并调整它的大小和颜色，作为火车运动的控制点。以 E 点为圆心，以适当数值作为半径绘制圆 k，取圆 k 与圆 h 的一个交点为点 F，以 FE 的长作为火车车厢的长度。过 E 和 F 分别做出 OD 的平行线，并取它们与圆 g 的交点 J 和 H。依次连接点 E、F、G、H 为多边形 1(一个矩形)。以多边形 1 为底面，选择"拉成柱体"命令，并以适当数值为高，拉成柱体作为车厢。

(4) 取长方体对角线的中点 P，过原点 O 做出轨道平面的垂线 f，过 P 点做 OD 的平行线交 z 轴于点 Q。过点 P 做直线 f 的垂线 b，过点 P 做 xOy 平面的垂线 q。以点 P 为一个顶点，以直线 b 和直线 q 为两个邻边所在的直线做出平行四边形 $PUTS$，作为火车所受重力、支持力以及二者合力所组成的力的平行四边形。

(5) 选择向量命令，以 P 为起点、S 为终点做出向量 $\boldsymbol{v}$ 代表重力，以 P 为起点、U 为终点做出向量 $\boldsymbol{u}$ 代表轨道支持力，以 P 为起点、T 为终点做出向量 $\boldsymbol{w}$ 代表重力和支持力的合力。

(6) 隐藏不需要的点、线、坐标轴、圆和面，及其标签，并适当修改线型、粗细和颜色，选择点 E 属性中的代数面板，设置坐标为"3D 直角坐标"，增量为"0.1"，速度为"1"，重复为"=>递增"。右键点击点 E，选择"启动动画"，即可看到动画效果。

(7) 但是当 E 点运动起来以后再次选中它就不太容易了，为此还要制作一个控制器来控制动画的运行和停止。在 3D 视图中选择文本命令，在适当位置点击，输入文本"启动动画"，并适当调整文本字体，然后在"常规"面板中设置名称为"textbox"。右键选择"启动动画"文本框，选择"属性"，再选择"脚本"面板，选择"单击时"标签，并选择“JavaScript”，输入以下代码来实现动态文本框：

```
var app =ggbApplet;
app.setAnimating("E",true);
if(app.isAnimationRunning())
{app.stopAnimation();app.setTextValue("textbox","启动动画");}
else
{app.startAnimation();app.setTextValue("textbox","停止动画");}
```

之后便可以通过点击相应的文本框来控制E的运动和停止了。动画运行时文本框显示“停止动画”，停止时显示“运行动画”。为了给学生一定的思考时间而不将受力分析先展现出来，需要再添加一个控制力的平行四边形的显示与隐藏的控制器。添加一个新的文本框，输入文本“显示受力”，并将文本框命名为“textbox_F”，再按照之前添加文本框的方法输入如下代码(其中 i 和 k 为力的平行四边形的虚线边)：

```
var app=ggbApplet;
if(app.getVisible("w"))
{app.setVisible("u",false);app.setVisible("v",false);app.setVisible("w",false);app.setVisible("i",false);app.setVisible("k",false);app.setTextValue("textbox_F","显示受力");}
else
{app.setVisible("u",true);app.setVisible("v",true);app.setVisible("w",true);app.setVisible("i",true);app.setVisible("k",true);app.setTextValue("textbox_F","隐藏受力");}
```

之后便可以通过点击相应的文本框来控制力的平行四边形的显示和隐藏了。力的平行四边形显示时文本框显示“隐藏受力”，隐藏时显示“显示受力”。而展示正确情形的课件制作过程和上面类似，这里就不再赘述了。最终完成后如图3和图4所示。

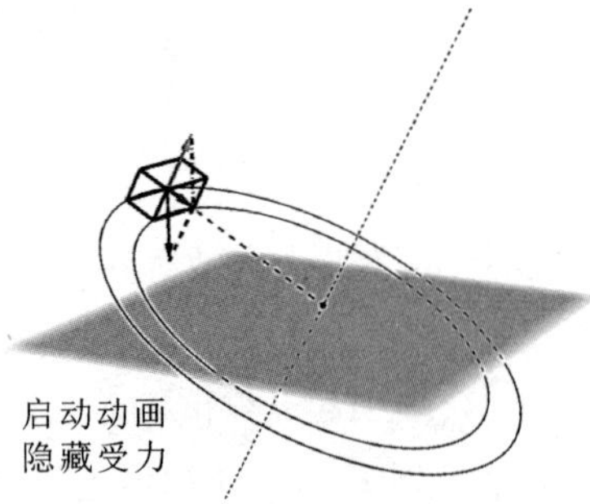

图3 错误轨道

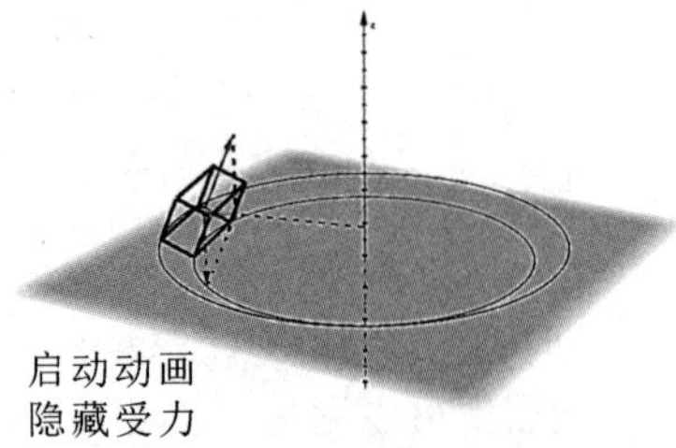

图4 正确轨道

三、GeoGebra课件在教学过程中的使用

(1) 提出问题

教师首先提出以下问题:① 火车转弯所做圆周运动的圆心在哪里?② 圆周轨道在什么平面内?接着教师等待学生思考并提出自己的观点。如果学生的判断是错误的,那么可以将展示错误情形的课件展示出来;如果学生的判断是正确的,那么可以提出错误判断,让学生提出质疑否定它。

(2) 质疑答案

将错误情形的课件展示出来,并且将力的平行四边形隐藏,让学生观察轨道和轨道平面。学生很快就能发现问题,火车会行驶到地面之下。同时可以继续挖掘,提出以下问题供学生思考:① 如果火车转弯平面是一个斜面,忽略轨道的摩擦力,并将火车视为质点,那么火车所受的重力和支持力的方向如何?② 重力和支持力的大小是否变化?③ 重力和支持力的合力大小方向是否变化?学生可以得出这样一个结论:如果火车转弯的轨道平面在一个斜面内,那么所受合力是一个恒力,不能提供所需的向心力,因为向心力是一个变力。

(3) 演示动画

通过三维动画可以明显看出,如果火车转弯的轨道平面在一个斜面内，那么所受合力是一个恒力。这个力不能做到总是指向圆心，在某个位置上，这个力甚至是背离圆心的（见图 5 和图 6）。

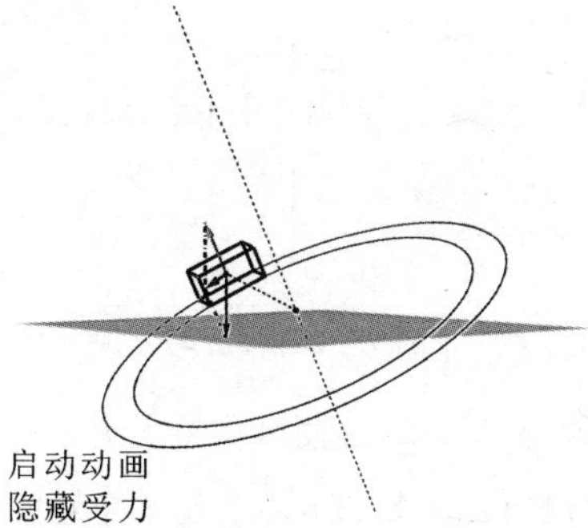

图 5　合力与半径方向不重合

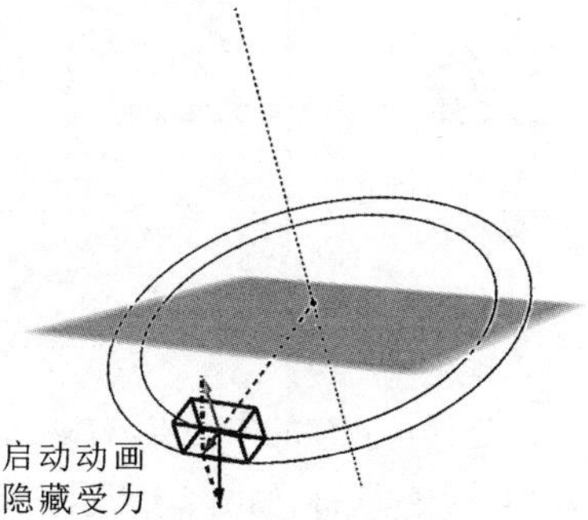

图 6　合力背离圆心方向

（4）揭示答案

展示正确轨道三维图景时，为了让学生充分理解火车轨道的空间关系，可以使用 GeoGebra 的视角工具，分别展示俯视图和前面、侧面的侧视图，如图 7、图 8 和图 9 所示。

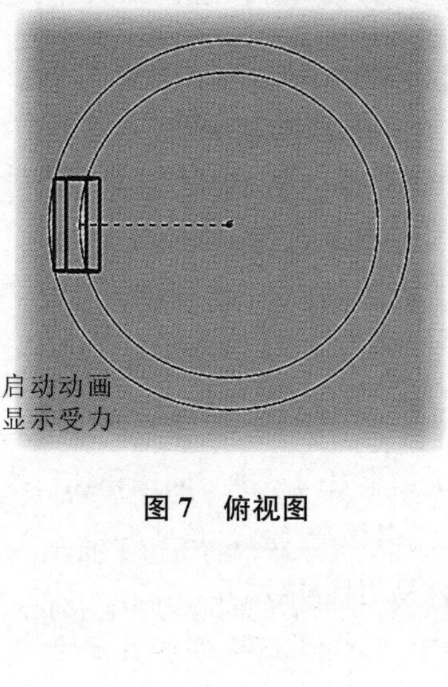

图 7　俯视图

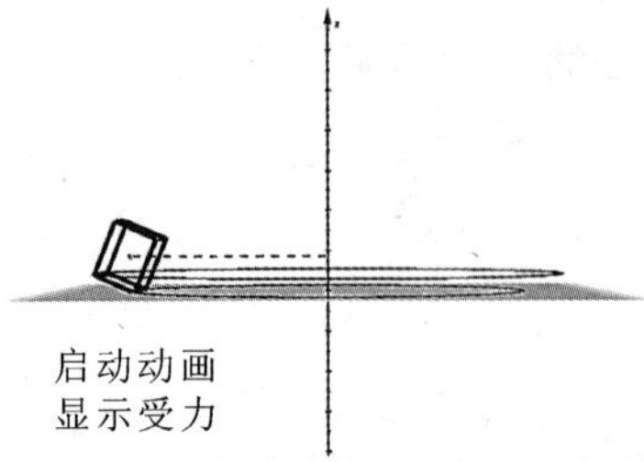

图 8　侧视图(1)

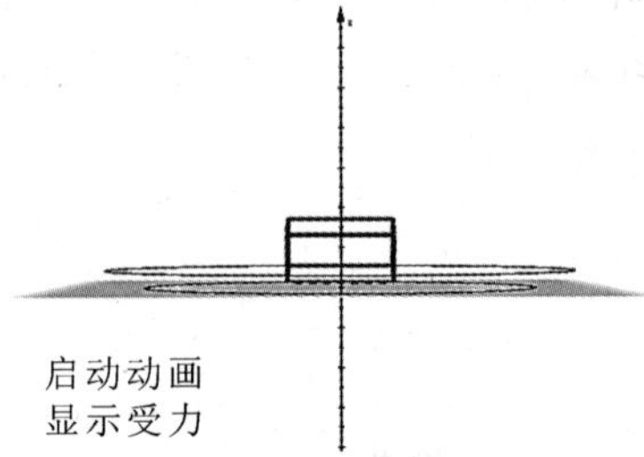

图 9　侧视图(2)

选择长方体的中心点，右键选择跟踪，运行动画便可描绘出火车车厢中心点的轨迹，如图 10 所示。从轨迹可以十分明显地看出火车转弯的轨迹是一个水平面内的圆。接着让学生分析火车所受重力和支持力的方向，并做出合力的方向，最终画出力的平行四边形，如图 11 所示。

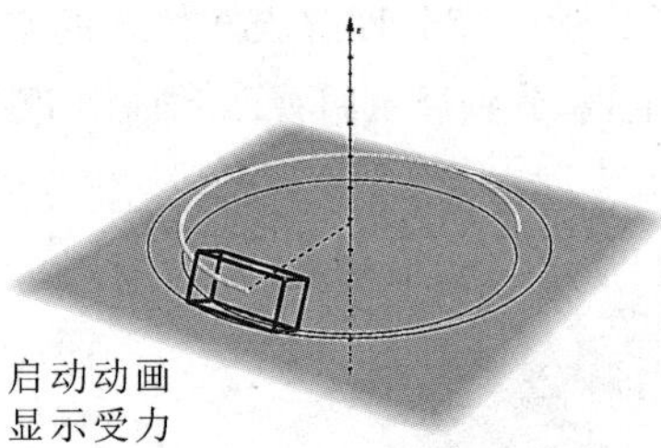

图 10　轨迹图

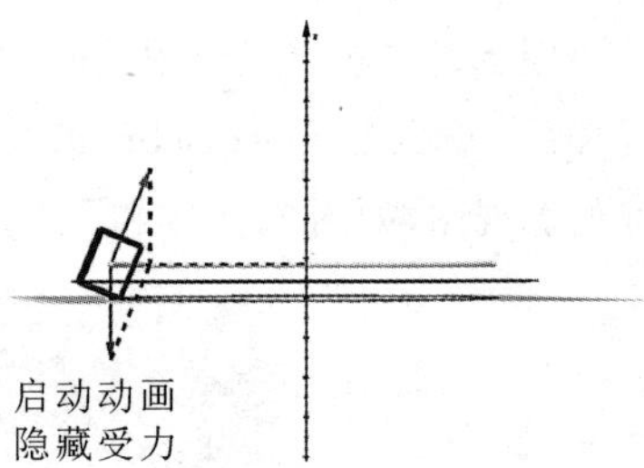

图 11　受力方向

四、结语

从制作难度上讲，GeoGebra 软件的操作要比几何画板复杂一些，因为它的功能更加丰富。三维空间关系比二维的复杂，所以三维课件的制作过程要稍微繁杂一些。这些都是三维空间关系的复杂性决定的，并不是软件易用性导致的。

从用户自由度上讲，由于支持脚本语言，所以它的自由度更高。这从本例的制作就可看出，用户甚至可以使用文本框来控制图形的显示与隐藏、动画的运行和停止。用户不必为此担心使用困难度的增加，因为 GeoGebra 有选择框工具可以简单控制图形的显示与隐藏、动画的运行和停止，不过三维视图中无法使用。用户可以选择显示一个二维视图来辅助三维视图的控制，但是会影响整体的简洁和美观。

从使用效果上看，学生看惯了图片和实验视频，对于 GeoGebra 这样的可以动手操作的三维动态图景是十分感兴趣的，能够很快抓住他们的注意力。同时动态的三维图景可以全面精确地传达物理量之间的三维空间关系，直接、清楚、明白且有趣。GeoGebra 甚至支持红蓝 3D（见图 12）。只要带上红蓝 3D 眼镜，在课堂上就可以享受到 3D 影院带来的快感。

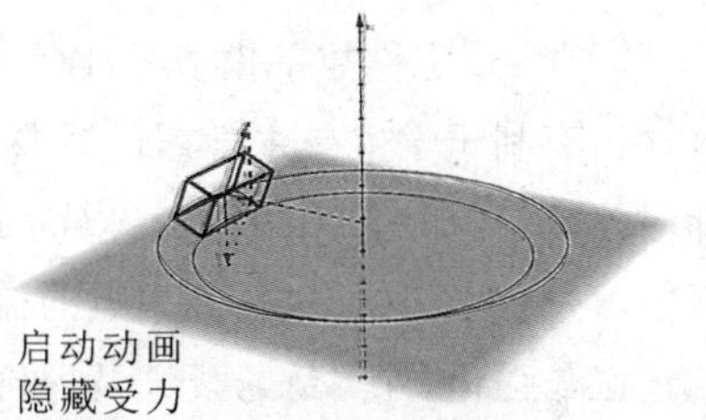

图 12　三维图景

从未来的发展上看，GeoGebra 在“e 学习”课堂、翻转课堂、网络学习等环境中的发展都是相当有潜力的。它的多平台支持特性更为其在移动领域的发展奠定了基础。总之，它是一个很值得学习、使用和研究的计算机辅助教学软件。

借助“e学习”，提升生物实验专题复习效率

谢　俊

“e学习”也称数字化学习，以一定技术为支撑，基于现有教材，积极探讨有利于学生自主学习的教材呈现方式，突出开放、互动交流、即时评价与长时管理的特点，以满足学生全面而有个性的发展。高考复习过程中，如何进行知识点的梳理与纵横联系，突出易错重难点的记忆与强化，保障练习反馈及评价的及时与有效，是高三师生重视的问题，我们期望在课堂时间内让学生的知识掌握程度、能力的培养和知识量增幅方面效果之和能提升。所在学校配有专门的“e学习”教室，硬件装配专业高端，技术支持全面过硬，给师生的教学研究提供了保障。有计划有周期的研讨与培训，有课题支撑的各学科研讨与展示，为这一技术走进课堂打下了坚实的基础。专业教室和普通教室，甚至生物各个实验室都可以布置进行，在教室中可以实现课堂上学生人手一个平板，教师终端能自由调控与切换各种展示、检测、评价环节。这样的一种数字化学习进课堂主要在资源储备与展示、互动交流、即时评价、过程资料的记录积累方面有益处。高三生物复习课任务紧、容量大，对学生主动学习与能力提升有较高的要求，借助“e学习”能有效提高课堂教学效率。本文以生物实验专题课为例，介绍借助“e学习”提升复习效率的方法。

一、课前准备

1. 教师：需要做充分的备课与课前准备，打开应用平台与备课中心，将相关的备课电子材料储存进去，在单元与课时安排的具体内容下面编辑课堂学案和课前、课堂、课后作业，可以查看和储存学生

的相关训练信息并长时跟踪、完善教学。

(1) 课题的选择:分析近年高考试卷可发现,实验题的分布广,所占比重大,且目前高考实验题趋向于更重视操作实践和实验细节的考查等。

(2) 学习目标的确定:分析高考实验题的重要性和命题趋势,明确学习目标:① 熟悉考试说明的具体要求;② 学会整理归纳实验专题各项要点;③ 熟练运用实验能力解决相应问题。

2. 学生:8 个学习小组明确学习任务。确定小组长,分配任务,组员分工协作,做到人人参与,人人有思考。细化任务要求:整理必修、选修中的教材实验、相关探究实验等内容中的有关专题,注重科学性,尽量收集齐全,有条理有线索地整理,为汇报做准备。

二、“e学习”过程

(一) 环节一:熟悉考试说明

(1) 明确考试范围及考核要求

将《江苏省普通高中学业水平测试(选修科目)说明》(以下简称《考试说明》)中对于必修、选修模块中的实验种类与考核等级要求展示出来,提醒学生注意《考试说明》在复习过程中的指导作用。分类说明 a、b、c 三个等级要求下的具体实验种类、数量及考核要求。

(2) 分析比较《考试说明》近年的变化

从考试内容的等级要求进行调整的知识点和增加的典型例题等可以看出,《考试说明》中突显对基础知识的理解,注重对应用的考查。

(二) 环节二:分类整理汇报

展示并汇报分析小组的整理资料:① 需要使用显微镜的实验(整理实验种类,规范使用要求,明确对光学和电子显微镜的使用区别,高倍与低倍镜的操作等);② 需要加热的实验(包含水浴加热和酒精灯加热等);③ 各种染色剂、相应颜色及反应;④ 需要过滤的实验(名称及过程,过滤材料与操作,滤液或滤渣的取舍等);⑤ 常见的对照实验种类与相应例子；⑥ 不同浓度酒精的使用，$CaCl_2$、NaOH、HCl等常见试剂的使用；⑦ 选材为活细胞与死细胞的相关实验分类；⑧ 有关蒸馏水、盖玻片、吸水纸的实验和具体使用。

学生活动：汇报过程中，其他同学学习、思考、质疑、评价，即时做好笔记，有错误的指出并纠正，有遗漏的解释并完善，最终结果将汇总为班级共享的复习资料。

教师活动：教师使用终端，用主题学习任务贯穿整个教学课堂，将学生的纸质文本拍照上传，引导其阅读处理、标注加工，每个学生一个平板，学生可运用电子笔在平板上随意书写、圈画、修改。教师可随时了解学生的学习情况，快速切换学生已经生成的资源，对每个专题都有相应的分析与评价。评价、总结学生作品，集众智慧之精品，汇总成果为全体所用。

设计意图：充分地将数字化学习体现在交流互动方面。

（三）环节三：高考直击真题演练

1. 通过“e学习”终端“课堂作业”下发功能，以一道“观察植物细胞的质壁分离和复原”实验（江苏高考题）为例，分析高考题命题特点，精选一定数量的各地高考真题强化训练，研究命题趋势。

（1）判断题演练：高效训练生物实验题，限时提交网络作业并即时监测学生的答题速度与完成质量。

（2）选择题演练：训练质量与速度，以电子抢答形式激发竞争意识，答题过程中训练非选择题的规范、完整表述，强调运用生物学术语的科学性。

2. 上课过程中，教师即时监控学生提交习题的数量与速度，关注群体正答率数值与个体检测质量反馈，根据处理数据点评、解析其中一些典型例题。大屏显示具体数字及比例，小屏显示各个题目，对学生普遍做得好的题目不浪费时间，熟悉的知识点不重复讲，对错误率高的题目及选项仔细分析，对知识的排查一定要到点到位，追踪到具体个人，倾听学生的理解与分析，并加以纠正、完善与总结，确保练到位、讲到位。

设计意图：是对传统评价方式的创新，可以对学生学习做出快速有效的评价，及时监测和调整教学节奏。这些课堂的过程性评价可以数字形式保留并作为掌握学生学情的阶段重要资料，为后期作业的重难点调整、试卷命制、部分学生成长跟踪提供有效信息。

（四）环节四：课堂小结

1. 强调重点：实验考查一直是江苏高考生物卷的重点内容，关于实验复习，需要特别关注两点：一是关注实验操作过程；二是关注实验知识的运用和实验结果的分析。

2. 课后延伸：介绍中华中学校园网“生物课程基地”网页，“生物e课堂”中的资料整理与下载栏目，提供给有需要的同学与老师使用，丰富教与学的资源。

三、教学反思

1. 在高三复习过程中，借助“e学习”主要应用了移动终端新媒体和新技术（平板电脑、交互式电子白板等）的以下功能：

（1）白板功能。将学生小组复习整理成果从大板发到小板上，每个同学都可以在小平板上仔细阅读，结合思考做一些标注，进而评价、完善复习资料。

（2）限时检测功能。将事先选择好的各地高考真题做成判断题类型导入“课中练习”，课堂上复习过理论知识之后，即时做检测，强化核心操作要点。

（3）题目下发功能。选择题当堂下发，规范有效地训练。

2. 新媒体新技术可以使得师生的课堂教与学更加丰富多彩，特别是学生资料的展示与下发，课堂的在线检测与质量反馈，使高三复习课更加高效；新方式的尝试、资源的应用创新、交互过程的即时有效呈现也能在一定程度上激发学生兴趣和探究、思考的积极性，大大提升复习课的教学效率。这些都是翻转课堂的一些思考与尝试。

3. 需要注意，所用的媒体仅为教学环节的一部分，作增效减负之用，不能只追求方式的多样化与课堂形式的丰富，教学的落点一定是为学生的学习服务，高考过程中有序高效是重点，一定不能本末倒置。

4. 本节课是对实验专题的复习，侧重于知识点的整理与完善，小组汇报过程中学生们对呈现资料的个人处理与评价的原始平板资料未能完整上传与保存，此为疏漏失误之处，这种过程性资料与最终的资料同样重要，可以反映学生个体在专题中的薄弱点。这个在技术突破与操作中需要加强，对教学过程反思探究和剖析，希望以后的运用能做得更好。

[该文系江苏省教育科学“十二五”规划重点课题“基于移动终端的普通高中课堂教学设计优化与实施的研究”(课题编号：B-b/2015/02/075)的研究成果，该课是南京市电教馆组织的“e学习”市级活动展示课。]

参考文献

[1] 李胜利. 利用“e学习”平台，建构高效化学课堂[J]. 科普童话·新课堂：下，2014 (7)：26.

[2] 朱建燕，于智勇. “e学习”为生物教学增亮点[J]. 中学生物教学，2015 (10)：16－17.

[3] 林亮亮，腾兴华. 浅谈数字化学习[J]. 软件导刊，2010(7)：184－186.

（该文获2017年中华中学优秀教育教学论文评比一等奖）

基于“教育云平台”的生物测评课教学初探

杨克俊

常态教学过程中的测评课是限时练习讲评课，教师很难在一堂课内完成先练习后评价的教学任务，将“云学100智慧教育云平台”（简称“教育云平台”）技术合理应用到课堂教学中，能有效缩短试题的批改和反馈时间，并能依据学生提交的答案被批改后产生的实时数据进行针对性讲评，大大提高教学效率。课后，收集、整理每节课形成的实时数据，汇集成阶段性大数据，进行跟踪教学研究，再用研究结果指导教学实践，达到提升教学效能的目的。

一、“教育云平台”的功能及优势

（一）“教育云平台”的功能

“教育云平台”采用“云＋端”的形式，以学生专用智能安卓系统终端为“端”，以移动在线云平台为纽带，向学生提供云作业（如练习题）、课堂即时互动、教学资源分享、自主学习、日常学习、大数据分析等功能；系统还采用云部署，采用教研/管理端—云端—教师端—学生端，以及教师端—教室服务器—学生端的双部署方式，更换终端信息且不易丢失。

（二）“教育云平台”的优势

传统教学过程中，学生用纸笔做题，教师即使仔细批改，学生做题的正确率和错误率也只是个估算值，需要人工统计出每个学生每道题的正确率与错误率，费时费力，大大增加了教师的工作量。云技术可以将师生资源云存储在学校的私有云或云学100公司的云上，轻松实现多平台使用数据与互通。使用云技术，教师在日常教学过程中不断获取实时数据；一段时间后，收集的数据形成大数据，便于教师系统分析班级整体和学生个体在学习过程中的优势与不足，使教学更加有系统性和针对性；学生提交作业后的瞬间即出相应数据，快捷高效，达到了高效课堂的教学效果，实现了教学效能增值的目的。

二、“教育云平台”的教学实践案例

“教育云平台”作为统一的数据中心和控制中心，能随时回溯每个学生每一道题的原始答题记录，还可以借助各类移动授课工具高效、实时、互动地对练习题进行讲评，此技术对单项选择题的批改效率尤高。本文以一节 40 分钟生物测评课为例，应用此技术，安排学生完成 20 道单项选择题，并进行选择性讲评，进行提高教学效果的实践与探索。

（一）认真组题，细心导入

编制练习题时一定要认真选题，选择有针对性、典型性和有一定思维量、知识量的题，而且还可以利用备课组教师的集体智慧，修改或原创题。课前，通过网页编辑器复制、粘贴、编辑练习题，再将练习题和答案导入“教育云平台”，仔细核对图文位置是否错位，避免出现练习题排版偏位现象；另外，还可以精心准备一些拓展性练习题以备解决生成性问题。

（二）正确预设，合理规划

命制好的练习题难易程度要适中，本着不超出学生“最近发展区”的原则，正确预设学生的做题时间。如一节 40 分钟的课可划分为三个时间块：25 分钟时间给学生做题；2～3 分钟时间供教师查阅学生的错题统计结果，同时允许学生交流、讨论做题心得；10～12 分钟用于讲评。安排学生限时训练时，时间一到必须停止答题，让学生的学习处于“跳一跳够得着”的稍紧张状态，使每一位学生都有信心完成教学要求。

（三）及时反馈，自我反思

课前将练习题发布到云平台上，学生在课上独立使用 iPad 点击下载，即可进入测试状态；答完题后点击提交，即可获得批改结果和答案。学生依据答案进行自我反思，在独立订正错题的过程中学会自主学习。对于做题速度慢的学生，超过限定时间，会被强制停止做题，这就像考试结束的铃声响了，考生必须停止作答一样，锻炼学生做题时速度和质量并重的能力。

停止答题时间到了，每个学生都可以充分利用 2～3 分钟时间反思、交流和讨论；教师则通过查看错题统计页面，迅速查阅全班学生的得分分布、每人用时、订正次数和每题得分率，做到心中有数；对于学习成绩暂时落后的少数学生要特别关注，注意保护他们的自尊心，避免在全班学生面前通报每个人的得分和排名，但是课后一定要跟踪辅导；对于错误率高的题，则要当堂讲解到位。

（四）精心讲评，有效提升

例如，在一次生物测评课中，学生完成了 20 道单选题，教师根据快速查阅的测试结果，确定本节课只需重点讲评 3 道题，试题 1 得分率为 54％，这是与光合作用和细胞呼吸有关的高考重点题；试题 2 得分率为 66％，是有关遗传的题，是学生学习的难点；试题 3 得分率为 32％，涉及内环境，本题得分出乎意料的低。

试题 1　图 1 中①、②、③分别是绿色植物叶肉细胞的部分代谢过程图解。下列相关叙述错误的是（　　）

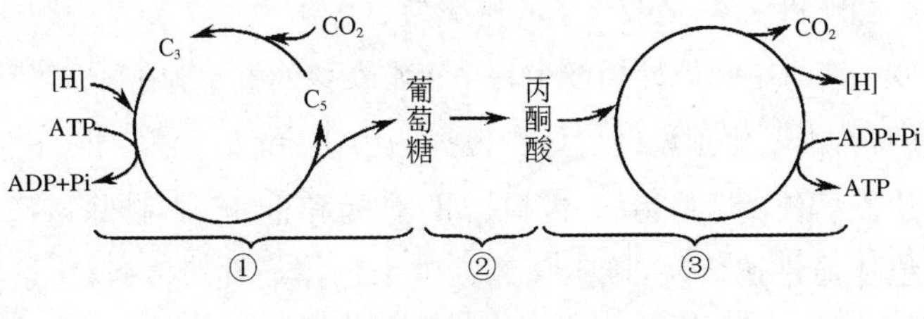

图 1

A. ①表示光合作用暗反应，有光条件下能正常进行

B. ②发生在细胞质基质中，所有活细胞都能进行

C. ③表示有氧呼吸第二阶段，有氧条件下能正常进行

D. ③产生的[H]、ATP、CO_2都可以用于过程①

解析：本题需要讲解，是与预设一致的。试题分析：光合作用的光反应为暗反应提供ATP和[H]，有光条件下，暗反应能正常进行，A选项正确；正常情况下，绿色植物叶肉细胞进行有氧呼吸，过程②表示有氧呼吸第一阶段，发生在细胞质基质，而且所有活细胞，不论哪种呼吸方式，第一阶段都相同，都能进行②，所以B选项正确；过程③表示有氧呼吸第二阶段，有氧条件下能正常进行，C选项正确；过程③产生的[H]、ATP、CO_2中，只有CO_2用于过程①，D选项错误。

试题2　图2是某单基因遗传病的遗传系谱图，下列相关分析正确的是(　　)

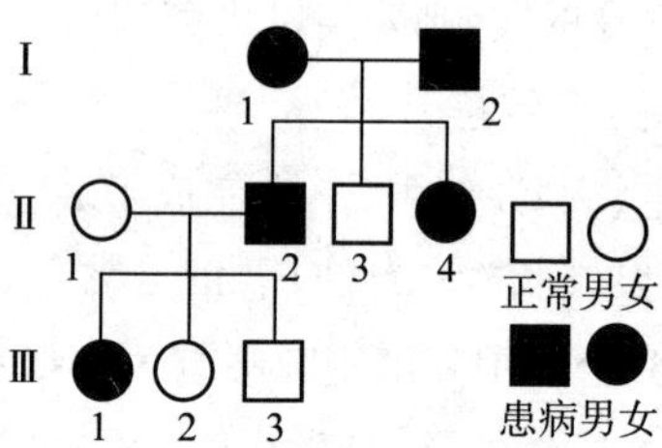

图2

A. 该病可能属于伴X染色体显性遗传病

B. $Ⅱ_1$、$Ⅱ_2$再生一个女孩患病的概率为1/4

C. $Ⅱ_2$和$Ⅲ_1$都是杂合子的概率为100%

D. $Ⅱ_4$与正常男性婚配生一个正常女孩的概率为1/4

解析：本题比预设做得好。根据图中$Ⅰ_1$和$Ⅰ_2$患病、$Ⅱ_3$正常，可知该遗传病是显性遗传病，再根据$Ⅱ_2$患病和$Ⅲ_2$正常，排除该病为伴X染色体显性遗传病，确定该病为常染色体显性遗传病，A选项错误；$Ⅱ_1$是纯合子，$Ⅱ_2$是杂合子，$Ⅱ_1$和$Ⅱ_2$生一个女孩患病的概率为1/2，B选项错误；由$Ⅱ_1$、$Ⅲ_2$和$Ⅲ_3$都正常，推知$Ⅱ_2$和$Ⅲ_1$都是杂合子，C选项正确；$Ⅱ_4$(1/3纯合子和2/3杂合子的可能性)与正常男性婚

配生一个正常女孩的概率为 1/6，D 选项错误。

试题 3　下列选项中，不属于血浆蛋白功能的是（　　）

A. 参与免疫调节　　　　　　B. 维持细胞外液渗透压

C. 参与调控生命活动　　　　D. 参与氧气的运输

解析：本题得分率比预设低得多。血浆中，有参与免疫的抗体；细胞外液渗透压大小主要与无机盐和蛋白质的含量有关，血浆属于细胞外液；血浆中有参与生命活动调节的激素，其中一些激素的化学本质是蛋白质；运输氧气的血红蛋白在红细胞内，不属于血浆蛋白。所以，答案是 D 选项。

三、教学反思

"教育云平台"技术运用在测评课中，教师能不断获取大量的实时数据，利于教师进行长期跟踪教学研究，系统掌握每个学生的学习动态与规律，便于教师引领学生发挥主观能动性，不断寻找自身教学上存在的不足，使教育教学走上良性循环的轨道。

"教育云平台"技术的使用，兼顾了学生的个体差异，做题速度快的学生，交卷就有答案，利于他们养成及时纠错的好习惯；用强制停止作答方式限制做得慢的学生，强化他们在保证质量的前提下，加快做题速度，防止其养成不良的做题习惯。限定时间，促使学生更加专注答题；及时反馈，促使学生及时反思、查缺补漏；相互交流，利于学生互助学习。这样的课堂真正做到了面向全体学生，倡导自主学习，利于学生养成勤学善思的习惯，从而发展学生的生物学核心素养。

"教育云平台"技术的使用，需要教师根据获取的生成性数据快速做出判断，确定讲评内容，哪些题需要精讲，哪些题可以不讲，哪些题需要进一步训练。用好这些"活数据"，便于学生在独立练习过程中不断强化知识点，从而帮助学生实现从知识的意义建构到学习能力的生成，达到有效教学的效果，最终实现教学效能增值的目的。

参考文献

[1] 何善亮.有效教学的整体建构[M].北京:高等教育出版社,2008.

[2] 袁振国.教育新理念[M].北京:教育科学出版社,2007.

[3] 官相文,高丽娟.试卷讲评课的教学设计与反思[J].中学生物教学,2015(3):44-46.

网络环境下试卷讲评课的优化

陶德华

试卷讲评是课堂教学的重要课型，但在教学实践中，此课型常被忽视。师生一般较关注考试结果，考后往往仅限于订正错题，而忽视查找内在原因和借此提升自身能力。如何利用信息技术手段，优化教学设计，提高思想政治课程品质？2012 年以来，笔者所在学校以江苏省教育科学“十二五”规划重点课题“基于移动终端的普通高中课堂教学设计优化与实施的研究”为指导，深入开展网络环境下基于移动终端的高中课堂教学实验，即师生人手一台移动终端（平板电脑），借助专用网络教学平台，通过在线学习和课堂面授相结合的方式，实现课前、课中、课后的师生、生生和“人机”的交流与互动实践（简称“e 学习”）。这对于提高不同课型的课堂教学质量均有不同功效。本文主要结合笔者的亲身实践，谈谈网络环境下思想政治试卷讲评课的独到之处。

一、拓展教学时空，发挥学生学习的自主性

传统教学空间以教室为单位，空间相对封闭，座位安排呈梯田式，注重知识的单向传授。网络环境下的课堂教学，学习时间由每节课 40～45 分钟，扩展到课外的任何可以自由支配的时间；学习空间由学校的教室延伸到家庭等任意可以学习的场所。这样，传统的实体课堂教学演变成由学生围绕教学目标和学习任务，以自主学习为主的课前、课中和课后三个不同时段的统合整体，教与学的灵活性都大大提高。

在以高二“生活与哲学”模块为考试内容的试卷讲评课中，笔者

在课前将每位学生考试结果的《学生分析报告》(见图 1)和主观题参考答案,通过专用的"中华智慧教育云学平台"下发给学生,让学生自主订正,分析失分原因;特别提醒学生注意比较主观题中自己的答案与参考答案的区别,尝试分析说明参考答案的思路与评分标准;据此提出疑问并标出希望课堂讨论或讲解的问题。

单位：XXX 班级			考号：XXXXXXXX			姓名：XXX		学科：政治（选）	
政治（选）客观题		满分值：66.0		得分：54.0					
题号	答案	分值	选择	得分	班均分	级均分	难度	知识点说明	掌握情况
单选 1	B	2	B	2	1.58	1.47	偏易	时事	较好
……	……	……	……	……	……	……	……	……	……
政治（选）主观题		满分值：54.0		得分：33.0					
题号	小题	分值	最高	得分	班均分	级均分	难度	知识点说明	掌握情况
34	-1	6	6	2	3.62	3.17	偏易	认识论	需努力
……	……	……	……	……	……	……	……	……	……

图 1　学生分析报告(部分)

课堂教学时,学生 7～8 人/组,先组内尝试解决问题,将讨论后仍存在疑问的内容利用网络平台提交给教师。教师再引导各组在全班尝试相互解答彼此的问题,并根据学生的交流情况,适时补充点拨或画龙点睛,让学生的问题得到更加充分、精准的解答。小组之间互助解答问题及教师讲解之后,进行相似内容的变式训练,及时巩固提升试卷讲评课的效果。由学习平台下发练习,学生在规定的时间内完成。课堂上来不及做完的,课后完成。学生提交作业后,平台即时批改并反馈结果,学生可以根据得分情况,自主选择是否追加练习。教师和家长都可以利用网络和手机等移动终端,随时随地了解和监控学生的作业情况。

可见,随着互联网技术的迅猛发展,在网络环境下,实现了从"教"的课堂向"学"的课堂转变,摒弃了以往课上教师讲答案、学生记答案的低效、刻板模式。不论是小组合作学习,还是大组互动交流,学生的积极性和主动性都更高。在充分的生生互动、适当的师生互动及"人机"互动中,学生学习主动性更强,对知识的理解更深刻,同伴间的关系更融洽,课堂教学气氛更轻松。

二、利用信息技术，强化试卷讲评的诊断性

诊断是试卷讲评课的首要功能。针对考试中出现的代表性错误，通过讲评看“病情”、找“病因”，从而达到查缺补漏、巩固提升的目的。只有在做好诊断的基础上，才能进一步发挥试卷讲评的发散性、探索性和延伸性等功能，追求更高层次上的讲评课的功效。在网络信息技术的帮助下，优化配置课堂教学资源，将每一环节的教学任务设计成一个个的“任务清单”。虽然学生个体学习能力有强有弱、学习进度有快有慢，但在小组合作学习中可以携手前行。教师对课堂的把控与诊断和集中讲解更有针对性，试卷讲评更具直观性、对比性和指向性。

例如，利用学习平台的统计分析功能，学生的客观题错题题号和答错者人数及名单一目了然。教师不仅在课前知道学生的原始错题情况，而且在课堂小组、大组交流后能及时掌握学生问题的变化等情况。在课堂讲解时，教师可以有目的地调阅每个学生的试卷答题情况（如图 2 所示，将鼠标放在哪个题支上，就会显示所有选择该题支的学生名单）。课后巩固训练情况也能同步掌握。这既节省了人工统计的时间和精力，又使课堂提问、讨论与讲解成为更有目的、更有计划、更有针对性的教学活动过程。

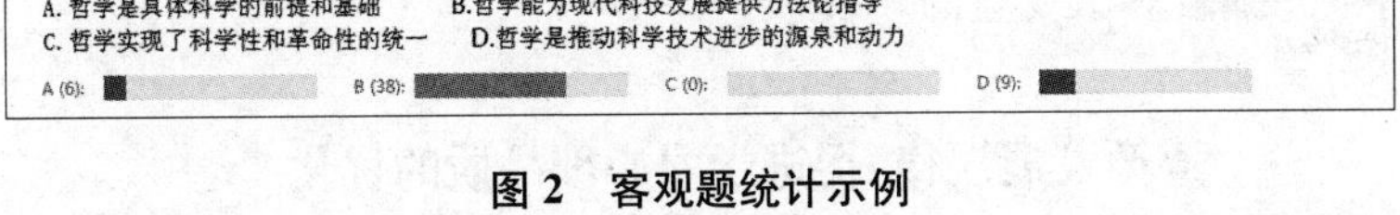

图 2　客观题统计示例

在优化学习平台软件的同时，发挥硬件的支撑作用也是优化课堂教学的必要条件。笔者所在学校的“e 学习”专用教室中，两块触摸大显示屏代替了传统的黑板（一块主要用于展示教师课件，另一块同步呈现学生的内容），实现台上台下同屏，既可展示学生的优秀作品，

也可针对学生即时呈现出的问题集中“解剖麻雀”。教室另外三面墙挂了六块小显示屏(每面墙两块),主要用于展示各个小组的内容,实现小组之间的资源共享。八块显示屏加学生的人手一台移动终端,牢牢将学生吸引在试卷的讲评、反思和自我提高的过程中。

再如,笔者用两块大屏分别呈现了主观题高分答卷(或参考答案)和低分答卷及主观题的解题和答题规范步骤,让学生比较分析得分高低的原因与合理之处。学生在直观的对比之下,很快找出自己的不足,并能在老师的启发下思考高分答卷(或参考答案)可以更优化的地方,教育学生不要迷信答案,要培养批判性思维能力和理性精神。针对学生知识体系不完善,知识点遗忘较多的现象,笔者让各小组根据分工,分别回忆并写出唯物论、认识论、辩证法的联系观、发展观、全面观和辩证否定观、历史唯物主义等六个方面内容的框架结构,分别拍照上传到指定的小显示屏上。全班同学根据自己的不足,快速对照相关显示屏的内容,及时补足所缺的知识点,课堂教学效率显著提高。

另外,“e学习”教室中由专业的软件和硬件搭建的多媒体网络录播系统,可对课堂教学全过程进行实况录像和同步转播。授课教师可以在课后通过观看录像进行教学反思,研究分析自己的教学得失与改进方式。学生可以利用网络云平台上教学空间里存储的数字化教学资源,在课后随时随地调阅课堂教学的过程性资源等相关内容,进行再次学习或及时复习巩固。还可以不受时间和次数的限制,让更多的同行、学生或家长同步或异步收看教学视频等资源,真正达到一人授课更多人受益的效果。

三、遵循发展规律,促进学习心理品质的优化

课堂教学是师生认知实践的过程,也是人际合作的过程,更是一个充满生命活力的系统。在这个系统中,存在多种信息的交流与互动,既有知识信息,也有心理信息。因此,优良心理品质的塑造对教学目标的实现具有更加重要的意义。

处于青春期的高中生自我意识增强，热衷于展现自己的优点和个性特点，有时又会夸大自己的缺点，为自己的不够“完美”而沮丧。试卷讲评课是基于考试结果的教学过程，不论是教师不经意间流露出的指责和抱怨，还是学生自我夸大错误导致的消极影响，都会使学生更容易沉浸在自责与羞愧之中。网络环境下的课堂教学努力实现以教师“教”为主导向以学生“学”为主导的方式转变，教师自觉遵循青春期学生身心发展规律和认知心理规律，利用网络环境的优势，通过现代信息技术将教学过程环环紧扣，化解考试失利的负面情绪，减少学生的心理压力，鼓励学生提问思考，引导学生在质疑共解中互助学习、多角度看待问题，学会勇于面对问题、分析问题和解决问题，在反思不足与同伴互助中走向成长。

例如，从课堂观察来看，相比以往由教师逐题讲解错误率高的试题为主的试卷讲评形式，网络环境下的试卷讲评课更能激发学生学习的主动性和创造性。在同伴面前，学生更愿意袒露自己的问题，也更愿意解答同伴之间的提问。学生用彼此更容易接受和理解的语言释疑解惑，显得更亲切自然、快速高效。在课堂接近尾声时的“总结与分享”环节，笔者利用网络留言板技术，让大家互相学习与借鉴“他山之石可以攻玉”。请学生结合本次考试及试卷讲评进行总结，用一两句话概括自己印象最深刻的经验与教训，并在网络学习平台中分享。这一形式符合现代很多学生喜欢用网络表达自己的方式，让所有学生拥有平等的表达机会。每一位学生都既是诉说者，也是倾听者。相比以往教师单纯的说教，更能丰富学生的内心体验，凝聚学习正能量（见图3）。

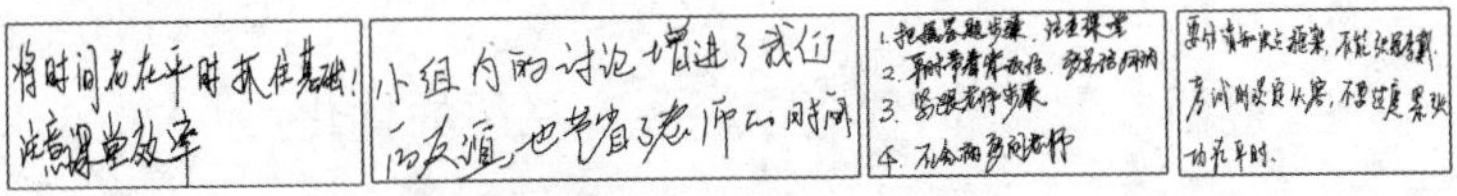

图3　他山之石可以攻玉

总之，在近五年的实践中，笔者不断探索利用网络环境优化思想政治试卷讲评课的路径和方法，努力提高课堂效率，优化教学效果。

相比传统教学，更加关注学生学习中的思维过程，通过自主学习与合作学习，着力引导学生剖析自我答题方式，主动完善知识结构，提升思维品质，优化学习心理特点，培养社会参与意识与能力，从整体上促进核心素养的形成与发展。

当然，凡事都是一分为二的，网络环境下的试卷讲评课等也存在一定的不足。如笔者所在学校和企业联合开发的“中华智慧教育云学平台”还不够成熟，教师的教学设想还不能完全实现；由于市场经济的自发性等弊端，市场上很多有关教学的平台之间尚不能实现互联互通、资源共享，使得网络环境下的教学优势不能完美展现；部分学生长期习惯于传统的教学方式，对采用新技术新方法的试卷讲评课等还有待进一步适应。相信在不久的将来，网络环境下的课堂教学将会受到更多人的青睐，逐步走向常态，其教学效能也会得到进一步的提升。

[该文系江苏省教育科学“十二五”规划重点课题“基于移动终端的普通高中课堂教学设计优化与实施的研究”(课题编号:B-b/2015/02/075)研究成果]

(该文原载于《中学政治教学参考》2017 年第 12 期)

基于“e学习”的高中政治课灵动课堂的研究与实践

张风丽

2012年，全国启动基础教育百校数字化学习（简称“e学习”）试点工作，我校作为首批实验学校，开展了有关“e学习”的课题研究。

“e学习”就是数字化学习，以网络和信息技术为支撑，以现有教材为基础，突出开放性、自主性和交互性，以满足学生全面而有个性的发展。数字化学习，能够有效激发学生探究科学的兴趣，让学生经历探究科学的过程，培养其探究性思维，学会探究的方法。这一新型的教学模式，不仅优化了课程形态，变革了教学方式，也重构了评价体系，能让我们在继承传统教学优势的基础上萌生出新的创意和设想。

一、“e学习”的特点

“e学习”是飞速发展的教育信息技术对传统教学的颠覆与挑战，理应成为现代学生掌握的一种学习方式，也是当前信息技术与政治课程高度融合的体现。与传统教学方式相比，“e学习”具有以下优势。

（一）开放性

基于“e学习”教育理念而架构的学习平台，以网络为途径，彻底打破了教室的空间限制，跨越了学校的围墙。巨大的时空开放性，给学生创设了开放的多维空间，使学生的学习超越了时间的限制，克服了空间的阻隔。在传统课堂中，受时空的限制，信息技术的运用形式简单，不利于学生能力的提高和学生个性的发展，学生的学习很被动。

基于“e学习”平台的教学应包括现实课堂和虚拟教室。学生可以通过自己的平板电脑进入学习系统，这样的虚拟教室里有各种课程、丰富的资源、教师发布的信息及学习要求。虚拟教室里栏目清晰、任务明确，学生可以在自主学习的基础上进行合作探究，把自己的学习成果上传到相关栏目，实现全班资源共享。

（二）自主性

传统课堂中，学生受教材、教师、空间等因素的束缚，其学习是被动的。自主性学习强调以学生为主体，教师则是引导者和合作者，为学生创造自主学习的机会。在“e学习”环境下，学生可以根据自身情况自主选择学习内容，更体现因材施教，分层教学。而“e学习教室”，实现了学生一人一机（平板电脑），有线、无线全覆盖。在与学科教学融合的过程中，建设多样化学习终端，极大地提高了学生自主学习能力，教师真正做到授人以渔。

（三）交互性

传统课堂有两个关键要素：主体地位的学生、主导作用的教师。教师和学生之间只是单向的知识传授，学生的学习情况教师很难及时全面把握，影响课堂学习效率，而“e学习”平台则是教师与学生之间互动生成的重要媒介。在“e学习”课堂上以上三者缺一不可。学生在“e学习”过程中多维交互性大大增强。“e学习”平台可以利用各种交流工具提升交流的空间和时间，在师生互动、生生互动、人机互动的基础上，让教师可以全面掌握学生的学习状态、及时检测学习效果、准确把握教学的重难点，学生在多维互动中掌握知识。

二、“e学习”的实施路径

“e学习”的研究，是基于学生的学习行为与方式，探究信息技术与政治课程的深度融合，着力于“e学习”信息化平台的建设与应用，从内容上和形式上进一步拓宽学生之间、师生之间的平等交流空间，不断激活学生学习的自主性与合作性，让学生在积极主动的学习过程中学会学习，逐步形成较之传统学习更为自主、合作、探究的学习方式、行为与品质，从而获得终身学习的态度和能力。下面就以《股票、债券和保险》教学为例，谈一谈笔者在课堂中使用平板电脑的体会和感受。

（一）整合教学资源，寻找共鸣切入点

《思想政治课程标准》指出坚持马克思主义基本观点教育与把握时代特征相统一，构建以生活为基础、以学科知识为支撑的课程模块，强调课程实施的实践性和开放性。灵动的政治课教学过程，一方面可以充分利用“e学习”平台，构建良好的自主学习环境；另一方面也可以利用校园局域网，组织学科教师与学生，广泛搜集整合学习资源，建立形式多样、信息量大、具有交互功能的学习资源库，增强学习内容的时代性、丰富性和趣味性，从而使教学内容源于教材又高于教材，扩宽学生的视野。如在学习“股票、债券和保险”一课时，让学生提前搜集股票、债券和保险的相关知识，激发学生的学习兴趣，了解家庭理财方式，分享家庭理财的经验。

（二）合作探究学习，全过程动态呈现

政治课教学过程中，我会给学生留有独立思考的时间。因为只有在“独立”的前提下，才有思维的交流与碰撞，才有教学质量的提升。我会在合适的时机安排学生去合作探究，让学生在相互启迪的过程中实现智慧的生长。但一个教师面对几十名学生，不可能关注到所有人的独立活动，不可能参与每个小组的合作探究，教师对结果的了解就只能依靠少数学生的发言和1～2个小组的演示汇报。显然，这样很难全面展现所有学生的思考过程和小组合作的成果，很难让大部分学生得到情感上的满足和肯定，从而挫伤其学习积极性。而运用平板电脑，则能破解传统课堂中无法改变的这些“弊端”。

“股票、债券和保险”一课，是学生初次接触理财的内容，让学生经历个体动手实践和同伴互助合作的过程，有利于增强他们的理财意识、风险意识和参与经济生活的素养。本节课我设计了4个板块，每个板块中都安排了学生操作平板电脑的环节，且每一次使用都有不同的教学目的和要求。

第一环节是数据分析。将课前调查的数据图推送到学生的平板电脑上，让学生参与分析的过程。教师则在学生操作时，通过操作手中的教师机，适时将他们讨论的过程动态投影到大屏上，并不断更换不同学生操作的画面，当学生看到自己活动的画面同步展示时，学习热情都特别高。

第二环节是财商论坛。教师设计好学习清单和组员分工，学生在预习的基础上，自主学习并合作交流，搜集材料并整合资源，教师给予实时指导，学生制作本组的发言 PPT，推荐语言表达能力强的学生分享成果，教师进行点评和提升。因为有了平板电脑的介入，学生可以展开个性化选择，老师在讲解过程中，根据课堂生成不断调整优化教学预设。

第三环节是参与理财。教师推送参与理财的电子表格，每位学生可以下载至个人 iPad，将自己的理财计划展示给同伴，并说明制订理财计划的理由。为了控制课堂时间，每组选一位同学的计划进行汇报，小组组长汇总组员意见，其他同学上传至教研平台，记录学生思维的痕迹。风险评估小组组长进行综合评价，并在 iPad 上点赞。由于使用平板电脑，学生的理财方案及时得到呈现，不管是学生个体的独立活动，还是学习小组的合作交流，使用平板电脑，都能将大部分学生的活动过程完全展现出来，在分享与借鉴中，每一个学生都从中获得极大的满足，学习兴趣得到了有效地激发，学习效果得到了充分的保证。

（三）自主学习平台，实施分层教学

在灵动的政治课教学过程中，教师应尊重学生自身的发展规律。学生学习起点不同，对各种学习内容的反应以及接受能力也是不同的。教师可以通过综合运用“e 学习”平台建立起政治学习的班级圈、论坛、QQ 群等平台。教学过程中，教师根据每个学生的具体情况布置不同的学习任务、创设不同的学习情境，以平等的姿态与学生对话，实现关注个性、尊重差异的教学，因材施教、分层教学。学生则可以利用这些平台展开自主学习、合作探究，在多维互动中实现自我知识体系的建构。

例如，学习“股票、债券和保险”一课时，在课前可分类搜集资料开展自主学习，注重学生个性化的学习体验，不同层次的学生根据自身已有的知识经验自主搜集、加工、整理信息，根据同学们对股票、债券和保险的兴趣和了解程度，进行分组，并上传到云盘，教师进行评价反馈。课上，学生依据反馈意见进行集体讨论，提高了课堂学习效率。课后设立分层作业，自主选择。在传统教学中，教师和学生同时面向大海，教师有一桶水才能给予学生一滴水，这是单向的知识传授。而在“e学习”过程中教师和学生同时处于知识的海洋中，教学的目的是丰富学生的情感体验，培养探究的意识和能力，形成自主学习和自我管理的习惯，培养学生适应社会发展的核心素养。

（四）多元有效对话，创造灵动课堂

平板电脑运用于课堂教学，其先进的科技手段，把师生互动、生生互动、人机互动提到了一个前所未有的高度。不管是独立活动、小组合作的动态展现，针对不同问题自主选择后的差异教学，还是练习反馈及时统计的数据分析，平板电脑都起到了积极的作用，及时生成、资源共享让互动变得更有效。活跃的课堂气氛不再停留于表面上的热闹，而是学生内在需要的自我释放、思维水平的快速发展。

例如，学习“股票、债券和保险”一课时，本节课的最大亮点是参与理财环节。假设你家有现金10万元，父母请你设计投资理财方案，完成老师推送理财表。前四组每组合作完成老师推送的理财表格后，推选发言人陈述方案及理由。第五组：风险评估委员会A；第六组：风险评估委员会B；大众评审和专家评审分别投票、点赞，并陈述理由。前四组合作完成老师推送的理财表格，学生在教研平台推送方案的同时，老师把方案用随手拍上传至班级圈，让全体学生参与风险评估，对自己的方案或者其他组方案进行评估点赞。

平板电脑提供了更多平等对话的机会，灵动的课堂让学生体会到学习的愉悦。教师在使用分组讨论功能时，能更好地把握学生的最近发展区，及时掌握学生的学习状况和问题，从而使师生互动高效。

（五）多维实时评价，促进个性发展

及时评价是教学的主要环节。在教授"股票、债券和保险"时，我进行了有效探索。本节课安排了一道综合实践题。教师将题目推送给学生，学生通过操作平板电脑进行解答。在学生答题时，大屏幕上同步展示答题学生的结果统计图。随着条形图上数据的不断变化，显示出每个时段内的题目正确率和学生交卷情况。待全部学生提交完毕后，点击"实时分析"，进行"全班统计"和"个人统计"。我可以及时得到全班学情的直接反馈，更好地做到有的放矢、因材施教。通过现场统计的数据分析，大大提高了课堂的效率。

课程评价的根本目的是为了以评促学。因此，政治教师应注重多维评价方式，促进学生个性发展。利用"e学习"平台，可以较好地实现评价方式的改革。例如，在"e学习"过程中，教师不像传统课堂上只关注到一部分孩子的表现，运用"e学习"平台提供的及时评价功能，可以密切关注每个孩子的成长状况，及时给予引导。同时政治教师可以利用"e学习"平台，为学生建立电子成长档案，并形成过程性评价，记录学生的成长过程。评价方式的变革，能够更好地引领学生主动学习、合作探究，促进学生的终身发展。

三、"e学习"的困惑与展望

（一）传统性与时尚性的融合

在课堂实践中，"e学习"作为一种新生事物，在初期会遭遇到不可避免的困境。"e学习"应用到课堂应该是一种润物细无声式的无缝连接，是教师根据课程改革的方向以及课堂教学的具体目标，将平板电脑作为一种更好地支持和促进学生自主学习、交流互动、有效获取知识的新的学习方式。我认为"e学习"作为新的学习方式，并不意味着脱离传统教学，它也可以在传统教学中发挥重要的作用。"e学习"完全取代传统的课堂教学是不现实的，传统教学具有巨大优势。"e学习"并不是传统教学替代式的进入，而是不断与传统教学相互碰撞，在碰撞中逐步融合完善，形成可行性的学习方式。

（二）批判性与自主性的博弈

在 iPad 中有大量的教学资源存在，而且国内外还建立了像可汗学院这样的大量的网络学校，学生可以随时随地点击自主学习。面对庞大而多元的学习群体，当务之急是根据学习者在学习过程中不断产生的新需求，逐步加强动态化、系列化、系统化学习资源的建设，及时解决学生在学习过程中的问题，批判性地选择学生所需要的信息，为他们提供及时的个性化学习支持服务。学生的自主学习，可以激发学生的兴趣，但要提高课堂的时效性，需要培养学生的信息甄选能力。

课堂是动态的，智慧是在碰撞中产生的，这是课堂知识的生长点，但如果任其发展，必然偏离教学目标，因此，必须灵活驾驭课堂，这对教师的驾驭能力提出了更高的要求。在参与理财的环节，学生合作完成一份理财方案，在发言人陈述方案和风险评估人的评价中，老师驾驭课堂的能力显得尤为重要；在大众评审环节，老师引导学生合理利用 iPad，客观地进行互动也是本节课的亮点。

（三）探索性与效益性的权衡

“e 学习”只是一种教学形式和学习方式，而非最终目的。美国学者帕克帕默曾敏锐地指出：“真正好的教学不能降低到技术层面，真正好的教学来自教师的自身认同与自身完整。”教师能够得心应手游刃有余地运用“e 学习”，能够适应陌生的教育情境并超越环境时，教育奇迹才可能发生。面对新鲜事物，部分教师的探索热情很高，期望教育方式的转变会创造辉煌的教育成果，但是这种教学方式，教师往往需要投入大量的备课时间，甚至是自己的休息时间，面对不断变化的教学平台，教师更需要学习技术层面的知识。引入新的教学手段，教学中的变数会增加，教学效果也值得思考。

目前“e 学习”资源虽然比较丰富，但很难满足不同需求层次的要求。学生面对大量资源信息时可能会茫然无措，影响学习的效率。“e 学习”已经迈出了成功的第一步，但现在仍处于初步探索阶段。如何培养学生的核心素养，如何更好地优化课堂教学，把新的教学方式引入常态化教学，是需要我们进一步探索的方向。

四、结语

“e学习”是信息时代的课堂趋势所在，随着“互联网＋”教育在教育领域中的兴起，特别需要具有创新精神和批判精神的教育者，不断促进现代教育与传统教育的渐进式融合。我校正在深入研究“基于移动终端的普通高中课堂教学优化与实施的研究”省级课题，教学实践在探索式推进，期望为研究成果的达成积累有价值的成果。

参考文献

[1] 杨明.基于平板电脑的课堂教学模式研究[J].科协论坛(下)，2012(8)：171-172.

[2] 朱联.关于“e学习”的思考与实践[J].江苏教育研究，2014(6)：29.

[3] 宋国学.“e学习”的理论内涵及实践价值[J].比较教育研究，2005(5)：16.

（该文获2017年中华中学优秀教育教学论文评比一等奖）

探索基于移动终端的高中思想政治试卷讲评课教学有效性

杨　梅

基于移动终端的课堂教学主要是指以平板电脑为载体的课堂教学模式。基于移动终端的高中思想政治试卷讲评是指在传统试卷讲评的基础上，以平板电脑为载体，试图突破传统试卷讲评课的局限，注重教师的主导作用，同时以学生为主体，充分调动学生的主动性、积极性，课堂中师生合作、生生合作，以达到提高课堂教学效率的目的(见图1)。

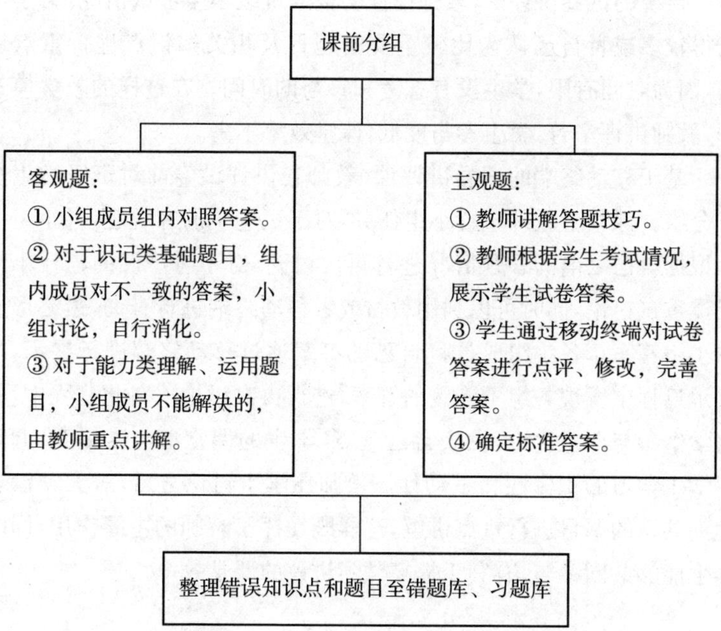

图1　基于移动终端的高中思想政治试卷讲评课一般流程

在传统的试卷讲评过程中，很多教师要么认为学生基础薄弱，应该注重基础题的讲解，对于学生很清楚的问题反复讲，使学生产生厌倦情绪；要么认为基础题目没有必要讲，讲评中只讲所谓的“难题”，导致班级大部分学生听不懂，不仅浪费时间，也容易挫伤学生学习的积极性。在基于移动终端的试卷讲评中，在学生小组讨论的过程中，教师要做“有心人”，随时倾听学生的声音，及时了解学生的需求。对于比较简单的题目可以小组自行消化、解决；小组无法自行解决的，可以求助其他小组成员。对于大家都解决不了的问题，教师重点讲解。这样，既节省了教师课堂教学的时间，也能够满足不同层次学生对试卷讲评的需要。

一、教师主导，师生共同参与

传统的试卷讲评课，教师往往会根据班级学生考试情况，将学生错得较多或者自己认为比较重要的题目及相关知识点进行重点讲解，因为时间有限，学生没有思考和参与的时间。在这样的教学模式下，教师讲评辛苦，学生参与度低，课堂效率不高。

基于移动终端的试卷讲评课，教师在讲评试卷前对班级学生进行分组。课堂上教师布置小组任务，对于试卷中的客观题，各小组同学根据自己之前的答题情况进行再次讨论，对于有争议的题目小组成员重点讨论，同时可以利用教材或者移动终端进行查询，最终形成本小组答案。各小组成员将自己的答案通过移动终端进行展示，在展示过程中发现各组不一致的答案，进行再次讨论。在此过程中，各组学生参与课堂讨论，发表自己观点，学生的课堂参与度提高，调动了学生学习的积极性和主动性。教师在学生讨论之后，对大家没有达到共识的题目进行重点讲解，这样既发挥了教师的主导作用，同时师生能够共同参与，有利于提高试卷讲评的课堂效率。

二、针对讲评，科学有效分析

传统的试卷讲评课，很多教师考试后对试卷的统计和错因分析较为笼统，试卷发给学生后就开始讲评。由于是凭借自己的主观经验进行试卷讲评，因此学生到底需要什么，重难点到底在哪里，教师无法准确掌握。教师只是按试卷上试题的先后次序，不分主次，逐题讲解，结果导致重点不突出，该讲的地方没讲，不需要讲的地方却反复讲，一节课下来，收效甚微。

基于移动终端的试卷讲评，在网上阅卷后，学生每个题目的得分率、失分率一目了然。教师根据数据统计进行试卷点评，试卷分析更加科学、有效。另外，注重教师引导、师生共同参与，学生讨论的过程中，往往会暴露自己的问题，教师可以随时在试卷中做出标记。同时，学生也可以将自己的疑问整理在移动终端上，并展示在本组的显示屏中，教师可以对大家共性的问题进行集中讲解，之后再对个别存疑的地方逐个讲解。这样有针对性的讲评，科学有效的分析，不仅能够调动学生对学习、讨论的热情，也可以有效提高试卷讲评的效率。

三、直观呈现，注重思维训练

试卷讲评课中，对主观题的分析主要包括审设问、审材料、找关键词、归纳相关知识点、进行解答几个步骤。教师在讲评主观题的过程中，也会遵循以上步骤逐步为学生进行讲解，学生在课堂上能有效掌握问答题的答题模式，在今后的答题中也会依照此模式进行作答，这对于学生应试会起到较好的示范作用。但是，究竟怎样的卷面才算优秀？到底应该以怎样的书写方式将自己的答案呈现在阅卷老师面前以获得高分，对于学生而言依然是迷茫的。在传统的试卷讲评过程中，教师往往将班上写得规范的试卷或得分较高的学生试卷在班级传阅，或者教师直接将答案抄写在黑板上，或以 PPT 的形式呈现出来，这样对学生的影响是局部的，往往不能起到示范的作用。

基于移动终端的试卷讲评，教师可以在课前将扫描好的试卷输入移动终端，在讲评过程中调出所需要的试卷，并展示在学生的移动终端上，让学生直观感受到试卷的书写要求。同时，展示内容不规范的地方，教师或学生都可以直接在移动终端上进行修改，修改后进行保存。之后，教师还可以通过"双屏"，将修改后的答案与之前展示的答案进行对比，让学生思考如何作答才能拿到有效分数，在作答的过程中应该注重哪些细节，通过多媒移动终端直观展示出来，这样直观的呈现，对学生而言更加简单、有效。

四、及时反馈，增强讲评效果

很多教师在试卷讲评课中只是为了讲评这张试卷而去讲评，往往忽视了试卷对学生知识、能力考查的目的。讲评的结果，学生可能只是明白了这道题，而以这道题为依托的知识点以及知识点的延伸根本无法灵活运用。更甚者，学生只是记住了这道题的答案，换种方式再来考查学生可能依旧犯错。教师在试卷讲评后没有相应的反馈练习，只是强化知识点的记忆，学生改错后依然没有真正理解知识点，所以在以后的考试中错误反复出现，讲评课的效果自然不够理想。

基于移动终端的试卷讲评，无论是教师还是学生都有自己的习题库和错题库。在试卷讲评过程中，教师和学生可以及时将考试中遇到的错题、难题和典型试题存入自己的习题库和错题库中，以便在今后的复习过程中及时使用。在试卷讲评结束后，教师可以针对学生错题库中所涉及的知识点在自己的习题库中搜索相关的习题发给学生进行再次练习和反馈，这样避免了教师唱主角戏，带着学生对答案，就题论题，"一讲再讲，一错再错"，"会的还会，不会的还是不会"的现象。

移动终端在教学中的应用为思想政治试卷讲评课提供了一个有效的展示平台。与传统的试卷讲评课相比，它更加直观、形象，充分发挥了学生的主体地位和教师的主导作用，使试卷讲评由抽象变为具体，化枯燥为兴趣，化不解为理解。它所包含的大量信息，丰富的内容，既是传统试卷讲评的补充，又能为学生自主学习、探究提供帮助，网络中人机互动的学习方式，可以使交流更及时、开放，所以充分利用网络这一巨大的信息载体，进行教学资源的开发和内容重组，成为现代教学的一个重要实现途径。《基础教育课程改革纲要（试行）》中明确指出："改变课程实施过于强调接受学习、死记硬背、机械训练的现状，倡导学生主动参与、乐于探究、勤于动手，培养学生搜集和处理信息的能力、获取新知识的能力、分析和解决问题的能力以及交流与合作的能力。"基于移动终端的高中政治试卷讲评课，将有效提高学生课堂参与度，提高学生分析问题、解决问题的能力，激发学生热爱课堂、热爱研究的兴趣，这将为我们的政治试卷讲评增添无穷的魅力，这样学生"学习知识、培养能力、提高觉悟"三位一体的能力才能有效提高。

参考文献

[1] 浅谈高中思想政治课堂教学的有效性[J]. 新课程学习（下），2012(4):45.

[2] 基于移动终端技术的课堂教学实践应用研究[J]. 中国教师，2015(20):58.

“e教研”的实践与思考

庄晓卉

2012年4月，第七届亚洲地区数字化学习国际研讨会在北京大学举行，研讨会重点讨论了“下一代的学习：愿景、创新和可能性”。来自欧美、亚太地区、中国大陆以及中国香港、澳门和台湾地区的教师和学者们，交流了近年来各自实施数字化学习的成功经验，并针对现存问题提出了具体可行的改进策略，展望了“下一代”的学习者在数字化的学习环境中多样化地进行学习的愿景。

“e学习”正成为世界教育发展的新潮流，我国选择的战略取向是以教育信息化带动教育现代化。根据教育中长期战略规划，江苏省教育厅于2012年3月启动基础教育百校数字化学习即“e学习”试点工作。我校作为南京市两所普通高中实验学校之一，被列为试点学校。随着“e学习”的全面开展，“e教研”开始在我校展露新姿。

一、“e教研”：教研方式的创新与变革

“e学习”，是数字化学习的简称，它是人类进入信息化时代以后学习方式的重大变革。与传统的学习相比，“e学习”在课程形态、教材呈现方式、教育教学方式、评价体系、管理方式等方面会有较大的差异。从发展趋势上看，“e学习”会成为与世界接轨同时又被学生喜爱的一种新的主流教学方式。

要顺利实现“e学习”，学校应有顶层设计，硬件设施如宽带进校、电脑等投入应到位，与之相适应的师资培训和进修应启动。教师首先要在思想上、业务上、教学上，进行全方位自我更新，引领学生走进“e学习”时代，引领自我走进“e教研”时代。因此，“e教研”是“e学

习”派生出来的，是教研方式的创新与变革。作为教师，身处传统教育方式向“e 学习”方式的变革之中，我们要借助信息技术，更新理念，应对挑战。

二、“e 教研”：应对“e 学习”的初步实践

走进“e 教研”时代的教师，先是“神入”，而后才是“形入”。所谓“神入”，是指教师要在教育观念上，在教研能力上，达到“e 学习”对教师的要求。所谓“形入”，指教师在教育理念、教研能力及教学方式上，完全能够满足“e 学习”时代学生对学习的渴求。

（一）“e 教研”的先决条件——老师认同、接受且熟练进行“e 学习”

教师的使命千年来仍是“传道、授业、解惑”。但所传之道、所授之业、所解之惑，无不打上时代的烙印。其共性是，身为教师必须尽得当时的天下之先，即学识人品要合潮流、合时宜。在现代社会，新事物、新知识、新技术、新工艺、新材料，层出不穷，日新月异。作为教师，我们只有不断地通过学习进行自我知识的更新，才能与时俱进，才能更好地履行教师的社会职责。

面对“e 学习”，我组教师率先进行了转变中的自我修炼。这种修炼是自主的，更是自觉的。修炼的重点，主要是掌握网上的教与学。由教师身份进入学生的角色，双向体会网络教与学的特点。南京市教育局主办的教师远程网，是集网络培训与网络教研于一体的教师专业发展平台。我校教研组的老师，通过这个平台进行通识培训以及学科培训，既接受本专业的继续教育，又进行网络技能的操作性培训。阶段性或专题性的培训终了时，学员要通过网络平台提交作业以及完成学习测试。网络培训比集中面培更便捷、更有效。今年暑期，这个网站又提供了“菜单式”培训项目。培训课程的设计，具有人性化特点，教师可以根据自己的意愿，选择适合自己的培训课程。在不知不觉中，教师们自然地接受并喜爱上了这样的网络培训。

通过一个阶段的网络培训，我组教师从熟悉网络到运用网络，渐

渐进入“e 教研”所需要的状态。我组教师知道，南京市教育科学研究所网站、南京教研网、南京教育信息网等综合性网站，可以帮助我们了解并接受新的教育理念，了解并掌握最新的前沿动态；通过凤凰教育网的“初中思想品德”子网站，可以观赏资深老师的优质课件和课堂实录；通过中学学科网、思想品德课教学网等，可以搜索教学资源，并且了解学科发展的最新动向等。

（二）“e 教研”的主要方式——网络交流

方式之一：建立 QQ 群和讨论组，与校内同行进行交流。QQ 是国内一种几乎人人会用的最便捷的交流工具。在校内，教研组通过 QQ 群进行事务性工作布置和教学研讨。布置的事务性工作，主要有开学初传达学校对教研组的要求，教师提交个人在本学期的公开课计划，备课组集体备课的时间等。这样大幅度减少了对教学时间的挤占。进行教学研究时，没有各种形式的束缚，教师感由心生，有感而发，观点在碰撞中产生思想的火花，一人悟道，多人受益。最基本的教研方法是，先由一名教师把自己的想法及要讨论的问题，随时发布到 QQ 群里，这相当于在论坛上“发帖”。有想法的教师可以“跟帖”发表自己的意见。如果教师们同处在线状态，根据需要，还可以召开一个简短的视频会议，以提高讨论的效率。教师熟练地运用 QQ 开展思想交流与业务研究，不受工作时间的限制，不受人员是否到齐等客观因素的限制。QQ 教研这种方式，打破了教师各自为政的备课方式，取而代之的是，以个体研究为主，同组教师参与的方式。对一个个具体的教学问题的讨论，可以集思广益，有助于保护各自的教研成果，有助于教研成果的分享。教师们的跟帖，哪怕只有只言片语，在网络上都会被记录下来。经过整理，就可以成为老师们教研的成果。QQ 群的功能值得深度开发，在新学期，我们计划让 QQ 群走出校门，与同城、同省乃至全国的同行进行交流，使本专业的教研始终处在一个制高点上。

方式之二：使用电子邮件和公共邮箱，与同区的同行进行交流。发 E-mail 是我组教师和校外教师进行网络教研的常用形式。本区教研员建立了区内的公共邮箱。每一次的区级教研活动结束后，我们都会把相关的课件、教学设计、教师评价意见、备课资源等上传到公共邮箱，互相交流学习。不受时空限制，可以随时下载资料，共享研究成果。公共邮箱成本低，速度快，低碳环保，是网络教研不错的选择。

方式之三：参与教育网站，向全国同行学习，并进行交流。上文提到的许多专业网站可以让老师们轻松地“e学习”新的知识、新的课程理念。网站作为区域性或全国性交流平台，汇集并集中展示了业内同行的教研成果，是老师们取之不尽、用之不竭的智慧宝库。有的网站，会不定期地邀请一些知名专家，在线与老师们交流。更重要的是，老师们可以把教学中碰到的疑点和难点，以及自己的困惑，以“发帖”的形式，发布在交流平台上，请全国的同行答疑解惑。在如潮的回帖中，也许，并不是每一个答案都是那么独到和深刻，但是，我们在收获思想启发的同时，更收获了友谊。

（三）“e教研”的成果：集体智慧的结晶

本学期本组3位教师组成“校内队”参加南京市网络团队教研竞赛，堪称“e教研”的成功之作。

首先，参赛教师，在集体讨论的基础上，形成初稿并在一个班级进行试讲，以检验教学设计的可行性。

其次，教研组全体教师听过试讲后，就该课教学设计的可行性，提出批评性及建设性意见。参赛教师在消化和接受意见的基础上，分别制成课件、教学设计及“信息技术与思品教学”整合点分析，形成第二稿，上传至QQ群，在进一步征求修改意见的基础上定稿。

最后，正式比赛时参赛教师在规定的时段内出色完成了所有规定科目。在1小时内协作完成评价另一个团队的作品，发现其教学设计中的优点、不足，提出修改完善的建议。在我们收到别的团队对我们的评价后，再用1小时根据评价，反思和完善本团队原教学设计，形成新的教学设计方案，包括教学课件修改和定稿。

通过这次网络团队教研竞赛，参赛教师掌握信息技术的能力及水平得到验证，并得到提高。最重要的是，通过参赛课件设计与制作，全组教师之间不分彼此地合作交流，展示了团队的智慧和力量。

更值得骄傲的是，本组有位教师，与本区其他学校两位老师一起组成“校际队”参加了该项比赛，并且取得了很好的成绩。参加“校际队"的意义，不在参赛本身，而在于开启了本教研组和兄弟学校教研组的沟通和交流，也为区域内"e教研"搭建了更好的平台。

三、"e教研"：试水后的点滴思考

思考之一，希望校园网络有个性空间。我校的校园网建设得很好，特别是为每个教研组开辟了专栏。教研组老师可以在专栏里发表自己的教研见解，相互学习和交流。如果学校能够为每个老师量身定制具有个性色彩的空间，引进"e教研"集体备课系统和评课系统，效果会更好。

思考之二，希望学校加强对教研活动有效的指导。在"e教研"平台建立后，学校要建立指导机制和评价机制，制定"e教研"的成果使用规范，从制度层面保证"e教研"的顺利进行。

思考之三，希望学校为教师提供具有针对性的培训。老师们在网络上进行自主的"e学习"，仅仅是自我提高的一种培训方式。如果学校能够为广大教师提供更多的有针对性的培训，包括专门机构组织的有计划、有目的的"e学习"，则更有利于提高教师们的教研与教学能力。

思考之四，正确认识和开展"e教研"活动。网络是一个开放的平台，要警惕、防范和化解网络教研的一些负面影响。要有安全意识，避免在网络上因为泄露隐私带来的麻烦和困扰。要有保护自己知识产权的意识。要学会寻找正当的平台发布自己的成果，以免给自己带来损失。

诚然，"e学习"已经成为世界性的教育大趋势的背景，改革和创新的时代精神已经成为人们的精神力量。但我们也知道，"e学习"和"e教研"之路不会一帆风顺。因为，需要转变的是社会心理，进而是生活方式。但是，作为"e学习"和"e教研"的体验者、参与者，我们会坚持我们的实践与探索。因为我们相信，"e学习"和"e教研"之路，必然是一路风雨，一路凯歌。

（该文原载于《中小学电教》2013年第5期）

数字化教学方式对课程效果的影响

——以南京某高中心理健康教育校本课程为例

刘　阳

一、问题提出

（一）“互联网＋”在教育实践中的运用

信息技术的进步有力地弥补了传统教育的不足，让教学方式发生了根本性的变化。[1][2]“互联网＋”概念的提出，更加具体地指明教育信息化的发展方向。《国家中长期教育改革和发展规划纲要》[3]在中学学生发展战略中提出：“充分发挥信息技术作用，促进优质教学资源的共享”“加强优质教育资源开发与应用；加强网络教学资源体系建设；引进国际优质数字化教学资源”。数字化教学方式和学习活动在未来教育中的作用将越来越明显，优质数字化课程将有力促进课程改革的发展。

（二）学校层面的支持

笔者所在学校为江苏省四星级重点高中，心理健康教育与信息技术教育是我校两大特色。学校积极鼓励教师探索数字化教学方式。从2012年开始，学校率先开展“e学习”实验研究。2014年，江苏省教育科学“十二五”规划重点课题“基于移动终端的普通高中课堂教学设计优化与实施的研究”正式立项。笔者参与此项课题研究三年有余，体验到数字化教学方式的巨大潜力。

（三）教与学的新趋势

伴随互联网技术的深入发展，碎片化学习、移动学习等新型学习方式正在逐渐改变人们的认知方式与教育模式。教学中发现，高中生的互联网技术已经远远超越了教师，在信息技术的使用中，往往出现“反哺”现象。这种教与学角色的转变，也使得贯彻“学生中心”的教学理念显得更加重要。移动终端进入课堂，让学生主动选择知识、加工知识，一方面激发了学生学习主动性，另一方面也带来组织教学、教学效果、教学评价等方面新的担忧。本研究正是在这样的现实背景下展开。

二、概念界定

（一）数字化教学

数字化教学是以电脑、多媒体教室等现代化多媒体为载体进行的教学活动。具体指在数字化教学环境中，教师和学习者遵循现代教育规律，通过数字化教学模式，运用数字化教学资源，进行培养适应现代社会需要的具有创新精神和创新能力的复合型人才的教学活动。[4]数字化教学活动中，移动学习是其中的核心与亮点。

移动学习是基于移动互联和数字媒体技术，在非固定和非预设的位置发生的交互性碎片化学习。[5]从移动学习的概念可以看出，学习任务、活动、支持与诊断的过程都发生了实质性创新变化。具体表现如表1所示。

表1　移动学习中各环节的新变化[6]

学习环节	创新变化
学习任务	从知识获取到知识创造
学习活动	从面对面学习到混合式学习
学习支持	从学习资源依赖到资源与工具的整合
学习诊断	基于经验到基于数据分析

由此可见，数字化教学中的移动学习是基于网络的个性化学习，革新了传统的教学设计理念，更加注重个人兴趣、能力的发掘与成长。同时，关于移动学习中注意力问题、学习指导策略、学习路线等问题尚在探索之中，均有待解决。[7]

（二）心理健康教育课程

学校心理健康教育课程是一种综合性的课程体系，由独立型心理健康教育课程和融合型心理健康教育课程综合而成。其中，独立型课程是学校最主要的心理健康教育形式，包括了心理健康教育学科课程和活动课程。[8]

高中心理健康教育课程需具有一致性、普遍性、趣味性、知识传授性的特点。[9]课程需立足学生的生活实际，激发引导学生积极向上的心理品质。

综上所述，高中心理健康教育课程的发展需要打破传统学科教学的授课模式、师生关系，以开放、创新的态度，广阔、超前的视野，在不断变化的过程中解决发展中共性与个性的问题。

三、过程研究

此次研究分为两个阶段：第一阶段为行动研究，第二阶段为问卷调查与分析。

（一）行动研究

笔者本学期教授高二年级心理健康教育课程（每班两周一节课），共进行3个月的授课。

笔者将授课班级分成A、B两组。A组班级接受数字化教学方式，B组接受传统课堂教学方式。具体差别如表2所示。

表2 两种不同授课方式对比

	数字化教学方式（A组）	传统课堂教学方式（B组）
授课地点	“e学习”专用教室*	各班教室
讨论方式	利用教学软件提交讨论结果	言语讨论并分享
调查方式	登录班级圈，参与话题调查	纸质无记名调查
课堂反思	拍摄课程实录，回看录像	课后教师回忆，撰写教后记

*注：“e学习”专用教室拥有平板电脑（每人一台）、网络、触屏电视和网络教学软件。

除教学方式差异外，每节课主题各班相同。在每节课的主题选择上，依据江苏科学技术出版社出版的《心理健康教育(高二)》与学生调查反馈内容确定主题。具体内容如表3所示。

表3　高二年级心理健康教育校本课程课题及内容概述

节　次	课　题	内容概要
1	与压力同行	妥善处理小高考后的疲劳，增强抗压力
2	想说爱　不容易	审视内心萌动，理性对待青春期亲密关系
3	冲突带来成长——有效沟通 Q&A	掌握表达技巧，学会倾听他人
4	高三这件小事	准高三心理建设，增强压力环境中的规划能力
5	登上职业的小船——职业生涯规划指导	认清自我需求，选择适合个性发展的道路

(二) 问卷调查与分析

本研究采用王月[10]编制的《关于学校心理健康教育课程的调查问卷》(学生问卷)，该问卷旨在测量学生对待学校心理健康教育课程的态度，是衡量课程效果的有效工具。该问卷内设五个维度，每个维度信度系数均在0.7以上。综上，此问卷信效度较好(见表4)。

此次问卷调查，除本校外，另在同级别的一所高中进行随机抽样调查。本校发放问卷400份，实际收回350份，回收率87.5%。外校发放问卷220份，实际收回200份，回收率90%(见表5)。

表4　心理健康教育课程两组班级比较 T 检验结果
(A组 $N=182$，B组 $n=168$)

维　度		均　值	标准差	T 值	P 值
目标达成度	A组	25.39	3.33	−1.36	0.18
	B组	25.88	3.35		
学生参与度	A组	18.19	2.46	−0.28	0.78
	B组	18.26	2.61		
上课意愿度	A组	14.76	1.90	−0.98	0.33
	B组	14.94	1.57		

续表

维　度		均　值	标准差	T　值	P　值
成绩评定倾向	A组	8.29	3.09	1.61	0.11
	B组	7.73	3.35		
教学满意度	A组	19.23	1.50	−0.67	0.50
	B组	19.33	1.50		

笔者采用 T 检验的方法，一般认为 P 值小于 0.05 有显著性差异，大于则无显著性差异。对比 A、B 两组班级调查结果，可以发现，教学方式的改变并没有在五个维度上造成明显差异。

对于我校的心理健康教育校本课程，学生上课意愿度较高（该维度满分为 16），对教师的满意度也高（该维度满分为 20）。虽没有显著性差异，但对比均分可以发现，在参与度与目标达成度方面，传统授课方式更受学生喜爱，是否对于技术的过度关注和使用影响了学生课堂的体验感和学习效果，此问题值得反思。

对于心理健康教育课的成绩评价，学生们普遍持否定的态度（此维度满分 12）。有趣的是，数字化的学习方式下，学生更希望被评价。传统课堂中学生的表达面临更直接的群体压力，而虚拟世界中，个性表达更加简单与快捷，也就意味着“真情实感”的流露可能性更多。从这个角度说，虚拟世界的评价更接近于现实的回应，青少年们很喜欢在这样的回应中强调自我存在感。

表 5　心理健康教育课程两校学生比较 T 检验结果
（本校 $N=350$，外校 $n=200$）

维　度		均　值	标准差	T　值	P　值
目标达成度	本校	25.62	3.34	6.24	0.00**
	外校	23.35	4.30		
学生参与度	本校	18.22	2.53	8.54	0.00**
	外校	16.06	3.18		

续表

维　度		均　值	标准差	T 值	P 值
上课意愿度	本校	14.85	1.75	4.89	0.00**
	外校	13.74	2.79		
成绩评定倾向	本校	8.03	3.22	−1.72	0.09
	外校	8.49	2.80		
教学满意度	本校	19.28	1.50	6.91	0.00**
	外校	17.68	2.94		

除成绩评定倾向维度无明显差异外，其余四个维度均存在明显差异。可以发现，我校的心理健康教育校本课程处于市级领先地位，心育工作既有特点又重实效。同时可发现，教学手段的革新虽有波折，但总体是受学生欢迎的，我校心育课程设计、实施、评价与反馈符合学生的心理需求，真正起到积极引导、正向指引的作用。

（三）不足

本次行动研究只有三个月，且由于课时的限制，削弱了心理健康教育课对学生的持续性影响。在数字化课程建设中，着力于课堂设计，没有充分发挥教育软件平台的即时通讯、师生互动、班级空间等作用。在以后的实践工作中，需要进一步培养师生的移动学习习惯与能力，以期借助网络的力量，更加深入、细致地开展学校心理健康教育工作。

四、实践反思

（一）返璞归真

笔者参与数字化学习的实践研究工作已三年有余，在课程的探索中发现，平衡好信息技术与教学技术是十分困难的，重技术，就会削弱课堂的真实性。教学实践中发现，由于学生对于个别教育软件的陌生，会导致教师花费大量的时间教授学生怎样使用技术，而不是自主运用技术。数字化教学方式的推广，需要师生在熟悉技术的基础上进行。因此除了学科教师积极推动此项技术外，需要为学生开辟一定的训练和使用数字化学习技术的校本课程。当师生均熟悉数字化教学方式时，课堂的教学才能更加有效地进行。

在课程设计方面，面对眼花缭乱的技术手段，“返璞归真”是设计课程的核心思路。“返璞归真”中的“真”，指的就是教学活动的主旨。建议老师们进行两次备课，第一次备传统课型，明确本学科、本课题主旨，解构教学目标。第二次数字化优化个别环节。目前在高中的教学实践中，数字化教学方式最为成熟的部分是对于客观题的批改和统计，老师们可以多加利用此技术。微课和课前、课后的教学互动平台也在进一步开发中，老师们也可依据学科特点与需求多尝试、多积累。

（二）虚拟课堂的边界

数字化教学除了关注现实的设备与技术外，虚拟世界的心理空间问题，也值得深思。利用数字化技术改变教学方式的同时，网络世界的负面影响也在侵蚀新型课堂。教师的威严、学生间的相互监督更加薄弱。网络中的肆意表达，甚至言语暴力问题，在虚拟课堂中有出现的迹象。虚拟课堂应该也与现实课堂一样，有着权威角色的引领，有着同伴角色的监督，有着自我角色的反思。三位一体，才能产生学习的动力，产生成长的可能。学生个体边界的成熟，道德意识的成长，对自己与他人多一份尊重与理解，才能建立平等、安全、自由的虚拟课堂空间。这一状态的形成，需要教师积极引导与长时间行为规范的养成，做好此项工作不仅是完成数字化教学工作的保障，更肩负培养一代文明的现代人的重任。

（三）坚守创新

数字化教学方式的推行，目前在基础教育和高等教育中获得较强回应。而在以应试为目标的中学教育中，反响寥寥。这与我们的教育实际有关，也与师生、家长的教育理念有关。为期 3 个月的实践过程较为短暂，由于课时的限制，课程效果的影响也有限。但在数据分析中，笔者看到学生对于我校心育课程的肯定与期待，对于数字化学习方式的好奇与热情。笔者相信新型的教学方式总有一个适应的过程，也是波折中成长的过程。网络信息化潮流下，移动终端走进课堂，成为基础教学工具指日可待。笔者也会坚守这份创新精神，在反思、实践中不断成长，积累更加丰富的实践经验，促进个人和集体的共同进步。

[该文系江苏省教育科学“十二五”规划重点课题“基于移动终端的普通高中课堂教学设计优化与实施的研究”(课题编号：B-b/2015/02/075)研究成果]

参考文献

[1] 琚春华，彭建良. 基于移动学习的教学与实践相融合的教学模式研究：以电子商务与物流专业为例[J]. 中国高教研究，2012，(9)：107-110.

[2] Jongpil C, Lee Steven M, Crooks et al. An investigation of mobile learning readiness in higher education based on the theory of planned behavior[J]. Computers & Education, 2012, 59(3): 1054-1064.

[3] 国家中长期教育改革和发展规划纲要(2010—2020)[DB/OL]. (2010-7-29).

[4] Gail A, Rathbun. Technology implementation fitness quiz: How ready is your school to reap the benefits of teaching with technology[J]. Educational Technology, 2004, (7-8): 41-44.

[5] 梁华，梁春贤，韩徽. 近十年我国移动学习研究综述[J]. 中国教育技术装备，2016(2)：6-9.

[6] 李葆萍. 基于平板电脑的“1对1”数字化学习环境应用效果调研[J]. 现代远程教育研究，2016(1)：97-103.

[7] 王珏，赵呈领，等. 移动学习及其实现的几个问题研究[J]. 高等函授学报，2006(4)：6-8.

[8] 罗灵娜. 学校心理健康教育实务：活动课程设计[J]. 教学与管理，2013

(1):41－42.

[9] 马婷婷.高中心理健康教育课设计原则[J].现代教育,2014(10):89.

[10] 王月.学校心理健康教育课程供需关系研究:以杭州市中学为研究对象[D].杭州:杭州师范大学,2015.

(该文原载于《现代中小学教育》2018年第6期)

直指人心——探索 iPad 在心育课中的作用

刘　阳

众所周知，苹果前首席执行官乔布斯是虔诚的佛教徒，在他创造的“苹果”世界中，处处彰显着禅宗的韵味。其中 iPad 的问世，更打破了移动终端的传统局限，彰显出“直指人心，见性成佛”的佛法奥义。有人曾指出，iPad 的诞生改变了这个世界，我们从事的教育事业，也开始尝试基于此终端的网络教学实验和改革。笔者在我校心理健康教育校本课程“心海导航”的基础上，结合高一学生心理发展水平实际，运用 iPad 设备及相关教育平台，开设“欣赏爱，懂得爱”青春期异性交往主题公开课。本文将从本节课的教学设计出发，反思教学实践，提炼教学感悟。

一、教学设计点滴

（一）多种选择

我校配有专业化的“e 学习”教室，不仅能保证学生人手一台 iPad，而且拥有触屏液晶显示屏，Smart 白板等数字化教学媒体平台。在设计之初，困扰笔者的就是平台的选择，以及怎样展现课堂内容。在多方观摩及调查后，决定采用两块屏幕的课堂展示方案，Smart 白板展现 PPT 投影内容，夏普触屏液晶电视则用于展现学生终端内容。

两块展示屏幕，转变了传统“教与学”的课堂模式，使得课堂的结构扁平化，每个学生都拥有展现自己思路与想法的机会，个体的智慧得到更多的理解与尊重。但与此同时，对教师提出更高要求，教学设计需要精确到每个环节在哪块屏幕，何时切换，用时多少等具体细致的内容，这些是对教师信息技术水平与能力的新挑战。

（二）设计创新

在细数本课创新环节前，笔者简单罗列出学科教学、传统心育课程及基于网络数字化平台的心育教学在设计思路中的差异（见表 1）。

表 1　学科教学、心育教学和数学化心育教学的差异

差异之处	学科课程	心育课程	iPad 心育课程
出发点	知识重难点	本课主题	现实心理困境
课堂设计	温故知新 融会贯通	分享交流 体悟提升	表达观点 思想碰撞
师生地位	教师主导，学生主体	教师引导，学生感悟	教师是问题的通道 学生在问题中穿梭
课程反馈	作业	言语分享	课堂即时呈现

由此可见，iPad 心育课程中，学生是课堂的主人，教师为学生提供多种渠道、方法和手段，帮助其表达内心感受，在群体思维和情感的碰撞中，产生不一样的人生体验。

在课堂的导入中，笔者设计描绘理想的他（她）的环节，请学生利用 iPad 运用各种方式（文字、绘画、拍照等）表达观点。并通过教育软件平台，集体投屏，按照性别分别展示学生们的观点。这一设计使得有些紧张的公开课课堂一下子活跃起来。

其次，在课堂讨论中，为提高讨论实效采用限时讨论和抢答的方式，增加紧张感，激发小组交流的积极性。有学生在课后反馈中，表达出对抢答环节的喜爱。

再次，心育课程注重学生的自我提升，因此在最后的“课堂点睛”环节中，要求学生结合本课感受，用自己的方式（图画、音频、视频等）表达对“爱是什么?”这句话的理解。每堂课都会有不一样的收获，有的学生画漫画，表达相守一生的浪漫；有的学生创造个性文字，表达爱是保护和守候；还有的学生运用三行短诗，娓娓道来爱的甜蜜与烦恼。

二、课程实践收获

(一) 学生收获

在课程主题探讨中,向学生提供不同“情感困扰”案例,要求其表达自身观点并提出方法建议。教育学中基于问题的学习(Problem-Based Learning,PBL)观点得到落实。让学生围绕着解决一些结构不良的、真实的问题而进行一种有针对性的、实践性的学习,即以问题作为开始、以解决问题为主线。这些从心理咨询过程中挑选和改编的真实事件,既贴合学生生活实际,又易引发学生情感共鸣,使得本节课有很好的课堂带入感。学生在课后反馈中,纷纷希望能多一些这样内容的课。

在代入感的基础上,学生的参与性增强。本节课最大的亮点就是信息的即时大量呈现,由于采用了 iPad 平台上的教育软件,学生能够自由书写内容,并且投影在教室的大屏幕上。阅读他人的回答,发现不一样的恋爱观,体会世界多样性的美好。有同学在反馈中记录到“给我印象最深的是电子黑板,它与 iPad 的有机结合,可以让同学们方便自由地表达意见,大大提高上课效率。”

本节课的主题关于“爱情”,这样一个没有标准答案的话题,既令高中生心动,也令他们烦恼。在内容的节选上,分别选择爱情的开始、进程、结束三个阶段,向学生展现真实的校园恋情状况,解开“喜欢”的神秘面纱,探寻喜欢与爱的情感差异,引导学生理解爱的责任和意义。有学生写道:“高中生虽不能谈恋爱,但爱是美好伟大的,也许爱的旅程有困难,但要学会克服。首先学会爱自己,才能更好地爱他人。”由此可见,本课的教学目标在学生的独立思考和相互交流中得到实现。

(二) 教师收获

作为第一次运用 iPad 上课的教师,技术和课程上的挑战在所难免。为了完成公开课,本研究用 5 个班做前期实验,从内容筛选、软件操作、环节衔接、时间控制等各细节深度磨课。在引导学生使用

iPad及相关软件上积累了一定经验，同时也发现软件中的不足。

除了技术过关以外，课的好坏关键在于教师的现场教学。本堂课给笔者带来的最大感受是信息量。传统的课堂有“预设与生成”的模式，学生的回答有较强的指向性，这一点在公开课中更加明显。而iPad心育课程则无标准答案，对于教师最直接的挑战就是，在学生呈现的众多内容中要迅速、准确地找出能与下个环节相联系的内容，并且运用适当的导语加以衔接。这不仅是对教师个人能力的挑战，更是教育智慧的体现。所幸有传统授课的语言基础，化解了这部分的难题。这也让笔者认识到，信息时代的教师需要不断拓展视野，提高信息敏锐度和觉察力。

（三）实验研究收获

在基于移动终端的数字化教学中，哪门学科更适合，是困扰校领导和教师的问题。一般认为，理科类的学科能够很好地利用网络平台和iPad资源，展现生动的实验场景，运用交互式的体验，进行课堂知识传授。文科科目，特别像心理健康教育这种没有标准教材的学科，由于资源少、课时少，教师的信息化素养和能力参差不齐，在这项目上的推广则较为困难。本节课是一节很好的尝试，通过“试水”心育课堂与iPad教室的结合，关注学生创新能力(Creativity)、沟通能力(Communication)、批判性思考能力(Critical Thinking)、合作能力(Collaboration)，简称4Cs能力的培养，不仅丰富了实验项目内容，更是打破传统的重“体悟”的心育课堂，用移动终端搜集思想，用交互体验展现不同，为心理健康教育课注入新的力量和活力。

三、课程反思

（一）教育反思

回顾本节课，以下几个方面将传统心育课堂与运用新媒体技术的课堂进行对比(见表2)。

表 2　传统心育课堂教学和数字化心育课堂教学比较

	传统心育课堂教学	运用新媒体新技术心育课堂
教学关系	师生问答、小组讨论、个体分享	教师创设心理困境,学生设身处地思考,课堂参与度增强,每位学生的观点都得到尊重
教学效果	通过个别学生的小结与分享体现	课堂的参与度增加,思想碰撞更加直白与激烈,学生自评学习快乐度提高
教学创新	课堂环节衔接以及教师的课堂互动(以语言为主)	跨越学科的界限,促进个体的多样化表达与创造,实现多学科的综合
资源创新	各种多媒体资源的搜集	保留学生的课堂生成,为本课的反思、改进保留许多生成性的资料。学生的表述既是课堂成果,也是改进素材
交互过程	师生互动,生生互动	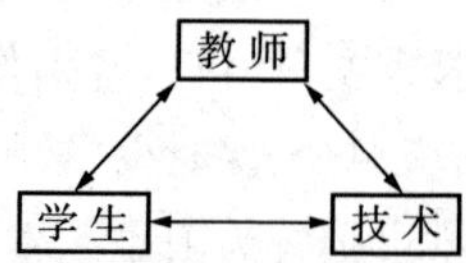 教师、学生、技术三者间的互动
课程思考	主要围绕课堂生成的差异性,课程主题的鲜明性进行思考	怎样使技术服务于教学,体现创新性

有美国高中教师认为,“iPad 使我们把教室延伸到围墙之外”。在这样的对比中可发现,iPad 不仅把教室范围延伸,更是将学科边界打破,体现综合学习的理念。进入高中阶段,学生的认知水平已基本成熟,归纳推理等逻辑思维能力日渐系统化,完全具备了自我探索和学习的能力和水平。加之网络信息化的不断发展,社会信息不再具有年龄差别,可以说一个班的学生所承载的信息量远远超出了一名教师的课堂容量。因此课程的关注点不应局限于知识的教授,而应放在兴趣的激发和思考的引导等方面。本节课是一次很好的尝试,在被同学们的“爱的理解与鼓励中”,笔者发现了蕴藏在学生心中丰

富的情感与力量。

（二）实践反思

本钱与本领的困惑。“e学习”项目开展至今，仍旧集中于部分优质学校，这与学校实力有着重要关系。学校需要前期投入大量的人力、物力、财力，才能支撑起多学科的项目实验工作。对领导来说，需要以信息时代的眼光推进工作；对实验教师来说，需要以强大的热情为支撑，不断克服各种困难完成实验；对学生来说，需要适应多种技术手段交错使用的课堂。在投入本钱的基础上，对所有参加成员的信息素养和教育教学本领又提出了新的挑战。在一次次的交流中，我们能收获何种“e学习”经验？课程技术手段能有何提升？这些是需要不断探索的问题。

课程设计与产品研发的困惑。教师原先是课程的策划和构想者，使用传统教学方式，前期的投入能够作为以后的素材加以运用和修改，熟门熟路，再次备课利用率高。由于移动终端产品间的差异，应用程序的差别，把许多能够重复的课程变成了唯一，大大提高了备课成本，降低了课程设计的效率。因而很多教师不愿意参加过于繁琐的“e学习”活动。另外，电子产品的设计者缺乏教学经验，简单套用程序组件编写的教学软件难以满足各老师的不同要求。有老师曾抱怨“想要的没有，不用的工具一堆”。虽说“技术服务于人”，但在课程实践中出现设计者和研发者相互牵制的情况，令人担忧。

文化差异的困惑。一堂好课不仅体现在怎么教，更体现在教什么。像心育课这样的校本课程，素材是课程的点睛之笔。但遗憾的是，在材料搜索的过程中，想用的程序大部分是英文，有些甚至需要付费。即使翻译使用，其中渗透的西方价值观也难彻底消除。何时才能拥有体现我国优良传统、符合高中生课程要求的“e学习”活动素材？这是需要各学科教师长期不断努力和积淀的结果。

综上所述，一节“e学习”公开课不仅是一次勇敢的尝试，更是叩开了一扇通向更多学生内心的大门。相信乔布斯“直指人心”

的设计理念，能够带领我们获得更丰富的基于网络平台的数字化教学实践经验。

（该文原载于《考试研究》2016 年第 3 期，获 2015 年南京市优秀教育论文评比一等奖；2015 年江苏省数字化学习论文评比一等奖；2015 年江苏省“师陶杯”论文评比二等奖）

与她的第一次亲密接触
——记我的第一堂微课

赵宏霞

一、引言

我与微课的接触，说来话长。

多年前，我听到了传奇人物萨尔曼·可汗的故事：早在 2004 年，可汗上七年级的表妹纳迪亚遇到了数学难题，向这位“数学天才”表哥求助。通过雅虎聊天软件、互动写字板和电话，可汗帮她解答了所有问题。为了让小妹妹听明白，他尽量说得浅显易懂。很快，其他亲戚朋友也上门讨教。一时间，可汗忙不过来了。他索性把自己的数学辅导材料制作成视频，放到 YouTube 网站上，方便更多的人分享。他有意识地把每段视频的长度控制在 10 分钟之内，以便网友有耐心理解、消化。没想到，视频很快就受到了网友们的热捧。“他们的留言充满了感谢与鼓励，让我欲罢不能”，可汗说。从此，他逐步创办了“一个人的学院”和“网易公开课”。现在想来，可汗是“微课”创作的先驱。

2014 年，学校有老师参加了第一届全国微课大赛，获得全国二等奖。他在学校进行的培训中讲述了自己的故事，让我第一次听到中国微课的声音。同年，我参加外市培训，感受到了来自“反转课堂”的震动。

2015 年暑假，我的孩子小升初之旅告一段落，对曾经奔波在城市各地的培训班一度审美疲劳，不想再到处试听、安排时间、入学考察、获取证书诸如此类，就是想安安静静地弥补好自己知识体系的漏洞，以便更好地迎接中学时代。于是，我们接触到了某网校培训机构，其本质也是一种微课教学。由于市场的优胜劣汰和教师的多年积累，该网校课程的体系性非常强。

2015年秋天，萨尔曼·可汗再次引起世人关注：他的公司市值上万亿，但是他会继续全免费开放。理由很简单：如果收费，那么穷人就不能继续接受这样好的教育。

与此同时，第二届全国微课大赛如火如荼。此时的我，才录制了人生中第一节微课，尽管我已经做了19年老师。而教我使用Camtasia Studio录制软件的，是我的徒弟小杨老师。

这一切的一切，都让我越来越接近微课，让我感到一个全新的教育浪潮正在袭来。

二、选题

以前开设公开课，选取的内容是40分钟一课时，一般情况下是教学进度到了哪里，就选择相应教学内容。这样，可能会出现诸多问题：某课题选材比较经典，很多人都开设过公开课，尽管资料多多，但重复性强；某课题由于重难点特别集中或者重难点不突出，不太适合开设公开课。

而微课的选题方法与常规公开课不同，主要表现为：① 时间短，大约8分钟，最多10分钟，是常规课堂中一个小小“片断”，但不是一个小小“片花”；② 重难点，是学生在常规课堂上不容易理解或者时间久了遗忘率较高、需要反复巩固的内容；③ 出彩点，是自己比其他教师讲得好的内容，是能够吸引学生将微课打开并且不断往下看的内容；④ 适合做，是适合使用视频教学的内容。

综上所思，我选取的教学内容是高中地理必修1第一章的一个知识点——国际日界线。

三、准备

（一）撰写教学设计

经过多年教学实践，我对自己讲授“国际日界线”的学习思路很有信心。对微课选题的准确把握和多年的教学经验，让我很快完成了教学设计的撰写。在此，列举两例，分别讨论国际日界线和180°经线的区别、国际日界线的课外拓展应用。

例1：国际日界线和180°经线不完全吻合，而是在180°经线附近拐来拐去。所以时间的变动要具体问题具体分析。如图1，分析这三大类六小种情况时间如何变动。

在此基础上，分析三道判断题：

① 东12区和西12区日期不同，时刻相同。

② 原则上，东12区和西12区日期不同，时刻相同。

③ 日界线两侧日期不同，时刻相同。

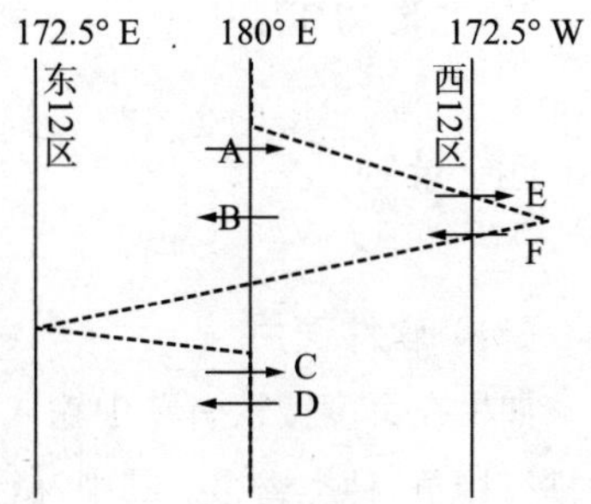

图1

例2：日界线附近有许多有趣的故事。有个妈妈，在东12区2015年1月1日12:00生了第一个宝宝，我们称她为X宝宝。10分钟后，她坐着船到了西12区，又生了一个宝宝，我们称她为Y宝宝，她的生日是？（2014年12月31日12:10）。那么问题来了：X和Y，谁是老大？（按照生日，显然是Y宝宝，按照事实，应该是X宝宝。）估计两人会为了这个问题争吵一辈子。这是谁的错呢？有人说，这是妈妈的错。谁让她自西向东穿越国际日界线呢？

整个“教学过程”部分大约1300字。新闻联播播音员语速为平均每分钟250字左右，而教师的语速显然低于这个数字。据此计算，1300字的词汇总量应该是比较适合的。

（二）制作课件

由于日常教学工作中，我使用 PPT 比较顺手，所以这节微课的课件使用的制作软件也是 PPT。结合地理学科特点和“国际日界线”的内容特点，PPT 一共 8 张，地理底图均为高清大图，辅以自绘示意图、自编试题背景、结尾故事等，画面以白色为底色、黑体字体、颜色以蓝色为主、关键词使用红色，利用 PPT 动态分步显示。

（三）准备录制讲稿

如何流畅自然地将教学设计表达出来，将课件演示清楚，录制讲稿起到了“脚本”的作用，是教学设计和课件之间的纽带。为了便于表达，录制讲稿采取的格式如下：

(第一张 PPT)……

(第二张 PPT)……

四、录制

（一）软件使用

如果在百度搜索引擎中输入“录屏软件”，就会出现录屏软件下载排行榜单，种类繁多。其中，微课制作群体对 Camtasia Studio 软件综合评价最高。由于刚刚接触，我只是使用了其最基本的录制功能。

（二）噪声控制

如何找到一个安静的地方录制微课，这是一个貌似简单却又非常现实的要求！首先，办公室不够理想，学生课间在走动，其他老师在工作时不断敲击键盘，偶尔还有电话进来；第二，学校机房貌似安静，但实际上交换器的电流声非常大；第三，会议室日常不使用，但是该处电脑在安装 Camtasia Studio 软件时总有冲突。我终于理解为什么当初可汗是躲在一个改造的大衣橱里录制微课了。最后，我选择下班后一个人在办公室完成了录制工作。

（三）鼠标控制

由于地理教学需要指图，视频环境下只能用鼠标代替教鞭。但是问题来了:鼠标指到某一地点,老师讲解了几句话之后,鼠标自动隐藏了。如果想要再次指图,就要晃一下鼠标,显得视频画面不够简洁。咨询该软件使用熟练的老师,才知道仅“鼠标”一项就可以变色、变大、有闪动区域、可添加“拖尾”等一系列功能。可见,软件的使用有很多可以挖掘的财富。

五、思考

(一) 从学生角度看微课优势

1. 便于学生节约时间

先说校内教育。一节课 40 分钟或 45 分钟,学生真正需要老师帮助的部分,完全可以小于 40 分钟。对于优秀学生而言,通过自学可以完成大部分内容,剩余内容才体现老师价值所在。如果使用微课,显然可以提升学生的学习效率。

再说校外辅导。一般情况下,校外辅导班一次上课时长 90～120 分钟不等。在城市中,平均来回交通时间大约 50 分钟/人次。如果在家使用微课教学方式,显然可以节约大量交通时间。

2. 便于学生节约金钱

目前,中国微课网“我要晒课”栏目和“微课大赛”等作品,完全免费试用。如果广大边远地区能够覆盖网络,就可以免费享用微课资源。这对于实现城乡“教育公平性”,共享“中国梦”,是一个很好的平台!

3. 便于学生甄选教师

对于学生而言,进入好学校,遇到好老师,就是“出门遇贵人”。老师直接影响孩子对某门学科的兴趣,影响孩子的学习成绩。一般而言,学生对于好老师只能“遇见”,不能甄选。但微课环境下,学生师从何人,完全可以由自己先试听再决定,也可以依据不同的教学内容而选择不同的教师。

4. 便于学生掌控节奏

班级授课制有极大的优越性,但课堂节奏依据班级平均状况而定，容易忽略每个学生的个体差异性。微课环境下，学生可以选择相应学习内容、确定相应学习进度，不需要继续学习的部分则可以跳过，需要继续学习的部分可以反复播放，从而更加主动地掌控学习节奏。

5. 便于学生翻转课堂

我们常常说，“授人以鱼不如授人以渔”“教是为了不教”，如何达到以上目的，教育工作者一直在努力。现在，微课的出现提供了一种新的自学平台。学生可以借助微课进行自学（包括课前预习、课堂学习、课后复习与练习等环节）；在微课教师“传道”基础上，学生请学校教师有针对性地“解惑”，把以前在学校“老师讲什么学生听什么”转变成“学生想知道什么，老师讲什么”，从而提高学习效率，实现“翻转课堂”。

（二）从教师角度看微课

1. 微课可提升教师素养

首先，微课环境下要求教师有更强的语言表述能力（没有肢体动作等辅助）。而微课讲授不是传统说教课堂实录微缩版、播音员版，或简单课件操作录屏版，要求教师的语言具备以下三个层次的特点：语音标准、语速均匀、自然流畅；亲切、自然、口语化，没有距离感；情感到位，让学生感觉面对面、一对一，是教师在个性化辅导学生，而不是教师在对机器讲。

其次，微课环境下要求教师更加准确地把握重难点，从而选取最有价值的教学内容，更要求教师能够突破重难点，从而优化课堂教学过程。

此外，微课要求教师教学思想不断更新，对新软件使用能力不断提升等。

2. 微课可接轨传统教学

多年来，笔者所在学校一直在实践“地理综合程序教学法”，其课堂基本节奏是一种“小中步子”：将课堂划分为几个“大问题”，继而将“大问题”分解设置为几个“中等问题”，再将“中等问题”分解设置为几个“小问题”。每个问题，分为“教师设问提问、学生相互讨论并伴以教师指导自学、教师串联讲解”等步骤。

可见，综合程序教学法这一传统的教学方法与微课教学的契合程度非常高。微课的节奏，就是传统综合程序教学法中的“中步子”甚至是“小步子”，将一个大问题化解成若干个小问题，重在教师串联讲解，继而逐个解决问题。

3. 微课可提供备课素材

帮助教师专业成长的方式有很多，微课是其中之一。在日常备课时，教师可以通过微课学习同行的教学策略，转化为自己的专业素养后运用在自己的课堂教学中。如果因教学环境等硬件差异，教师无法进行与微课类似的教学，那么教师可以在课堂中播放其他教师的微课，让学生进行学习。这种方式，与我们日常教学中融入他人的Flash动画、PPT课件、实验视频等，原理是一致的。

4. 微课目前存在的不足

教师是微课的创造者和使用者，其双重身份可以看到微课优势的同时，也能发现微课的不足。

(1) 微课的互动性弱。首先，在微课学习时，毕竟大多数情况下是学生们一人对着一台电脑，与老师的交流有限，若自控能力较弱的学生学习效果会大大打折。第二，微课在一定程度上还存在着“过度简化”的缺陷，教师往往利用特定例子来解释概念，如果学生遇到其他例子时，可能会缺乏举一反三的能力。第三，微课学习往往是教师传授给学生正确认知，学生缺乏思维过程，不利于独立思维能力的培养。第四，微课学习也会减少学生之间的互动机会。这些表面上看是小问题，却可能为以后的学习埋下隐患。

(2) 目前中国微课体系性弱。萨尔曼·可汗说，他的下一个目标是：在未来5年内制作出从幼儿园到高中的所有课程，以及部分大学课程，如计算机科学和电子工程等。在中国，微课刚起步，尚未形成学科内课程体系，更未形成多学科课程体系。但新生事物的发展有其规律。“一人倡之，众人和之，不数年间，风气为之大开”，相信微课在中国的发展将会一日千里、日新月异。

善用数据分析　提升复习实效

——“极课”大数据在讲评课中使用的实践范式

戴　俊

“极课”大数据是以“大数据思维升级现有教学手段，实现个性化教学”为目的开发的一款有效实现教学过程与评价的数据搜集、整理与呈现的精准教学服务平台。大数据具有极大量、多维度和完备性等特征，利用云计算集约化及其运算模式来整合、分类、加工和处理大数据，以实现分析数据的因果关系来获取正确认识的目标。在大数据时代，只有重塑人们认识世界的思维方式，实现从部分思维到整体思维、从精确思维到复杂思维、从因果思维到相关思维的转向，才能提高人们的认知水平，增强改造主观世界和客观世界的能力[1]。大数据技术应用于教育的优势在于：借助发达的网络触角随时记录和采集教学过程中产生的大量教与学的数据，在此基础上，利用数据挖掘、分析和建模等技术对这些教与学的资源效果进行以动态监控和实时分析为特点的过程评价，从而为考查和衡量学生的知识结构化程度，即学科素养高低提供较为科学的依据和支撑。

一、“极课”大数据的现实意义

《普通高中思想政治课程标准(2017 年版)》指出，“在课程实施中，要充分利用现代信息技术，拓展教育资源和空间。”同时，要求“建立促进学生思想政治学科核心素养发展的评价机制”，采用多种评价方式，综合评价学生的学科素养高低。以“知识—语言—思维”为三个层次维度的思想政治学科测评体系的转向与完善依托于教育技术的进步，而大数据技术的突出优势在于：它能够深入地了解和解释学生的个人学习行为、风格倾向和兴趣态度，并有针对性地为学生提供相适应的个性化的资源支持[2]。“极课”大数据对推动现有教学方式的升级、完善学科测评体系、提升教学过程及评价的实效，具有现实意义。

（一）有效数据的生成与积累

“极课”大数据的核心在于数据的分析及反馈。分析及反馈的前提是数据的生成与积累，其录入方式操作简单、方便快捷，能够为我们带来以下大数据（见表1）。

表1　数据的生成与积累

数据所属	生成与积累的数据
页面直观显示	(1) 目标试卷、考试时间、成绩更新时间、试卷满分、上传人数及班级、班级均分（含年级排名）、班级最高分、班级优秀率、班级及格率、班级学生在年级排名分布情况、需要重点关注的学生、需要重点关注的知识点
	(2) 班级学生成绩单（含得分、班级排名、班级排名变化、年级排名、年级排名变化）
	(3) 试题（含所属知识点、答案解析及学生作答情况）、题目分布情况（含每题班级得分率、与年级均值差距）
	(4) 学生成绩单、学生小题作答详情、分数段分布图、题目作答详情、试题难度与区分度、年级排名对比、年级大题对比、年级知识点对比
	(5) 学科情况追踪（含试卷得分率趋势图、知识点情况、学生分层）
	(6) 学生情况追踪（已关注学生）
学情报告	学情概览、薄弱知识点分析、学生情况定位、例题精讲、成绩单
学情报表	班级学情（含学生成绩单、学生小题作答详情、分数段分布图）、试题详情（含题目作答详情、试题难度与区分度）、年级对比（含年级排名对比、年级大小题对比）

生成的数据既包括班级整体均分的横纵向对比等常规数据，也包含学生个体的动态学科发展情况，这些数据的生成与积累对提高我们教学工作的针对性和有效性，起到了重要的助推作用，有利于提

升学科教学的应用性、创新性和前瞻性。

（二）数据呈现形式的优化和易用程度的提升

数据的积累和使用始终伴随着教与学的过程。以往的数据形式对提高教与学的实效有一定的作用，但由于教与学的复杂性和多变性，数据始终只是一种教学的辅助手段，并没有从根本上改变教与学的本质，而“极课”大数据相对于以往的形式最大的进步在于数据的呈现形式的优化和易用程度的提升。由此来推动教学手段的升级，实现个性化的教学。基于网络环境下的连续的数据生成与积累，跨平台多手段的以图形化或表格化的直观形式呈现，让教师、学生和家长查阅分析学情时能够做到一目了然。同时，能够帮助教师及家长更好地探寻数据背后学生的发展情况与趋势，动态且全面地把控学情。

二、“极课”大数据的基本模式及互动体系

“极课”大数据的基本模式是基于网络平台，构建教师、家长和学生互联互通的学科测评体系，以升级现有教学手段，实现个性化教学的目标 。

（一）“极课”大数据的基本模式（以思维导图的形式呈现）

基于网络的数据分析与传递，大大增强了数据传递的时效性和有效性，可以有效地将家长和学生真正纳入教学评价与反馈的体系之中，实现家校的良性互动和有效合作。

（二）“极课”大数据的互动体系

“极课”大数据打造的是互联互通的学科测评体系，基于网络的跨平台信息传递与共享将教师、家长及学生真正纳入教育的互动体系之中，从而突破课堂教学与评价的物理时空，更加贴切网络时代的节奏和特点。其互动体系如图 1 所示。

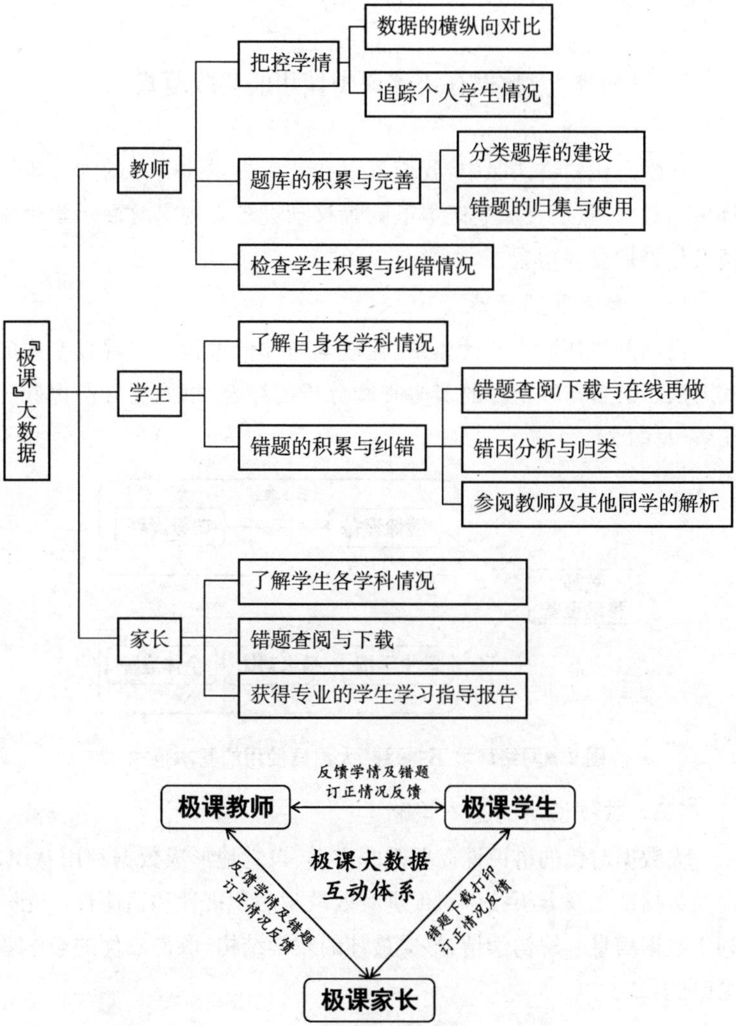

图1　数据的互动体系

教师端处，教师可以出卷、改卷及即时分析反馈学情等。家长端处，家长可以即时接收学情，查阅学生动态学科发展情况，并且下载错题打印给学生等。学生端处，学生可以查阅学情、在线订正整理错题（含归因分析）及易错易混知识点的整理等。三个端口相互协作，共同打造互联互通的家校合作新体系，实现教育效益的最大化。

三、“极课”大数据在讲评课中使用的实践范式

在常态化的讲评课中，我们可以在教室内搭建简单的无线投屏环境。教师通过手机、笔记本电脑等移动设备实现实时展示学生学情及作答情况等功能。

（一）基本实践范式

借助网络环境与互动体系，在教学与评价过程中实现教室内的实时展示讲解与教室外的实时查阅分析的结合，以此提升讲评课的实效（见图 2）。

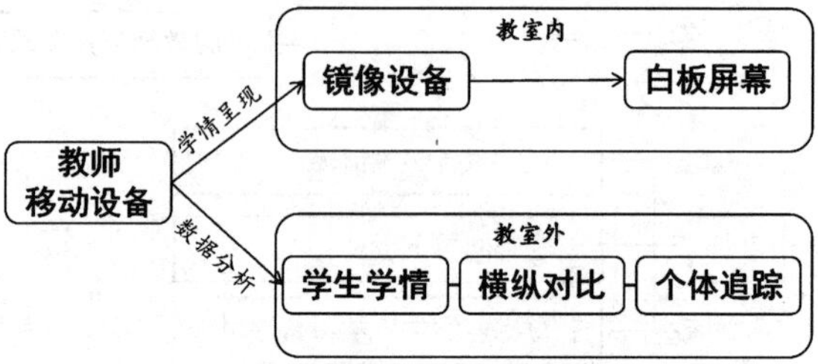

图 2　网络环境下“极课”大数据使用的基本范式

（二）数据使用的基本策略

大数据时代的讲评课需要教师主动、自觉地形成数据利用意识，提高数据搜集及分析技术对促进有效教学的积极性和适应性。充分利用数据信息来解构学情，形成最佳的教学结构，取得最优的教学效果（见表 2）。

表 2　数据使用策略

使用环节	数据呈现	使用策略
课上分析学情	学生成绩单	简洁明了地展示班级成绩单，成绩单可以按照学号或得分名次顺序排列，并可在页面上直观显示高分段、低分段等信息，以展示基本学情

续表

使用环节	数据呈现	使用策略
课上分析学情	各班各题型均分情况对比	展示本次考试各班各题型的主、客观题均分对比情况，横向对比找差距
	客观题作答情况（按得分率从低到高排列）	展示客观题各题作答情况（含各题均分、班级得分率、与年级均分的差值及学生作答情况等）
	主观题作答情况（按得分率从低到高排列）	展示主观题各题作答情况（含各题均分、班级得分率、与年级均分的差值及学生书写作答情况）
	本次考试需要关注的学生	结合历次考试情况，展示需要关注的学生名单
课下追踪学情	个体学生追踪名单	增补或删除需要预设追踪的学生名单
	个体学生追踪情况（历次考试及练习所展现的个体学生发展趋势）	展示预设追踪学生学科发展情况

“极课”大数据是一种推动教学方式变革的技术工具，并不能够代替教学本身。作为教师需要“善用工具”而不是被工具所奴役。在现有功能的基础上，根据教与学的特点，积极地善用工具，丰富课堂数据容量，用数据推进有效教学，打造教师、家长和学生互联互通的教学新体系。

参考文献

[1] 王顺顺. 大数据时代人的思维方式转向[J]. 中学政治教学参考，2017(12)：1.

[2] 赵婧. 基于大数据的课程资源建设：趋势、价值及路向[J]. 课程教材教法，2015(4)：18.

善用“极课”软件　成为“极客”教师

唐　超

2017年以来，我校引进了江苏曲速教育有限公司开发的“极课”系统。在学校各领导、各部门的支持下，各学科都开展了“极课”系统的学习和使用。当时，我是高二物理任课教师，作为年轻教师自然对新奇的事物充满了天生的好奇心。再加上自己对计算机领域的关注和热爱，很快也成为中华中学使用“极课”系统辅助教学的众多教师中的一员。在此，我从一名普通教师的角度表述一些个人在“极课”系统使用中所积累的经验以及产生的体会与想法，如有不当之处请见谅。

一、“极课”是建立题库的助推器

随着科学技术的发展，计算机在我们的日常生产和生活中已经占据了重要而不可替代的位置。大家也已经习惯于在电子设备上阅读和处理原有的纸质文档。因此，每一学期从起始年级到毕业年级各学科征订或者自编的教辅材料都是具有电子文稿的。在引入“极课”系统之前，这些电子文稿的价值仅仅是它的便携性、易取性，以及用于编辑课堂上使用的演示文稿。在引入“极课”系统之后，由于创建作业或者试卷环节的需要，教辅材料的电子版就派上了新的用场。

当一份完整的作业或者试卷被创建以后，这只是题库建立的第一步。对于一个有价值的题库来说，它不应该仅仅是各种题目的堆叠，还应该包括试题的知识点、难度、区分度、正确率等学习者的相关信息。这样的题库才便于老师针对不同层次的学生和不同的目的选择最合适的题目组成一份高效的练习或试卷。虽然一些题库资源网站上也提供题目的搜索和下载，也包含知识点、难度等信息，但是这些内容的产生并非源自本校的学生，不一定符合本校的学情。而通过“极课”系统，只要有电子化的试题，通过日常的创建、批改就自然形成了一套具有校本特色的专属题库（见图 1）。结合“极课”的线上题库系统，就可以按照题型、难度、得分率、知识点等遴选试题组合成易错、巩固、复习等不同目的的练习或试卷。当然，校本题库需要一定的时间积累才能具有一定的规模和效应，因此长期坚持使用“极课”系统产生的效益也将是长期化的。

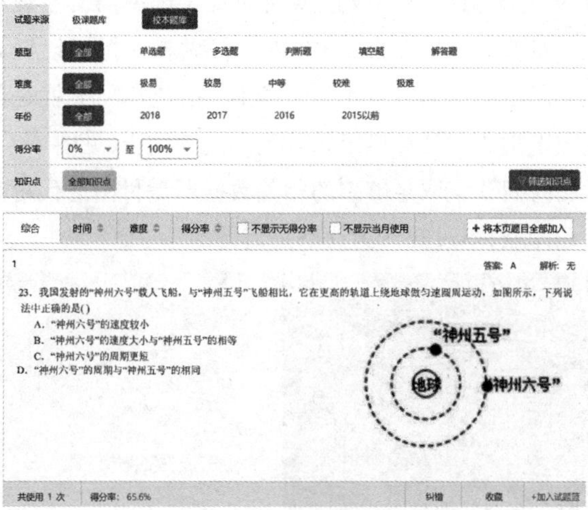

图 1 校本题库

二、“极课”是教师批阅的加速器

传统的作业批改占用了教师不少的课后时间，而且批阅结果也是相对模糊的。一份作业批改完，教师只能大概感觉哪道题错得多，哪个班级相对于其他所教班级学习结果比较差。如果想要得到例如每道题多少人答错的数据，就必须要花一些工夫了，就更别提得出类似于哪些同学答错的选项是什么的数据了。传统的批改作业的模式和方法在一定程度上耗费了教师更多的精力，降低了批阅结果的精确性和有效性。虽然传统答题卡的使用可以一定程度上缓解这些问题，但是答题卡产生的数据依然不能得到有效的挖掘和分析。老师们也不可能花费更多的时间和精力去对每一次作业进行分析和对比，更何况这种对比和分析只限于自己所教的班级。

“极课”系统的使用在很大程度上解决了传统批阅方式产生的弊端。从批阅的方式上看，“极课”系统类似于前面提及的答题卡。它先将学生的答题纸通过扫描仪转化为图片存储起来，再通过图像识别进行客观题的批阅和主观题的得分录入。客观题部分的批阅是计算机完成的，正常情况下不仅速度快而且正确率高。主观题部分要求教师先行批改留下批改痕迹，在得分栏做相应标记以便计算机识别和录入。所以从批阅方式上看，“极课”系统实际上就是传统答题卡和传统人工批阅与计算机统计处理的完美结合(见图2)。当然，为了节省批阅时间并获取足够多的相关数据所需付出的代价就是答题卡的制作和印刷，不过我认为这都是值得的。

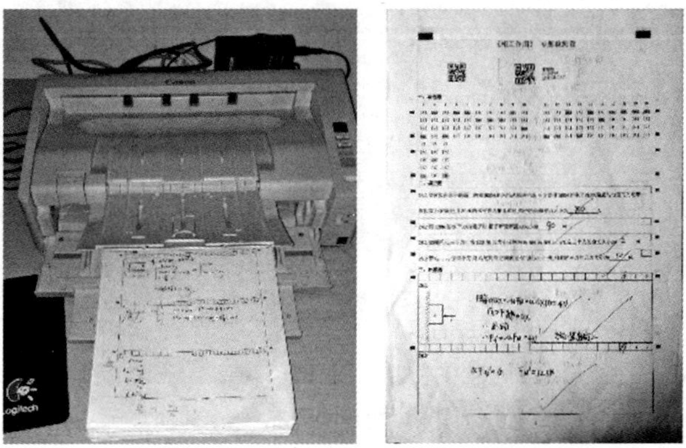

图2 “极课”系统辅助批阅

三、“极课”是了解学情的分析器

“极课”系统还具有很强的数据挖掘和分析能力，这些功能都体现在作业或试卷批阅完成以后。从简单的作业提交人数、缺交人数，到复杂的每个学生的知识点掌握情况都能统计出来。下面我着重说一说对于了解学情来说十分有参考价值的一些数据分析。

首先,“极课”系统极大扩展了教师的学情可视范围。传统的批改过程只能让教师看到所教班级间和所教班级内的整体和个体差异。通过“极课”系统,任课教师可以看到其他班级各道大题和小题的均分和得分率,以及作业或试卷中知识点得分率和均分(见图 3)。这对于任课教师来说,不仅便于教师及时了解所教班级学情,为后续教学工作指导方向,同时也对自己教学中存在的不足和欠缺提供了反思改正的机会。

题号	年级		2班		3班		5班	
	均分	得分率	均分	得分率	均分	得分率	均分	得分率
总分(35分)	26.83	76.65%	28.67	81.92%	19.82	56.64%	21.02	60.05%
一、单选题(3分)	2.55	85.08%	2.76	91.84%	2.41	80.39%	2.71	90.38%
1(3分)	2.55	85.08%	2.76	91.84%	2.41	80.39%	2.71	90.38%
二、多选题(20分)	13.84	69.22%	15.76	78.78%	7.06	35.29%	7.35	36.73%
2(4分)	3.60	90.02%	3.27	81.63%	3.37	84.31%	3.65	91.35%
3(4分)	3.80	95.06%	3.67	91.84%	3.69	92.16%	3.69	92.31%

知识点名称	包含试题	年级		2班	
		得分率	均分	得分率	均分
竖直上抛运动	5、6	58.82%	4.71	87.24%	6.98
匀变速直线运动的位移与时间的...	6	55.78%	2.23	86.73%	3.47
牛顿第二定律	4	43.38%	1.74	45.92%	1.84
牛顿运动定律的应用--超重和失重	1、2、3	90.51%	9.96	88.13%	9.69
超重和失重	7	86.92%	10.43	84.69%	10.16

图 3　“极课”系统辅助学情分析(1)

其次,“极课”系统极大地细化了教师的学情感知对象。传统批改过程只能让教师对特别好和特别差的学生留下大概的印象,对哪道题难哪道题简单留下一个模糊的感觉。“极课”系统提供了题目作答详情,其中包括每道题目的难度、区分度、班级得分率、年级得分率、答对人数、答错人数以及错误答案对应的学生名单。这些信息为作业或试卷的评讲提供了理论依据,甚至可以在评讲某道题时选择对应答错的学生进行问答,最大程度地使评讲效果最优化。同时,“极课”系统还提供了试题难度和区分度的图表,利用这一图表可以直观判断哪些题目值得仔细评讲(见图 4)。而且,借助这张图表还能帮助老师遴选出难易程度相对较低而区分度相对较高的“好题目”,

为以后的练习或试卷创建做好准备。

题型	题号	难度	区分度	满分	班级得分率	年级得分率	答对人数	答错人数	答错名单
一、单选题	1	0.15	0.14	3	92.86%	85.08%	B:39	A:0	无答错名单
								C:2	陈佳慧、张静静
								D:1	陈波
二、多选题	2	0.10	0.19	4	90.48%	90.02%	BC:38	部分分:0	无答错名单
								0分:4	李郑悠乐、王卓钰、吴予一、谢子怡
二、多选题	3	0.05	0.05	4	97.62%	95.06%	BC:41	部分分:0	无答错名单
								0分:1	李郑悠乐

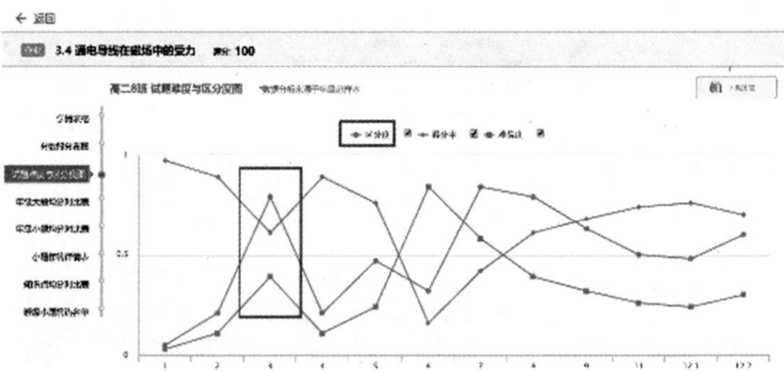

图 4 “极课”系统辅助学情分析(2)

最后,“极课”系统极大地提高了教师的学情敏感性。传统的教学反馈给我们的往往是比较极端的结果,学得特别好的和学得特别差的学生,老师都会留下印象。但是,对于大多数介于两者之间的学生,往往会被教师忽略。“极课”系统提供了学生分层功能,每次作业或者考试都会将学生分成五层。点击每一层都可以得到一份学生名单,选择一个学生就可以看到该生近期的学业档案情况。在学业档案中可以看到学生的薄弱知识点、历次作业试卷的情况,还有学生近期的成绩波动情况,包括三种:三次连续上升、三次连续下滑和三次成绩波动。教师利用这些数据可以及时发现学习中遇到困难或出现问题的学生(见图 5)。

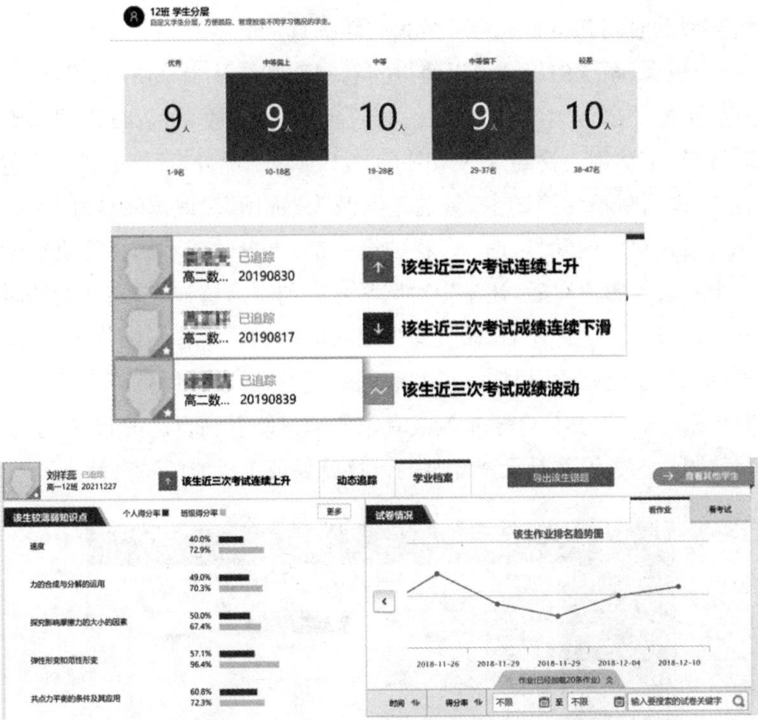

图 5　“极课”系统辅助学情分析(3)

四、“极课”是处理问卷的潜在利器

起初,我只把“极课”系统当作是教学反馈环节中不可缺少的工具之一,但随着对“极课”系统的深入了解以后,我发现它其实也是处理调查问卷的有力工具。进入高中阶段以后,学生和老师的时间都显得越发宝贵,给予老师倾听学生心声的时间和机会越来越少。虽然,年级组学期中和学期末都会有类似的调查,但是调查问卷的内容和目的都是一致的,并不带有班级的个性化色彩。如果能够每隔一个固定的时间,对班级干部的管理工作、班级任课教师的教学工作进行一次问卷调查,这将使得师生之间的沟通交流更加充分,也更利于班级的教学和管理工作的开展。但是,调查问卷的设计、统计等工作所需要的时间和精力成为了最大的绊脚石。

“极课”系统的出现可以使得问卷制作和统计十分便利。我以三好学生的评选为例,如果班级一共包含 44 位学生,可以在创建试卷时选择“手动创建答题卡”(见图 6)。无需题干部分,直接创建一份包含 44 道判断题的答题卡,每题答案都为“正确”。评选时告知学生,题号就是对应的学号,选“A”就是投一票,不投的就不选。将班级学生学号表投影出以后,让学生对照学号表勾选。这样,选举花费的时间或许只要五分钟左右,而且免去唱票的时间。将答卷纸收齐后,通过“极课”系统处理,根据每道判断题的答对人数,很快就可以得出最终结果。而且,学生在学生端或者家长端只能看到自己的选择,至于哪位同学选了谁都是无法知晓的。这就保证了投票的私密性。

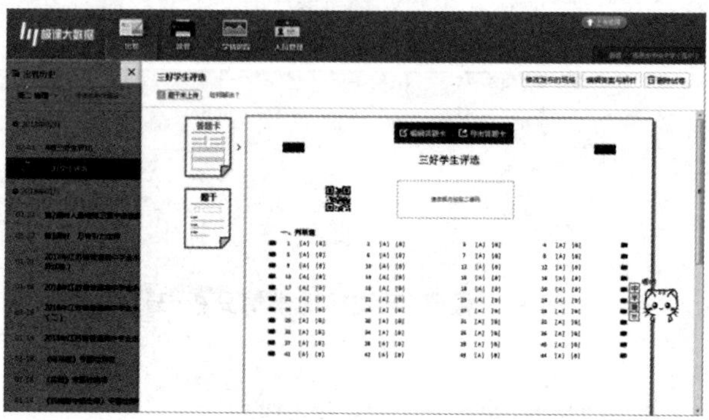

图 6 “极课”系统辅助问卷处理

“极课”系统的出现,改变了传统的教育教学方式,提高了教学反馈的精确性和效率。类似“极课”系统这样依靠计算机、网络、大数据辅助教学的手段一定是未来教育教学发展的趋势。相信随着“极课”系统的深入全面使用,我们的教学将越来越高效。

“表格数据加工”中数据分析的实践与思考

谢　伟

一、现状与思考

目前，国内初中信息技术课程中，“表格数据加工”是必不可少的教学单元。其内容主要是围绕某种电子表格软件（如 MS Excel 或 WPS 表格），让学生掌握统计与处理表格数据的基本方法。有研究团队在对全国 10 个省市的 10 套初中信息技术教材进行调研的基础上，梳理了该单元的主要教学内容，并提出其核心基础知识包括“获取数据与设计数据表”“工作表的属性设置及编辑”“数据的统计与处理”，以及“数据图表的制作与分析”四个部分。[1] 其中，“数据的统计与处理”主要包括地址与引用、公式与函数、排序与筛选、分类汇总等具体内容。“数据图表的制作与分析”主要包括常用图表类型的创建与编辑、通过图表分析数据等主要内容。

从教材内容与教学实践看，该单元的教学往往在图表讲完之后就结束了。但多年的教学经验让笔者总有“意犹未尽”之感。经过思考，笔者认为，如果能在该单元的最后加上“数据综合分析”这样的内容才能体现课程的核心思想，才是对学生发展核心素养的观照。这是因为，讲授表格数据的加工，一方面是让学生掌握其基本知识与技能，而更重要的是要让学生建立利用数据解决问题、辅助决策的意识。这些虽然可以考虑在本单元各部分教学内容中渗透，但限于课时与知识内容，单元最后部分的总结与强化是十分有意义的。

表格数据加工的目的与意义在于为接下来的数据分析提供方法与基础。数据分析是指“用适当的统计分析方法对收集来的大量数据进行分析，提取有用信息和形成结论而对数据加以详细研究和概括总结的过程。”这是培养学生发展核心素养中“问题解决”的重要方法。基于电子表格数据，可以从单表与多表数据分析两个层面开展，并结合“数据透视表”与“合并计算”进行教学（下文中的案例均以WPS表格为工具）。

一、单表数据分析

面对电子表格单张工作表中的数据，人们常常会根据实际需要，综合运用计算、排序、筛选、汇总、图形化等手段，深入分析这些数据，有时还需要根据不同的需求对工作表中的数据进行多角度的分析。如果将每种需求的分析结果都制成新的工作表比较麻烦，可以使用“数据透视表”来解决。

（一）单表深入分析与案例

通过对单张工作表中的数据进行统计与深入分析可能得到某种结论，并以此生成新的应用需求，或对未来可能出现的状况进行预测。

例如，设计案例：体育老师为了挑选篮球兴趣小组成员，分析了“学生信息表”中的数据，并特别关注了全班学生的“身高”与“体重”两项数据。教师让学生从“体育老师”的角度去观察数据并引导学生思考——观察“身高”与“体重”是为了挑选篮球队员，但有没有可能有其他发现？

可能的发现是，老师联想到了“BMI指数”，即常用的衡量人体胖瘦程度以及是否健康的一个国际标准。于是，老师统计了全班的“BMI指数”，并分析了全班学生的体质状况（见图1和图2）。结果发现，全班超过半数的同学都有超重现象。据此，他建议班主任要鼓励与组织相关同学多进行有氧运动，以减轻体重。

接下来，教师可以指导学生总结。通过数据统计与分析发现体重超标的现象。据此，预测相关同学发生相关疾病的风险可能增加，这就是开展预测。班主任在老师的建议下，可能通过班会或其他活

学号	性别	年龄	身高	体重	出生日期	特长
150101	女	13	152	53	2002-11-24	唱歌
150102	男	12	157	61	2003-3-20	羽毛球
150103	女	14	154	51.5	2001-11-2	跳舞
150104	男	13	162	64.5	2002-12-20	诗歌朗诵
150105	男	12	166	64.5	2003-11-4	画画
150106	女	13	154	54	2002-5-12	跳舞
150107	男	14	163	65.5	2001-9-22	乒乓球
150108	女	13	155	59	2002-1-24	画画
150109	女	14	152	56	2001-11-5	唱歌
150110	女	13	161	60.5	2002-11-6	手工
150111	男	12	164	65.5	2003-6-24	乒乓球
150112	女	13	161	58.5	2002-4-8	诗歌朗诵
150113	女	14	159	59	2001-2-7	手工
150114	男	13	166	66.5	2002-8-23	乒乓球
150115	女	13	157	60.5	2002-6-5	画画
150116	男	13	166	65.5	2002-11-12	诗歌朗诵
150117	女	12	163	60.5	2003-4-23	健美操
150118	男	13	164	65	2002-6-6	羽毛球
150119	女	13	154	57.5	2002-3-25	手工

图 1　学生信息表(部分)

K	L
BMI指数	体质状况
22.9	正常
24.7	超重
21.7	正常
24.6	超重
23.4	正常
22.8	正常
24.7	超重
24.6	超重
24.2	超重
23.3	正常
24.4	超重
22.6	正常
23.3	正常
24.1	超重

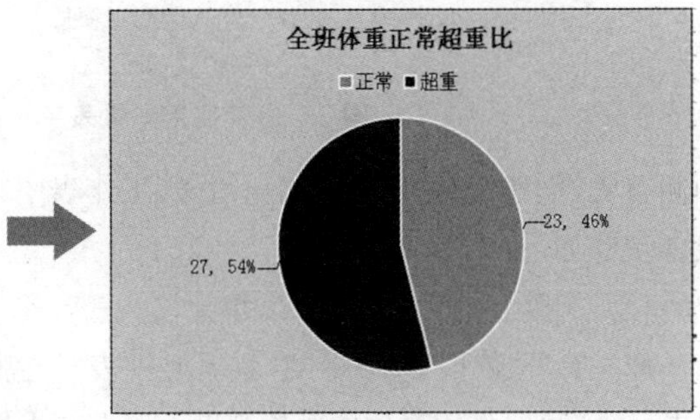

图 2　全班“BMI 指数”统计分析

动的开展,倡导学生加强锻炼,增强体质,这就产生了新的应用。当然,教师还可以引导学生继续观察这张表的数据,让学生提出是否能有新的发现或想法,开拓思维并提供实践的机会。只要是学生提出的合理的猜想与假设都应给予鼓励,帮助他们建立利用数据的意识。

（二）数据透视表

数据透视表是一种交互式的表格。用户可以根据不同的分析目标,动态地安排行、列、数据以及页区域的内容,从而轻松实现同一批数据的多角度分析需求。

例如，设计案例：对“班费使用记录表”（见图 3）中的数据进行多角度分析。这是一个开放性的数据分析任务。学生可以根据自己的意图来自由安排行、列项，从而实现对相同数据的多样性分析。例如，可以分析不同班委使用班费的总额，或某月所有班委使用班费的总额等。如果分别建立工作表来分析统计就很麻烦，使用“数据透视表”就很高效。

学号	时间	月份	用途	金额
150134	10月7日	10	电脑作品制作比赛奖品	67
150136	10月20日	10	奖励全班纪律表现好	45
150117	9月10日	9	教师节	55
150143	9月1日	9	教室布置	75
150143	11月15日	11	买扫把	35
150129	11月30日	11	期中表彰	80
150129	11月5日	11	社会实践活动	27
150135	9月25日	9	生日礼物	60
150135	10月16日	10	生日礼物	100
150135	11月13日	11	生日礼物	200
150135	12月30日	12	生日礼物	100
150106	12月25日	12	圣诞节	55
150106	11月11日	11	戏剧活动买扇子	45
150129	9月15日	9	学习用品	42
150112	12月28日	12	演讲比赛奖品	45
150112	10月14日	10	影印费	40

图 3　班费使用记录表

首先，创建针对“班费使用记录表”工作表中数据的数据透视表。具体步骤如下：

(1) 选择工作表中 A1:F22 单元格。

(2) 单击“数据”菜单下的“数据透视表”，在弹出的对话框中，选择“新工作表”，将创建的数据透视表放置在新工作表中。

(3) 单击“确定”，完成创建，如图 4 所示。

接着，在创建好的数据透视表上，根据需求，将字段列表区中的字段拖放至数据透视表区的行区域、列区域、数据区域与页区域中，进行多角度的分析，结果会直接呈现在工作表区中。例如，我们想了解一下各班委使用班费的总额。可以将“负责人”字段拖至“行区域”，将“金额”字段拖至“数据区域”，结果会在工作表区中显示，如图 5 所示。用“分类汇总”方法也可以完成这一任务，但用数据透视表来实现就更为方便。另外，放在页区域中的字段，可以作为透视表中已有数据的筛选条件。例如，将“月份”字段放置在页区域，则可以通过下拉菜单选择具体月份，对下面的所有数据进行筛选。

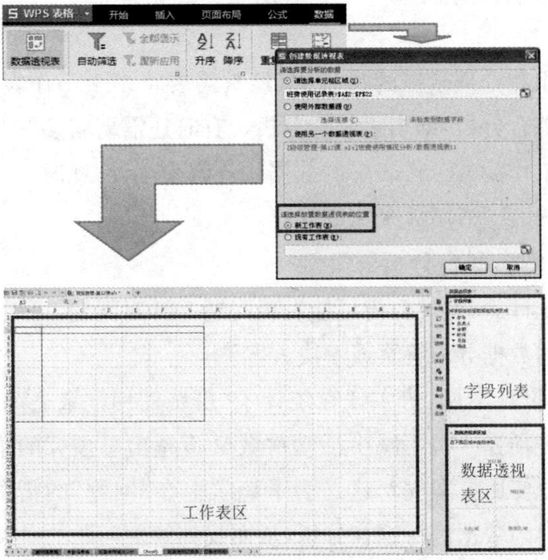

图 4　创建数据透视表

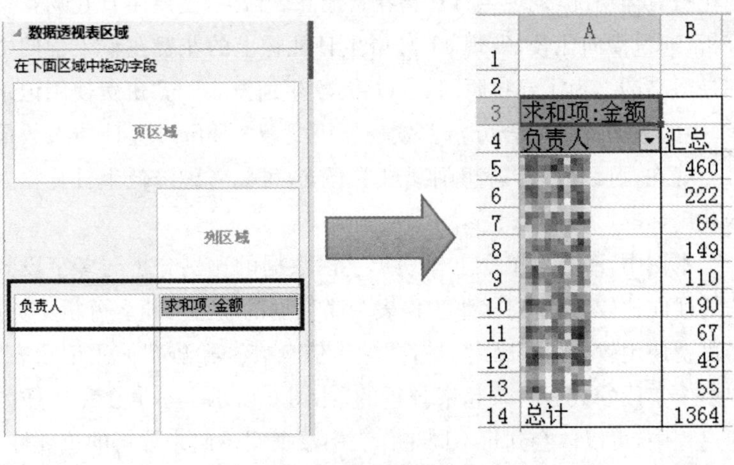

图 5　运用数据透视表

三、多表数据分析

在使用和处理数据的过程中，经常需要将多个工作表中的数据联合起来综合分析，即多表联合分析。有时还需要将多张工作表，甚至是不同工作簿的工作表中的数据联合起来统计，此时，可以运用电子表格中的“合并计算”来完成操作。

（一）多表联合分析与案例

数据统计后，通过分析可能发现问题。针对问题，可以通过分析与之关联的数据寻求答案或解决方案。

例如，设计案例：班主任在统计了“班费使用记录表”后，发现总花费超出了预算。在不减少活动次数又不超出总预算的情况下，如何调整班费使用方案呢？这是为了让学生在“问题”的指引下，对多张工作表中的数据进行综合分析，从而找到解决问题的对策。

教师可引导学生逐步展开如下分析。首先，了解各月班费使用情况的比例，发现 11 月份的花费最高。其次，分析 11 月份各项活动的花费具体情况，发现生日礼物花费最高。最后，围绕生日礼物花费分析，通过横向比较，发现 11 月份生日礼物上的花费在整个学期中都是最高的。为了寻找原因，可以将“学生信息表”与“班费使用记录表”中的数据进行联合分析。发现原因是，11 月份过生日的人数最多。现在，可以明确，若想削减班费开支，可以考虑降低生日礼物人均费用标准。

本例中，既有对单个工作表单字段数据的比例分析与多字段数据的横向比较，又有对多张工作表关联数据的联合分析。分析 11 月份班费使用较多的原因时，是将“学生信息表”与“班费使用记录表”中多个字段的数据联系起来分析的，如图 6 所示。学生在完成任务的过程中，可以体会到将不同工作表中数据联系起来分析的重要性。从而建立数据是有关系与结构的意识。

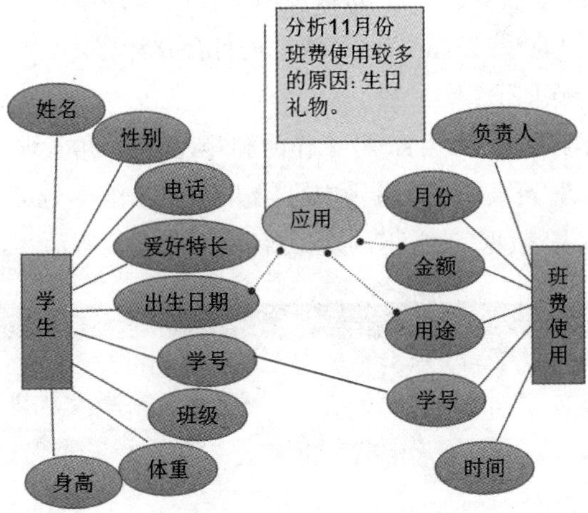

图 6　多表联合分析

（二）合并计算

合并计算可以将多表中的数据以单行（单列）为条件进行统计汇总。合并计算，首先需要先选定结果存放的位置（新工作表或某源数据所在工作表）；再确定汇总选项（求和、平均值……）；然后分别选定需要合并统计的数据源；最后确定合并条件、完成合并计算。

例如，设计案例：了解一学期各班委经手的费用情况。其中，除了班费外还有班级图书馆活动中产生的相关费用，如图 7 所示。要完成此项任务，学生必须将班委在不同表中各自经手的费用统计并对应相加，这无疑是比较繁琐的，而使用“合并计算”就会很高效。

图书编号	购书月份	金额
J4	9	24
M7	9	22
S8	9	17.9
D2	10	18.4
M8	10	31.2
S9	11	22.8
Z7	12	25
L2	12	19.7

图 7　班级购书信息表

为此，可以将“班级管理”工作簿中“班费使用记录表”工作表中的“负责人”“金额”数据，与“班级图书角管理”工作簿中“班级购书信息”工作表中的“购买人”“金额”数据进行合并计算。

具体步骤如下：

（1）分别打开“班级管理”工作簿和“班级图书角管理”工作簿。

（2）打开“班级管理”工作簿中的“合并统计”工作表，选定 A2 单元格。

（3）单击“数据”菜单下的“合并计算”，如图 8 所示。

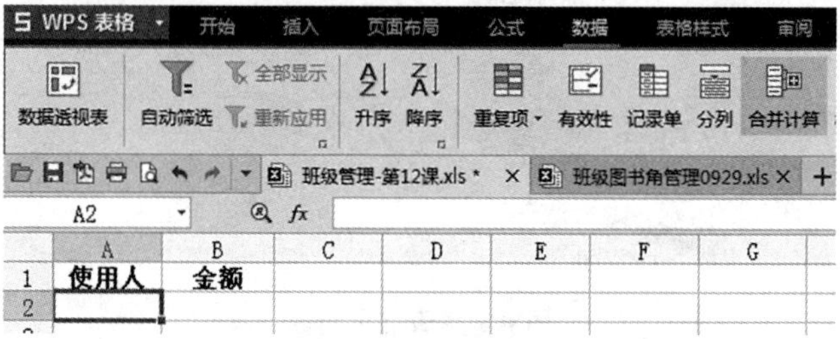

图 8　选择合并计算

在合并计算对话框中确定“函数”为“求和”。在“引用位置”通过按钮，选择“班级管理”工作簿中“班费使用记录表”工作表中的 B2:C22 单元格，返回后用“添加”按钮添加至“所有引用位置”。

用类似的方法，将“班级图书角管理”工作簿中“班级购书信息”工作表中的 C2:D9 单元格数据添加至“所有引用位置”。

勾选对话框中的“最左列”，单击确定，完成合并计算，如图 9 所示。

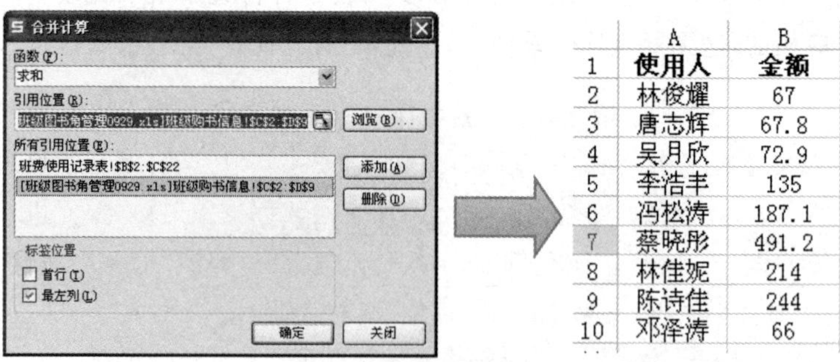

图 9　完成合并计算

合并计算时需要注意两点：一是合并的数据源结构必须相同，本例中的“负责人”“金额”与“购买人”“金额”的数据结构是相同的；二是要明确合并条件。如果选择“首行”表示按第一行的内容进行分类合并计算，选择“最左列”表示按第一列的内容进行分类合并计算。两者也可以同时选择，对于具体的数据进行不同的选择。

通过“合并计算”的运用，学生同样可以建立起将数据结合起来分析统计的意识。

四、课程内容建设的两点思考

表格数据加工单元中单表的深入分析与多表的联合分析，以及数据透视表与合并计算知识点的引入，都属于课程内容具体方面的建设与拓展。关于课程内容的建设，笔者有以下两点思考。

（一）课程内容建设应聚焦于学科核心素养的挖掘

“一名成熟优秀的教师总会积淀出他相对稳定的教学理念与教育价值观，并期望将其传递给学生。当这些智慧的火花渐渐集中、聚类后便有可能成为我们学科最为核心的思想。”[1] 作为一线教师应当摆脱已有教学经验的束缚，不断思考课程的核心价值与教育意义，结合学生的发展目标，努力尝试提炼本学科的核心素养。同时，加强学习，在已有专家研究结果上努力开展教学实践。本文努力尝试在表格数据加工单元中，从单纯软件工具的教学向“数据分析”教学内涵的推进，再进一步可以思考，数据分析是关于数据之间关系与结构的把握，对关系与结构的把握又可上升为数据管理的思想。这其实可以归类在“信息技术课程核心素养框架”的主题 1 中[2]。站在学科思维的高度，可以从对象管理的角度，对“表格数据加工”这一单元进行整体的设计与安排。如在“数据录入与修改”部分介绍“对象”“属性”概念；在“规划表格”部分强调“对象”与“属性”的应用；在“公式、函数、筛选、排序、图表”的案例教学过程中，逐步引入数据的关系与结构；强调数据的应用等。前可以与小学学段的“文件管理”相关内容衔接，后也可以为高中阶段数据库的学习奠定基础。

（二）课程内容建设应服务于学科核心素养的实现

是否增加教学内容与相关知识点应看其是否有助于说明或体现学科的核心素养。一方面，不能因为自身的“惰性”而回避重要的内容。本文中的“数据透视表”与“合并计算”，都曾经出现在江苏凤凰科学技术出版社出版的教材中，但因后来一线教师普遍反映内容“太难”而删除。笔者也曾是其中一员。但经过学习与思考，发现这两个知识点的引入，是可以有效地让学生把握单表内数据与多表间数据的结构与关系的。有时教师认为“难”不是真的“难”，而是因为他根本没掌握。但另一方面，也不能为了拓展而拓展。以电子表格的函数为例，其种类众多，每个函数都有其应用的价值。那是不是说每个都要成为教学知识点呢？显然是不可能的。只要让学生理解函数的功能与使用方法即可。

总之，信息技术课程内容建设与课程思想提炼的浪潮方兴未艾，需要我们每一位学科教师勤于思考，勇于实践，贡献自己的一份力量。

参考文献

[1] 张宏. 初中信息技术教学关键问题指导[M]. 北京：高等教育出版社，2015.

[2] 李艺，钟柏昌. 信息技术课程核心素养体系设计问题讨论[J]. 电化教育研究，2016(4)：7.

（该文原载于《考试研究》2017 年第 6 期）

信息识别与获取核心教学内容与思想初探

谢　伟

信息的识别与获取这一模块，从课程内容的结构与教材编写的顺序来看，处在初始的位置；从人们开展信息活动的整个过程来看，起到了为后继活动奠基的重要作用。该模块的教学要上好不容易，要上得“精彩”更难，但它对学生建立学习信息技术相关知识的兴趣，树立对待信息社会与生活的正确价值观，以及养成高水平的信息素养都有着极其重要的作用。因此，探讨本模块的核心教学内容与思想就显得十分必要与重要。

一、问题分析

参考全国各地教材，有关“信息的识别与获取”这一模块的教学内容往往安排在第一册的第 1 章和第 2 章。可见，这部分教学内容在整个学科知识体系中是处于基础地位的。“好的开始是成功的一半”，开篇部分教学顺利有效的实施，对完成初中阶段的学科教学起着至关重要的作用。然而，这部分教学内容，在有限的课时下是需要有侧重点的。那么，究竟哪些内容是大家普遍认为最重要的呢？这是问题一。更为重要的是，有教学经验的一线教师，随着时间的推移都会逐渐产生这样的一类观点——这些知识或思想才是我最应该教给学生的。所谓“善歌者使人继其声，善教者使人继其志”，一名成熟优秀的教师总会积淀出他相对稳定的教学理念与教育价值观，并期望将其传递给学生。当这些智慧的火花渐渐集中、聚类后便有可能成为我们学科最为核心的思想。那么，究竟哪些理念或是思想是本模块教学中最应该体现的呢？这是问题二。鉴于上述两个问题，为了方便叙述，姑且将它们称为本模块的核心教学内容。笔者认为，如果能整理、挖掘、提炼出这些核心教学内容，再以提炼出的核心教学内容为基础，提炼出核心教学思想，对促进信息技术学科核心教学思想的形成与发展，帮助一线教师把准本模块教学的关键都有着十分重要的意义。只有这样，学生才能从信息技术课程中，从教师那里获得有助于他们终身发展的最有价值的“营养”。

二、核心教学内容的梳理与提炼

在参考《江苏省义务教育信息技术课程指导纲要(2013修订版)》《普通高中技术领域课程标准(信息技术部分)》和《基础教育信息技术课程标准(专委会2012版)》的基础上，结合教学经验，笔者将本模块的教学内容整理提炼出了10个条目，制作了调查表(见表1)，并对一定范围内的初中一线信息技术教师做了问卷调查。

表1　调查表

条目	非常重要	重要	一般
信息与信息技术概念			
信息的基本特征			
信息的数字化			
信息技术的历史和发展趋势			
根据信息的需求与来源选择合适的获取方法			
搜索引擎的特性，基本的搜索技巧，提高搜索效率的方法			
信息的甄别、评价与引用			
获取数字化文字、图片、音频与视频的方法			
商业软件、共享软件、开源软件和自由软件的差异，开源软件的发展对社会的影响(意图关注开放的意识)			
文件格式的多样性与相互转换，开放文档格式(ODF)的功能及其意义(意图关注协作的精神)			
其他您认为重要的教学内容与思想方法			

调查结果如表2所示。

表2　调查结果

条目	认为非常重要或重要的比例
搜索引擎的特性，基本的搜索技巧，提高搜索效率的方法	98%
根据信息的需求与来源选择合适的获取方法	94%
信息的甄别、评价与引用	92%
获取数字化文字、图片、音频与视频的方法	90%
文件格式的多样性与相互转换，开放文档格式(ODF)的功能及其意义(意图关注协作的精神)	81%
信息与信息技术概念	68%
信息的基本特征	66%
商业软件、共享软件、开源软件和自由软件的差异，开源软件的发展对社会的影响(意图关注开放的意识)	66%
信息的数字化	63%
信息技术的历史和发展趋势	56%

从调查结果可以发现，所有条目都有过半的教师认为是非常重要或重要的，这说明笔者的整理与提炼还是具有代表性的。此外，在“其他建议中”，有多位教师提到，应该对“信息的安全、伦理道德、知识产权保护，以及相关的法律法规”给予关注。这部分内容笔者其实已归纳在“信息的甄别、评价与引用”部分。综上，建议可以将上述10条作为本模块的核心教学内容。

三、本模块核心教学思想的思考

当完成了本模块核心教学内容的梳理与提炼后，回顾整个教学过程，总结多年的教学经验，能得到这部分内容所承载的什么核心教学思想呢？通过研究与思考，笔者认为应该关注在教学中培养学生的“判断能力”与“批判性思维”。

根据《决策科学词典》，判断能力是指人在思维的基础上对事物进行分析、辨别、断定的技能和本领。《澳大利亚教育词典》对批判性思维的定义是根据支持各种理由的证据及其所导致的结论来评估知识或道理的真实性、正确性或价值的技巧。《逻辑学大辞典》中批判性思维是指一种主动地、富于技巧地对隐含于推理和论证中的结构要素（目的、争议、假定、概念、证据、推理、隐含和后果、从其他立场出发进行的反驳以及标准、参照系等）给予审查的思维过程。可见，“判断能力”常被认为是一种技能或本领。“批判性思维”既被当作一种思维过程，也被看成一种技能技巧。此处，对“判断能力”与“批判性思维”的理解，就是特指学生对信息是与否、对与错的决断能力，以及对信息价值性的评估能力。

“专委会课标”在课程目标中提到：“学生信息素养的培养……；初中阶段……，关注与信息素养相关的认知能力、判断能力、想象能力、批判能力的培养……”通过分析可以发现，几乎本模块教学内容的各个环节中都需要“判断能力”与“批判性思维”的“参与”。以“纲要”基础模块初中阶段的课程内容为例，“搜索技巧”部分的教学可以包含对关键词的选择与搜索效率的判断；“下载工具”部分的教学可以包含比较多种下载工具后，根据需求与效率的判断，对适合工具的选择；“权威信息源”部分的教学可以包含对信息源权威性的判断与批判；“信息甄别”部分的教学可以包含对信息真实性与价值的判断与批判等。因此，笔者建议将培养学生的“判断能力”与“批判性思维”在本模块各个教学内容中予以渗透。

四、落实核心教学内容与思想的建议

如何培养学生的“判断能力”与“批判性思维”，以及如何落实在平时的教学过程中，笔者有如下三点建议。

第一，思考与挖掘“判断能力”与“批判性思维”在本模块各部分内容的基点与落脚点。也就是建议一线教师在本模块各个部分的教学内容里，寻找整理出与“判断能力”或“批判性思维”有关的知识内容,再经过加工与设计将其渗透在教学实践中。我们以江苏凤凰科学技术出版社出版的 2014 年《初中信息技术(7 年级)》教材第一章内容为例,做如下初步的整理与挖掘(见表 3)。

表 3　整理与挖掘

章节内容	核心思想切入点
信息	通过事物的不同特征来鉴别获取信息;信息传递过程中可能失真,需要对其真伪性、有效性、价值性进行评估等
信息技术	辩证地看待信息技术给我们生活带来的影响与改变(生活便利、工作高效、个人隐私、国家安全)等
信息的数字化	二进制 0 和 1 与判断中对与错的映射等
信息需求分析	对获取信息目的、内容、范围、途径与方法的选择和判断等
获取信息的途径	面对多种途径,分析、思考、选择最适合、最高效的一种等
从因特网获取信息	选择最有效的网络搜索方式、搜索引擎、搜索关键词、搜索技巧与下载方式等
信息甄别和引用	文献、口头、网络信息真实性与有效性的鉴别与评价方法;信息共享、引用与知识产权保护的辩证关系等
信息管理	讨论树型结构在信息管理中的应用实例与特点;压缩软件对不同格式压缩比与有效性的鉴别等

其实,“判断”与“批判”在我们日常的思维活动中应该说是十分常见的,自然地,它们也几乎映射在教学内容的各个环节中。我们并不建议“为赋新词强说愁”式的“贴标签”,而是期待大家一起努力,共同挖掘整理出隐含在教学内容或是教学活动中的相关思想,并引导学生在学习过程中加以注意,从而训练判断能力和批判性思维。

第二,把握明暗线,在教学实践中落实“判断能力”与“批判性思维”的培养。此处的明暗线指的是在教学中培养学生相关思想的方式。明线就是“下定义”“讲实例”“做任务”式的直接讲授。例如,告诉学生什么是“判断能力”,该如何判断,什么是“批判性思维”,该如何使用等。暗线就是在完成教学内容的教学过程中,“润物细无声”地让学生的相关思维得到锻炼。例如,给学生一个演讲题目——《上网本之死》,让学生分组回去查资料做准备。分组演讲后教师再集中点评、总结。学生为了讲清楚这个题目,需要了解上网本的概念、“前世今生”与优缺点,要对它从兴起到衰落再到灭亡这一过程的缘由进行分析与判断,对其曾有的价值进行批判性思考等。在这一过程中,教师并没有告诉学生,这里需要判断能力,那里需要批判性思维,一切都是学生在完成任务过程中自然进行的,任务完成了,相关思维也得到了培养与提高。

第三,结合教学内容多维度、多角度实施“判断能力”与“批判性思维”的培养。“判断能力”的培养与提高,首先,需要培养与提高学生对基本概念、原理与事实的识记与理解。例如,学生不能掌握理解“数字化”的概念,就可能无法理解文字、图片压缩的原理,不理解文字、图片压缩的原理,就更无法理解为什么同一压缩软件对不同格式的文件压缩比不同。其次,需要提高学生对事物相互联系的思维能力。因为很多时候,最后的判断是由多个条件共同作用、综合平衡的结果。培养与提高“批判性思维”,首先,需要培养学生“质疑”的精神;其次,需要培养学生的“反思”精神;再次,通过辩论或讨论锻炼学生的思辨能力;最后,通过汇报或展示提高学生的归纳评估能力。

（该文原载于《初中信息技术教学关键问题指导》一书）

用项目教学打造高效信息技术课堂

——以计算机动画创作教学为例

朱青松

一、高中信息技术课堂中的低效现象

高中信息技术新课程的总体目标其实很明确，那就是全面提升学生的信息素养。但是很多处在教学第一线的老师却发现，我们的教学活动并没有很好地实现这一目标。同时更令人担忧的是我们有些课堂甚至还处于一直以来的低效阶段，教师教得没劲，学生学得乏味，通过难度不大的信息技术会考成了师生唯一的动力和追求。

造成这种现象的原因有很多，笔者认为主要有以下几点：(1) 教材与教学内容陈旧，完全跟不上日新月异的信息技术发展，很多使用的软件竟然还是10年前的版本。例如，课本中计算机动画创作模块内容非常有限而且都是初中曾经教授过的知识，软件版本还只是Flash 8(现在已经更新不下3次了)，过于简单也没有突破性。这样的内容解决不了身边的实际问题，学生的学习积极性很低，没有兴趣钻研，更不用说创新。(2) 教师大多采用传统的教学方式，知识讲授辅助于上机实践，用一个个任务来驱动学习。基本过程就是“教师讲知识点—教师示范—学生模仿练习—教师总结”，这样形成了完全以教师为中心的课堂。学生虽然掌握了知识点，但是根本不能在实践中灵活运用，更没有解决生活中实际问题的能力，只能应付考试。(3) 对于高中生来说，个体在信息技术方面的能力差异很大，有一部分学生早就对知识很熟悉了，再上这种炒冷饭的课，他们肯定没有兴趣。然而有些低起点甚至零起点的学生，他们根本没有接触过，如果我们用传统的教学方法开展教学就很难协调统一，结果当然是教学效率低下。例如，我在进行计算机动画创作教学之前做了一次详细的学情分析，结果很令我吃惊。全班 56 人有 10 个左右的学生已经可以独立完成课本上的练习，但同时也有 20 个左右的学生竟然完全没有接触过该内容。这样的差距让我不得不在教学方法的选择和教学内容的整合上做出思考和改变。

如何解决这些问题，让学生不仅达到“学会和能够操作”，而且可以实现“乐学、会学、做好”，真正做到利用信息技术解决学习和生活中的实际问题。这就要我们老师在教学内容的组织、教学方法的使用、教学评价的实施上做出新的并且有用的尝试，打造真正高效的信息技术课堂，全面提升学生的信息素养。要想实现上述目标，实施项目教学是一种理想并且切实可行的选择。

二、项目教学的内容和环节分析

查阅相关资料，我们综合国内学者的观点，认为项目教学是以学生为本的一种教学模式，通过“项目”的形式进行教学，是老师和学生共同实施一个完整的项目而进行的教学活动。教师以项目为依托，对其进行系统分析并分解为多个子项目。学生在教师的指导下，独立或以小组的形式完成项目。项目活动中信息的收集、方案的设计、项目实施及最终交流评价，都由学生自己完成。在此过程中，教师引导学生理解和掌握相关的专业知识和技能，并且提供大量有用的教学资源，帮助他们进行有效的探究活动，实现问题的最终解决。

项目教学的构成核心主要有三个：内容、活动、成果。内容强调以学生的兴趣为导向，必须是现实生活中他们遇到的真实问题。内容的选择要保证值得研究而且学生有能力研究，通过项目实践可以解决问题、提高能力、增长经验。情境和内容是密不可分的一个整体，在把握内容的同时我们必须注意情境的设置，力求做到营造和内容相关的实体或虚拟环境，帮助学生学习。这里的情境还包括由师生共同营造的学习氛围，积极向上的环境能够激发学生的学习热情和动力。

活动必须围绕项目展开,学生根据教师提供的主题列出详细的项目计划和步骤,进行自主协作探究活动,完成项目作品。他们在实践过程中能够根据自身已有的知识进行迁移和重组,同时辅助以教师的引导和提供的微视频帮助,掌握新的知识和技能,并且在实践活动中解决问题,获得成果。

成果首先是通过项目学习后学生的成绩,包括作品、论文、报告等,也可以是项目学习中的所有心得体会。当然在活动过程中各种技能(自主学习能力、团队合作能力、创新能力、评价能力等)的提升也是我们不可忽视的成果,而且更为重要。

新课程所倡导的自主、合作、探究等教学方法实际上与项目教学法不谋而合。在实际教学中,我们要分析整合教学内容,根据学生的学习经验和心理状态,在需求分析的基础上提供项目主题。创设学生感兴趣的情境,激发他们积极主动地完成项目。在实践过程中充分进行自主、协作探究,并且通过老师的引导以及提供的帮助微视频等教学资源,高效高质地完成项目活动。教师给予学生充分展示成果的时间和空间,在多元评价体系下实现合理的考核,让学生体会成功的喜悦。通过项目教学的开展,实现学生在知识、技能、方法、情感态度等不同方面素养的综合提升。同时通过学习,他们的处理信息能力、自主协作学习能力、创新能力等都能得到提高。

三、用项目教学打造高效信息技术课堂的教学实践

下面我们以计算机动画创作这一模块内容为例,看一看项目教学在打造高效信息技术课堂中的具体实践。从常规情况来看,项目教学的实施方案分成五个步骤:选择和确定项目;制订项目计划;项目活动探究和作品制作;项目成果交流展示;项目活动评价。如何在实际教学中使用项目教学法,我们用一张图例(见图 1)来展示自己的实践和思考。

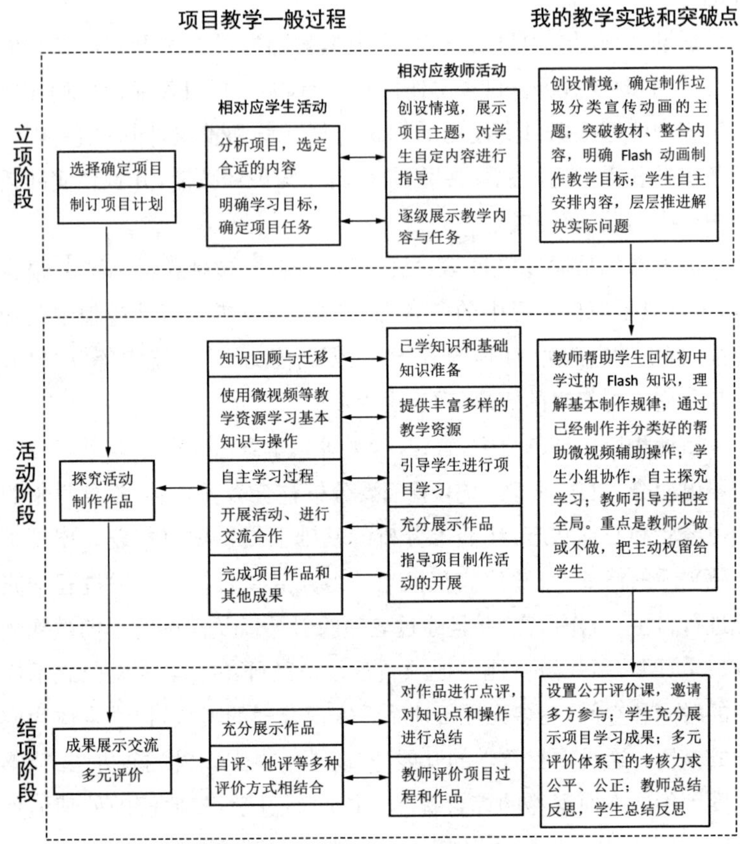

图 1　项目教学图示

（一）分析教材、重新整合——教学内容的突破

项目的选择很重要，是项目活动能否成功的关键。在充分考虑学生兴趣的基础上，教师要根据本模块的教学目标和内容来确定项目的主题。我们的项目主题必须要有意义和价值，同时兼具较强的可操作性。还要注意一点，项目的设定要有开放性，最终目标的达成必须在学生原有知识技能水平之上，但是通过学习和实践他们又完全能够做到。

在高中信息技术教材计算机动画创作这一模块中，我根据当下宣传环保的热点创设了人人争当“垃圾分类小能手”的情境，让学生自由创作宣传垃圾分类的动画作品。同时结合学校开展的环保教育活动，让学生利用信息技术解决实际问题，不仅身体力行地进行垃圾分类，还可以通过宣传动画的形式感召更多的人参与进来。

教材上关于这一模块的内容很少也很陈旧，我立足教学目标而不局限于教材，进行了内容的重新整合。首先对学生进行项目需求分析，了解他们需要并且愿意学什么。然后将计算机动画的基本原理、计算机动画软件和计算机动画文件格式、掌握 Flash 动画制作的方法和技巧、用 Flash 制作简单的二维交互动画作品、提升动画鉴赏能力等教学目标融入我的项目教学中。在已经激发学生学习兴趣的基础上，我废弃了讲述知识点、然后布置任务、最后学生模仿老师进行练习的传统教学方法，充分发挥学生的自主探究学习能力，在团队协作中解决实际的问题，收获成功的喜悦。

在这一过程中，教师只是负责呈现项目的主题“垃圾分类宣传动画”，而学生才是项目的主人，他们根据对这个实际问题的思考、讨论、研究确定自己的内容，并且完成分组。同时老师对学生的内容和分组进行引导并给予适当的建议，确保他们能够最终保质保量完成项目活动。从实际效果来看非常好，学生的积极主动性被完全调动起来。他们的作品形式真是五花八门，有的做公益宣传片，有的制作微电影，甚至还有的做互动游戏，但核心都是有关垃圾分类的宣传。

（二）创设情境、制订计划——教学流程的突破

所谓的项目计划就是项目总的流程、小组的分工、时间进度的安排、成果设定等。这个计划非常重要，它直接指导着各个小组完成项目实践。在操作上既可以由学生设定计划教师修改，也可以是老师给出大概的表格，学生进行填写。当然在整个项目实践过程中，也要随着情况的变化对计划进行适当调整。

在实际教学中，我设计了《项目实践学习表》，由学生根据自身情况填写，内容包含：① 项目内容分析；② 已有知识储备；③ 小组分工；④ 项目计划；⑤ 项目评价。其中项目计划非常详细，不仅包含了每节课的制作进度，还要求学生填写每节课他们掌握的知识和技能。

而且在项目评价这一环节，我也综合考虑了过程性评价和总结性评价两方面，不仅有最终作品的评价，也有每一节课所完成内容的评价。在这张表格上我还预留了“拓展项目”的空白区域，这是让学生去自由发挥的部分，可以充分彰显他们的能力，特别是对实力较强的学生。《项目实践学习表》为电子表格，学生准时填写并存放在自己的信息技术学习电子档案袋中。

在开始项目学习之前，我准备了大量关于垃圾分类的宣传短片和动画，让学生观看。营造了非常积极和火热的教学氛围，同学们个个摩拳擦掌都想争当“垃圾分类小能手”！在观赏优秀作品的时候，教师进行适当的引导，让学生了解动画作品的评价标准，提升他们的鉴赏能力。

（三）自主探究、小组协作——学习方式的突破

活动阶段是项目教学的核心部分，学生进行自主探究和实践，通过团队合作，巩固已有知识，学习掌握新的知识和技能，最终完成项目并解决实际问题。教师在这个阶段需要提供大量的教学资源，对学生的探究进行指导和帮助，发现问题并及时纠正和调控。除此之外学生也可以利用小组合作、查阅资料、网上帮助等多种方式完成项目。

我在计算机动画创作项目中真正做到了教师少讲甚至不讲，学生多做，师生互动多于单向交流。除了提供大量教学资源外，最重要的创新之处是使用了微视频方法来帮助学生进行项目学习，非常有效。我提炼出 Flash 动画制作中非常重要的知识点和操作步骤，利用录屏软件配以解说录制成为帮助微视频。学生在自己的项目实践中如果发现问题可以自己在资料库中搜寻相关的微视频进行学习，然后再做自己的作品，这样做就摆脱了单纯的模仿而真正做到了“授之以渔”。

除此之外，我也给学生提供了大量介绍垃圾分类的文章，还有一些生物化学方面关于垃圾回收处理的资料。这不仅对他们环保知识的普及、环保意识的提升有帮助，更是高中教学中学科之间相互交融的有益实践。

（四）开放课堂、营造氛围——交流展示的突破

经过大家的努力，终于完成了项目学习，成果展示非常重要。这种交流展示不仅是对学生付出和能力的肯定，也是对他们学习过程的一种考核。项目学习的成果可以形式多样，除了最终作品外，活动过程中的很多内容也可以汇报交流，例如感想、体会等。当然通过这种交流展示，教师也可以反思整个项目的教学，做出相应的修改。

通过一段时间的学习，我们 Flash 动画创作项目也告一段落，我把交流展示的课堂设计成了开放式课堂，和班主任协调利用班会课的时间进行，同时还邀请了生物、化学等任课教师，以及其他班的一些学生代表。我们展示的内容也很丰富，各小组派代表依次进行。首先是播放、介绍作品，简单讲述创作意图和制作过程，特别是内容和形式上的亮点。其次，介绍制作过程中运用的知识点和重要操作技能，一定要说清楚作品的技术含金量，尤其是一些重难点。最后，通过自己的演讲为作品宣传，同时呼吁大家做好垃圾分类。

（五）多元评价、全员参与——考核手段的突破

评价是所有教学活动中非常重要的一环，项目教学也不例外。做好评价，可以对整个项目学习起到点石成金的作用。评价其实贯穿整个项目教学的过程，它分为过程性评价和总结性评价，不仅对最后成果进行评价，也要对整个学习过程进行评价。评价既有教师的评价也要有自我评价和其他同学的评价。

我深知评价的重要性，所以在设计《项目实践学习表》时就安排了相关内容，每一节课都有学生的自评和教师的评价。最后的展示课前，我和学生一起讨论并制订了《Flash 动画作品评分标准》，作为我们评价的依据。在评价过程中，充分发挥学生的主动性，自评、互评环节充分，不仅给出分数还要给出理由，至少说出一个优点和一个缺点。当然老师的评价也是作为考核学生项目活动的一个重点。对于作品中的共性优点和缺点以及其中蕴含的知识点和操作技能，我都会详细地给学生讲解。

利用多元评价体系对整个计算机动画创作项目教学过程和成果进行评价，提升了学生的评价能力，也考核了他们的学习情况。对于

教师本人也是一个反思的机会，再次修改和完善整个项目教学过程，不断提高课堂效率。

四、反思与展望

笔者通过自己的实践取得了一些效果，但同时也发现在高中信息技术课上实施项目教学也存在着一些问题急待我们思考解决。第一，需要课时比较多，和现在的实际情况有冲突，同时时间的安排也很重要；第二，学生的参与度参差不齐，需要及时引导和修正；第三，对教师的掌控能力要求很高，全班 56 个学生全部动起来，要做好安排和管理，难度较大；第四，传统教学模式根深蒂固，教师会不自觉地进入以自我为中心的状态。尽管有着各种各样的问题，但毋庸置疑的是：项目教学作为一种新兴的教学方法，已经被越来越多的人运用，它符合新课程教学的基本理念，体现了灵活、创新和多元的思想。以学生为本，解决实际问题，在高中信息技术课程教学中使用项目教学方法，必将可以打造高效的课堂，真正实现新课标要求的学生信息素养的全面提升。

参考文献

[1] 李艺，董玉琦. 信息技术基础[M]. 北京：教育科学出版社，2004.

[2] 田武奎，曹书成. 项目教学：高中信息技术[M]. 南京：南京师范大学出版社，2013.

[3] 陶文中. 创造性课堂教学模式初步的研究[J]. 教育科学研究，2001(4)：42-45.

（该文获 2014 年江苏省中小学“师陶杯”教育科研论文评比二等奖）

信息技术课程项目教学初探

葛伟江

“项目教学法”，就是在教师的指导下，将一个相对独立的项目交由学生自己处理，包括信息的收集、方案的设计、项目的实施及最终的评价都由学生自己负责，学生通过该项目的进行，了解并把握整个过程及每一个环节中的基本要求，达成教学目标的教学设计与组织方法。项目教学最显著的特点是以项目为主线、教师为引导、学生为主体，这改变了以往“教师讲授，学生听课”的被动教学模式，创造了学生主动参与、自主学习、合作学习、探索创新的新型教学模式。

随着项目教学在信息技术课程中的全面推广，中华中学成为项目教学试点学校，而本人作为信息技术教师在实验班试点信息技术项目教学。现将自己在项目教学过程中的一些认识与看法呈现出来，供大家讨论。

一、项目教学方法的实施

本人以教育科学出版社出版的《信息技术基础(必修)》课程中的“视频信息的采集与加工”为例，以 Flash 软件为主体实施信息技术项目教学。

(一) 项目呈现

项目内容：随着网络的快速发展，多媒体信息以更快的速度在网络中传播，特别是图形图像、视频、音频信息的传播，更加展示了网络的魅力。作为多媒体信息的重要应用，简单的静态广告形态已经满足不了人们的需求，Flash 网络广告因其生动直观而深受大家的喜欢。随着环境保护的重要性日趋突出，环保公益广告的影响力日益扩大，环保公益广告肩负着明确社会公益文化信息宣传的责任，它的表达直接影响着社会公众的价值观念和行为方向。现在我们就来开始“Flash 制作环保公益广告”项目。

（二）项目要求

(1) 每个小组 2 人，其中 1 人任项目组长；作品要求主题鲜明，有吸引力。

(2) 作品必须是原创的，须提供源文件。

(3) 作品包含动画效果不得少于 3 种，作品的播放时间不少于 20 秒。

(4) 项目过程中，先设计好表现方式，再根据表现方式规划好各个部分的组成，考虑好今后可能会有的修改和扩展之处；动画设计中必须做层级管理，给每个层做简单的命名，一个动画效果放置一个层，排列有序。

（三）项目过程

项目过程如表 1 所示。

表 1　项目过程

课时(共八节)	项目内容
第一节	明确项目任务、学生进行分组、公布项目要求、学生制定项目计划
第二、三节	确定主题、策划创意、编写脚本、收集素材
第四、五、六节	具体动画制作(包括音效、字幕制作)
第七节	作品调试、修改、完善
第八节	作品展示、教师点评、学生评价

（四）项目评价

每个小组的作品均由该小组组长进行展示，每个学生根据项目评价表(见表 2)进行量化打分。最后根据教师评价、学生评价综合进行量化评分，确定学生作品的最终等级。

表 2　项目评价表

<table>
<tr><th rowspan="2">评价指标（分值）</th><th rowspan="2">序号</th><th rowspan="2">具体指标</th><th colspan="4">量化等级分值</th><th rowspan="2">得分</th><th rowspan="2">各项小计</th></tr>
<tr><th>优</th><th>良</th><th>中</th><th>差</th></tr>
<tr><td rowspan="4">作品创意（40 分）</td><td>1</td><td>主题明确、健康，切题</td><td>10</td><td>8</td><td>6</td><td>4</td><td></td><td rowspan="4"></td></tr>
<tr><td>2</td><td>能科学、完整地表达主题思想</td><td>10</td><td>8</td><td>6</td><td>6</td><td></td></tr>
<tr><td>3</td><td>素材的获取、制作与编辑合理，有新意</td><td>10</td><td>8</td><td>6</td><td>4</td><td></td></tr>
<tr><td>4</td><td>主题的表达形式新颖，构思独特，有一定的技巧</td><td>10</td><td>8</td><td>6</td><td>4</td><td></td></tr>
<tr><td rowspan="4">艺术性（30 分）</td><td>5</td><td>情节、人物、动画设计等引人入胜</td><td>8</td><td>6</td><td>4</td><td>2</td><td></td><td rowspan="4"></td></tr>
<tr><td>6</td><td>画面美观，色彩和谐</td><td>8</td><td>6</td><td>4</td><td>2</td><td></td></tr>
<tr><td>7</td><td>角色形象生动活泼，富有艺术想象力</td><td>8</td><td>6</td><td>4</td><td>2</td><td></td></tr>
<tr><td>8</td><td>音效与声音的应用能表现主题，增强作品的艺术感染力</td><td>6</td><td>4</td><td>2</td><td>1</td><td></td></tr>
<tr><td rowspan="5">技术性（30 分）</td><td>9</td><td>动画技巧运用准确、简洁、适当，能合理使用各种动画类型</td><td>6</td><td>4</td><td>2</td><td>1</td><td></td><td rowspan="5"></td></tr>
<tr><td>10</td><td>画面设计内容丰富、美观、整洁</td><td>6</td><td>4</td><td>2</td><td>1</td><td></td></tr>
<tr><td>11</td><td>各种动画衔接操作流畅，有适当的文字配合</td><td>6</td><td>4</td><td>2</td><td>1</td><td></td></tr>
<tr><td>12</td><td>恰当地应用音效与声音素材，与画面配合准确</td><td>6</td><td>4</td><td>2</td><td>1</td><td></td></tr>
<tr><td>13</td><td>作品的播放时间不少于 20 秒（时间越长，得分越高）</td><td>6</td><td>4</td><td>2</td><td>1</td><td></td></tr>
</table>

二、项目教学应用中的体会与思考

（一）明确项目任务主题

现实生活中环境污染日益严重，环保成为大家更加注重的话题。通过调查问卷发现，学生们普遍对环保主题感兴趣，而 Flash 环保公益广告在现实中更是随处可见，因此我选择“Flash 制作环保公益广告”作为项目教学主题。

（二）充分发挥学生的主体性

在 Flash 项目教学的实施过程中，我将学生每三到四人分为一组，这样每个学生都能在项目活动中充分发挥自己的能力，学生的主体性因此得到体现。每个小组在教师规定的时间内完成项目计划方案，接着交给教师审阅。在审阅过程中，我发现每个小组的项目计划方案都很详细具体，不足之处在于部分小组提交的方案忽视了项目实施中的技术可操作性。通过和每个小组沟通，各小组修改完善了各自的项目方案，为后面项目的顺利实施打下了良好的基础。

（三）项目实施过程中的模块化处理

让学生将该项目分为四个模块：① 素材收集模块；② 音频制作模块；③ 动画制作模块；④ 字幕制作模块。学生根据项目实施情况动态分配时间，保证在指定课时内高效完成项目。

（四）项目评价过程中让每个学生都拥有成就感

在最后的作品展示环节，教师应该确保让所有小组的作品都上台展示，而不能只展示教师认为较好的作品，原因如下：① 各个小组学生水平参差不齐，如果学生知道只能是好的作品才能展示，势必让 Flash 基础差的学生丧失项目实施动力。② 全部作品展示能提升学生学习积极性。少部分学生基础差，学习上有惰性，但如果作品必须要去展示，学生自然会为了荣誉感而去努力，项目实施过程中也会更加积极。③ 展示作品能提升学生的自信心，给学生一次在公众面前表现自己的机会。

三、项目教学过程中的注意事项

（一）项目目标分解

教师可以将总体目标分为几个小目标，让学生通过完成分目标来实现总目标，学生每一步都有明确的目标，就能按时完成该项目。

（二）充分考虑项目的可操作性

教师在公布项目前需要充分考虑项目任务是否可操作，对于当前水平的学生操作难度是否过大等问题，如果存在就应当适时调整项目任务。

（三）项目任务的设计应该由浅入深

对于项目中较难的部分，教师可以先进行演示，给出明确的操作步骤，然后让学生根据自身的特点自主完成。

（四）以学生为中心，调动学生的学习主动性和积极性

项目教学法要求教师改变传统的教学观念和模式，把课堂交给学生，让学生成为教学的主体，教师在教学中主要起组织和引导作用。

（五）培养学生的合作意识

一个项目小组由多人组成，在项目执行过程中学生间的合作必不可少，每个小组的项目组长要根据自身组员的实际情况合理布置项目任务，更要考虑组员完成各自小任务后如何将小任务整合成大的项目。

四、总结

项目教学法以学生为中心，改变了学生的传统学习模式，它能有效提高学生的学习积极性，提升学生的主动探究能力。项目教学在信息技术学科中可操作性强，基本上每个单元的教学内容都可以设置合适的项目。在项目教学过程中，教师需要转变传统的教学观念，

让学生充分发挥学习的自主性，在真正意义上做课堂的主人，同时教师要努力将项目教学在课堂上不断完善。

参考文献

[1] 刘亚芹. 信息技术课如何培养学生的发散性思维[J]. 考试周刊，2008(10)：144.

[2] 刘青成. 信息技术课堂中信息反馈的有效教学[J]. 考试周刊，2009(2)：218-219.

[3] 刘子艳. 项目教学法在信息技术课程改革中的应用[J]. 工业技术与职业教育，2011(4)：27-28.

[4] 张果. 项目教学法在“计算机应用基础”课程中的应用[J]. 工业技术与职业教育，2011(3)：53.

“e 学习”实践催生信息化设备设施管理新方法

陶　佳

“e 学习”是指学生通过网络进行学习的一种全新学习模式，又称为数字化学习或网络化学习。“e 学习”不同于传统学习方式的核心是信息技术与课程的融合，包含“e 学习”环境、“e 学习”资源、“e 学习”方式等三要素。现阶段承载“e 学习”实践活动的是各种信息化设备设施。

针对“e 学习”实践活动中各种信息化设备设施的管理，很多人都觉得并不是个问题。但是“设备虽小，有时关系到一个活动的成败；场地虽简，有时关系到一个展示的效果”。加强各种信息化设备设施的管理，主要有如下三个功能：

(1) “e 学习”实践活动中各种信息化设备设施的管理，就是为了使设备经常处于完好状态，提高设施的利用率，从而更好地为“e 学习”实践活动服务。

(2) “e 学习”实践活动中各种信息化设备设施的管理，就是使教育资金投入效益最大化，维护成本最低化，性价比最优化。

(3) “e 学习”实践活动中各种信息化设备设施管理的最终目的，是让教师和学生放心、放手使用，只有放心、放手使用，才能提高教师的教学活动效果，培养学生的多方面能力，使学生将所学的理论知识和具体实践相结合，更好地将信息技术与学科教学融合，从而培养出大批适应现代社会需求的创新人才。

近年来，现代教育技术、信息技术和工业 4.0 技术的不断发展，使“e 学习”实践活动中各种信息化设备设施又具有了新的特点。

(1) 信息化设备类型已从老式电子机械化向网络自动化、人工智能化的方向发展。

“e学习”实践活动中各种信息化设备设施不能等同于以前的老式电教设备。以前的老式电教设备主要电子机械装置控制，设备设计功用单一，使用中发生错误的几率较高，可靠性差。“e学习”实践活动中各种信息化设备设施向高精度、高效率、自动化、人性化的方向发展，大大提高了使用可靠性。

(2) 设备结合已从简单的机器组合向集中化控制方向发展。

以前完成一项教育教学任务往往需要组合大量机器，效率低下，设备的相互兼容性无从谈起，产生误操作的几率高。“e学习”实践活动中各种信息化设备设施采用集中化控制，设备系统之间兼容性较高，甚至是无缝集成，误操作的几率被降到最低。

(3) 设备管理已从单纯的维修、保养向综合管理和控制方向发展。

“e学习”实践活动中各种设备设施，从选型购置到处理报废，包括计算、设计、制造、采购、安装、调试、使用、维修、改造、报废等过程。“e学习”实践活动中各种设备设施管理是对设备进行一生的管理。

(4) 设备利用已从单纯的恢复精度、役龄考核向充分提高利用率，重视考察其综合经济效益方向发展。

(5) 设备工作已从单纯注重技术管理、实物形态设备管理向经济管理、价值形态管理、软件系统管理与实物形态设备管理相结合方向发展。

把设备管理从仅为办公服务的视野中解脱出来，紧紧围绕“e学习”实践活动为中心开展更大辐射面的工作。

(6) 设备使用已从以机器为本向以人为本的方向发展。

以往，有什么样的设备，教师就组织什么样的教学，学生就进行什么样的学习，设备的单一性和低效性直接制约了教育教学的发展。现在，新教学理念指导下的新设备和系统层出不穷，完全可以做到以教学为本，以学生为本，即教师在组织教学中需要什么样的设备和系统，学生在学习中需要什么样的设备和系统，就引进和使用什么样的设备和系统。“e学习”实践活动中各种设备设施极大提高了实践活动的效率。

(7) 设备观念已从高消耗、高损害向绿色环保方向发展。

过去的设备很少考虑对能源的消耗；对教师和学生的副作用；对周围环境的不良影响。设备经过维护后弊病更甚。例如，投影机越修越模糊，能耗增大，亮度却降低了，对师生的视力和环境都产生了不良的影响。现在，绿色环保指标也是“e学习”实践活动中各种信息化设备设施管理中进行考量的指标之一。

结合专家和老师们对“e学习”实践活动中各种信息化设备设施管理的看法，结合与一线设备管理教师的交流和讨论，我有些不成熟的想法和思路，请大家指正。

一、树立现代化的科学管理思想

(1) 加强对设备设施管理重要性、必要性、迫切性的教育，更新观念，适应现代要求。运用系统管理理论，改变过去孤立地看待设备设施管理的观念。

(2) 学校中上层领导做到：思想重视，思维创新，行动支持，措施落实。

(3) 设备管理人员和维修人员做到：职责明确，技术娴熟，责任心强，现代管理知识全面，造就设备管理的“大师”。

(4) 教育教学一线人员做到：知识、责任完美统一，认识到设备设施就是教学的基础。

二、完善设备设施管理组织和管理制度

(1) 以严格的制度来规范人的行为，奖惩严明。

(2) 增强行为规范意识，以崇高的责任约束人，以争创先进的评优活动引导人，以先进事迹激励人。

(3) 制订行之有效的培训计划。贵在落实，使各个层次的人员对设备设施有足够的理性认识，实践上加强练习。

三、“e学习”实践活动中各种设备设施从建成到最终报废处理有完整的“一生”，在这“一生”中保修期无疑是最关键和最有效的关键时期，如果能在这段时间内做好“勤、细、实”的巡检和实践工作，很多不必要的损失就可以避免

（1）从设备设施选择开始，就必须与厂商针对保修期进行必要的约定，并将这种约定写入合同中作为相互都必须遵守的条款。

与厂商进行必要的约定，实际上是在签订合同之前相互有所准备。一旦签订合同后因保修期的问题就会产生免费维修、责任界定、索赔与赔偿等一系列事项。所以，合同的保修细节一定要仔细推敲，尽量考虑周全。平常使用中的设备设施可以按照工作日和工作周进行签订，如果是备用设备设施则可以在相互协商的基础上按照实际运行时间来进行约定，也就是按照实际运行时间进行保修。这样，一方面以合同方式保护了双方的利益，也可以大大避免因为设备设施的质量问题引起的争端和损失。合同保修期的重要性可见一斑。

（2）设备设施进入校园后，培训环节不可忽视，操作人员必须在培训合格后，严格按照操作要求和规范进行使用，并做好使用记录及相关台账。这一点不仅可以使故障的几率大大降低，还可以在出现问题时更有效地查找和规避。也为后期与商家的免费维修、责任界定、索赔与赔偿等一系列事项找到依据。

四、使用计算机及现代手段建立档案，利用大数据手段逐步构建设备设施管理决策支持平台

随着现代科技的不断发展，信息技术与多种领域的相互渗透，“e学习”实践活动中的各种信息化设备设施的发展方向逐步朝着智能化、简单化、小型化方向发展。设备设施中的各种状态也日益被人们关注，其中的信息越来越多，数据越来越规范化。信息数据所代表的设备设施之间的关系也越来越复杂，如何提取必要的有效数据，通过分析更好地满足时效性和正确性，需要通力合作，找到破解之道。

传统的决策平台主要是通过人员的数据输入，基于数据库开发而成。一般情况下，数据库只能以单一的数据储存形式为核心。你记录什么，它就显示什么，说明这种基于事物类的处理形式，数据大量存在冗余，缺乏组织性；你记录缺失，它也不能有所洞察，说明数据之间缺少联系和支持，既不能合成，也不能进一步挖掘，更加谈不上分析和综合。怎么能让学校决策有力、不浪费资金、不重复采购呢？

如果要彻底改变这种情况，必须利用大数据，引入数据仓库，将决策信息从千万条原始数据中提取出来，通过算法转化为集中的、统一的、可随时调用的、有效的信息，快速提供给学校相关部门辅助进行相关决策。实现数据信息多维度的高层次利用，真正让设备设施活起来、用起来。

（一）前期选择管理

通过逐步建设设备设施的市场领域信息资料库，依据使用场景和相关策略，组织设备设施的选型，以此为基础，指定年度相关采购、报废等计划，强化设备设施的合同管理。设备设施的开箱与安装调试验收相结合，从初期就建立基本信息库，生成卡片。

（二）资产清单管理

对设备的编号、名称、主要参数和配置、配置时间及启用日期等进行登记，将设备设施的状态统一到数据平台，辅助设备设施管理人员的记录，计算折旧和保养年限。

（三）维修维护管理

结合平时维护的各种信息，在发生故障时对名称、故障时间、发生现象、排除方案等进行实时动态管理，形成表格和图样进行对比。一方面，对维修产生的费用、备件消耗的情况进行可视化统计，另一方面，对反复发生问题和故障的设备设施，或是关键点进行追踪，可以很好地了解和预测设备设施的“健康周期”，将数据通过服务器存储，并及时向维修维护人员发布，有利于提前反应，延长使用寿命。

（四）备件耗材管理

尽量扩大设备设施的备件、耗材使用面，对型号、生产厂家等建立长效机制，对领用的流水进行管控，并及时提醒和预警。

总之，“e学习”实践活动中各种信息化设备设施管理到位，才能最终落实好实践活动的各项工作，为教师、学生提供良好的教育教学活动的支撑和场所。

数字化视频录播教室是“香馍馍”

王　璇

微格教学(Micro Teaching)通常又被称为“微型教学”，它是由美国斯坦福大学艾伦教授等人创立的一种利用现代视听设备(摄像机、录像机等)，专门训练学生掌握某种技能、技巧的小规模教学活动。随着现代教育技术的发展，学校教育管理的模式和手段在不断进步，教学手段和方法也在不断更新，随之而来的则是对教师能力的要求越来越高。微格教学法作为以现代视听技术为手段，遵循教育学和心理学理论的教学方法，在中小学得到广泛应用。

一、数字化视频录播教室建设的推陈出新

现代教育技术发展日新月异，传统的微格教室也被更为专业、先进的数字化视频录播教室所取代。我校一直处于教育现代化的前沿阵地，校领导一直重视教育现代化的发展，坚持两手抓，不仅设备上抓投入，同时也重视科技对于教育质量的提升，紧抓应用不放松。

所以中华中学初中部从第一代的微格教室到现在第三代的数字化视频录播教室，已经推陈出新，经历了三个阶段的发展。

第一阶段：2008～2011年。我校于2008年就建立了中华中学第一个微格教室。配备标清的创先泰克录播设备，两个跟踪机位，一个老师镜头，一个学生镜头；桌面按压话筒收集学生声音，老师采用领夹式无线话筒收音；多媒体采用大投影配电脑、实物展示台和白板的形式；固定桌椅，独立观摩室。这个阶段的声画质量都不是很高，多媒体也没有交互功能，但是微格的教学指导功能在那个时代还是起到了应有的作用。

第二阶段:2012～2015 年。2011 年,学校进行抗震加固,微格教室没有了。抗震加固后进行了恢复,用的还是第一代的录播设备,更新了多媒体,变成了鸿和电子白板加电脑、快拍仪和普通白板模式,由于场地原因独立观摩室也取消了。这个阶段更新了交互的多媒体设备,没有独立的观摩室,听课气氛虽好但却影响录播的声音和画面的质量。于是学校开始考虑场地的扩展和更新录播设备。

第三阶段:2016 年,学校配备了最新一代的数字化视频录播系统。四机位高清摄像机可以 360 度无死角拍摄教室中的所有教学情况,画面非常清晰;高品质悬挂麦克风可以清晰地记录课堂中老师和学生的语言;翰博尔的录播系统可以准确定位人像,画面切换流畅自如;多媒体触摸屏让老师的教学更现代,师生互动更多元。独立的观摩室可以实现听课教师与课堂的隔离,实现常态教学环境的无干扰听课;观察窗的设立,让听课者既能实时观察,又能通过悬挂的一个屏幕直接看 PPT,另一个屏幕看录播的视频,全方位观察课堂;数字视频转播和点播系统让课堂延伸,坐在任何一个网络终端前都可以实时观看,事后也可以随时点播。

二、我校录播教室使用的“供不应求”

建设了一流的录播教室,用起来怎么样呢?在这一点上中华中学领导非常重视,不仅把录播教室作为参观的热点,而且各项教研活动、研究课都放在这个场地。在校级领导和教务处、科研处分管领导的积极推进下,我们的录播教室成了“香馍馍”,供不应求。

每年一次的“中华杯”好课评比,师徒结对汇报观摩课,都要在录播教室举行,一天 8 节课,连续好几天,涉及每个学科,那里就是教研的气场中心,上课、听课、评课,风暴一样冲击头脑,专家、老师、学生,大家都是收获满满。市、区教研活动,中华中学老师们每人每学期要开设的一节校内公开课,往往也是选择在录播教室,只要场地能坐得下、抢得到。有的老师要参加微课比赛,也选择在录播教室完成,声画质量比较好。

每一学期我校平均可以用录播教室拍摄80多节各类课程，承接10余次市、区一级的教研活动，10余次校内教研活动，录播教室的使用真是用“抢”字来形容的。拍摄成品课程只是第一步，以前用第一代设备我们还需要将拍摄的课程拷贝出来，按照时间和学科类别整理，放置在校园网上，现在新一代的数字化视频录播系统有专门的服务器，直接实现了在线同步观看和点播，供老师们在线观摩和研讨。

为什么这些课和活动的老师都抢着要在录播教室开展呢？如果你问，我们的老师也许会这样回答：这里漂亮！我们的录播教室已经不仅仅是一间教室了，它也是学生和老师都愿意待的地方，从装修设计时就讲究功能性和舒适性、美观性兼具；其次老师也许会说：这里先进！我们的录播教室在录播系统和多媒体系统以及其他软硬件上力求比一般教室更先进，使得老师们更乐于体验新技术，让新技术运用于课堂；可能老师们还会说：这里好用！录播教室光时髦好看是没有用的，还要实用和好用。全自动的一键控制多媒体，一键控制录播，老师们独自走进录播间就可以操作，一点不难，简单的操作才能让老师们愿意用。

录播教室的频繁使用极大地推进了我校教科研水平的提高，也促进了教师专业技能的提高。这样一来，我校的教科研活动就不会流于形式，而是更加深入。

三、录播教室是促进教师专业技能提升的“法宝”

随着现代教育技术在学校的应用越来越成熟，“互联网＋”对现代教学方式的影响越来越大，下面我就结合中华中学实际的使用情况，来谈谈数字化视频录播教室在提升教师专业技能方面的几点应用。

（一）数字化视频录播教室助力教研

传统的教研活动形式上主要是听课、评课等，由于受种种条件限制，研讨不够深入。长此以往，教师参与教研活动的积极性不高，教师整体教学水平也得不到提高。教师的教研活动是教师改进教学方法，提高教学水平的重要手段，教研活动的形式和手段随着现代教育技术的发展也需要不断更新。我校录播教室录制的数字视频图像清晰度高、声音清晰、存储方便，所有老师均可以方便地通过网络进行点播或者下载。对于下载的课程视频，上课时老师可以进行研究诊断，可以截取视频进行研讨。而在教研组层面，大家不仅可以实时听课评课，也可以进行专业深入的教研，将视频课程进行剖析，找出优点进行推广，找出缺点进行反思总结。教研活动对于提升教师的教学水平是一个非常重要的手段，录播教室的使用让教研有强大的技术助力，更加能落到实处。

（二）数字化视频录播教室营造无限学习空间

各个学校的特级教师、优秀教师必定是少数，学科间的师资力量也会不平衡，他们好的教学方法、教学经验应该发挥重要作用，应该得到共享，带动教师整体教学水平的提高。录播教室能很好地实现优质教育资源的共享。

优秀教师的课程，听课老师可以在观摩室看到，并且可以进行实时的点评、讨论，帮助提高大家的教学水平。这是传统的“1人上课”“1群人现场听课”的“1+1共享”模式。

如今，新一代的录播教室的网络直播和点播功能都十分强大，这样参与讨论学习的老师范围就被无限制放大。录播教室现场容纳不下的老师可以在自己办公室上网观看，同时我们映射了录播地址，即使你人不在校内，在家，或者在其他地方，只要有账户就可以登录录播系统进行浏览。“1人上课”加“1群人现场听课”再加“若干人网络观摩”，数字化视频录播系统和互联网营造出“1+1+1新型共享”模式。

网络观摩是机械被动地观看录好的一节课，这种学习模式太单一。现在数字化视频录播系统可以做到观看者实时观察课堂，有三种画面可以选择，老师、学生和课件三位一体模式便于全面观察，选择单一画面可以详细了解，这种直播中的随意画面切换功能，增加了学习者的观察角度和灵活性。

如果不能看实时的课堂也没有关系，因为每一节课，在服务器管理平台都分门别类储存好了，各位老师也可以将课程下载下来进行研究学习。

数字化视频录播系统，起到了非常好的教研效果，从自学到同伴互学再到众人观摩；观察教师、学生或者课件，多种叠加的效果，无限延伸了学习的空间，不得不说，这种新技术带来的能量无限。

（三）数字化视频录播系统参与教学管理

除了提升教师专业技能，随着校园网络和数字化录播教室的建立，学校可以利用这样的设备对教师的教学过程进行实时了解，为学校管理层提供教学全过程的完整的一手资料。对每一位老师的教学现状的了解和调研有助于提高学校整体的教学质量，同时也可以帮助学校所有老师的成长，使得新教师很快站稳讲台，让成熟教师迅速成长为名师。

在中华中学，数字化视频录播教室已经不仅仅是一个现代化的展示窗口，它更是常态化的一间课堂，被老师们所需要，发挥着促进教学、促进教研、促进教学管理的作用。

（该文获 2016 年南京市秦淮区教育科研论文评比一等奖；原载于《秦淮教育》2016 年第 8～9 期；被秦淮区教师发展中心教科研中心编辑并推荐，改名为《数字化视频录播教室是“香饽饽”》，发表于国家级期刊《中国信息技术教育》2016 年第 15～16 期）

“e平台”让“四自”德育管理智能化

张海宁

自2011年我校搬入河西新城，学校的硬件设施得到了大幅提升，作为南京市电教信息化领域的传统名校，我校进一步向智慧校园迈进，在教育教学管理领域上线了“e平台”。德育处是学校学生管理的主要部门，我们处室也积极参与智慧校园的建设和“e平台”的使用中，在实践中不断总结经验，也不断改进着平台的使用方式和内容。经过几年的探索，我们深刻感受到“e平台”的使用不仅使我校在德育管理工作上更加精细，而且拓展了各类德育活动的发布渠道和有效实施，充分发挥了网络对学校德育工作的助推作用。与之前相比，德育工作依靠网络和信息技术实现智能化后，大大提升了办公效能。下面将从三个方面进行阐述。

一、发布内容更加精细，时效性明显增强

（一）日常发布类

内容主要包括：班主任的计划、班级风貌、一周常规、宿舍月度表彰、主题活动、国旗下的演讲等（见图1）。

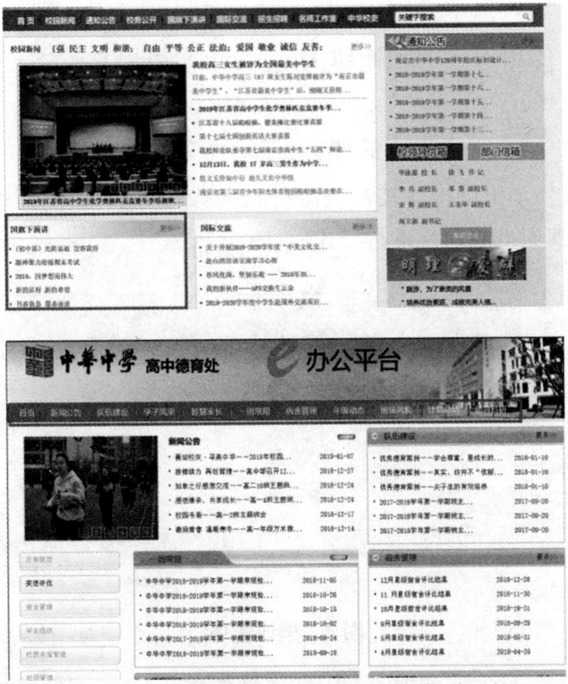

图 1　日常发布

（二）以学期为节点

内容主要包括：学生期中、期末奖惩评优和德育类材料管理（见图 2）。

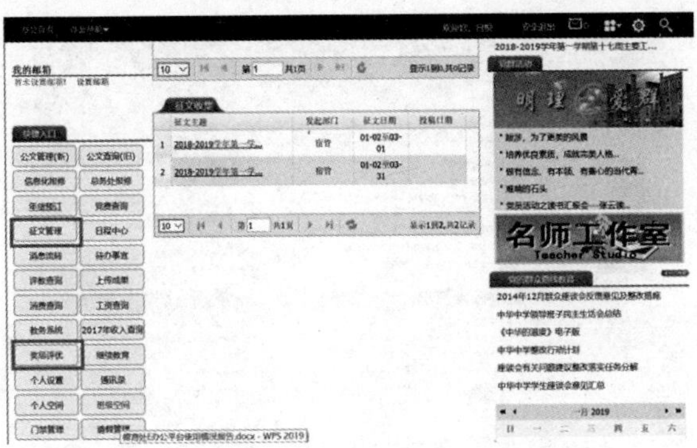

图 2　奖惩评优和德育类材料管理

二、使用方式更加便捷，办公效率明显提高

（一）平台发布程序简便，易于操作

具备初步电脑操作技巧的老师按照操作方法指导，能够一学就会，老教师们也能熟练进行操作（见图 3）。

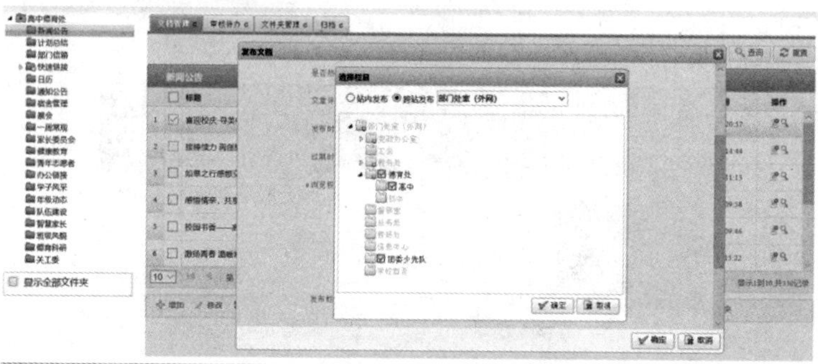

图 3　操作简便

（二）信息发布更加及时、自主性更强

德育处作为行政管理部门，登录后可以按需要发布相关信息。同时，可以自主选择在内网（见图 4）、外网（见图 5）或两者同时发布，其中大部分信息可以通过内网直接推送至外网。班主任、生活老师用个人账号直接登录“e 办公”平台后，即可实现信息浏览。

图 4　内网

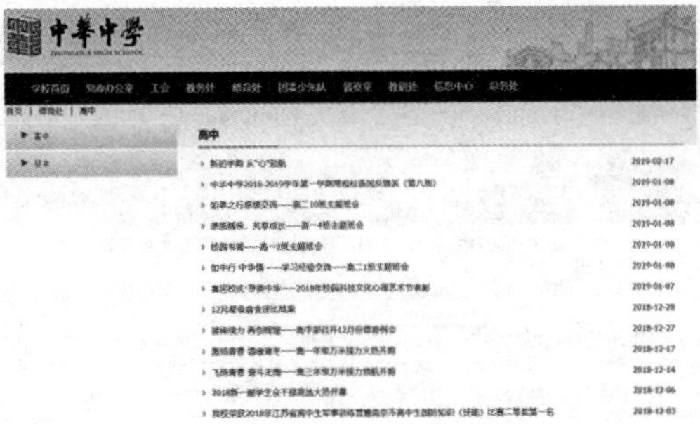

图 5　外网

（三）平台极大缩短材料收集的时间，同时提高材料收集的准确性

如在每学期期末评选“三好”学生时，传统方式是各班在进行民主选举后，上报纸质材料，德育处收齐后再整理成电子稿，这个过程不仅耗时、耗力，而且出现差错的可能性较高。而使用“e 办公”平台后，班主任在获得民主选举的结果后，直接进入“奖惩评优模块”进行名单勾选，在规定时间内还可以进行名单的更改，德育处按时进行后期数据的收集汇总。整个过程流畅，大大缩短时间并减少了误差。

再如，每学期收取德育相关材料时，老师们可登录“e 办公”平台，直接找到相关入口，上传德育材料（见图 6）。

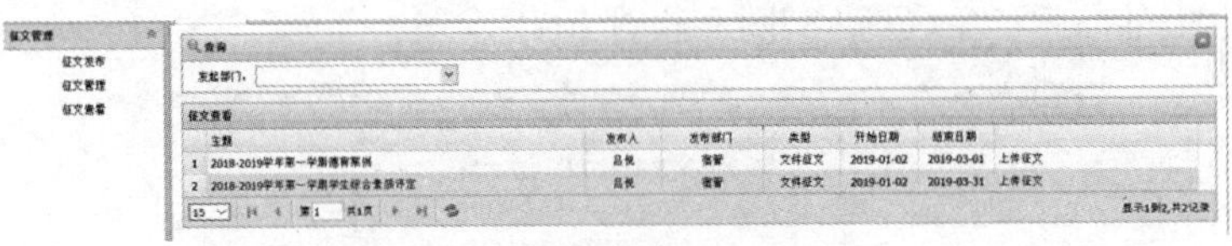

图 6　材料上传

在开展大型德育活动，如校园体育文化节、校园科技文化艺术节、住校生技能大赛、“红五月”读书节等活动时，平台信息化的优势更为凸显（见图 7）。管理部门可以进行精准的掌控，通过大数据的分析不仅可以有效地预测，还可以及时跟进和完善。

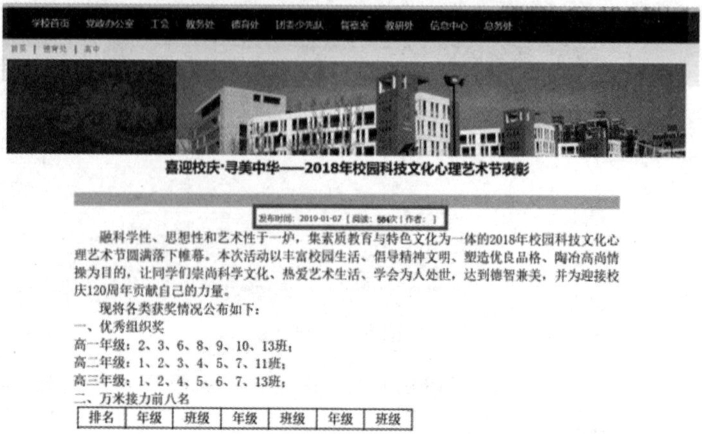

图7　活动信息发布

（四）平台拓展了德育活动的发布渠道，充分发挥网络对学校德育工作的助推作用

我校是首批“南京市德育示范基地校”，利用“e平台”网络化的特点，在确保德育工作时效性的同时，以丰富的文本和图片，更好地向家长、学生、社会发布中华中学的“四自”德育理念和教育成果，助推构建“社会、学校、家庭”三位一体的教育模式，提升了中华中学在社会上的品牌形象(见图8、图9和图10)。

图8　拓展发布渠道(1)

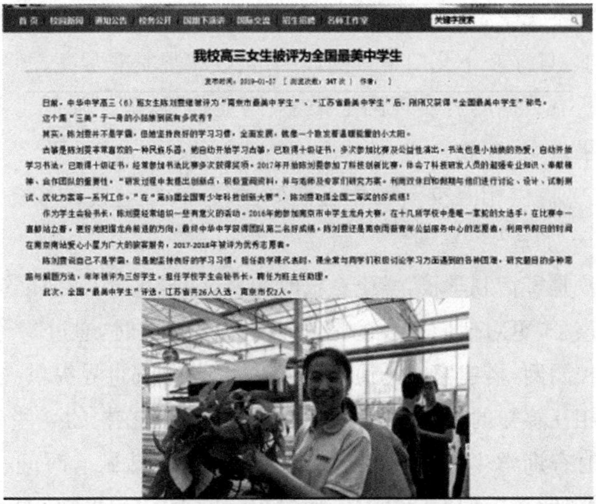

首页　校园新闻　通知公告　校务公开　国旗下演讲　国际交流　招生招聘　名师工作室　关键字搜索

我校高三女生被评为全国最美中学生

发布时间：2019-01-07 [浏览次数：347 次] 作者：]

日前，中华中学高三（6）班女生陈刘霞被评为"南京市最美中学生"、"江苏省最美中学生"后，刚刚又获得"全国最美中学生"称号。

这个集"三美"于一身的小姑娘到底有多优秀？

其实，陈刘霞并不是学霸，但她坚持良好的学习习惯，全面发展，就像一个散发着温暖能量的小太阳。

古筝是陈刘霞非常喜欢的一种民族乐器，她自幼开始学习古筝，已取得十级证书，多次参加比赛及公益性演出。书法也是小姑娘的热爱，自幼开始学习书法，已取得十级证书，经常参加书法比赛多次获得奖项。2017年开始陈刘霞参加了科技创新比赛，体会了科技研发人员的超强专业知识、奉献精神、合作团队的重要性。"研发过程中我提出创新点，积极查阅资料，并与老师及专家们研究方案。利用双休日和假期与他们进行讨论、设计、试制测试、优化方案等一系列工作。"在"第33届全国青少年科技创新大赛"，陈刘霞取得全国二等奖的好成绩！

作为学生会秘书长，陈刘霞经常组织一些有意义的活动。2016年她参加南京市中学生龙舟大赛，在十几所学校中是唯一掌舵的女选手，在比赛中一直都站立着，要好地把握龙舟前进的方向，最终中华中学获得团队第二名好成绩。陈刘霞还是南京雨花青年公益服务中心的志愿者，利用节假日的时间在南京南站爱心小屋为广大的旅客服务，2017-2018年被评为优秀志愿者。

陈刘霞说自己不是学霸，但是能坚持良好的学习习惯，担任数学课代表时，课余常与同学们积极讨论学习方面遇到的各种困难，研究题目的多种思路与解题方法，年年被评为三好学生，担任学校学生会秘书长，聘任为班主任助理。

此次，全国"最美中学生"评选，江苏省共26人入选，南京市仅2人。

图9　拓展发布渠道(2)

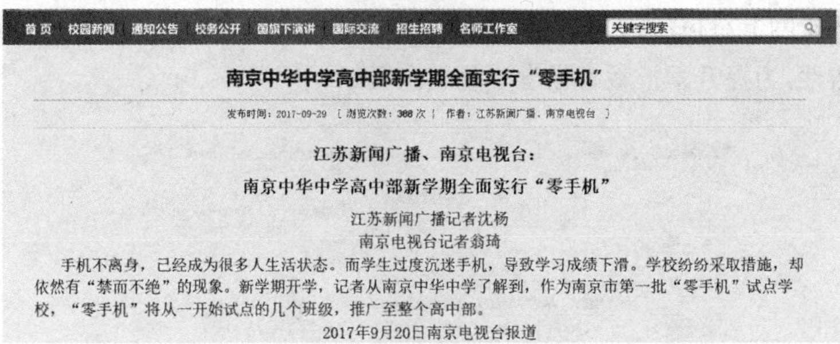

首页　校园新闻　通知公告　校务公开　国旗下演讲　国际交流　招生招聘　名师工作室　关键字搜索

南京中华中学高中部新学期全面实行"零手机"

发布时间：2017-09-29 [浏览次数：388 次] 作者：江苏新闻广播、南京电视台]

江苏新闻广播、南京电视台：

南京中华中学高中部新学期全面实行"零手机"

江苏新闻广播记者沈杨

南京电视台记者翁琦

手机不离身，已经成为很多人生活状态。而学生过度沉迷手机，导致学习成绩下滑。学校纷纷采取措施，却依然有"禁而不绝"的现象。新学期开学，记者从南京中华中学了解到，作为南京市第一批"零手机"试点学校，"零手机"将从一开始试点的几个班级，推广至整个高中部。

2017年9月20日南京电视台报道

图10　拓展发布渠道(3)

三、提供更加开放的合作与交流平台

(一) 平台实现数据共享，有效提高部门间交流、合作的便捷性和准确性

仍以学生评优为例，班主任在网上提交初选名单后，这些学生的学习成绩是否符合相关评判标准呢？这是一项需要教务部门进行审核把关的工作。传统方式下，德育处需要向学校教务处提供各班自

行上交的备选学生的纸质成绩单，由于是学生自行手填，成绩真实性有待考证，且涉及十几门学科的成绩，错误率更是非常高。使用“e平台”后，所有数据均可实现网上采集、网上传输，极大降低了差错率，保证结果真实、有效。

（二）提供相互交流和相互感知的接口，平台使得校务治理更加透明、高效

我校是寄宿制学校，学生在校时间长，住校生家长往往连续一周见不着孩子，更对他们在校的情况一无所知。此时，通过“e平台”为基础的校园网，搭建家校沟通平台，为学校与外部世界提供一个相互交流和相互感知的接口，家长可以及时了解孩子在校的一些动态，如可以随时查询学生校园一卡通的使用情况，包括刷卡时间、消费金额，及时了解孩子的生活情况。通过校园网上的活动宣传页面，及时了解校园各项活动。每年在大型考试期间，学校都会针对考风考纪，开通网上举报信箱（见图11和图12），广泛收集情况，保证考试的纯洁性，为提升学校教育教学质量做出贡献。

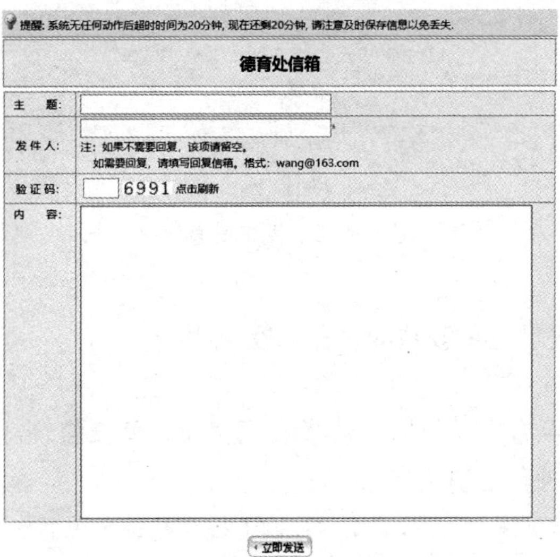

图11　部门举报邮箱

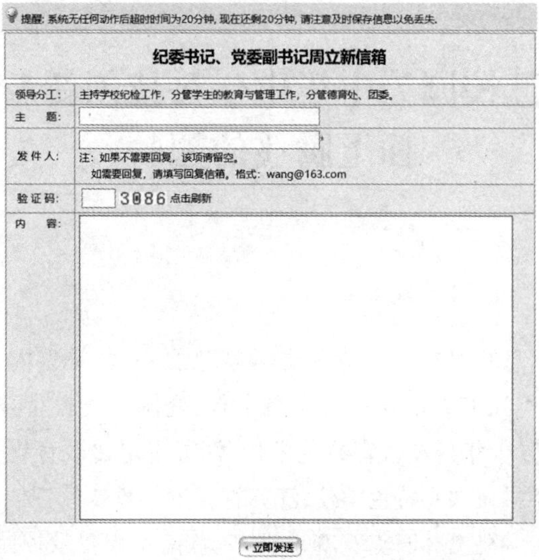

图 12　部门分管领导举报邮箱

在大数据时代，信息化技术的发展日新月异，面对“立德树人”的使命，作为学校学生管理的主要部门，我们也在不断成长。借力智慧化校园的日趋完善，如何在“全民网络化”的背景下，更好地让大数据为德育服务，作为一名德育工作者，我们需要一直在路上！

智慧校园为中华中学科技创新教育插上腾飞的翅膀

陶德华　朱青松

教育信息化是中华中学的办学特色之一，享誉省内外，闻名全国，先后获得江苏省电化教育示范学校、全国现代教育技术实验学校、江苏省青少年科技教育特色学校、江苏省电化教育先进单位、江苏省青少年科技教育特色学校、江苏省青少年科技教育创新基地、江苏省中学生学科奥林匹克竞赛培训基地、南京市智慧校园示范校等荣誉称号。2011 年，学校高中部搬迁到河西新城后，校领导经过深思熟虑，决定发挥学校信息技术的优势，紧紧把握全市推进中小学生科技创新“星光计划”的契机，组织师生积极开展以创意传媒、科创发明和创意 VB 等项目为载体的科技创新活动，丰富学校特色的内涵。自学校开展智慧校园建设以来，学校科技创新教育更是插上了腾飞的翅膀，不断迈上新高度。2012 年，学校被市教育局正式批准为南京市第二批科技创新“星光计划”基地学校。2014 年至今，我校因“创意传媒项目”等的出色表现，被授予南京市首批中小学科技创新“星光计划”特色示范项目学校。

学校领导和相关部门及辅导教师高度重视相关基础设施和配套资源的建设，积极开展相关理论和实践活动，充分体现了学校师生在科技创新方面的不懈追求。“e 学习”实验教室、现代化“e 办公”平台、中华中学“星光基地创新实验室”“创意传媒”活动室暨校园电视台等设施设备为保障和促进星光基地的活动开展和可持续发展奠定了坚实的基础。学校集体和师生在全国、省、市各级各类相关比赛中屡屡获奖，彰显了学校在科技创新方面的实力和发展潜力。

一、“创意传媒”风采卓越

我校“华星电视台”成立于1995年，是一个拥有多年历史和辉煌成绩的学生组织。由于学校的重视和资金的投入，“华星电视台”有着良好的硬件条件，摄录编播系统和设备一应俱全。2012年，在校领导的关心下，我们与时俱进，在校园电视台的基础上成立了传媒活动基地，在更高的平台上发展壮大。

我们辛勤的耕耘结出了丰硕的成果：2005年获“南京市优秀社团”“江苏省十佳社团”荣誉称号，2010年被评为全国百佳校园电视台。2014年底我们的“创意传媒”项目又被评为首批南京市科技创新“星光计划”特色示范项目。2016年我校又获得南京市教育局批准，招收高中“创意传媒”特长生。2017年再获“南京市中学生十佳社团”的荣誉称号。

尽一切可能为学生的未来发展服务是我们的宗旨，让所有心怀梦想的孩子都可以展翅高飞。近八年来我们的媒体创意作品共获国际奖项1次，全国奖项15次，省级奖项3次，市级奖项25次。近十年，我们的学子共85人在高考中凭借过硬的传媒素质和优良的文化成绩被中国传媒大学、中央戏剧学院、北京电影学院、上海戏剧学院、南京艺术学院等一流艺术类院校录取。2014～2018年，我校有53名同学参加高考影视传媒类艺术考试，共拿到专业合格证158个，通过率100％，全部被相关高校录取，其中17名同学被国内顶尖艺术类高校录取。

由于出色的工作和杰出的成绩，我校传媒项目的相关活动和事迹也被江苏卫视、南京电视台、《南京日报》《金陵晚报》《扬子晚报》《现代快报》《南京晨报》等各大媒体争相报道。

二、“科创发明”厚积薄发

由于和一些顶尖学校相比，我校在生源质量等方面存在明显不足，我校的科技创新发明活动起步较晚。学校坚持挖掘潜力、点面结合的工作原则。从高一新生入学起，全年级进行科技知识小竞赛，寻找科技苗子，关注他们社团和研究性学习的选择方向，进行适当的引导。技术学科的老师在研究性学习中开设“飞翔的小车”研究遥控车跳远，在社团活动中成立“科学小论文撰写”小组，帮助有特长的学生理清研究思路，学会用科学的态度面对技术问题。对于全体学生来说，利用通用技术课，采用项目教学的模式，通过“桥梁设计制作”“投石器设计制作”“电动小车的设计制作”等活泼有趣的项目，丰富学生们的技术经历，激发其对科学创造的兴趣。

2015 年以来，我们的团队在科技活动方面获奖的学生人数和奖项级别屡创新高。2018 年，陈刘雯同学的作品从全国 1000 多万件作品中脱颖而出，获得了国家级二等奖，并且在当年的作品中排名第 100 名。我们科创发明团队的作品不但奖项层次提高了，获奖的范围也逐步扩大，从 2015 年只有金钥匙竞赛获奖，到 2018 年南京市创客大赛、省金钥匙竞赛、省青少年科创比赛、海峡两岸青年机器人擂台争霸赛全面开花，这其中包含着整个信息中心老师们的辛苦付出。

三、“创意 VB”砥砺前行

程序设计也是一项对学生专业素质要求较高的项目。对此，我校也存在着生源质量较弱的状况。学校着力激发师生热情，从 VB 程序设计入手，依托中华中学信息技术特色和硬件支持，培养出热爱信息科学、具有 VB 编程能力、具有勇于创新的意识和严谨科学态度的程序爱好者队伍，并为未来的创新软件设计打下基础。我们的辅导教师团队根据校情，坚持在高中部开展“创意 VB”活动。这项活动是全面实施素质教育的重要途径，是中学信息学教学的重要拓展。通过活动的开展，启发中学生认识信息科学与人类生活和生产的关系，学习并逐步掌握科学探究方法，尝试用技术的方法、创新的观点去解决实际问题，从而促进学生的全面发展和个性养成，为学生进入高一级学校学习打下良好的基础，为成就部分学生的理想提供有效的帮助。

积极组织学生参加全国青少年信息学奥林匹克竞赛，培养学生能力，开阔眼界、扩大知识面，使得有潜质、有才华的学生在竞赛活动中得到锻炼和发展。全面提高学生的信息素质，努力培养高素质、高层次创新人才。2012 年至今获得全国一等奖 1 次，江苏省一等奖 5 次，江苏省二等奖 13 次，江苏省三等奖 18 次，并培养了李天文、李宇迪等优秀学子。

经过多年坚持、不懈的追求，中华中学的科技创新工作渐入佳境，取得了喜人的成绩，逐步被校内外认可、称赞。今后我们将不断总结经验教训，争取更好、更快、更优地发展，努力为中华中学教育创造新辉煌贡献更大的力量。

智慧环境下培养学生科技兴趣的探索

朱熙春

国务院颁布的《全民科学素质行动计划纲要实施方案(2016～2020年)》,指出公民应有一定的科学素质。科学素质是在人的成长过程中受教育及周围的环境影响形成的,对人在社会中的生存和发展起着至关重要的作用。学生在校学习阶段是科学素质启蒙教育的最佳时期。但现阶段,我国的学生的科学素质相当薄弱,很大程度上是由于传统的教学模式、家庭教育环境、学校教育环境以及社会环境所造成的。其次是教育工作者的意识落后。智慧环境下培养学生科技兴趣的探索,在现阶段就显得格外重要。

现代科学教育总是要把当今最新的科技信息传播给青少年学生,传播的最佳途径就是通过学校的科技活动。因此,学校科技活动的开展给广大科技活动工作者提供了培养学生科学素质的广阔空间,这就要求教师在引导学生从事科学探究实践活动的同时要培养学生的科学思维方法、科学实验方法及科学操作技能,逐步培养学生的科学创新精神。

学生课外科技活动的主要目的是培养学生的科学素质。科学素质是指对在日常生活、社会事务以及个人决策中所需要的科学思想、科学方法以及对客观事物的认识和理解,并在此基础上所形成的稳定的心理品质。其主要内容包括:科学兴趣、科学方法、科学概念和科学精神四个方面。兴趣是最好的老师,无论做什么事情,只有爱好它,对它有兴趣,才会全身心地去做好它。在科技活动中首先是让学生产生兴趣,让学生做自己喜爱的科技活动。其次才能谈科学思想和科学方法的问题,也就是说科学思想和方法必须以学生喜爱的科学活动为桥梁。因此,培养学生的科学兴趣在培养学生的科学素质中显得特别重要。那么在科技活动过程中培养学生的科学兴趣有哪些特点呢?

我认为,在学生的科技活动中,当学生观察时,教师在鼓励的同时关注其行为取向,当学生探究时我们应该诚恳支持、友好协助,当学生提问时我们应当尽量引导他们找到正确答案,当学生有所发现时我们应当及时表扬赞赏。由此看来,科学兴趣的培养有很多情感因素和心理因素,这一培养的过程具有启发性、激励性、比较性、展示性、开放性的特点。

一、在智慧环境下的科技活动中,教师在培养学生的兴趣时应该注意过程的启发性

学生对自然中的一切现象都有极其浓厚的兴趣,他们在有意无意中从事的科学活动也极频繁,只是我们在发现时没有及时予以重视,使其固有的积极因素在不同程度上逐渐淡化了。因此,在科技活动中,我们应该在活动中让科技教育工作者和学生一起观察、一起记录、一起讨论,鼓励学生大胆猜想,激励学生提出问题,协助学生进行探索性活动。这就是遵循了教育的启发性。其结果是学生兴趣越来越浓,爱好越来越广。

如雾霾课题研究,当学生研究雾霾吸附的媒介和方式差异时,我们对学生的发现表现了极大的关注。鼓励学生利用电子阅览室、“e学习”教室以及明理书屋等智慧环境,查找资料,完善计划。从计划的制订,到活动的整个过程,指导老师都参与,这给了学生极大的鼓舞。学生的兴趣提高了,研究的积极性也增加了。在整个研究过程中,不断有学生加入,这些都说明学生对科学研究的兴趣得到了培养。在研究过程中,学生利用课余时间去设计试验,提取数据,分析比较数据,最后形成论文报告。这些无不体现了学生的科学兴趣得到了很大提高。

二、在智慧环境下的科技活动中，教师要注重过程的激励性

鼓励学生发现问题，培养学生提出问题的能力，能够增强学生对科学的兴趣。学生在课堂上所说的话或所做的作品，只要有一点点科学道理，老师就要及时鼓励，甚至嘉奖。学生有了成功的喜悦感，会助长学生的发现欲望。老师如果对学生的发现和提问没有给予激励，没有适时地开发挖掘孩子的科学兴趣和潜能，也没有引导其向更高的层面上发展，就可能使孩子天性中固有的积极因素逐渐消亡了。如学生提出金字塔的“塔能”是否真的存在，很多专家传说把一枚锈迹斑斑的金属币放进金字塔，不久就会变得金光灿灿；把一杯鲜奶放进金字塔，24 小时后取出，仍然鲜美清新；如果你头痛、牙痛，到金字塔里面，1 小时后就会消肿止痛。埃及科学家海利做了个实验，把菜子放进金字塔后，同一般菜子相比，出苗要长 4 倍，叶绿素多 4 倍。学生非常主动积极地设计了试验，分类制订计划，有植物也有肉类的存放观察试验，虽然弄得试验室臭烘烘的，但是同时也证明这是无稽之谈。学生对科学探索的兴趣倍增。

学生提出的问题，有些可能是异想天开。对于这类问题，教师要因势利导，不能以冷嘲热讽的方式抹杀学生提问的积极性。要告诉学生，今天看似不可能的事，只要我们朝这个方向努力，都有可能成功。

三、在智慧环境下的科技活动中，教师要注重学生成果的比较性和展示性

一个人往往对自己的行为和作品很难做出正确的评价。在需要长期独立观察或活动时，容易停滞不前，兴趣减退。学生心理有一种竞争意识和争胜心理，在教室设计一个科技成果展览台，让每一位学生都有机会在大家面前展示自己的科研成果。当一个同学的作品受到老师和同学们的赞赏时，其他同学就会争相参与，从而在学校形成热爱科学、学习科学、应用科学、尊重科学的良好风气。教师要创造

机会让每一位学生都能表达自己的观点，还要倾听和重视每一位学生的提问，使他们感觉到自己能提问、有权利提问。这样学生就会思维灵活，越问越爱问。

每年的科技节，我们都有一个科技成果展示，让每一位学生都有机会在大家面前展示自己的科研成果。老师把学生的成品过程放到校园网中，同学之间、师生之间、家校之间实现了成果分享。学生从中可以发现自己的优势，还可以相互借鉴，彼此改进，以此推动延伸拓展学生的科学兴趣。比如，今年借着校庆120周年的东风，学生制作校园一角的模型，运用各种材料和创意，呈现的作品百花齐放，远远超出了老师们的预期。

四、在智慧环境下的科技活动中，教师要注重开放性

在科技活动中，老师要尽量给学生留有广阔的探索空间，充分利用智慧校园的平台，这就是开放性。

第一，活动领域是开放的。科技活动是以项目、课题、主题或问题为中心而展开的探究活动，发现问题、提出问题，并在一定程度上探究问题的解决，是科技活动的基本内容。学习是学生自主地从生活中选择和确定自然、社会和学生自身等方面的研究问题、项目、专题或主题，通过一系列的自主活动而展开的学习过程。当然，这些研究的问题、项目、专题或主题肯定是学生感兴趣的。

学生可以结合身边、社区、家庭以及社会上所听、所闻、所见、所感兴趣的事，经过筛选、提炼而生成一个切合学生实际的、学生喜欢的、可供研究的课题。如白色垃圾污染问题、环境问题、作业如何适度的问题、中学生该不该玩游戏的问题、如何对待学生上网问题，等等。

这些问题的研究并不一定要教师框定，而且远期的结果也不一定能预见得到，不需要严密的学科知识体系做支撑。

科技活动的选题，根据学生的年龄特征与抽象思维能力高低，在低年级可以以师生共同确定为主，高年级则以学生自己确定为主，但

前提依然是开放的。整个世界都是学生开展科技活动的领域。

第二,活动深入层次是开放的。科技活动的学习内容超越严密的学科知识体系和书本中心,来源于学习经验和生活经验,很多情况下即时发生的人和事,都可以作为科技活动的学习内容。它是从生活中发现问题、提出问题,涉及学生的学校生活、家庭生活和社会生活,领域十分广阔,涉及学生的整个生活世界,与一般学科课程相比,科技活动在内容上更广泛、更灵活、更富有弹性。

在科技活动中,对不同的班级和不同的学生而言,其具体的活动内容是多种多样的,活动的具体主题是开放的,它因学生所处的社区背景、自然资源,以及学生现实生活需要的不同而不同。只要与学生的现实生活相关联,只要是学生自主地提出或自主选择的活动主题,都可以作为学生进行科技活动的内容。

第三,活动方式、过程是开放的。科技活动关注学生在活动过程中所产生的丰富多彩的学习体验和个性化的创造性表现,其活动过程具有开放性。在学习活动方式和活动过程中,学生可以根据现有的课程资源、自身已有的经验,采取不同的方式。课题研究性学习、社会参与性学习、体验性学习和实践性学习等都是科技活动的基本学习方式,而调查、访问、考察、实验、制作、劳动、服务等都是科技活动中基本的活动。这些活动方式和活动过程也是因人而异,因情景而异,因任务而异的。科技活动课程的实施并不强求学生固定地采取哪种活动方式和活动过程。通过这种开放的活动过程,鼓励学生亲身体验,发展创新精神。

第四,活动时空是开放的,在研究活动时间安排上是具有较大的灵活性的。老师可以单独安排一节课,也可以是半个学习日的节次数,还可以是一个工作日甚至是连续几个工作日的课时数,当然,学生更可以利用节假日这一充分自由的时间。这要看生活中即时发生的事情的程度,学生探究实践所不可分割的具体问题的处理程度。在学习活动的空间上,是可以超越课堂、超越年级、超越学校的,更应该加入广阔的社会实践活动中去。可以是自身的事、班级的事、学校的事、家庭的事、所在社区的事、社会的事、国家的事、世界的事,向社会生活领域和自然环境延伸。学生只要有兴趣，在力所能及的情况下，都可以去亲身探究与实践。

总之，兴趣是最好的老师，作为科技工作者，在指导学生进行科技活动时，应注重培养学生的科学兴趣，以此激发学生乐于参加科技活动的积极性，从而为提高学生的科学素质奠定基础。

编程培训提升学生信息素养

葛伟江

随着信息技术的高速发展，信息素养已经成为培养学生终身学习意识和自主学习能力的基础。为了适应时代发展的需要，教师应该充分利用编程教学去提升学生的信息素养，让学生在使用软件的同时能对软件的设计原理有深度理解。新课改也要求信息技术课程教学的主要目标是提升学生的信息素养，而通过编程学习是提高学生信息素养的重要途径之一。编程教学重在培养学生计算思维能力和逻辑能力，使学生开阔眼界、扩大知识面，使得有潜质、有才华的学生在编程活动中得到锻炼和发展，为提升学生信息素养打下坚实的基础。根据我多年从事编程教学的体会，现将我工作中的一些经验和想法总结如下：

一、"循序渐进"——制订合理授课计划

通过与一些学校老师、学生的交流，我发现很多学校在选择编程教材方面比较被动，一般是到书店直接选择明确标有"中学生编程教材"字样的书籍。选择了这些书籍，往往就等于认可了编书人的教学规划，但是由于这类书籍需要学生有较强的信息素养，而各个学校学生的实际基础却不一样，所以辅导老师要根据学生的具体情况来设置具体的授课计划。我将编程的教学过程划分为四个阶段，每一个阶段都有具体明确的教学要求。第一阶段，学生适当了解一些关于计算机方面的常识性内容；第二阶段，让学生对程序设计有一个初步了解，能完成简单的程序设计；第三阶段，学生要深入了解程序的内涵，掌握大量程序设计方法，遇到问题，能首先在脑子里建立模型自

主解决;第四阶段,学生要大量实践,能解决现实中一些较难的问题,增强他们的实践能力。每一个阶段的具体目标和实施方法如下:

(一) 创设问题情境,激发求知欲

这是第一阶段的教学目标。这一时期的教材就是平时的信息学教材,为程序设计积累一些常识性的内容。教师要善于在平时信息学教学内容和学生求知心理之间创设一种“求知”的氛围,将学生巧妙地引入所提问题的相关情境之中,触发学生产生弄清未知事物的迫切愿望,启发他们的探究性思维活动。这样就可以淡化学生对程序设计的畏惧感。当学生有了强烈的求知欲后,学习就会自然变成一件愉快的事情,知识的被动掌握变成了主动获取,就会取得好的学习效果。例如,我在课堂中让学生用编程的方法去求圆周率,看哪个学生编程得出的结果离实际圆周率最接近,教师组织学生进行编程竞赛,这充分激发了学生的学习兴趣,提高了学生的成就感,为学生进一步学习提供动力。

(二) 进入程序设计境界,提高思维活跃度

这个阶段就要真正接触程序设计了。经过精挑细选,我选择了学生容易理解和学习的 PASCAL 语言作为编程语言,并从众多的信息学程序设计辅导书中选用了清华大学出版社出版的计算机系列教材之一《PASCAL 程序设计(第 2 版)》作为教材。信息技术课程与数学的教学有类似的地方,所以方法和要求上也相似。我要求学生结合实例,加深学生对概念的理解。例如,讲常量与变量。先把两者的区别弄明白,主要区别是在程序运行过程中值是否会变化。例如“π”值是固定的,是常量;又如“x”,若赋给定值就是常量,若可取不同的值就是变量,再让学生结合数学中的概念描述并举例。因为在学习数学时,学生已经能很好地理解常量与变量,因此,通过类比学生就能很快理解这两个概念。在此基础上,我再讲解常量和变量分别怎么说明、定义、赋值等。这一阶段需要注意的是循环语句的教学,这里是学生掉队最多的地方。这个时候要经常鼓励他们,告诉他们要多思考、多编程、多调试。学生只要坚持下去,过了这一阶段就等于真正入门了。

（三）自主探究，体验成功的乐趣

第三阶段主要让学生学会自主探究，体会编程解决问题的成就感。教师要让学生更好地获取知识，就必须改变传统的“教师讲，学生听”的模式，努力培养学生积极主动地去获取知识、获取信息，弥补自己的不足之处。这一时期，我会建议学生看一些书籍，比如关于数据结构和算法的书籍，让他们有个好的程序结构思想。我经常会在讲授过程中结合不同算法的题目让学生进行比较，这样既加深了记忆，又调动了学生的思维。例如，我在讲解程序的结构时采用对比分析的方法进行讲解，使学生明确三种不同结构的区别及适用范围。

例如，我给学生讲解三个变量找最小一个数的题目后，对题目要求做更改，找最大一个数，学生很快就能将程序改写过来。然后又要将三个数从小到大排列输出，要求学生编程序。教师允许学生进行讨论，这样既调动了学生的积极性，又强调了协作的精神，而且让学生比赛，看哪个学生能最先做出来，哪个学生编写的程序最简单。最终得到了三个程序不同但都正确的答案，经过大家的讨论，比较这三个程序的优缺点，这样经过比较教学法后得到了三倍于单纯讲授的效果。

传统课堂要求学生规规矩矩地坐着学习，稍有走动就是违反纪律、不认真的行为，可我认为信息技术教学恰恰需要“活动的课堂”。我经常会让基础好的学生帮助较弱的学生，这样可以增强学生的成就感。学生的成就感来源于帮助别人解决问题后的满足心理。当学生编写出可运行的小程序时，我不失时机地让学生上讲台来为大家演示，为大家讲解编写程序的思维过程，这样大大活跃了课堂气氛。刚开始，学生都没上过讲台，他们宁愿把程序讲给我，再让我讲解给大家。作为教师，我鼓励他们把自己的想法完全展示在别的同学面前，再让其他同学听懂后思考，向这位同学提问交流，这样就达到了师生互动、人机互动、生生互动的目的。

（四）独立思考，编程进阶

第四阶段就是提倡学生的独立思考，这对于想要成为出色的编程竞赛选手的学生尤为重要。学生要涉猎广，充分做好赛前的知识和心理准备。首先我会给学生下载近年来的竞赛试题，经过筛选和修改做成题库，在每次的辅导课上抽选一套给他们做。这时就不能像前面一样还提倡协同合作和互动交流，我要求学生独立思考，在有限的时间里编写出自己认为最恰当的解题程序，考虑问题要周全，程序要能适用于任何一组测试数据。接着就是教师讲评，让学生们知道每道题需要注意的地方，之后再分析此题考察的相关知识点。此外，教师还需要让学生加强编程规范性。计算机作品是共享的，是要给别人使用的，方便性和易读性是作品成功的重要标准。

二、“眼观六路，耳听八方”——留意编程趋势的变化和动态

与信息学程序设计相关的学科很多，有数学、物理、经济学等，所以，从某种程度上讲要求教师知识全面，这样才能够深度理解相关的编程题目。可以毫不夸张地说，信息学教师要“博览群书”，尤其数学基础要好，授课时要经常给学生补充课外知识，这样可以使学生更加信服教师，更好地学习程序设计。

三、“互通有无”——强调学生间的交流

我在课堂上让学生充当“小老师”的角色，让学生以点带面，将自己的解题心得和同学们分享。再将学生分为小组，每 3 人为一组，在洛谷网上让学生以小组为单位参加网上比赛，以此提高学生的实战能力，同时学生们在“互通有无”中，发现自己的长处，看到别人的优点，取其之长，补己之短。这种活动对学生的学习帮助很大。

四、总结

通过多年来的编程教学实践，本人深刻体会到做好编程教学工作不是一朝一夕的事，需要慢慢积累并长期坚持不懈。辅导教师只

有不断学习，不断提高自己，才能在学生中建立威信，才能指导学生找到最适合自己的成长道路，才能让学生在编程中不断激发兴趣，不断提高信息素养。唯有如此，才能让学生真正喜欢并理解程序设计，在未来为我国软件事业的发展贡献自己的力量。

智慧校园促传媒特色发展

朱青松

信息技术是中华中学的传统特色，享誉省内外，全国知名，学校获得“全国现代化教育技术实验学校”的荣誉称号。学校领导经过深思熟虑，发挥学校信息技术的优势，紧紧把握全市推进中小学生科技创新“星光计划”的契机，组织师生积极开展创意传媒活动。2012年，学校被市教育局正式批准为南京市第二批科技创新“星光计划”基地学校。2014年，我校因“创意传媒项目”被授予南京市首批中小学科技创新“星光计划”特色示范项目学校。我校信息化水平高，设施配备全国一流，教育信息化工作在全国居于领先地位。一流的摄录编设备，先进的虚拟演播系统，“e学习”“e办公”的智慧校园环境为我们“创意传媒”项目的特色发展奠定了非常好的基础，也为我们取得优异成绩保驾护航。

作为项目的负责老师，我深深爱着这所百年名校，我爱她的传统与现代，爱她的人文与关怀，爱她的青春与活力。当然，这与许多“中华人”给我的帮助是分不开的。学校给了我最好的氛围和平台，领导和老教师们给了我最好的指导和关爱，同龄的小伙伴们给了我最好的团队和活力，亲爱的学生们给了我欣喜与成就，青春的岁月因为他们的相伴格外温暖。静默沉思，我能为这所学校做些什么？我又能为学生们做些什么？在努力的工作和不断的积累中，我终于找到了适合自己前进的道路。

匆匆十八载，看着学校“华星电视台”在我的手中慢慢变成全国首屈一指的学生电视台，看着星光基地——传媒中心的成立和壮大，看着一批批有志于传媒事业的孩子在自己的手里起飞，我由衷地自豪并感动着。全国百佳校园电视台、江苏省优秀社团、南京市十佳中学生社团、星光基地特色示范项目，作品获全国金奖无数，并成功走出国门拿下国际大奖，一个个辉煌的成绩凝聚着学校、老师和一批批学生的心血。同时，我自己也获得了巨大的荣誉，被评为南京市科技创新“星光导师”(连续三届)，南京市“优秀社团指导教师”，南京市“优秀校园电视个人”“校园电视节目评比优秀组织者”，连续两年获得中华中学“突出贡献奖”。是学校的重视、领导的支持帮助以及学生们的努力实现了我人生的价值。

也许是过往的经历对自己影响太深，或者一直有个念想吧，对影视艺术的关注，让我发现了一条让学生们实现梦想的道路，就像我常常和学生们说得那样：“如果我在读高中时有这样一个老师，也许我就是一名优秀的媒体人了”。虽是玩笑，但何尝不是自己的一个心结呢？不过现在好了，看着那么多热爱影视传媒的学生替我实现梦想，并取得巨大成绩，我欣慰而满足。硕士研究生阶段的学习，我选择了媒介素养方向，多年积累，一直给学生们做着专业辅导，中国传媒大学、中央戏剧学院、北京电影学院、上海戏剧学院、浙江传媒学院、南京艺术学院等专业类院校都有大量我校培养的学生。他们中的很多现在已经成长为各大媒介的中坚力量，在新华社、江苏卫视、南京电视台、博纳影业、腾讯网等影视传媒公司任职。我曾经在一篇给学生们的信中这样写道：“没有物质上的东西，甚至我都不愿意用实现自我梦想去衡量这件事。我收获的是情感，一份份简单、纯粹、真挚的情感，我相信十年之后，甚至更久以后，你们回忆起自己的高中生活，一定有我，而且是最浓重的一笔。与此相比，我的付出是微不足道的，就像我经常说得那样，你们就是对我人生最大的奖励。”

2016 年，我校开始招收传媒特长生，这是我校传媒特色发展非常重要的一步，更多有追求、有目标的学生投入我们的怀抱。对于所有“华星”的孩子我总会告诉他们，“我希望你们带来的，也只是未经雕琢的热爱和追求梦想的勇敢！”每周固定时间的专业课程教学，实践活动的开展，成为我们共同期待的事情。就这样，我教会他们第一次创作自己的剧本，第一次着手复杂的剪辑软件，第一次扛起摄像机拍摄美丽的校园，第一次在舞台上排演话剧。我从不说死板的理论，而是把知识的传授变成了分享。我们一起交流影视作品的艺术手法，演示设备的操作方法，感受舞台，感受表演。我总是坐在学生们中间，倾听他们的想法，注视他们笨拙的操作，尽量把所有的知识变得鲜活而生动，所有繁杂的操作变得充满乐趣。当然，我们的“华星电视台”从来不是一个封闭的小群体，它同样以社团的形式对所有喜欢电影、立志走上专业道路的学生们开放。每一个心有所爱的学生的加入，都会让我们的奇思妙想更加丰富，思路更加开阔，让所有人的梦想都增加一份支持与陪伴。除了专业学习，我们还会在紧张的学习之余组织丰富多彩的实践活动，如观影、看戏、读书会、跟剧组、拍电影等，甚至还有一年一度的“华星”大聚会，这些都让所有的“华星人”感受到了这个大家庭的温暖与包容。

记得 2018 年艺考取得辉煌成绩后，我发过一条朋友圈，内容还清晰可见。“谢谢亲爱的学生们，你们从没有让我失望，谢谢你们‘借我不惧碾压的鲜活，借我生猛与莽撞不问明天，借我一束光照亮黯淡，借我笑颜温暖如春天’。还记得那样的夜晚，我们吃着美食，聊着电影，听着这样温暖而倔强的歌声，发誓都要努力，用亡命天涯的勇敢，去实现自己的梦想。”我希望我所有的学生们都可以拥有安心而和平的喜悦，对未来的笃定与无畏，还有就是这个大家庭一直以来的温暖与传承。

2019 年已经来到，学校对我的这项工作格外重视，同时让我有了更深的思考，如何将我校的传媒特色做大、做强，让更多的学生走在实现梦想的道路上，是我必须努力做好的。少年岁月悄然流逝，而今年中华中学也将迎来 120 周岁的生日。突然想到另一首钟爱的民谣《当你老了》，“多少人曾爱你青春欢唱的时辰，爱慕你的美丽、假意或真心，只有一个人还爱你虔诚的灵魂，爱你苍老的脸上的皱纹。”一代代“中华人”会慢慢老去，但在我们的真心付出中，亲爱的母校，您会永远年轻，永远辉煌！而我们只有在梦想的道路上继续砥砺前行，才可以在您温暖的怀抱中静待花开！

第三部分 智慧教学案例与分享

在开展智慧校园建设过程中，中华中学一批教师敢为人先，积极开展"e学习"实验，踊跃创设基于移动终端等现代新技术的新型课堂，尝试转变教学方式，提升教学质量和效率，促进专业发展。凝结了教师心血的一个个教学案例，不仅是教师勇于探索创新的记录，也是教师专业成长的见证。

《登高》教学案例

金　星

一、教学准备

【教学目标】

(1) 有感情地朗读背诵课文。

(2) 赏析本诗情景交融等手法的运用。

(3) 理解杜甫在本诗中流露的深沉的苦痛和忧思。

【教学重点和难点】

(1) 赏析本诗情景交融的手法。

(2) 理解杜甫在本诗中流露的深沉的苦痛。

【主要运用数字化设备】 苹果平板电脑,教学空间 APP。

二、教学过程

(一) 导入

检查预习成果:苹果 APP 中的杜甫诗歌,猜诗。

杜甫《绝句》:两个黄鹂鸣翠柳,一行白鹭上青天。

李白《早发白帝城》:两岸猿声啼不住,轻舟已过万重山。

李白《沙丘城下寄杜甫》:思君若汶水,浩荡寄南征。

杜甫《赠李白》:痛饮狂歌空度日,飞扬跋扈为谁雄?

杜甫《望岳》:会当凌绝顶,一览众山小。

杜甫《蜀相》:出师未捷身先死,长使英雄泪满襟。

【设计意图】 初步建立阅读兴趣。

【技术应用与优化】利用苹果 APP 充分预习，提升课前预置效率。

（二）整体感知

（1）教师范读。

（2）学生诵读，互相点评。

（3）能否用一个字说出你对整首诗的感受？

悲（悲伤、忧愁、孤独），试着齐读出“悲”。

（4）杜甫登高远眺，看到了什么？（关注前两句）

明确：有风、天、猿、渚、沙、鸟、落木和长江。

特点是急风、高天、哀猿、清渚、白沙、回鸟、落木萧萧和长江滚滚。

（5）这些各具特点的意象即诗人所见的秋景之悲是如何体现的？

① 急风，是说风很大，而且又是秋天的风，这样的风更冷。急风凛冽，不仅吹在诗人身上，更吹在诗人的心上。

② 天高阔远，在茫茫天地之间，诗人更觉自己的渺小，无限悲凉之情涌上诗人的心头。

③ 猿的啼叫是哀伤的。哀猿声声，使诗人悲凉的心境更添一层。

师：高猿长啸，大有“空谷传响，哀转久绝”，“巴东三峡巫峡长，猿鸣三声泪沾裳”（郦道元《水经注》）。

④ 清渚和白沙。从色调上看，清和白是冷色调，更显环境的冷清和凄凉。诗人触景生情，自然内心也倍感凄凉。

⑤ 回鸟，这是一只怎样的鸟？毛主席笔下也有一只鸟，在《沁园春·长沙》中这样写道：“鹰击长空，鱼翔浅底，万类霜天竞自由”。请同学们想一想，毛主席笔下的鸟与诗人笔下的鸟有什么不同？

⑥ 落木即落叶，到了秋天，树叶纷纷落下，意味着生命的终结。看到落叶诗人也感到自己到了生命的尽头，内心无限凄凉。

⑦ 滚滚长江东逝水，东逝的流水会让人想到韶光易逝、人生苦短。孔子在长江边上感慨道：“逝者如斯夫”（子在川上曰：“逝者如斯

夫”)!

(6) 谁来说说杜甫的生平经历,尤其是他的后半生?

他 35 岁以前求学与游历。天宝年间到长安,仕进无门,困顿了 10 年,才获得右卫率府胄曹参军的小职。安史之乱爆发后,他流亡颠沛,竟被叛军所俘;脱险后,授官左拾遗。乾元二年(759 年),他弃官西行,最后到四川,定居成都,一度在剑南节度使严武幕中任检校工部员外郎。晚年举家东迁,途中留滞夔州,出峡。漂泊鄂、湘一带,贫病而卒。

【设计意图】深入分析诗人情感。

【技术应用与优化】电子讨论版,实现师生评价多元性。

(三) 深入分析

(1) 除了秋景之悲外,还有哪些触发了诗人的悲情?

明确:万里悲秋常作客,百年多病独登台。艰难苦恨繁霜鬓,潦倒新停浊酒杯。

【补充】正如罗大经在《鹤林玉露》中所评:系舟“万里”,故乡渺茫,此其一;“悲哉秋之为气”,节令凄凉,此其二;“常”年如此,不知其终,此其三;异乡“作客”,寄人篱下,此其四;“百年”一生潦倒,此其五;体弱“多病”,缠身不愈,此其六;孑然“孤”独,此其七;重九“登台”,倍思乡亲,此其八。

(2) 如何理解尾联中的“艰难”一词?(联系课文注解)

总结:所以,整首诗以“悲”字为核心,是贯穿全诗的主线。诗人由登高触景伤悲到感怀借酒消悲。全诗起于“悲”而终于“悲”,悲景起笔,悲情落笔。唉!怎一个“悲”字了得!

(四) 合作总结

全诗借登高所见萧瑟、悲凉秋景,抒发作者长年漂泊、老病孤愁的悲伤之情。用了借景抒情(秋景之悲)和直抒胸臆(境遇之悲)的抒情方式。试着围绕“悲”字设计板书。

【设计意图】揣摩诗歌情感思路。

【技术应用与优化】照片展示,提升师生交互生成性。

（五）作业拓展

播放微视频，比较阅读。

登 楼

杜 甫

花近高楼伤客心，万方多难此登临。
锦江春色来天地，玉垒浮云变古今。
北极朝廷终不改，西山寇盗莫相侵。
可怜后主还祠庙，日暮聊为梁父吟。

【注】 玉垒：山名。西山寇盗：指吐蕃。梁父吟：《三国志》说诸葛亮躬耕陇亩，好为《梁父吟》。

历代诗家对此诗评价极高，清代诗人沈德潜说这首诗“气象宏伟，笼盖宇宙，此杜诗最上者”。请结合颔联说说你是如何理解这一评价的？

【设计意图】 拓展诗歌鉴赏思维。

【技术应用与优化】 微视频，扩大课堂容量，提升课堂兴趣接受度。

（该课获 2018 年南京市信息化能手比赛课堂教学作品赛特等奖）

“《鸿门宴》文言知识复习”教学案例

陈晓浒

中华中学“基于移动终端的高中课堂教学设计优化与实施”展示与交流活动教学设计表

<table>
<tr><td>授课教师</td><td>陈晓浒</td><td>学　科</td><td>语文</td><td>班　级</td><td>高一(2)班</td></tr>
<tr><td>课　　题</td><td colspan="5">《鸿门宴》文言知识复习</td></tr>
<tr><td>教学目标</td><td colspan="5">(1) 复习《鸿门宴》一课中字词、句式、文学常识等知识型内容。
(2) 通过自行命题体会考试命题思路和原则。
(3) 针对自己的问题进行整理归纳、巩固记忆。</td></tr>
<tr><td>重点难点</td><td colspan="5">通过自行命题体会考试命题思路和原则。</td></tr>
<tr><td>设计优化点</td><td colspan="5">教学平台的应用可以让学生和教师在课堂上即时获得练习检测的结果反馈,从而有效地提高课堂效率。</td></tr>
<tr><td colspan="6">教学过程设计</td></tr>
<tr><td colspan="6">课前准备:
学习完《鸿门宴》课文,每位同学在认真思考后,模仿日常练习和考试的命题样式,出一道选择题,考察内容为字词、句式、文学常识等知识型内容,提供答案和详细解析,自行输入,形成电子稿,统一交给教师。教师将题目、答案和解析输入教学平台,并将全班学生所出的题目组成两套课堂练习卷。
教学过程:
(1) 学生登录课堂教学平台,进入在线课堂。教师待学生全部登录后开始上课。
(2) 教师发送课堂练习卷一给全体学生,学生开始答题。教师监控学生答题进度和正确率,巡视教室,关注学生完成情况。
(3) 待大部分学生完成练习卷一后,教师收卷,系统自动批改。
(4) 教师根据学生正误情况,选择学生错误率较高的题目进行具体讲解,讲解中请命题学生介绍命题思路并进行解析。
(5) 教师发送课堂练习卷二给全体学生,学生开始答题。教师监控学生答题进度和正确率,巡视教室,关注学生完成情况。</td></tr>
</table>

续表

(6) 待大部分学生完成练习卷二后，教师收卷，系统自动批改。 (7) 教师根据学生正误情况，选择学生错误率较高的题目进行具体讲解，讲解中请命题学生介绍命题思路并进行解析。 (8) 请学生把自己课堂上复习到的知识点（特别是做错的题）整理记录在自己的笔记本上。 (9) 作业：每位学生再命一道题，要求：① 题型为选择题或填空题。② 题目的考察要点应包括今天课堂上发现的自己有问题的知识点。③ 用正楷体写在作业本上，以备自习课利用实物投影仪与其他同学交流。
教学反思
(1) 应用了移动终端等新媒体和新技术（平板电脑、交互式电子白板等）的哪些功能，效果如何？
① 学生利用移动教学平台进行课堂练习，不需要统一印制练习试卷，成本低，速度快，提高了教学效率。 ② 教师在学生练习过程中，利用移动教学平台可以即时监控学生的完成进度和正确率，及时提醒学生关注。 ③ 学生完成练习后，移动教学平台可以即时给出批改结果，师生可以立刻了解练习的结果。 ④ 教师将练习题和学生的正确率呈现在投影上，对学生错误率较高的题目进行具体讲解，方便有效。
(2) 在课堂中应用移动终端等新媒体新技术的突出事件（如教学重难点解决的突破、师生深层次教学互动，课堂生成性活动过程及结果教学组织创新等）及起止时间（如：5′20″～10′40″，课堂生成性活动过程及结果），时间 3～8 分钟，每节课 2～3 段。
① 5′～25′，学生在移动教学平台在线课堂上完成全体学生自行命制的题目，教师即时监控学生的完成情况。 ② 25′～30′，教师根据学生的完成情况，及时讲评，并请出题学生解释出题意图和考点。 ③ 课后学生登录移动教学平台，分析系统自动批改后的卷子，根据自己的错题，进行整理归纳。
(3) 应用移动终端等新媒体新技术课堂教学的改善，师生教与学的显著变化，应用前后教学效果的比较，教学创新、资源应用创新、交互过程和结果的思考等。

续表

① 极大提高了教学效率，采用移动教学平台后，与原有教学模式相比，课堂效率提高了 2～3 倍。 ② 教师可以及时发现学生在知识学习上存在的问题，并给予有针对性的指导。 ③ 移动教学平台可以立刻批改出学生练习的结果并提供统计数据，迅速高效。
(4) 所用的移动终端等媒体和技术的教学适用性暨有关功能等的改进建议或意见。
① 建议增加学生个人错题集功能，便于学生课后整理复习。 ② 建议增加学生机投屏功能，便于教师有针对性的讲解。 ③ 希望教师讲解时，可以让学生机同步显示教师机屏幕内容。

《渔家傲》教学案例

王苏莹

一、教学准备

【案例应用类型】课堂教学

【主题说明】

带着学生由浅入深，逐步读懂词作。

【学时】40 分钟，1 课时

【学习目标】

(1) 诵读词作，体会韵律特点。

(2) 结合词人生平和诗歌创作背景，理解词作中寄寓的情感。

(3) 初步学习品析词作中传情达意的艺术手法。

【教学重点和难点】

(1) 重点：教学目标 1 和教学目标 2。

(2) 难点：教学目标 2。

【技术应用与分析】MTV 小视频，幻灯片(含音频)

(1) 功能：音视频播放，幻灯片屏显。

(2) 效果：课前 MTV 播放营造情景，提高课堂的活跃度。课堂上，李清照的相关背景分屏次第呈现，帮助学生逐层理解。因为这首词是新选入教材的篇目，网络上没有找到合适的音频素材，我校黄烨老师在朗诵方面有专长，黄老师特地录制了配乐的范读，入情入境的范读可以有效地将学生带入诗歌理解的更深处。此外，幻灯片呈现重点训练朗读的部分句子，有助于强化朗读指导。

【特色活动设计】

(1) 视听结合入情入境：课前播放李清照的谱成曲子的 MTV 小视频，曲子优美，意境深远，带着学生入情入境。

(2) 铺设台阶帮助理解：李清照的相关背景分屏次第呈现，逐步将讨论推向深处，帮助学生逐层理解词意，在讨论中收获理解，渐渐步入深处的体验感。

(3) 仿写升华画龙点睛：带着对李清照的理解，用同样的词牌进行创作，作为整节课的收束，画龙点睛。请学生尝试仿写，将阅读和思考延伸到课下。

二、教学过程

(一) 课前准备

(1) 布置预习作业：搜集李清照词中的佳句。

(2) 播放将李清照词谱成曲子的 MTV 小视频素材。

(二) 检查预习

(1) 简单分享李清照词中的佳句。李清照是有名的才女，很高兴和同学们一起来学她的词。

(2) 熟读全词。

(三) 初读感知

(1) 你能从词中选一词填入方框，以概括整首词的内容吗？

记▲

梦。结合注释。

(2) “我”在哪儿做的这个梦？

舟中。联系作者海上航行的经历。

(3) 在这个梦里，“我”遇见了谁？发生了什么事？遇见天帝，与之问答。

坐船，做梦，作答。

(4) 天帝问，我答。你能用原词中的一个字填入方框，表达相似的意思吗?

天帝问,我▲

讨论:“嗟”和“报”哪个词更合适?理解这首词的关键在于“我”的答语。

(四)研读讨论

在资料的帮助下展开小组讨论,结合相关资料,你读出了词作中哪些复杂的感情?

1. 补充90%以上的同学昨天预习时查找到的李清照的资料供参考。

李清照,号易安居士,汉族,齐州济南人。宋代女词人,婉约词派代表,有“千古第一才女”之称。

李清照出身于书香门第,早期生活优裕,其父李格非藏书甚富,她小时候就在良好的家庭环境中打下文学基础。出嫁后与夫赵明诚共同致力于书画金石的搜集整理。金兵入据中原时,流寓南方,境遇孤苦。所作词,前期多写其悠闲生活,后期多悲叹身世,情调感伤。形式上善用白描手法,自辟途径,语言清丽。论词强调协律,崇尚典雅,提出词“别是一家”之说,反对以作诗文之法作词。能诗,留存不多,部分篇章感时咏史,情辞慷慨,与其词风不同。

“谩有”:空有,有却无用,于事无补。

路长日暮:年华老去,感伤。

带着这样的理解再读。

2. 补充资料。

宋高宗建炎三年(1129年),赵明诚移官湖州,未赴,病逝于建康。赵明诚病逝后,李清照大病一场。

二人没有子嗣。

这首词作于宋高宗建炎四年(1130年)春。

长路独行,孤单。

带着这样的理解再读。

3. 补充资料。

余意甚恶(情绪很不好)，呼曰："如传闻城中缓急(指危急)，奈何?"戟手(举手屈肘如戟状)遥应曰："从众。必不得已，先弃辎重，次衣被，次书册卷轴，次古器，独所谓宗器者，可自负抱，与身俱存亡，勿忘之。"

赵明诚死后，李清照决定将十五车藏品中的绝大部分寄托到随皇室逃难到洪州的弟弟那里。然而，当年年底，金兵就攻陷了洪州，藏品化为灰烬。

赴湖州前，山河破碎给人带来的切肤之痛，无助。

满怀痛切，连自己最有才华的方面都全然否定了，学诗何用?

读出悲伤、孤单、无助。慢一点，稍顿，整理思绪，再读。

4. 补充资料。

面对金人的入侵，南宋朝廷一味退缩忍让(1127 年靖康之耻)。

《夏日绝句》

慷慨陈词，满腔愤懑，不是金人的攻势猛，是朝廷的无能啊。凄楚中不乏忧愤。带着这样的理解再读。

5. 结合此前的讨论，若将天帝和人帝放在一起看，重新审视这个梦，你有什么感触?

许是人帝的不堪，才让我在梦里虚拟出与天帝的对话(天帝询问，慰问，是热的，温暖的，而人帝则是冰冷的)。原来，看似记梦，梦中历历在目的竟是现实中的境遇啊。带着这样的沉重感，我们把词读完。

(五) 朗读训练

1. 这样读下来，你感觉到什么异样没有? 讨论：结尾处的"九万里风鹏正举。风休住，篷舟吹取三山去"应该怎么读。

此处的风和"帘卷西风""风住沉香""昨夜雨疏风骤"显然不同，是有力量的，能吹到高处的疾风。鹏鸟飞得比风还要高，"正举"强调，联系鸟的特征，高飞，迅疾，一飞冲天。联系岳飞的字。读出刚气、豪气。

"休住"和"莫停"比较，用的是仄声，更坚决，有力，短促，不拖，一声断喝。联系"天接云涛连晓雾"，风吹散晓雾，天色欲明，正当起行。

"吹取",快读,舟行轻快,"三山去",字字分明,掷地有声。感叹号,读出感叹。

2. 播放黄烨老师的范读,再次朗读。

(六) 总结提升

回到之前的内容概括,原来整个下片都是对"我"的归处的回答。谁说李清照只会写婉约词,她的婉约中,分明带着刚健,带着豪放,历尽人生的艰难之后,她犹以婉约之躯,发出豪放之声,与男词人相比,恐怕更加可贵。

这首词,我们今天就学到这里。有时我会想,和大家一样大的时候,我也爱极了李清照那些幽婉缠绵的句子,现在却觉得,"九万里风鹏正举。风休住,篷舟吹取三山去"恐怕才是真正的"惊人句"吧。以前觉得在词中海天的大背景下,"我"的身影似乎有些渺小,现在却觉得格外鲜明,格外清晰。

也许,读词就是这样一个随着人生阅历的增长而常读常新的过程。老师忍不住也填了一首词,与大家分享。

渔家傲

——读易安《渔家傲》感怀

南渡临安诀暖意,长觉梦里闻刀戟,国破夫亡春不觅,词章里,短长纷扰询天帝。

不惑犹谙沉婉义,扬帆谱曲豪情寄,自在弦歌承旧忆,终不弃,律成一阕刚柔济。

如果你有兴趣,不妨就自己对这首词的理解,也填上一首词与大家分享。我们今天的课就上到这里,下课。

附:板书设计

舟 中 之 梦

婉 约 之 躯

豪 放 之 声

三、教学反思

备课的过程中得到了太多老师的指导，除了区教研员周正梅老师、王丽萍老师，还有高中部的特级教师徐飞老师、南京市学科带头人武健老师、初中部江苏省优质课竞赛一等奖获得者黄烨老师、南京市优质课竞赛一等奖获得者陈卉老师……我想，作为一名普通老师，身处温暖的“中华”大家庭，能得到这么多老师的帮助，真是无比幸福的。

在大家的指点和帮助下，我努力阅读了大量的相关资料，在备课之前的确有一定的心理准备，却没有想到阅读量竟会是这么大。啃下来之后，所站的视角就变得有些不一样了，开始感受到什么才是知人论世，什么才是把词一步步慢慢读懂，开始明白，原来决定一个人视野的，是阅读。语文课上，老师要做的，就是和学生一起慢慢读，细细读，直到把书读懂。在此基础上，如能辅以一定的现代化教学手段，会收到更好的课堂效果。

（该课获 2018 年南京市优质课大赛一等奖）

《天上的街市》教学案例

徐建权

一、教学准备

【案例应用类型】课堂教学

【主题说明】

从朗诵的重音设置入手，带领学生读懂诗歌的内涵。

【学时】40 分钟，1 课时

【学习目标】

(1) 朗读诗歌并背诵，念准重音，读出感情。

(2) 理解诗中联想和想象的运用，培养联想和想象的能力。

(3) 理解诗中追求光明与理想的思想感情。

【教学重点和难点】

(1) 重点：教学目标 1。

(2) 难点：教学目标 3。

【技术应用与分析】

(1) 技术应用：手机、希沃授课助手、希沃电子白板 5。

(2) 功能：播放音频文件，投屏实时图像，记录课堂板书。

(3) 效果：课堂上，播放配合朗读诗歌的音频文件，有助于引导学生进入情境。希沃电子白板中的 PPT 投影朗读时需要关注重音的句子，有助于学生练习朗读。希沃电子白板中模拟黑板的应用，能够将教师的板书记录保存下来，便于教师的课后反思。

【特色活动设计】

(1) 学生拟定朗读重音。通过这一活动,学生明白了重音的设置,是根据作者想要表达的内容与情感,而不是读者本人的。

(2) 学生拟写联想想象句。通过这一活动,学生明白了联想与想象的区别,懂得了语言在于运用的道理。

二、课堂导入

昨天阴雨淅淅沥沥,今天阳光明媚。在这秋高气爽的时候,我很高兴能和大家一起学习一首美丽的诗歌。这首诗就是郭沫若先生的《天上的街市》,请同学们把课本翻开到 118 页(PPT 投屏,水笔板书试题)。

街市,商店等各种买卖集中的街道。天上的街市,就是说天上有这样的街道。面对诗题,你会产生哪些疑问,请告诉我(学生回答)。在学习诗歌之前,面对诗题,同学们就能有这么多的疑问,真了不起,如果我们能从这一节课的学习中解决这些问题,我想我们就不虚此行了。那么怎么学习诗歌?我想先应该从朗读入手。朗读的时候,我们要注意什么呢?(学生回答)(PPT 投屏)

三、读诗歌

(一) 朗读重音的设置

这首诗节奏比较明了,就让我们一起来关注重音吧。重音,是指朗读时对句子中某些词语从声音上加以突出的现象。请同学们自由地朗读,用铅笔标出重音,并思考一下你为什么这样设置重音。

(1) 学生自由地朗读,标明重音,思考。

(2) 学生朗读诗歌,并指出重音,阐明原因。教师在电子白板上记录学生所标重音的词语。

(3) 教师根据学生的分析,在电子白板上板书:珍奇物品,富足美好;牛郎织女,自由幸福。

教师总结：朗读中重音的准确把握，能反映朗读者对作品的理解。语句在什么地方重读并没有固定的规律，而是受语句强调的内容和作者表达情感支配。要把一个作品朗读好，能够表情达意，我们还要在停连、语气、节奏、语速等方面进行艺术加工。好，我们配乐再读一遍。

（二）联想想象的运用

同学们真聪明，重音读得很准确。在你们的朗读声中，我仿佛也看到了那缥缈空中的美丽街市。老师由你们的朗读声，想到天上的街市。诗人是由什么想到天上美丽的街市？学生回答：街灯，明星；（地上）街灯→明星，（天上）明星→街灯→街市。教师追问：很好，那老师想问问同学们，看到街灯（明星），你会想到什么？用笔写下来。

（1）学生活动，思考后书写。

（2）教师巡视，将学生所写的句子拍照投屏，并引导学生分析。

教师总结：由一事物想到与之相似或相关的事物，这种想我们称为联想。在头脑中创造了当下没有出现过的新形象，这种想我们称为想象。联想与想象，能够让我们思接千载，视通万里，有助于我们打开思路，激发灵感，写出内容丰富、形象生动的文章。

四、读进诗歌

看到同样的东西，想到不一样的事物。这是正常的，没有高低之分。因为联想和想象是为要表达的情感及当下的需求服务的。大家思考一下，郭沫若为什么想得和我们不一样呢？

学生思考，并回答。

教师总结：当时社会是黑暗的，诗人是不满的。他向往那美丽自由幸福的生活，所以想到天上的街市，又因为和现实反差态度，故而又是缥缈的。

板书设计：

富足美好←珍奇物品

↗　　　　　　↖

向往　　天上的街市　　美丽

↘　　　　　　↙

自由幸福←牛郎织女

五、教学反思

两个晚上加一天半的备课时间，注定了上课时的仓促。原先我的思路是这样的，用三个问题串联整节课。天上的街市是怎样的？作者怎么想到天上有街市的？作者为什么要想象天上有街市？同时将联想想象和诗歌的朗读贯穿其中。在试课的时候，我发现课堂进行地较为顺利，但是预设较多，不能体现“以学生为主体”的思想，同时我的信息化所呈现的只是在 PPT 制作时加上了切换、放映时的动画以及插入了音频文件。细细想想，几年前就推行电子白板了，有将电子元件设置在板里的，有交互式的投影仪，我却在信息化背景下的教学比赛中仅仅用 PPT。想到这些，我首先去找信息老师，用学校的“未来教室”里的先进设备，去研究希沃电子白板 5 的软件，想在我的课上尽可能地呈现软件的功能。然后又开始梳理自己的课，尽可能让学生占据主体地位，我少说少讲，让学生在我的引导中生成知识。几经推敲，终于将课定为由学生的朗读，引导他们去挖掘诗歌的内容与主旨，然后在了解写作背景的基础上，再读诗歌，读进诗歌，读出诗人在诗中蕴含的情感。

正式上课时，研习第一节的朗读时，效果较好。学生自己读，自己指出重音，我用希沃板中板书写。学生的分析都有道理，然后我让同学们将写在白板上的重音词全部重读，学生读后自然而然地明白了，重音是要取舍的。那么问题来了，怎么取舍？我范读第一节，学生一下子就听出了重音，我顺势将板中板上多余的词擦去了，只留下“街灯”“明星”。提问学生：我为什么这么读？学生交流讨论。得出了“第一节是由街灯、明星引出天上的街市”的答案。我顺势说，标注重音要根据诗文内容的表达，同时也要关注作者的情感需要。这样自然而然地过渡到对天上的街市部分的研习。这一部分由于担心占用时间过长和学生的生成过少，我没能放开让学生讨论研究，讲得较多。第三环节，由天上街市的美好，谈及作者怎么想到天上的街市，自然过渡到联想与想象。这一部分有些仓促，没有给学生时间去发现他们所写内容的相同点，有点蜻蜓点水的意味，但是我用希沃授课助手将学生写的内容投到大屏上并插入希沃白板 5 软件中进行展示，通过我的操作，一一放大、分析、删除。也许这也是个技术亮点吧。最后读进诗歌部分，更为仓促，在学生思考时，播放了我的朗读录音，既凸显了我的技术水平，也平复了我的紧张。

这是我第一次参加信息化教学能手的比赛。此次参赛提高了我信息技术和课堂教学的整合能力，也提醒着我要紧跟时代步伐，努力发展自己。感谢南京市电教馆和教研室的精心组织和贴心服务。

（该课获 2018 年南京市信息化教学能手比赛课堂教学现场赛特等奖）

“对数函数”教学案例

曹晓琰

一、教学准备

【案例应用类型】课堂教学，高一年级

【学时】40分钟，1课时

【教学目标】

(1) 通过具体实例，直观了解对数函数模型所刻画的数量关系，使学生感受科学的发展源于实际生活。

(2) 初步理解对数函数的概念，体会对数函数是一类重要的函数模型。

(3) 能借助计算器或计算机画出对数函数的图像，探索并了解对数函数的性质。

【教学重点和难点】

(1) 理解对数函数的概念，掌握对数函数的图像和性质。

(2) 底数 a 对对数函数图像和性质的影响。

【主要运用数字化设备】本节课主要运用GGB软件的作图功能、动态演示功能，突出学习重点、突破学习难点。运用作图功能，在同一坐标系中绘出多个对数函数图像，加深对对数函数图像的认识，突出学习重点；运用动态演示功能，呈现对数函数图像随底数的变化情况，验证底数取定义范围内任意值时，对数函数所具备的性质，运用轴对称功能，验证函数图像间的对称性，增强学生对图像的直观感受，突破学习难点。

二、引入新知

(1) 某种细胞 1 个分裂成 2 个,2 个分裂成 4 个,4 个分裂成 8 个……则 1 个这样的细胞分裂 x 次后得到的细胞个数 y 与分裂次数 x 的函数关系式为:$y=2^x, x\in \mathbf{N}^+$

抽象出指数函数模型:$y=2^x, x\in \mathbf{R}$

当 $y=4$ 时,则 $x=\log_2 4=2$;

当 $y=7$ 时,则 $x=\log_2 7$.

$y=2^x \rightarrow x=\log_2 y$,

问题 1: 当给定任意正数 y 时,有唯一的 x 与它对应吗?

(2) 某种放射性物质不断变化为其他物质,每经过 1 年,这种物质剩留量是原来的 0.84 倍,这种物质经过的时间 x(单位:年)与物质剩留量 y 的关系。

x, y 满足关系式:$y=0.84^x \rightarrow x=\log_{0.84} y$,$x$ 也是关于 y 的函数。

习惯上,用 x 表示自变量,y 表示它的函数:

$y=2^x \rightarrow x=\log_2 y \rightarrow y=\log_2 x$

$y=0.84^x \rightarrow x=\log_{0.84} y \rightarrow y=\log_{0.84} x$

这样,我们得到两个函数:$y=\log_2 x$ 和 $y=\log_{0.84} x$,这就是我们今天要研究的对数函数(引出课题)。

三、数学建构

问题 2:你能给出对数函数的一般形式吗?

有指数函数的研究为基础,学生不难得出对数函数的一般形式:$y=\log_a x\,(a>0$ 且 $a\neq 1)$。

对数函数的定义:一般地,函数 $y=\log_a x\,(a>0$ 且 $a\neq 1)$ 叫做对数函数,它的定义域为$(0, +\infty)$,在理解对数函数的概念之后,进一步研究对数函数。

问题 3:如何研究对数函数的图像?

思路 1:从特殊到一般,从简单到复杂。

作出 $y=\log_2 x$,$y=\log_{\frac{1}{2}} x$ 的图像。

设计意图:学生列表描点连线,初步感受对数函数的图形特征,教师肯定学生的研究成果,同时提出,在点有限的情况下,描的点越多,图像越准确,但若是要得到更多的点,对数的运算体现出了它的复杂性,这时自然而然地转移到计算机辅助计算和绘图上,体现出信息化技术辅助教学的优越性。用计算机作图检验学生列表描点得到的对数函数图像的大致趋势是准确的。

问题 4:你还能如何研究对数函数的图像?

思路 2:利用指数函数与对数函数之间的联系。

作图:① $y=2^x$ 与 $y=\log_2 x$;

② $y=\left(\frac{1}{2}\right)^x$ 与 $y=\log_{\frac{1}{2}} x$.

设计意图:有前面学习函数知识的奇偶性以及图像变换为基础,学生比较容易从图形中直观感受图像的对称性。在高中阶段不需要证明互为反函数的两个函数的对称性,在教学中,借助 GGB 的轴对称功能,让学生直观感受到函数 $y=\log_a x$ 与 $y=a^x$($a>0$ 且 $a\neq1$)的图像关于 $y=x$ 对称。

指数函数和对数函数的关系:

指数函数 $y=a^x$ 与对数函数 $y=\log_a x$ 互为反函数,其图像关于直线 $y=x$ 对称,一般地,如果函数 $y=f(x)$ 存在反函数,那么它的反函数记作 $y=f^{-1}(x)$。

我们用两种思路研究了对数函数的图像,观察两个函数的图像各有什么特点,再画几个类似的函数图像,看是否也有类似的特点?教师利用计算机动画演示底 a 对对数函数图像的影响,辅助学生更直观地观察图像变化。

问题 5:你能归纳出对数函数的图像特点吗?

$a>1$	$0<a<1$

图像：

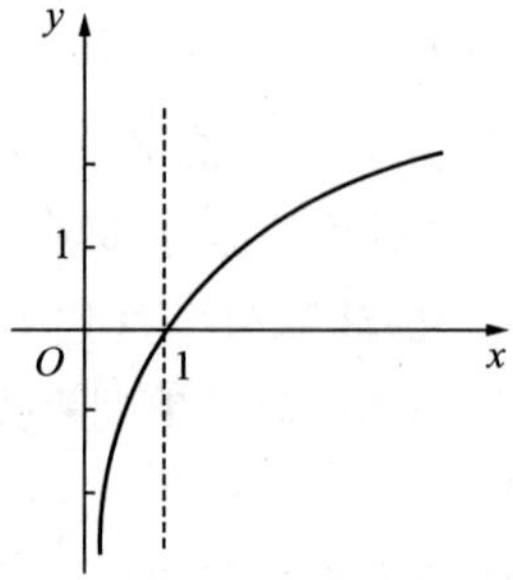

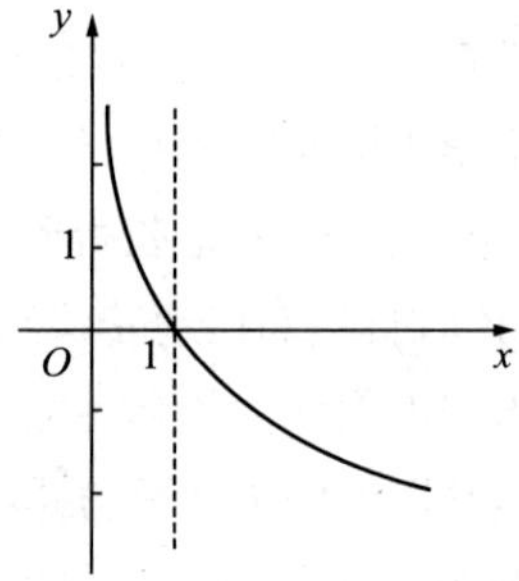

问题 6：你能归纳出对数函数的性质吗？

设计意图：引导学生回顾需要研究的函数有哪些性质，强调函数图像在研究函数性质中的作用，体现数形结合，从具体到一般的思想方法的运用，渗透概括能力的培养。让学生亲历“函数概念——函数图像——函数性质——概况论证”的过程，再次感受研究函数的一般思路。

预期讨论结果：

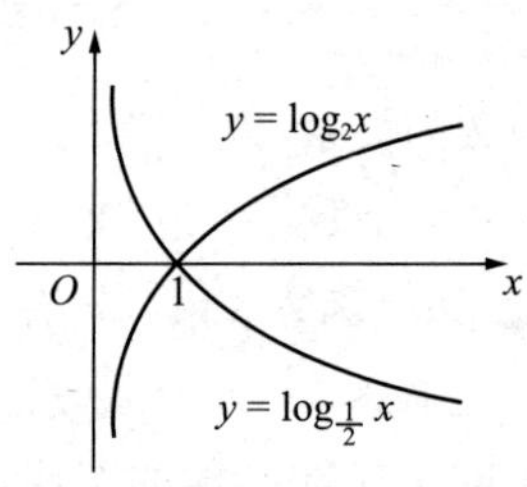

① 对数函数的定义域、值域、单调性、奇偶性。

② 发现函数 $y=\log_2 x$，$y=\log_{\frac{1}{2}} x$ 的图像关于 x 轴对称。

一般地，函数 $y=\log_a x$ 与 $y=\log_{\frac{1}{a}} x$ ($a>0$且 $a\neq1$)的图像关于 x 轴对称。

学生先讨论、交流，教师引导总结出对数函数的性质。

列表总结：

$y=\log_a x$	$a>1$	$0<a<1$
图像	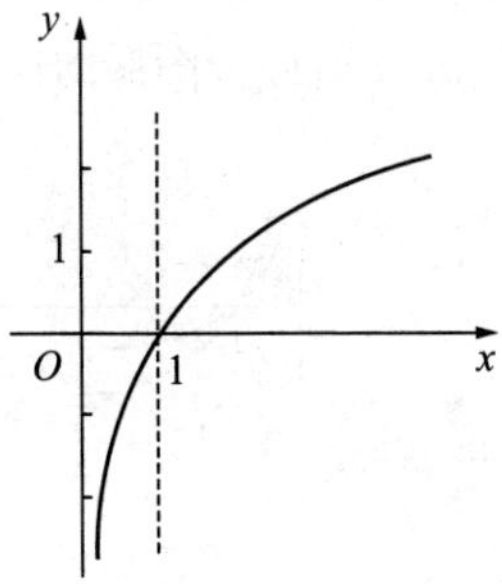	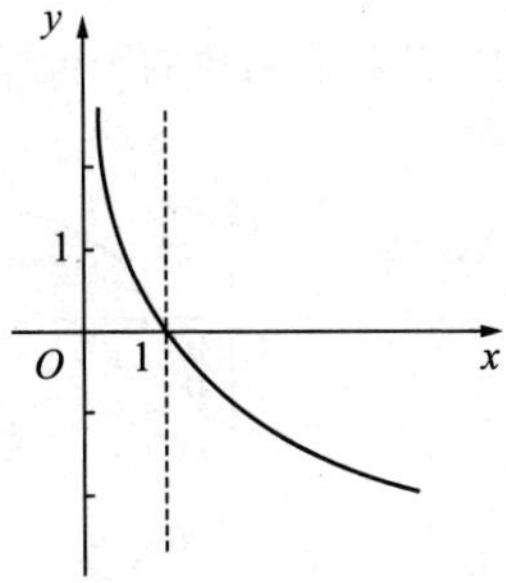
性质	定义域：$(0,+\infty)$	
	值域：$\mathbf{R}$	
	过点$(1,0)$，即当 $x=1$ 时，$y=0$	
	$x\in(0,1)$时，$y<0$； $x\in(1,+\infty)$时，$y>0$	$x\in(0,1)$时，$y>0$； $x\in(1,+\infty)$时，$y<0$
	在$(0,+\infty)$上是增函数	在$(0,+\infty)$上是减函数

四、数学应用

例 1　求下列函数的定义域：

① $y=\log_{0.2}(4-x)$；

② $y=\log_a\sqrt{x-1}(a>0,a\neq1)$。

设计意图：主要考查对数函数 $y=\log_a x$ 的定义域为$(0,+\infty)$这一限制条件，根据函数的解析式，列出相应不等式或不等式组，解不等式或不等式组即可。

例 2　比较下列各组数中两个值的大小：

① $\log_2 3.4$，$\log_2 3.8$；

② $\log_{0.5}1.8$，$\log_{0.5}2.1$；

③ $\log_7 6$，$\log_5 6$。

设计意图：① 比较两个对数值的大小的方法。

当底数相同时，可直接利用对数函数的单调性进行比较；

当底数不同时，可用换底公式或找中间值联系传递，如取 0，1，-1等进行比较。

② 对数函数的图像具有当 $x>1$ 时底大图低的性质：

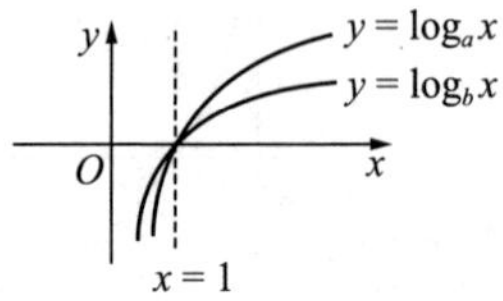

$b>a$

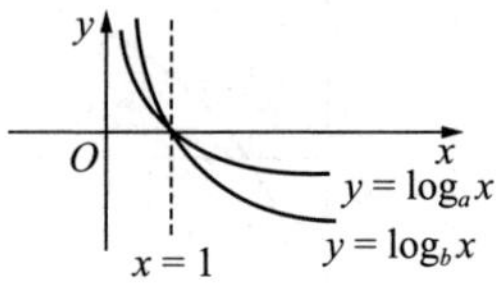

$b>a$

五、拓展提升

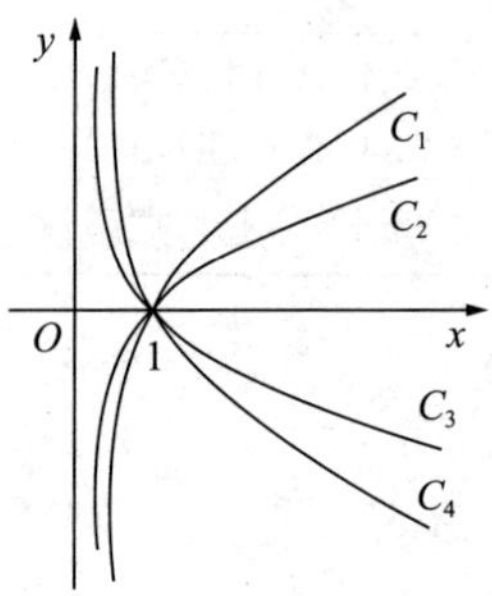

（1）若 $\log_a 3>\log_b 3>0$，则 a,b 及 1 的大小关系为________。

（2）如图，已知函数 $y=\log_a x$，$y=\log_b x$，$y=\log_c x$，$y=\log_d x$ 的图像分别是曲线 C_1,C_2,C_3,C_4，试判断 $0,1,a,b,c,d$ 的大小关系，并用“$<$”连接起来。

设计意图：通过拓展提升的两道练习，进一步加深底数变化与函数图像的关系。

六、课堂小结

（一）知识

（1）对数函数的概念。

（2）对数函数的图像与性质。

（二）思想和方法

从特殊到一般、数形结合、类比等数学思想。

七、教学反思

（一）现代化信息技术辅助教学

本节课教学过程，借助于 PPT 的动画演示功能、几何画板的作图功能，极大地提高了课堂效率，让课堂更生动有趣。运用 GGB 软件的作图功能，在同一坐标系中绘出多个对数函数的图像，加深对对数函数图像的认识，突出学习重点；运用 GGB 软件的动态演示功能，呈现对数函数图像随底数的变化情况，运用轴对称功能，验证函数图像间的对称性，增强学生对图像的直观感受，突破学习难点。借助希沃软件，快速清晰地将内容投影在屏幕上，让师生间、生生间的交流更方便、快捷。新课程标准对信息化技术在课堂的运用有了更高的要求，教师应积极地学习和运用现代化信息技术，充分发挥其在教学中的辅助作用，让课堂更高效、更直观、更生动。

（二）充分发挥学生的主体作用

在新课标下，数学课倡导"自主、合作、探究"的学习方式。本节课虽然也给了学生充分的时间去探究对数函数的图像，但仍留有一些遗憾：一是在计算机作图过程中，应该给学生更多体验的时间，让学生更充分地感受底数 a 对函数性质的影响，若是能鼓励学生上前来自己动手操作一下，印象应该更为深刻。二是在问答过程中，不要急于规范学生的表达，应该让学生充分地表达自己的想法，然后教师再梳理总结。

（三）渗透数学思想方法

本节课所用的数学思想方法有：从特殊到一般、转化的思想、类比归纳与类比联想的思想、分类讨论的思想、数形结合的思想等。这些基本思想和方法分散地渗透在中学数学教材的各章节之中。在平时的教学中，教师要有意识地、恰当地讲解与渗透基本数学思想和方法，帮助学生掌握科学的研究问题的方法，培养学生的数学思维。

数学学科核心素养是数学课程目标的集中体现，是在数学学习和应用的过程中逐步发展和形成的。本节课在对数函数概念生成过程中，培养学生数学抽象与逻辑推理能力，在研究对数函数图像时，培养学生直观想象和数学运算能力。在传授知识的同时，激发学生的学习兴趣，体现数学的价值。

（该课获2018南京市信息化能手比赛课堂教学现场赛特等奖）

“推理案例赏析”教学案例

陈义永

一、内容与内容解析

“推理案例赏析”是江苏凤凰教育出版社出版的《普通高中课程标准试验教科书(选修1～2)》中第二章第 2.1.3 节的授课内容，在此内容之前学生刚学完“合情推理”和“演绎推理”。

“推理案例赏析”是通过对具体数学思维过程的考察，进一步认识合情推理和演绎推理的作用、特点以及两者之间的密切联系。在本节课之前，已经学习过合情推理、演绎推理的概念，并体验过分别用合情推理、演绎推理进行推理的思维过程。

合情推理是根据已有的事实、正确的结论、试验和实践的结果以及个人的经验和直觉等推测某些结果的推理过程。演绎推理是根据已有的事实和正确的结论（包括定义、公理、定理等），按照严格的逻辑法则得到新结论的推理过程。合情推理是“发现真理”的思维，数学中许多结论的发现都离不开它，而这些结论要成为“真理”，则需要用演绎推理加以证明。所以合情推理和演绎推理对学习数学意义重大。归纳推理和类比推理都是数学活动中常用的合情推理。

从个别事实中推演出一般性的结论的推理通常称为归纳推理，该推理的思维过程大致如下图所示。

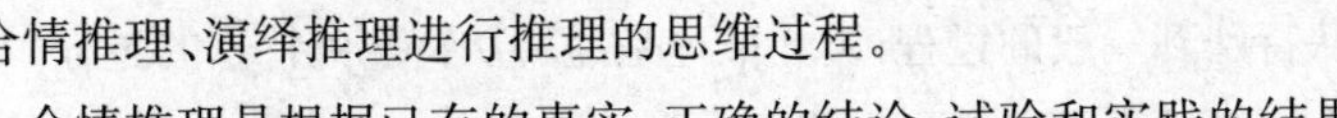

例如，有一组数据为 1，3，7，15，31，…经过试验、观察发现，第一

个数 $1=2^1-1$，第 2 个数 $3=2^2-1$，第 3 个数 $7=2^3-1$，第 4 个数 $15=2^4-1$，第 5 个数 $31=2^5-1$，此时进一步推广第 6 个数应该为 $2^6-1=63$……从而猜想第 n 个数为 2^n-1。这样的思维过程就是归纳推理。

根据两个(或两类)对象之间在某些方面的相似或相同，推演出它们在其他方面也相似或相同，这样的推理称为类比推理，该推理的思维过程大致如下图所示。

例如，在平面中，向量 $\boldsymbol{a}=(x_1,y_1)$，$\boldsymbol{b}=(x_2,y_2)$，那么 $\boldsymbol{a}+\boldsymbol{b}=(x_1+x_2,y_1+y_2)$。由此联想在空间中，$\boldsymbol{a}=(x_1,y_1,z_1)$，$\boldsymbol{b}=(x_2,y_2,z_2)$，那么 $\boldsymbol{a}+\boldsymbol{b}=(x_1+x_2,y_1+y_2,z_1+z_2)$。这样的思维过程就是类比推理。

通过上面的两个例子可以看出归纳推理和类比推理有两个相同点，一是它们都是从特殊出发得到一个新的结论，二是由这两种推理所发现的结论不能确定是正确的。它们的区别在于，归纳推理是经历从特殊到一般的过程，类比推理是经历从特殊到特殊的过程。

演绎推理则呈现出三段论的形式。

例如，“点(2,4)在函数 $f(x)=x^2$ 的图像上”的结论可以通过如下推理得到：

若点(x,y)是方程 $f(x,y)=0$ 的解，则点(x,y)在该方程所表示的图像上，　　(大前提)

点(2,4)使得 $4=2^2$ 成立，　　(小前提)

所以点(2,4)在函数 $f(x)=x^2$ 的图像上。　　(结　论)

再比如，“整数是自然数”是不正确的，可以通过下面的推理得到：

整数是自然数，　　(大前提)

-3 是整数，　　(小前提)

−3是自然数。　　　　　　　　（结　论）

此时发现结论显然是错误的，而产生错误的原因是大前提是错的，所以“整数是自然数”是不正确的。

通过上面的例子可以看出，演绎推理具有如下特点：

(1) 演绎的前提是一般性原理，演绎所得的结论是蕴含于前提之中的个别、特殊事实，结论完全蕴含于前提中。

(2) 在演绎推理中，前提与结论之间存在必然的联系。只要前提是真实的，推理的形式是正确的，那么结论也必定是正确的；如果前提不正确，则结论往往会和前提发生矛盾。在说明一个结论正确或不正确时，演绎推理都是严格证明的工具。

教学重点是，能正确地运用归纳推理、类比推理进行简单的推理，并对上面推理的结果用演绎推理加以验证、说明。

二、目标与目标解析

(1) 了解归纳推理、类比推理和演绎推理的含义。

(2) 结合“推导正整数平方和公式”，能正确地运用归纳推理、类比推理和演绎推理进行简单的推理。

(3) 通过小组合作使用图形计算器，培养学生的团结合作精神；通过对“正整数平方和公式”的探究，使学生善于发现问题，揭示数学规律，从而调动学生的积极性，培养学生分析问题、解决问题的能力以及大胆探索、实事求是的科学精神。

了解几种推理的含义仅仅靠背诵概念是毫无意义的，需要学生“意会”，在教学过程中，结合具体的综合性较强的问题，让学生在发现问题、解决问题的过程中体会其含义，在“不知不觉”中进行这样的思维过程。

数学思维的训练，离不开数学问题，在教学中，教师适时地提出问题，用问题引领学生进行观察、比较、提出猜想、寻找规律。在学生思维受阻时，再利用问题引导学生分析困难、敢于探索、大胆尝试，利用师生、生生间的讨论，互相启发，充分体验解题的过程。

学生两人一台图形计算器，以四人为一个小组开展活动。以利用图形计算器探究“正整数平方和公式”为平台，教师提出问题，学生提出解决问题的方案，并利用图形计算器进行计算、绘图、数据拟合、结论验证，在小组合作交流过程中，学生不断地修正、完善解决问题的方案，直至得出正确结果。在利用图形计算器探究“正整数平方和公式”的过程中，感受合情推理和演绎推理的思维过程。

三、教学问题诊断分析

(1) 在用归纳推理进行推理的过程中，需要采集和整理数据。所采用数据数量的多和少，关系到是否有利于观察，是否能快速地得出猜想。学生可能为了省事，选取比较少的数据进行观察，从而使得结果出现较大偏差。针对这种情况，可以让不同小组展示他们所采集的数据，并在大家面前进行交流，通过比较，让学生感受到所采集的数据越多越能反映数据之间的关系，越有利于我们观察。

(2) 学生对数据进行观察时，一般会从数据之间的联系入手，他们只能根据经验，看一看这些数据是否构成等差数列、等比数列或是一种有明显规律的数列，一旦发现不了，他们可能不能从这种思路中跳出来，在这里花去大量的时间。此时老师应该及时引导，提醒学生换一种方式进行观察。比如，在学生很难发现这些数据之间的关系时，提醒学生：“反思一下，是不是太抽象了，有没有一种更好的方式表示这一组数据，可以让我们直观地观察呢?”学生听到“直观”这个词语后，一定会想到去绘制图像。

(3) 在观察图像时，学生也只能根据自己的经验去猜想该图像可能满足哪一类函数，他们已经学过的图像有反比例函数、一次函数、二次函数、指数函数、对数函数、幂函数等图像，其中二次函数、幂函数、指数函数的图像在局部有相似的地方，学生可能不知道选择哪一种。这是本节课的重点也是难点。为了解决这一问题，先让学生尝试各种可能出现的情况，再让各小组代表汇报他们的成果，并说明他们所得结果的可靠性。学生之间交流讨论，在互相启发下，他们会不断修正自己的猜想，直至找到一个最合适的猜想。

(4) 学生在猜想一个结果后，他们可能会轻信自己的猜想，认为已经把问题解决了，而不再探索下去。为了防止这种现象出现，一开始就要求各小组长进行分工，有人负责猜想，有人负责质疑结果，有人负责释疑。利用小组成员之间的合作，让他们形成一种严谨的、规范的解题思维习惯。

(5) 面对“推导正整数平方和公式”这个问题，学生一开始并不知道图形计算器哪一方面的功能有助于问题的探索，即不明白从何用起。针对这样的局面，教师上课一开始就提出问题，让学生有足够的时间思考，并制定实施的方案，再由学生操作图形计算器，这样就有的放矢了。

四、教学支持条件

在本课中，使用的图形计算器是 CASIOfx - CG20，本款图形计算器的计算、绘图、数据拟合等功能很强，具有中文显示，操作简单，且外观小巧，不受场地的限制，非常适合学生使用。

五、教学过程设计

(一) 复习旧知，问题引入

【问题1】

(1) 你们知道 $S_1(n)=1+2+3+\cdots+n=?$

(2) 请根据 $1+2+3+\cdots+n$ 的结果，猜想 $S_2(n)=1^2+2^2+3^2+\cdots+n^2=?$

【设计意图】问题(1)回顾了学生都熟知的一个公式，目的是自然地引入问题(2)，这里体现的是类比推理。

【学生活动】学生由 $1+2+3+\cdots+n=\dfrac{1}{2}n(n+1)$ 进行类比推理，想到 $1^2+2^2+3^2+\cdots+n^2$ 的结果是一个关于 n 的表达式，于是就

去探究是一个怎样的表达式，学生计算并制作出下列数据表格：

n	1	2	3	4	5	6	…
$S_2(n)$	1	5	14	30	55	91	…

根据表格中的数据，学生进一步探索数据之间的联系，试图得到$S_2(n)$关于n的表达式。

【活动评价】学生面向全体展示自己采集的数据，学生通过比较、分析，教师表扬采集数据较多的小组，引导学生应该多采集一些数据。

【图形计算器操作】利用图形计算器得到表格中的数据。

操作方法一：

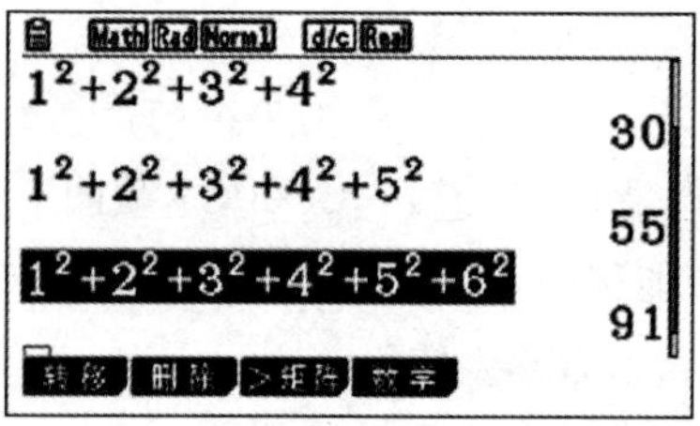

图 1

(1) 在主菜单(MENU)窗口，按数字键 1，开启“计算·矩阵”窗口。

(2) 如图 1 所示，在“计算·矩阵”窗口内依次输入要求的算式，并得出结果。以计算$1^2+2^2+3^2+4^2$的结果为例，按数字 1 键后，按“∧”键，再按 $，此时完成$1^2$。按“＋”键，按数字 2 键后，按“∧”键，再按 $，此时完成$1^2+2^2$。重复上面的步骤，直至输入$1^2+2^2+3^2+4^2$，最后按 l 键，则计算器输出 30。

操作方法二：

(1) 在主菜单(MENU)窗口，按数字键 g，开启“程序”窗口。按 e，新建一个程序。如图 2 所示，输入文件名 QIUHE(求和)，按 l 键，进入程序编辑状态。

(2) 如图 3 所示，输入求$1^2+2^2+3^2+\cdots+n^2$的程序。具体操作如下：按 r，输入问号，按 b，再输入字母 N，按 l 键完成图 3 的第一行。按数字 0 键，按 b，再输入字母 S，按 l 键完成图 3 的第二行。按 L、o、

q、u,出现图 4 下方的语句供选择。按 q、数字 1 键、b、字母 I、w、字母 N,按 l 键完成图 3 的第三行。输入字母 I,按×键,再输入字母 I,按"+"键,输入字母 S,按 b,再输入字母 S,按 l 键完成图 3 的第四行。按 r,按 l 键完成图 3 的第五行。输入字母 S,按 d,按 y,完成图 3 的第六行。

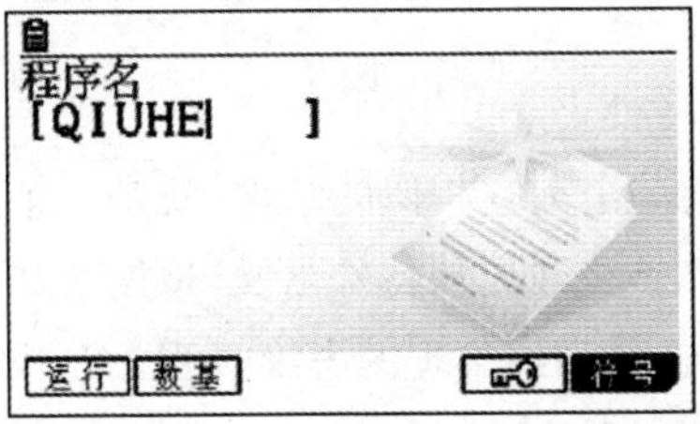

图 2

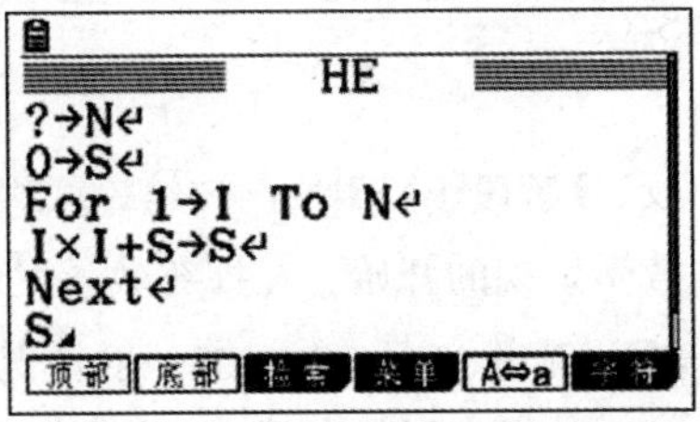

图 3

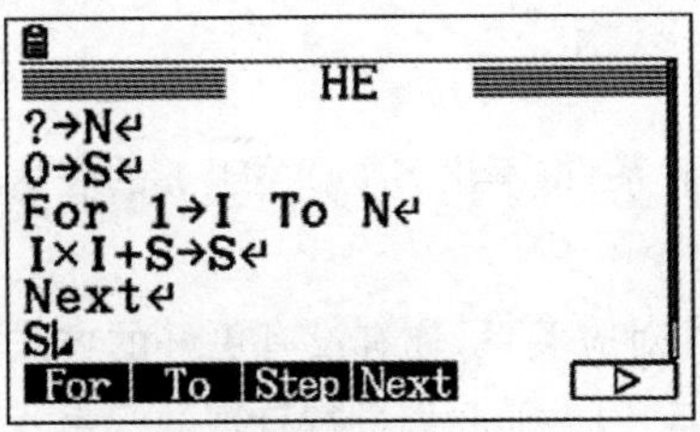

图 4

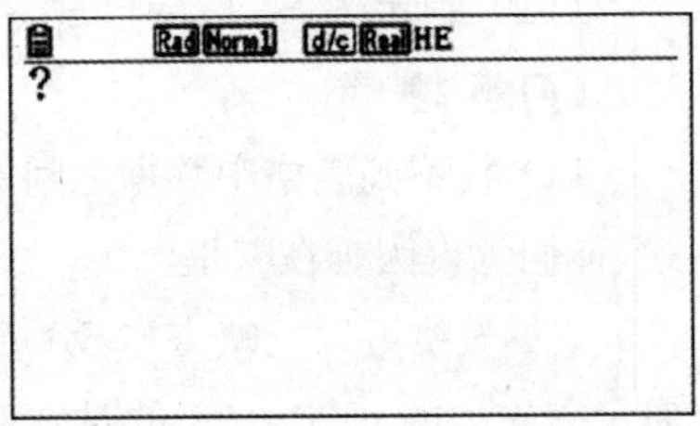

图 5

(3) 输入完成后,按 d,退出程序编辑状态。按 q,执行程序,如图 5 所示,等待数字输入。当输入 6,按 l 键,得到图 6,表示 $1^2+2^2+3^2+4^2+5^2+6^2=91$。按 O 键,出现图 7,再按 d,则再次出现图 3,按 d,按 q,又出现图 5,输入 81,按 l 键,得到图 8,表示 $1^2+2^2+3^2+4^2+\cdots+81^2=180441$。可以根据需要,算出 n 为任何值时,$1^2+2^2+3^2+\cdots+n^2$ 的值。

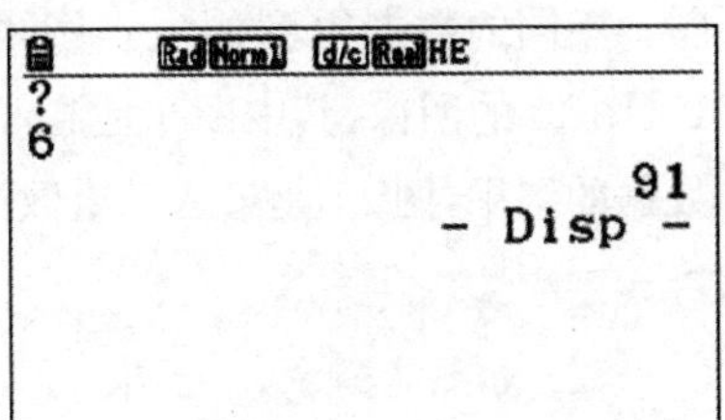

图 6

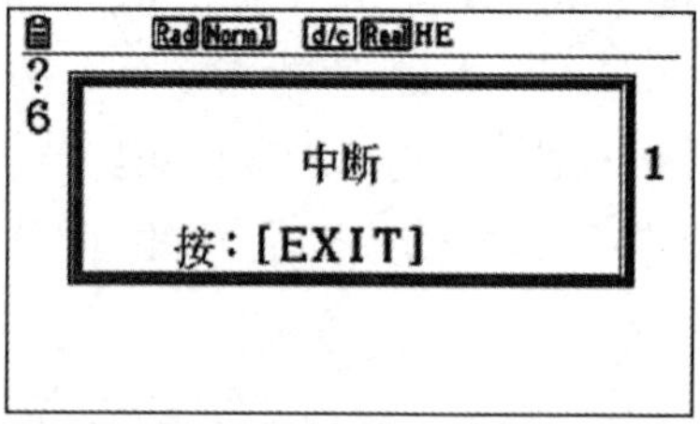

图 7

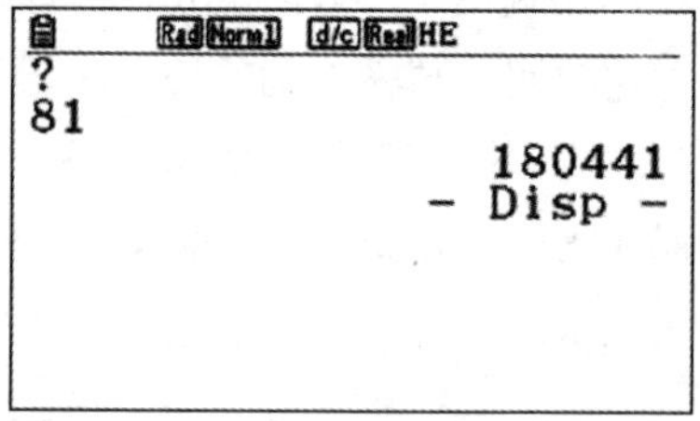

图 8

【阶段小结】从已知结论联想到一个和它相似的结论，就是一个数学发现的开始。在探究数学发现时，往往先从特殊出发，根据特殊情况观察、试验，再归纳一般情况，这是归纳推理的思维过程。在找不到数据之间的联系时，学生容易思维受阻。

（二）制定方案，解决问题

【问题 2】

(1) 找不到表格中数据之间的联系，得不出 $S_2(n)$ 关于 n 的表达式，你们觉得困难在哪里？

(2) 表格可以反映 n 与 $S_2(n)$ 的对应关系，你有没有更好的方式表示表格中的 n 与 $S_2(n)$ 的对应关系，以方便我们进行直观的观察？

【设计意图】问题(1)帮学生找到思维受阻的原因，问题(2)就是引导学生利用图像观察。

【学生活动】先分析思维受阻的原因，发现这列数既不是等差数列，也不是等比数列，根据他们的经验无法寻找其规律。然后去寻找其他的途径，学生可将自己采集的数据输入图形计算器中，绘制散点图。不同的数据得到的散点图也不一样，学生可能得出如图 9、图 10、图 11 的图像，其中图 9 是输入 3 组数据的结果，图 10 是输入 4 组数据的结果，图 11 是输入 5 组数据的结果。

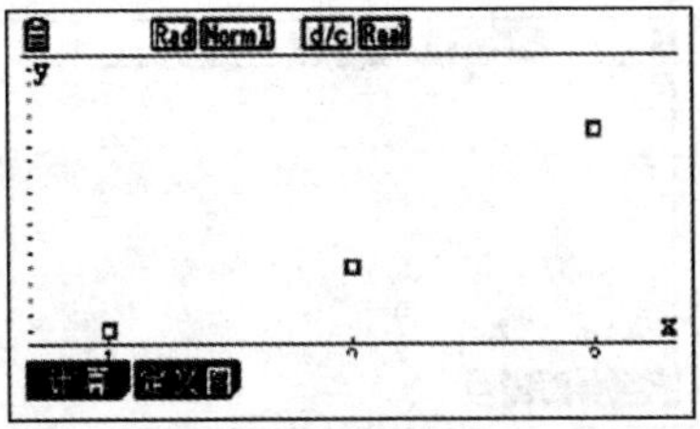

图 9

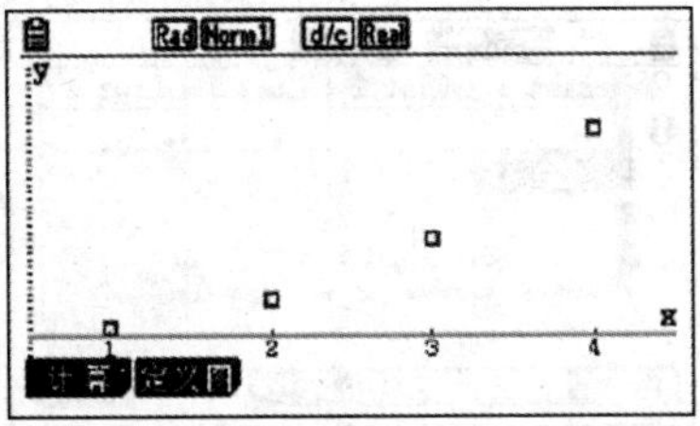

图 10

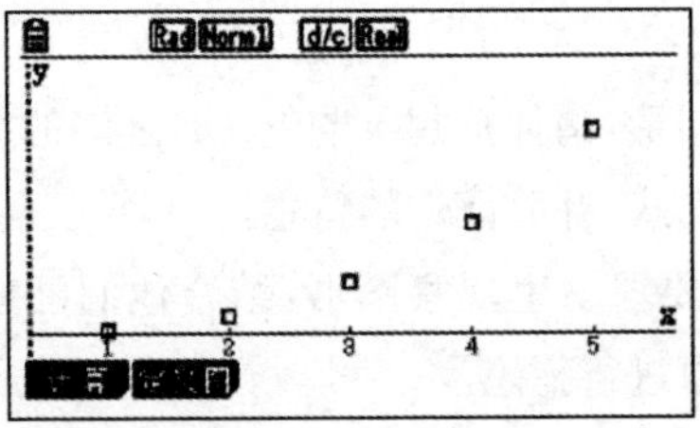

图 11

【图形计算器操作】

(1) 在主菜单(MENU)窗口，按数字键 2，开启“统计”窗口。如图 12 所示，进入 List(串列)，接受数字输入。

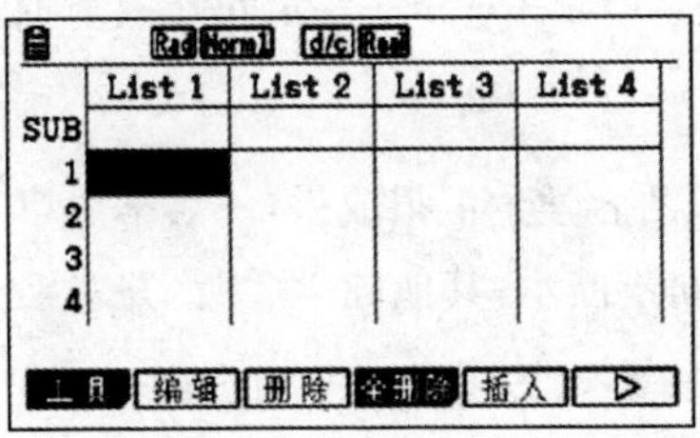

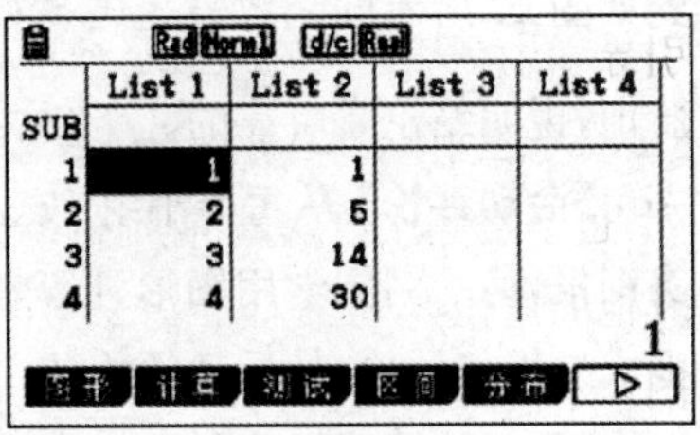

图 12　　图 13

(2) 如图 13 所示，将表格中 n 的数值输入 List 1 中，对应的 $S_2(n)$的数值输入 List 2 中。每输完一个数据就要按 l 键。

(3) 点击图 13 下方的“图形”图标，得到图 14，按图 14 下方的“图 1”图标，得到图 15，即为表格中数据绘制的图像。

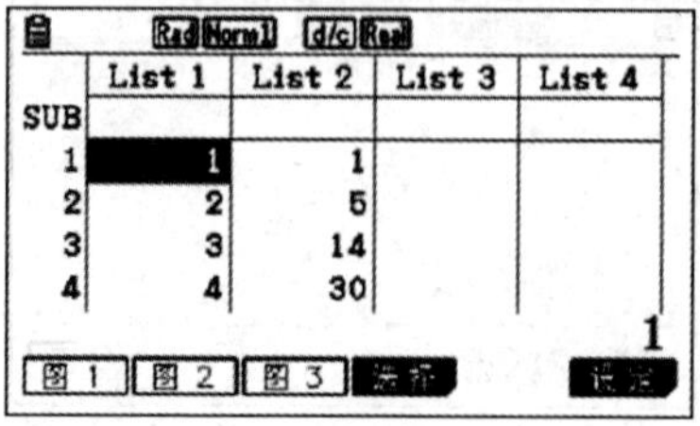

图 14

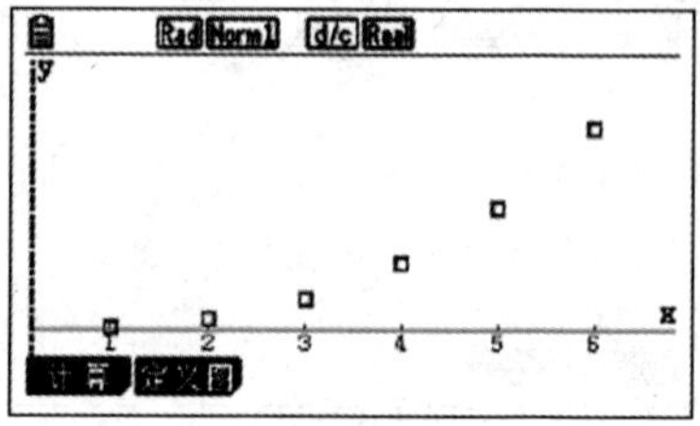

图 15

【问题 3】

根据绘制的图形，请你猜想 n 与 $S_2(n)$之间的关系，求出满足它们之间关系的表达式，并验证你的猜想。

【设计意图】要求学生观察图形，结合他们已有的知识储备，用自己所学过的函数进行猜想。

【学生活动】以小组为单位，学生利用图形计算器对数据进行拟合，同时小组其他成员对猜想的结果加以验证。学生可能认为 n 与 $S_2(n)$满足二次函数关系，比如，用前三组数据拟合得到函数表达式 $S_2(n)=2.5n^2-3.5n+2$，但将 $n=5$，$S_2(5)=55$ 代入表达式时，发现它们不符合，故该猜想错误。于是猜想 n 与 $S_2(n)$满足三次函数，得到如图 22 所示的函数表达式 $S_2(n)=\frac{1}{3}n^3+\frac{1}{2}n^2+\frac{1}{6}n$，再代入数据验证，说明结论是可靠的。

【活动评价】从每个小组中选取两名学生汇报成果，一名学生口头汇报，另一名同学用图形计算器同步演示，其他同学聆听，并对汇报成果作出评价，最后教师总结。

【图形计算器操作】

(1) 点击图 15 下方的“计算”图标，得到图 16。

(2) 点击图 16 下方的“二次”图标，得到图 17。按“绘图”图标，得出图 18，显示二次函数图像。

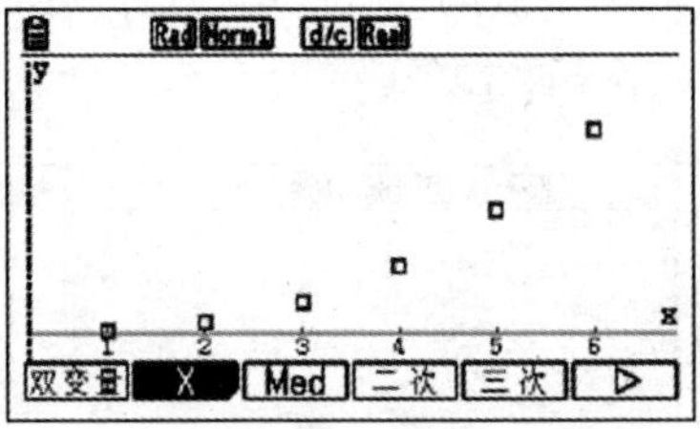

图 16

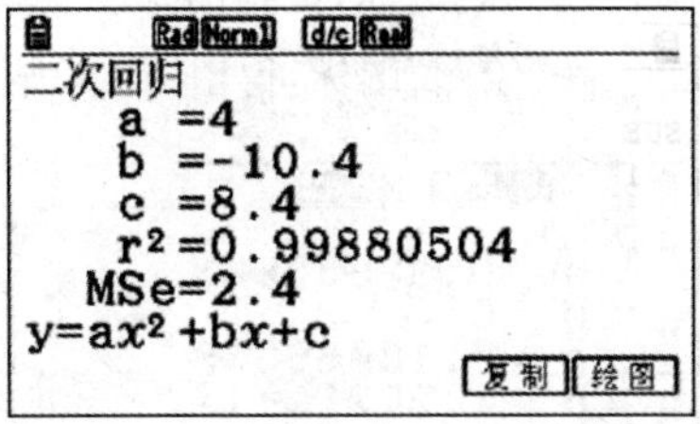

图 17

(3) 选中图 18,按 L,y (G - Solv,图解),得出图 19,再按 q(求 Y 值)。

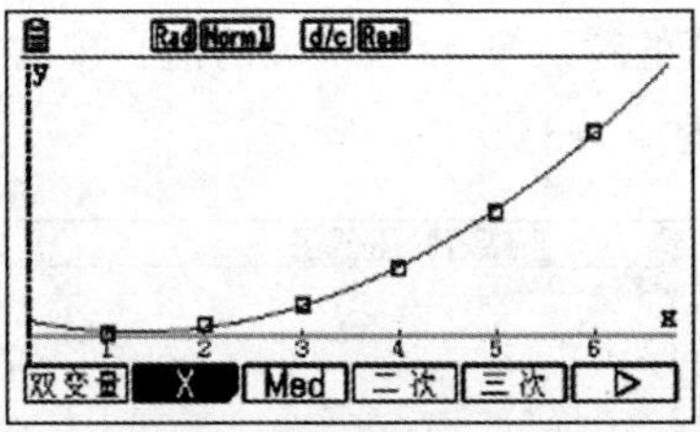

图 18

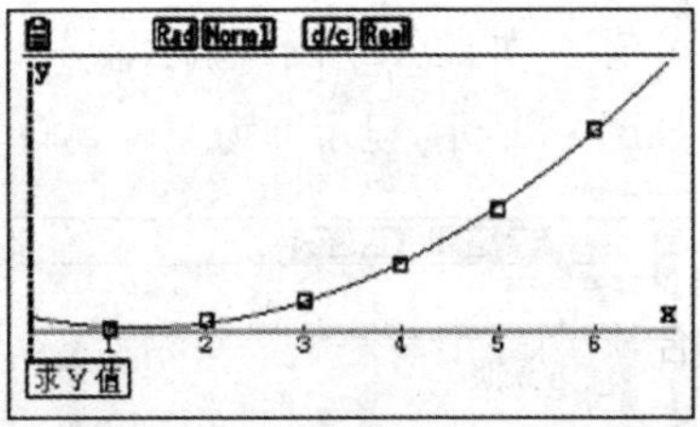

图 19

(4) 如图 20 所示,显示输入 x 值的对话框,键入 7(n 的值),按 l。如图 21 所示,显示 n 为 7 时 $S_2(n)$的值为 131.6。

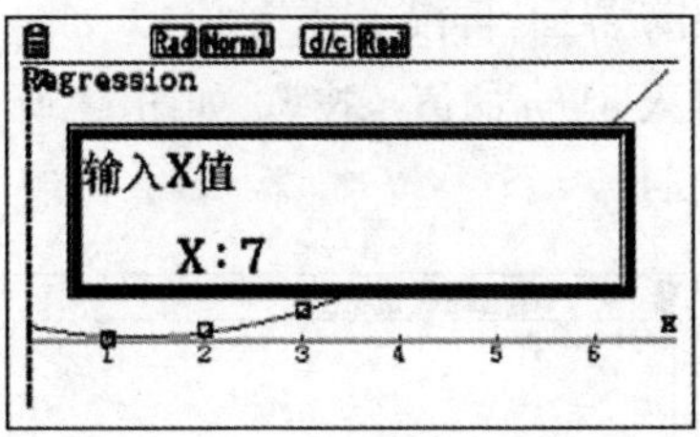

图 20

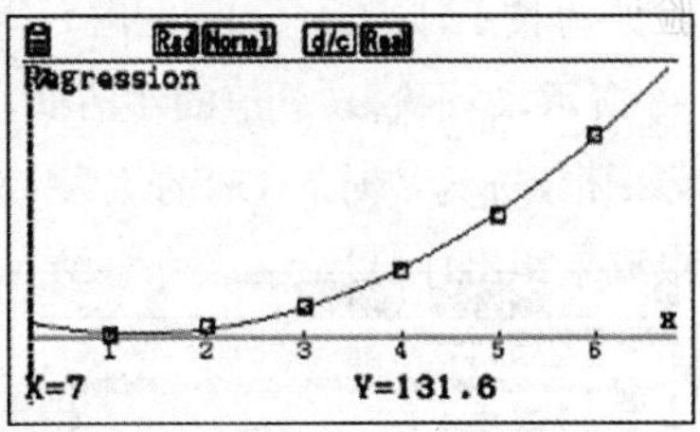

图 21

此时明显觉得该值与实际不符合,应该去寻找更适合的函数关系。

(5) 按 d 键,界面回到图 13,点击图 13 中下方的“图形”图标,进入图 14 的界面,再按下方的“图 1”图标,又回到图 15。点击图 15 下方的“计算”图标，得到图 16。点击图 16 下方的“三次”图标，得到图 22。按“绘图”图标，得出图 23，显示三次函数图像。

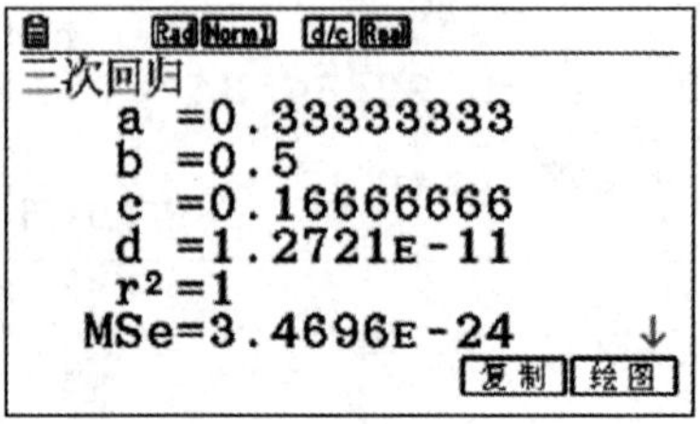

图 22

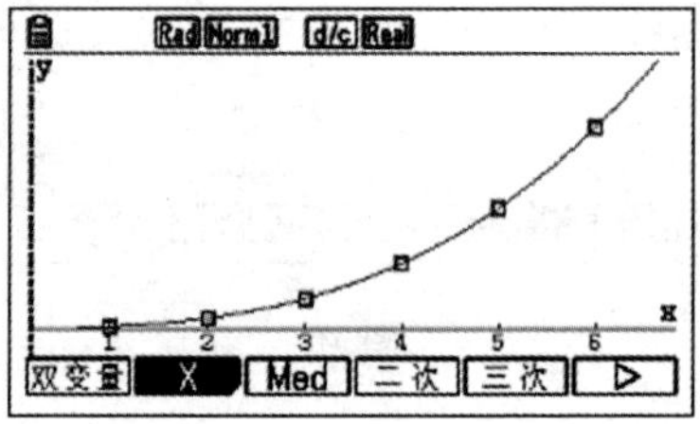

图 23

(6) 选中图 23，按 L，y (G－Solv，图解)，得出新界面，再按 q(求 Y 值)。如图 24 所示，显示输入 x 值的对话框，键入 7(n 的值)，按 l。如图 25 所示，显示 n 为 7 时 $S_2(n)$的值为 140。

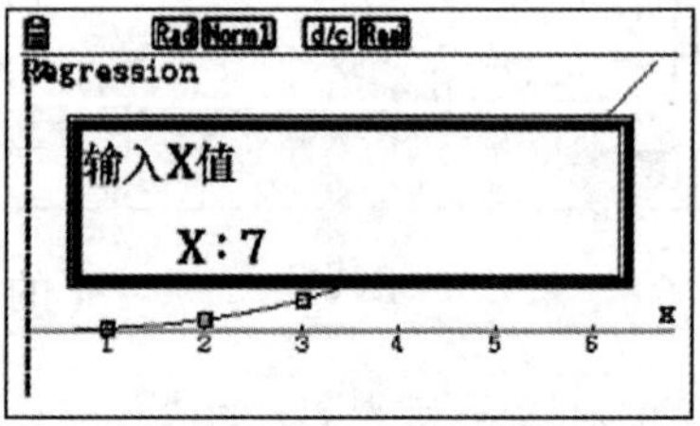

图 24

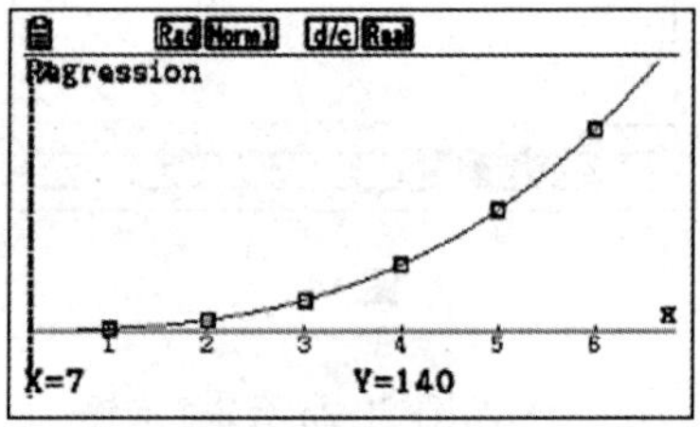

图 25

再按 L，y (G－Solv，图解)，得出新界面，再按 q(求 Y 值)。如图 26 所示，显示输入 x 值的对话框，键入 81(n 的值)，按 l。如图 27 所示，显示 n 为 7 时 $S_2(n)$的值为 180441。

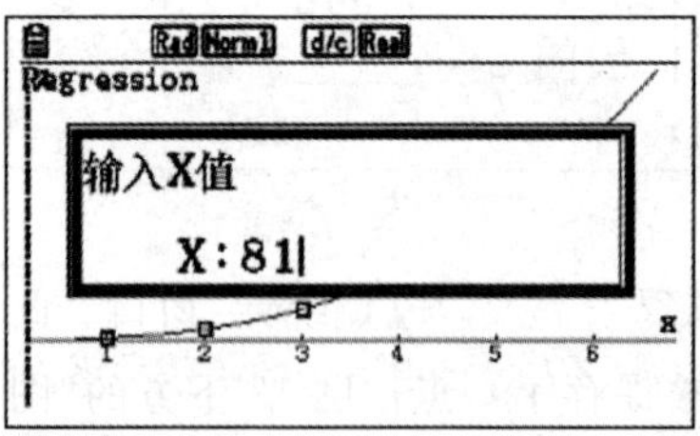

图 26

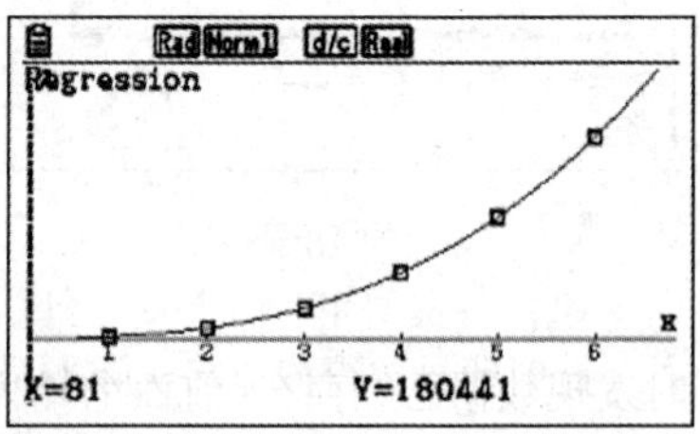

图 27

随意地输入 x 值，求出对应的 $S_2(n)$，再与图 7、图 8 所求出的真实结果去比较，此时明显觉得该值与实际相符合。故三次函数比较可靠，由图 22，可得 $a=0.3333333$ 即为 $a=\frac{1}{3}$，$b=0.5$，$c=0.1666666$ 即为 $c=\frac{1}{6}$，d 的值非常小，可以看成 0，所以 $S_2(n)=\frac{1}{3}n^3+\frac{1}{2}n^2+\frac{1}{6}n$。

【阶段小结】 由于数据比较抽象，用图像表示数据比较直观，更有利于观察，更方便我们进行归纳、猜想。绘图是我们归纳推理过程中常用的手段之一。对于我们的猜想，我们应该去证明，一下子完成这个步骤比较困难，对学生要求比较高，我们可以用一系列的具体数值去检验，以增强结论的可靠性，而验证的过程又用到演绎推理，可以让学生理解归纳推理与演绎推理之间的关系。

（三）探究入微，深化理解

【问题 4】 我们刚才归纳出 n 与 $S_2(n)$ 满足表达式 $S_2(n)=\frac{1}{3}n^3+\frac{1}{2}n^2+\frac{1}{6}n$，它是一个关于 n 的三次函数，那么 $1^2+2^2+3^2+\cdots+n^2$ 的结果会不会是一个关于 n 的四次函数呢？

【设计意图】 归纳出的数学结论不一定是正确的，需要我们进行大量的、多角度的验证。通过该问题，进一步加深学生对归纳推理的认识。

【学生活动】 学生用四次函数进行拟合，得出图 11 的结论，与前面所得的函数表达式一致。

【活动评价】 仍然让学生汇报他们的成果，由学生评价，教师总结。

【图形计算器操作】

(1) 在主菜单(MENU)窗口，按数字键 2，开启“统计”窗口。此时发现数据已经存在(前面的输入被保存了)，点击图 13 下方的“图形”图标，得到图 14，按图 14 下方的“图 1”图标，得到图 15。点击图 15 下方的“计算”图标，得到图 16。

(2) 按 u,得出图 28,点击下方“四次”图标,得出图 29。

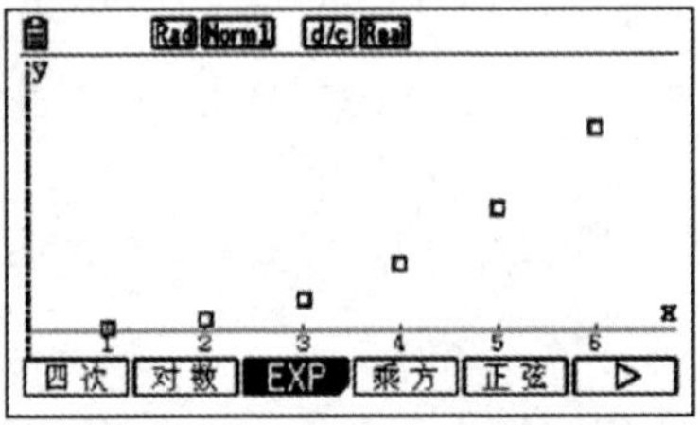

图 28

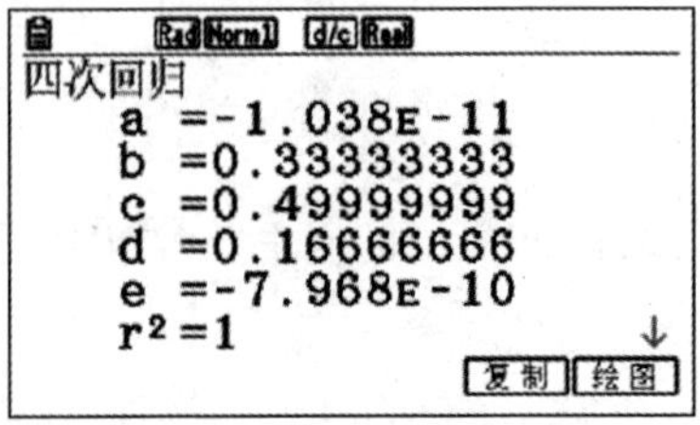

图 29

如图 29 所示,a 和 e 都非常小,可以看作 0,$b=0.3333333$ 即为 $b=\frac{1}{3}$,$c\approx 0.5$,$d=0.1666666$ 即为 $d=\frac{1}{6}$,所以 $S_2(n)=\frac{1}{3}n^3+\frac{1}{2}n^2+\frac{1}{6}n$。

【阶段小结】通过对结论的进一步验证,发现结果与前面的猜想一致,可以加强结论的可靠性,让学生在解题过程中体验严密的思维过程。

(四) 追踪成果,深入探究

【问题 5】刚才我们经过努力,得到一个猜想 $1^2+2^2+3^2+\cdots+n^2=\frac{1}{3}n^3+\frac{1}{2}n^2+\frac{1}{6}n$,并验证了这个结果应该是正确的,它的理论证明会在我们后面的学习中进一步完善。那么根据我们刚才所获得的成果,你接下来想做什么呢?

【设计意图】进一步培养学生类比推理的能力,探究 $1^3+2^3+3^3+\cdots+n^3=$? 这里类比的不仅是结果,还有探索 $1^2+2^2+3^2+\cdots+n^2=\frac{1}{3}n^3+\frac{1}{2}n^2+\frac{1}{6}n$ 过程中的思维过程。让学生体验数学推理在数学探索过程中发挥的作用。

【学生活动】同前面,学生先采集数据,再根据数据绘制图像,并进行拟合、验证,可得 $1^3+2^3+3^3+\cdots+n^3=\frac{1}{4}n^4+\frac{1}{2}n^3+\frac{1}{4}n^2$。

【图形计算器操作】(基本操作步骤同上)

(1) 同前面的操作，利用图形计算器的计算功能，得到数据如下表：

n	1	2	3	4	5	6	…
$S_3(n)$	1	9	36	100	225	441	…

(2) 在主菜单(MENU)窗口，按数字键 2，开启“统计”窗口。将表格中 n 的数值输入 List 1 中，对应的 $S_3(n)$ 的数值输入 List 2 中。每输完一个数据就要按 l 键，得出图 30。

(3) 点击图 30 下方的“图形”图标，得到新界面，按其下方的“图 1”图标，得到图 31，即为表格中数据绘制的图像。

(4) 点击图 31 下方的“计算”图标，再按 u，得到图 32，按下方“四次”(四次函数)图标，对数据进行拟合。

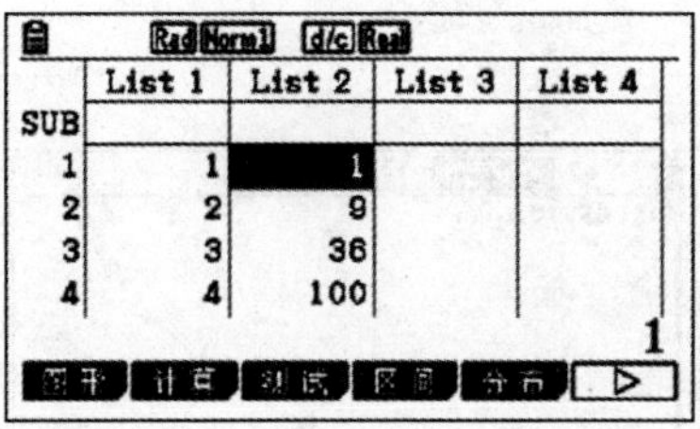

图 30

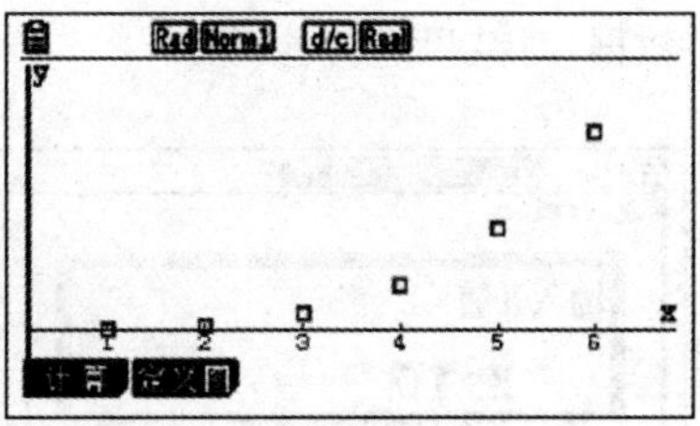

图 31

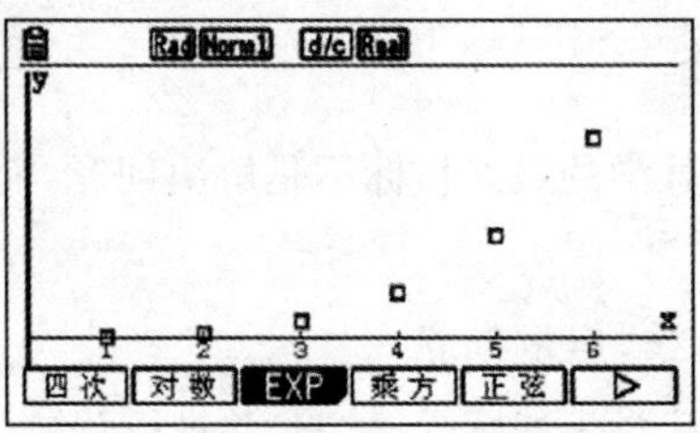

图 32

(5) 如图 33 所示，函数表达式中 d 和 e 都非常小，可以看作 0，$a=0.24999999$ 即为 $a=\frac{1}{4}$，$b=0.5$，$c=0.24999999$ 即为 $c=\frac{1}{4}$，所以 S_3

$(n)=\frac{1}{4}n^4+\frac{1}{2}n^3+\frac{1}{4}n^2$。按“绘图”图标，得出图 34，显示四次函数图像。

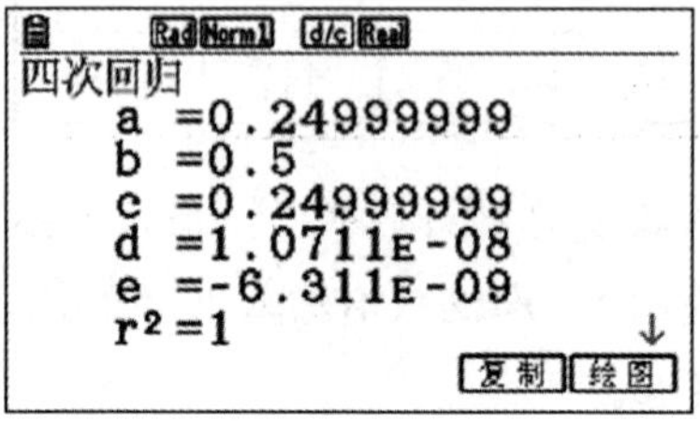

图 33

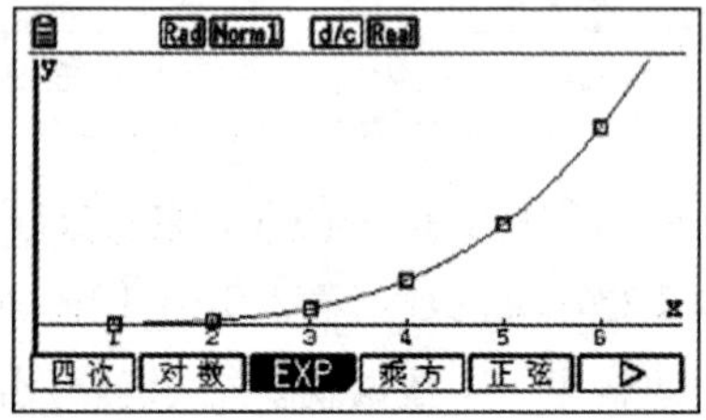

图 34

(6) 选中图 34，按 L，y (G－Solv，图解)，得出新界面，再按 q(求 Y 值)。如图 35 所示，显示输入 x 值的对话框，键入 10(n 的值)，按 l。如图 36 所示，显示 n 为 7 时 $S_2(n)$的值为 3025。也可以输入其他数据，对结果进行检验。

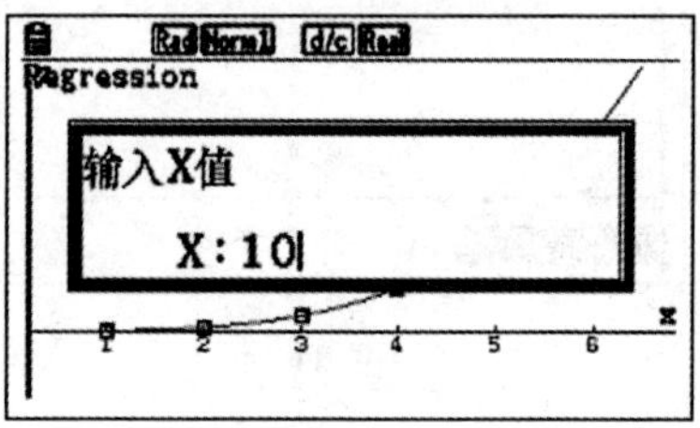

图 35

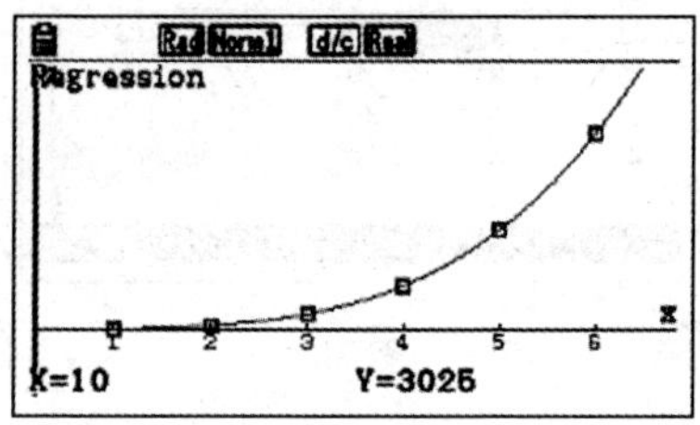

图 36

【阶段小结】教学的最终目标不是解决问题，而是教会学生去发现问题。

(五) 归纳小结，启发创新

【学生活动】让学生谈感受、体验，并进行总结。

【设计意图】结合刚才的探索过程，加深对推理概念、特点的理解。

【阶段小结】类比推理和归纳推理虽然只是或然性的推理，但却是猜想的重要来源，有助于发现结论，作出判断，有时也能从中得到证明方法的启示。由类比推理和归纳推理得出来的结论，正确的要用演绎法验证、证明，不正确的，要举出反例。在进行数学探究过程中，合情推理和演绎推理往往是互相结合、相辅相成的。

（六）布置作业，课后探究

【作业】请继续探究 $1^4+2^4+3^4+\cdots+n^4=$？ $1^5+2^5+3^5+\cdots+n^5=$？ ……并大胆猜想 $1^k+2^k+3^k+\cdots+n^k$ 的结果会不会是一个有规律的结论？

【设计意图】让学生进一步体会类比推理和归纳推理在我们发现新知中的作用，培养学生分析问题、解决问题的能力及大胆探索的科学精神。

六、教学反思

与传统教学相比较，利用图形计算器进行教学取得了不一样的效果。

（一）突出教学重点，激发了所有学生学习数学的兴趣

本节课的教学目标是通过对具体的数学思维过程的考察，进一步认识合情推理和演绎推理的作用、特点以及两者之间的紧密联系，所以本节课的重点应该放在让学生体验探究的思维过程。在这个过程中，需要通过计算来收集数据、通过绘制精准的图像进行观察、通过反复实践来验证猜想，如果用传统教学，在计算、绘图等方面会花去学生大量的时间，在一节课的教学中，学生思考、思维活动的时间就少了许多，这样就冲淡了主题。通过上面的案例可以看出，用图形计算器进行教学在一节课时间内不仅完成了教学内容，学生还运用了本节课所获得的解题方法进一步进行数学发现。用图形计算器探索解决问题过程中，学生有的计算，有的绘图，有的验证，他们都有事情可做，每位同学的注意力都集中在解决问题的过程中，且都能品尝到收获的喜悦，所以他们都对用这种方式进行数学学习产生了兴趣。

（二）更加接近学生的“最近发展区”，培养了学生多方面的能力

一个新的数学发现往往从特殊开始，通过观察、比较得出猜想，最后再验证或证明猜想，直至形成结论。对于中学生来讲，他们的知

识储备和思维水平还处在上升期，在思考问题时往往只会从问题本身内在的联系找出突破口。对于教材中所用的两种方法，一个是跳出 n 与 $S_2(n)$ 之间的联系，让 $S_2(n)$ 的值与 $S_1(n)$ 值作比较，另一个是用构造法巧妙地求解，对我们大多数中学生来讲，可能有一定的难度。而用表格和图像来描述两个变量之间的关系，学生在初中已经学过，老师只要稍加引导，学生都能想到；通过观察图像猜想并求函数表达式，是学生在日常作业中常见的问题，对他们来说已经驾轻就熟了。在用图形计算器进行教学的过程中，学生思维经历了如下图的过程，学生的采样能力、观察能力、归纳总结能力等得到了进一步提升；在探索这个问题结果的过程中，学生学会了当一个问题无从下手时，不妨从特殊出发，先算几个看看，然后再归纳一般的情况。通过这节课的学习，学生的数学解题能力得到加强；在教学过程中，根据解决问题的需要，采取了小组合作的形式，培养了学生的合作能力，增强了学生之间的感情。

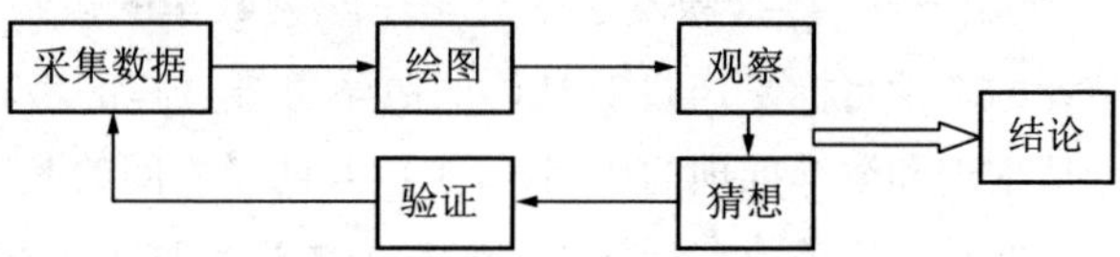

（三）师生的角色发生了较大的转换

在用教材中的解法进行讲授时，大多数时间是教师来讲，学生跟着教师的思维走，是一种被动的接受。用图形计算器进行教学时，在开始时教师协助学生制订实施方案，其余的时间都由学生自己完成，在这个过程中，什么情况都有可能发生，教师要跟着学生的思维走，师生之间是一种互相学习的关系。

（2013 年 12 月 17 日于常州五中开设省级示范课）

“牛津高中英语教学设计”教学案例

高　蕾

【单元】Unit 3　Amazing people

【板块】Reading 1

一、设计思路

本单元主题主要涉及神秘的古代文明。古代文明充满许多未知的因素，是古代人类集体智慧的结晶。不仅是学生需要了解的历史，也是许多考古学家在不断研究的领域。对于此方面，学生也充满了好奇。本课是关于我们既熟知又陌生的埃及金字塔以及有关木乃伊的诅咒。学生学习本课能对此话题有个科学的了解。

这是一节阅读理解课。由于是借班上课，对学生完全没有了解，只能通过在课堂上创造良好的参与条件，提供合适的参与机会，组织学生思考与讨论，并鼓励学生踊跃参与课堂互动答题。教师要指导学生理解篇章结构，把握文章主旨来培养学生预测信息的能力以及理解归纳的能力。最后，要适当让学生对所学习的内容进行扩展和升华，更进一步提高英语应用能力。

二、教学目标

After this lesson, students will be able to:

(1) think ahead and predict information in advance

(2) know some words and expressions about exploration and ancient Egypt

(3) learn to make an interview in pairs

三、教学过程

(一) 导入

(1) Part of the movie *The Mummy* is shown and some related questions are raised. (*The Mummy*)

Where did the story happen? (*Egypt*)

What is it about? (*Mummies*)

(2) Pictures of ancient Egyptian characters and mummies are shown and some questions are put up.

由于学生对木乃伊知之甚少,教师通过播放电影片断,开门见山导入本课主题,让学生从上课一开始就动起来,充分调动了学生的学习热情和兴趣,帮助学生迅速了解话题。

(二) 预测和快速阅读

Can you predict what the passage is about by reading the title and the first paragraph?

给出卡特与文章中将会提及的相关信息及无关信息,让学生通过文章标题与第一段的阅读猜测文章主要讨论的内容是什么。

本单元的阅读策略是预测信息,所以在快速阅读这一步骤设计一些活动来训练学生预测的能力,根据标题预测题目与主人公之间的联系,根据首段预测下文内容;为降低难度,提供了几个选项供学生思考,也为更多学生参与课堂活动作铺垫。

(三) 精读

(1) 在阅读之前,教师带读一些地名和人名

Names: Howard Carter, Lord Carnarvon, George Gould, Richard Bethell, Arthur Mace, Tutankamun

Words: Egypt, curse, mummy, explore, mazing, curious, tomb, swallow, within, coincidence, punishment, virus, disturb, breathe, riddle

Phrases：result in，scientific explanation，come across，shortly after

（2）通过 matching the main idea with each paragraph，filling the diagram，answering questions，finding out different explanations 来让学生把握每段的内容，然后通过填空理解并巩固文章整体的含义。

（四）采访

Work in pairs，one works as an interviewer（采访者）and the other an interviewee（被采访者）：

Interviewer：people who try to find out the reasons for the deaths.

Interviewee：people who died after the discovery of the tomb of King Tutankhamun.

通过相互采访的模式让学生学会使用本课所学的词汇和表达。

（五）建议

Get to know some information about the place you are going to explore.

Make preparations for the dangerous situation you might come across.

Avoid the mysterious things that may cause you to lose your life.

让学生先思考对于探险应该有怎样的态度和准备，请学生回答，最后给出我的意见。

（六）作业

Suppose you were the explorer Carter. Write a short passage about your story and give the future explorers your suggestions on how to keep yourself safe when you are exploring.

课后进行巩固，熟悉课文。

（该课获 2013 年南京市信息化教学能手大赛一等奖）

“涡流、电磁阻尼和电磁驱动”教学案例

焦炳胜

一、教学准备

【案例应用类型】课堂教学

【主题说明】

将一堂科普性质较浓的物理课与新媒体技术元素相结合，旨在优化以下三点：

(1) 培养学生自主查询和阅读资料的意识。

(2) 实物实验与视频相结合，学生可以在内网中查阅。

(3) 增强随堂练习中师生交互和反馈的速度和效果。

【学时】40 分钟，1 课时

【学习目标】

(1) 了解涡流是怎样产生的。

(2) 通过对涡流实例的分析，了解涡流现象在生活和生产中的应用。

(3) 了解电磁阻尼和电磁驱动。

【教学重点和难点】

理解涡流、电磁阻尼和电磁驱动的应用原理和其中的能量转化。

【技术应用与分析】

通过本节课，我对应用了移动终端等新媒体和新技术(平板电脑、交互式电子白板等)的一些功能及其效果有了更深的体会。

(1) 利用网上的课前预习和资料查阅的功能，学生可以利用网

上共享资源进行预习工作，效果较好。资料的自主、及时查阅是今后课堂自主学习的趋势，这部分功能将会得到充分展现。

(2) 电子白板的交互功能。这点在课堂练习中得以充分展现。对于课堂练习，老师截屏发给大家，大家的做题过程和答案都在教室平板中得以展现，教师可以及时批阅发给学生订正，也可以根据学生的错误统计做及时的反馈和评讲。做图也是同样。

(3) 交互式电子白板具有触屏功能，使老师操作更加快捷、方便，从而提高效率。

【特色活动设计】

在共 40 分钟的课堂教学过程中，以下时间段在课堂中结合应用移动终端等新媒体新技术：

(1) 课前预习和资料查阅(0′0″～2′0″)。

(2) 课堂练习与反馈(18′～22′)。

(3) 讨论与做图(27′～32′)。

(4) 课堂练习与反馈(37′～40′)。

(5) 课后练习。

总体特色是利用新媒体技术扩大了课堂教学中学生学习的自由度，促进学生灵活个性化的学习；同时师生互动、生生互动效果大幅度提升。

二、教学过程

(一) 资料阅读

学生选择性地阅读相关资料(材料 1 和材料 2)，产生问题，引发思考。

师问：材料中主要讲述了哪两个方面的问题？

这两个运用的原理是怎样的呢？本节课的学习内容正是与之相关的。

(二) 新授课——涡流的概念及应用的学习

1. 了解什么是涡流。本质：电磁感应现象中的感应电流。

师：如书中所示，怎样使线圈2中产生感应电流？

如果在线圈中通以高频变化的电流，铁芯中能否产生感应电流呢？

将铁芯看成一层层片状金属片叠加而成，每一层金属片又可看成一个个金属线圈合并而成，当每个“线圈”中磁通量变化时就可产生感应电流，其形状应该是怎样的呢？因为看上去像水中的漩涡，因此我们形象地称之为涡流。

因为金属导体从任何方向上看都能看成金属线圈合并而成，因此只要线圈中电流发生变化，其附近的金属导体中一定能产生感应电流。

涡流的本质：电磁感应现象。

产生的条件：通过金属的磁通量发生变化，而这通常是通过线圈中变化的电流产生的。

能量的转化：其他形式的能转化为电能，最终转化为内能（产生热量）。

2. 涡流在生活中的应用。

(1) 涡流的热效应：真空冶炼炉、高频焊接、电磁炉。

师：既然涡流能够产生热量，当金属导体的电阻率较低时，会产生较大的涡流，从而产生较多的热量，这是可以为我们所用的。书中展示的是高频冶炼炉的基本原理图，请一位同学说说它是如何产生高温来冶炼金属的。

师：再来看高频焊接的原理图。外层线圈中通以高频交流电，在内部产生高频变化的磁场，将带焊接元件压紧构成回路，在总电阻变化幅度不大，涡流大致不变的情况下，断处存在接触电阻从而产生较多的热量，温度迅速升高达到焊接的目的。

师问：在我们身边还存在哪些涡流的应用呢？

提示，大致介绍电磁炉的工作原理。

(2) 涡流的磁效应：金属探测仪、安检门。

师：这在第二次世界大战中用得比较多——扫雷器。地雷具有金属外壳。大家猜猜扫雷器中肯定有什么？对，金属线圈并通以高频电流。靠近地雷时，在地雷上就会产生涡流。涡流也会产生磁场，其被探测器接收到从而报警。可见，这是利用涡流的什么效应呢？磁效应。我们把利用这种功能的器材叫做金属探测仪。生活中还存在哪些应用呢？

如考试考场所用的金属探测仪，机场、火车站的安检门等。

3. 涡流的危害及防治措施。

典型的危害：电流的热效应损害电器。

师：事情总有两面性，涡流同样也会给我们带来危害。以涡流的热效应为例，用电器发热即损失电能，同时温度过高也会损坏电器。比如我们的电脑中就配有风扇用于散热。许多情况下为了减小危害，我们需要减小涡流。那么如何减小涡流呢？

两条途径：(1) 增大金属的电阻率。在感应电动势一定的情况下，导体电阻越大，产生的涡流越小。我们常用硅钢作为金属铁芯。(2) 切断或减小涡流产生的回路。大家观察左右两种铁芯哪种产生的涡流更小？

常见的措施是用涂上绝缘层的硅钢片叠加来替代整块硅钢。

4. 小练习。

将题目分发到学生的平板上，学生练习，老师根据网上的数据统计及时反馈、总结和评讲。

（三）新授课——电磁阻尼

1. 实验演示引发思考。

我们来做一个实验：这里有长度、粗细相同的塑料管和铝管，将其并排竖直放置，将两个相同的磁铁由上方管口同时释放，请大家观察两个铁块哪个下落得更快一些。

师：为什么铝管中的铁块下落得更慢一些呢？

学生讨论、学生回答。

总结：铝管相当于一个个金属线圈叠加而成。磁铁下落过程中，铝管中磁通量发生变化，产生涡流，根据楞次定律和“来拒去留”，磁铁受到向上的阻力作用。可见涡流在磁场中受到的安培力可以阻碍物体运动。

2. 结合阻尼摆实验阐述什么是电磁阻尼。

师:我们再来看一个实验模型(电磁阻尼摆1),介绍结构:金属摆,磁铁。使摆摆动。

提问:为什么金属摆最终停下来?仅仅是因为摩擦阻力的作用吗?还有什么力?

总结:涡流导致金属摆受到安培力的阻碍作用,我们把这种现象叫做电磁阻尼,金属摆就叫作电磁阻尼摆。

提问:如何减小电磁阻尼的效果呢?

答:减小涡流的产生。

师:现在请大家在平板上用笔画图,对电磁阻尼摆进行改造,使之摆动时产生较小的涡流。

学生做图。老师评价,及时将典型图投影到屏幕上供大家参考与讨论。

师:我们来看看改造过后的阻尼摆摆动的效果。两个金属摆同时摆动,观察谁先停止摆动。

3. 电磁阻尼在生活中的运用。

提问:(1) 为什么用铝框做线圈骨架?

师:电磁阻尼在生活中也有不少应用,比如问题(1)。

提示:电流表通电,线圈受到安培力转动,但指针指向固定位置后迅速稳定而不是来回摆动。

和塑料框架相比,铝框架可以产生涡流。

学生考虑、回答。

(2) 微安表的表头在运输时为何应该把两个接线柱连在一起?

学生讨论后回答。

4. 学生解释开头查阅的材料2。

师:我们再回头看看开始上课时阅读的材料2,我们能否用电磁阻尼的原理来制作减振装置呢?

(四) 新授课——电磁驱动及其与电磁阻尼的异同

1. 实验引入,问题思考。

我们再来看这样一个实验模型(电磁驱动模型)。简述模型结构。为了阐述清楚，我们来观看实验视频（在另一屏上播放）。

2. 什么是电磁驱动？

在这一实验中，涡流使金属框受到安培力作用，只不过安培力不是阻碍而是促进、推动金属框运动。我们把这种现象叫做电磁驱动。

3. 电磁驱动和电磁阻尼的异同。

分别从成因、效果、能量转化方面阐述两者的区别，尤其强调能量的转化，以及从本质原理上阐述两者的相同之处。

4. 小练习。

在平板上发布即时练习，及时反馈，及时评讲。

（五）补充练习

课后练习布置。

学生在内网中打开随堂作业进行练习。老师做好巡查和指导工作。

三、教学反思

1. 反馈应用移动终端等新媒体新技术课堂教学的改善，师生教与学的显著变化，应用前后教学效果的比较，教学创新、资源应用创新、交互过程和结果的思考等。

(1) 教学资源的共享可以很好地培养学生自主学习的能力，与普通教学相比高效、省时。

(2) 将“e学习”平台的交互功能运用到随堂练习中，能够使教师及时了解学生的解题情况，错误症结所在，并及时“对症下药”，同时即刻对班级做题情况进行数据统计。这种高效的运作是普通教学过程所无法达到的。

2. 所用的移动终端等媒体和技术的教学适用性暨有关功能还有待进一步改进。

物理教学并不是总能够与“e学习”平台很好地结合的。这很大程度上取决于教学的内容性质和必需的教学方式。个人觉得部分新授课以及以客观题为主的习题课更能够很好地与“e学习”平台相结合。

“带电粒子在电场中的运动”教学案例

朱柏瑾

一、教学准备

【案例应用类型】课堂教学

【主题说明】本教学案例基于移动终端进行课堂教学，与传统课堂相比，希望增加课堂容量，加强师生互动，提升课堂效率

【学时】40分钟

【学习目标】

（1）会从力和能量角度分析计算带电粒子在电场中的加速问题。

（2）能够用类平抛运动分析方法研究带电粒子在电场中的偏转问题。

【教学重点和难点】

（1）分析带电粒子沿场强方向做匀加速直线运动的规律，并用不同方法处理此类问题。

（2）分析带电粒子在电场中偏转时的运动规律，能用运动合成与分解的方法处理曲线运动。

【技术应用与分析】

通过移动终端以及相关仿真实验室模拟软件，能够让学生更清晰地建立带电粒子在电场中运动的模型

【特色活动设计】

（1）学生可利用仿真实验软件，对相关题目中的物理量进行改

变,模拟实验。

(2) 通过移动终端,进行更有效的师生互动。

二、教学过程

(1) 课堂引入:复习回顾电场强度和电势差概念。设计意图:带电粒子在电场中的受力和电场力做功的知识回忆。技术应用与优化之处:利用移动终端和PPT,提高复习效率。

(2) 引入带电体在电场中的受力分析,计算比较粒子的电场力与重力。设计意图:确定是否忽略重力。技术应用与优化之处:利用移动终端和仿真实验室,感受加入重力之后是否对粒子运动产生明显的影响。

(3) 受力与运动的关系,带领学生分析带电粒子在电场中的典型运动,初步建立运动模型。技术应用与优化之处:利用移动终端,与学生进行交互,讨论受力情况。

(4) 典型的粒子运动题目,通过题目帮助学生掌握带电粒子在电场中的直线运动,曲线运动。技术应用与优化之处:利用移动终端、PPT和仿真实验室使学生掌握带电粒子在电场中直线运动与曲线运动特点,并且利用移动终端与学生进行交互,及时点评学生的解答过程。

(5) 笔记整理,学生可利用移动终端快速、方便记录课堂过程。

三、教学反思

(1) 利用移动终端可以更好地进行师生互动。

(2) 教师可以更清晰掌握教学过程中的学生状态。

(3) 仿真实验室与移动终端的结合使课堂的效率得以提升。

(4) 学生对于移动终端的实用还不够熟练,可以多让学生感受利用移动终端的学习。

“曲线运动”教学案例

唐　超

一、教学准备

【案例应用类型】课堂教学

【主题说明】

本节课题为“曲线运动”，是人民教育出版社出版的《高中物理教科书(必修二)》第五章第一节的内容。本节是整章教学的知识基础。学生已经学习过直线运动，学习曲线运动时要了解它与直线运动的显著区别：速度的方向在变化。学生必须解决曲线运动速度方向的确定问题、曲线运动的性质以及物体做曲线运动的条件。教科书的叙述顺序是通过观察和实验，知道什么是曲线运动；再知道确定速度方向的方法，得出曲线运动是变速运动的结论，理解物体做曲线运动的条件。

【学时】1课时

【教学目标】

(1) 知道曲线运动是一种变速运动，知道曲线运动的位移和瞬时速度的方向，能在曲线的轨迹图上画出各点的速度方向。

(2) 知道物体做曲线运动的条件。能运用牛顿第二定律分析曲线运动的条件，掌握速度与合外力方向与曲线弯曲情况之间的关系。

【教学重点和难点】

本节内容重点在于让学生充分意识到速度的矢量性，从而理解曲线运动一定是变速运动的事实。本节难点在于得出物体做曲线运动的条件,因为曲线运动比直线运动多样复杂。所以本节课需要演示多样的实验和现象,让学生学会归纳总结的研究方法。可让学生自己抛掷身边可以找到的小物体,如橡皮、笔套等。让他们自己总结出让小物体做直线运动或曲线运动的各种抛掷方法,如平抛、斜上抛、斜下抛可以让小物体做曲线运动;竖直上抛、竖直下抛、自由落体可以让小物体做直线运动。接着让他们思考到底是什么不同导致了小物体运动形式的差异。

【技术应用与分析】

本节课的技术应用如下:

(1) 交互式白板的轨迹跟踪功能。

(2) 交互式白板的图形绘制功能。

(3) 平板电脑的答题自动批改、反馈功能。

(4) 平板电脑的白纸绘图功能。

(5) 平板电脑的当堂截屏、出题发送功能。

【特色活动设计】

利用交互式白板的轨迹追踪功能绘制斜上抛物体的运动轨迹,并让学生在白板上直接作图;利用平板电脑的题目发送和自动批改功能,及时反馈课堂效果,并针对学生的掌握情况,进行错题评讲。

二、教学过程

(一) 引入

(1) 活动目标:让学生找出直线运动和曲线运动运动轨迹的不同。

(2) 教学内容:曲线运动的定义:轨迹为曲线的运动称为曲线运动。

(3) 活动设计:观看赛车直线加速赛和八一飞行表演队的空中芭蕾表演。

(4) 媒体功能应用及分析:画面和音效,给学生以震撼,吸引学生的注意力。

（二）曲线运动的普遍存在性

（1）活动目标：让学生知道，曲线运动不仅存在于肉眼可观的尺度范围内，在原子内部和宇宙空间当中曲线运动也是普遍存在的，从而说明研究曲线运动具有重要的实际意义和价值。

（2）教学内容：原子核的核外电子总是永不停息地绕着原子核做曲线运动；太阳系中的所有行星也都在永不停息地做曲线运动。

（3）活动设计：学生发言指出生活当中的曲线运动的例子；配合动态图片，观察老师举出的小尺度和大尺度的曲线运动例子。

（4）媒体功能应用及分析：动态图片演示，给学生以直观的感受和深刻的印象。

（三）曲线运动的瞬时速度方向

（1）活动目标：激发学生探求曲线运动瞬时速度方向的兴趣和积极性。让学生最终总结出曲线运动速度方向沿曲线该点切线方向的结论。

（2）教学内容：链球运动员需要掌握好时机，让链球脱手以避免链球撞击到护网上。链球脱手以后由于惯性保持原有的运动状态，因此为了掌握好让链球脱手的时机，必须明确链球脱手之前做曲线运动某一瞬间的速度方向。通过观察陀螺边缘甩出的红墨水在白纸上留下的轨迹，发现红墨水留下的轨迹为直线，并且在将其反向延长之后与陀螺的边缘相切。最终总结出曲线运动瞬时速度的方向为该点曲线的切线方向。

（3）活动设计：观察链球运动员的投掷方式，观察链球场地周围的护网，为什么需要安装护网？链球脱手以后能不能人为控制它的运动？链球为什么继续运动下去？什么是惯性？因为链球脱手以后保持了原有的运动状态，所以为了保证链球脱手以后向正确的方向运动，必须明确链球在脱手之前做曲线运动的速度方向。观察小陀螺的实验，并描述实验现象。思考曲线运动瞬时速度的方向。观看链球投掷视频验证结论。老师从数学上对割线与期限的定义，以及物理上对平均速度与瞬时速度的定义，解释曲线运动瞬时速度方向沿曲线切线方向的原因。

(4) 媒体功能应用及分析:交互式白板绘制轨迹,清晰方便。

(四) 曲线运动的性质

(1) 活动目标:让学生应用曲线运动瞬时速度方向沿曲线方向的结论,巩固学生对曲线运动瞬时速度方向的认识,并得出曲线运动方向时刻变化的结论。让学生认识到曲线运动是一种变速运动。

(2) 教学内容:曲线运动上不同位置一般速度方向不同。速度是一个矢量,只要方向变化,速度就发生变化。因此曲线运动是一种变速运动。

(3) 活动设计:选择短道速滑运动员摔倒以后的运动轨迹,观看实际比赛视频验证结论;练习绘制一般曲线运动上三点的瞬时速度方向;通过与做直线运动的物体的速度方向进行对比,得出曲线运动速度方向时刻发生改变的结论;明确速度是一个矢量,方向变化意味着速度发生变化,从而认识到曲线运动是一种变速运动。

(4) 媒体功能应用及分析:通过平板电脑及相关软件的配合,将选择题或者画图题直接发送到学生的平板电脑上,在学生答题中和答题后,都可看到学生答题情况的实时反馈。

(五) 做曲线运动的条件

(1) 活动目标:让学生自主发现抛出物体的初速度不同导致了最终物体运动形式的不同,归纳总结出物体做曲线运动的条件。

(2) 教学内容:平抛、斜上抛、斜下抛可以让小物体做曲线运动;竖直上抛、竖直下抛、自由落体可以让小物体做直线运动。初速度方向与合外力方向不共线导致物体做曲线运动。

(3) 活动设计:小组合作抛掷小物体,使小物体做直线运动或者曲线运动;推荐一个代表总结发言,归纳所有使小物体做直线运动或曲线运动的抛掷方法;认识到抛掷出的物体在忽略空气阻力的条件下都只受重力,思考是什么原因导致物体做不同形式的运动;归纳出初速度方向与合外力方向不共线是物体做曲线运动的条件。

(六) 曲线运动轨迹的特点

(1) 活动目标:在老师的启发下让学生总结出曲线运动的轨迹总是处在速度与合外力方向之间。

(2) 教学内容:无论是受恒力的曲线运动还是受变力的曲线运动,轨迹特点都满足“轨迹处在速度方向与合外力方向之间”的特点。

(3) 活动设计:利用交互式白板对运动物体轨迹的追踪功能,绘制出斜坡物体的运动轨迹;让学生找到轨迹上物体上升阶段的某一点,最高点,以及轨迹上物体下降阶段的某一点,并直接在白板上绘制出这三点的受力方向和瞬时速度方向;全班同学一起观察,并在老师的提示下总结出曲线运动的轨迹总是处在速度与合外力方向之间;再举一个变力作用下的曲线运动,如月球在地球引力作用下做近似圆周运动的例子,验证曲线运动轨迹的特点。

(4) 媒体功能应用及分析:交互式白板具有尖端跟踪的功能,可利用这一功能追踪白板表面附近斜抛物体的运动轨迹。这种方式简单、直接、快速、有说服力,给学生以深刻的印象。

(七) 对比总结——运动的分类

(1) 活动目标:让学生认识到,无论曲线还是直线运动,受恒力的运动加速度恒定不变,被称为匀变速运动;受变力的运动,加速度发生变化,被称为变加速运动。

(2) 教学内容:运动可以分为直线运动和曲线运动。这两种运动又可以根据所受合外力是否为恒力分为匀变速运动和变加速运动。

(3) 活动设计:观察受恒力做直线运动的动画,观察受变力做直线运动的动画,老师把直线运动按照受到的是否为恒力分为匀变速直线运动和变加速直线运动,观察平抛运动和月球绕地球转动的两个曲线运动的例子,让学生对比之前对直线运动作出分类的方法,把曲线运动分为匀变速曲线运动和变加速曲线运动两类。

(八) 课堂巩固练习

(1) 活动目标:通过判断题巩固本节课所学到的所有曲线运动的基本概念和性质。

(2) 教学内容:根据和合力方向与速度方向是否共线判断一个运动是否为直线运动或曲线运动;根据物体所受合外力是否为恒力判断物体是做匀变速运动还是变加速运动。

(3) 活动设计：判断下列说法是否正确：① 速度变化的运动必是曲线运动；② 加速度变化的运动必是曲线运动；③ 曲线运动一定是变速运动；④ 变速运动一定是曲线运动；⑤ 曲线运动的速度一定是变化的；⑥ 做曲线运动的物体所受合力一定不为零；⑦ 物体在恒力下不可能做曲线运动；⑧ 物体在变力作用下一定做曲线运动；⑨ 加速度恒定的运动不可能是曲线运动。

(4) 媒体功能应用及分析：通过平板电脑及相关软件的配合，将事先编辑好的判断题直接发送到学生的平板电脑上，在学生答题中和答题后，都可看到学生答题情况的实时反馈，可以根据学生的课堂反馈情况快速地作出评价，对错误率较高的题目进行讲解。

三、教学反思

新媒体新技术能够激发学生强烈的学习兴趣，学生关注度高，参与度大，积极性强。由于平板电脑技术的介入，覆盖学生人数众多，效率高、速度快，提高了教与学的效率。本课当中使用的安卓平板教学系统对学生来说是一个相对较为封闭的环境，不能随意上网和使用软件，避免了来自网络的其他不良因素对课堂学习的干扰。电子化的网络教学系统当中涉及众多的网络与中间设备，使用过程当中的稳定性和兼容性是一大挑战。

(该课获 2014 年新媒体新技术教学应用研讨会暨第七届全国中小学互动课堂教学实践观摩活动案例评比二等奖)

“金属材料”教学案例

刘广祥

一、教学目标

（一）知识与技能

（1）认识金属材料与人类生活和社会发展的密切关系。

（2）了解常见金属的物理性质，能区分常见的金属和非金属。

（3）知道生铁和钢等重要合金，以及合金比纯金属具有更广泛的用途。

（4）了解物质的性质与用途的关系。

（二）过程与方法

（1）由学生的生活经验和对实物性质的讨论入手，让学生了解金属的物理性质，并学会区分金属和非金属。

（2）通过对生活中常见的一些金属制品材料选择的讨论，引导学生从多角度分析问题，并形成以下认识：物质的性质在很大程度上决定了物质的用途，但不是唯一的决定因素。

（3）通过实验比较黄铜片和紫铜片、焊锡和锡及铅的多种性质，认识加入其他金属可以改良金属特性，以及合金具有更广泛的用途。

（4）通过希沃白板5制作的有关“金属材料制品与其他材料制品分类”“金属之最搭配”小游戏，帮助学生巩固金属材料和金属之最的知识。

（三）情感态度与价值观

（1）通过日常生活中广泛使用金属材料等具体事例，认识金属材料与人类生活和社会发展的密切关系。

(2) 在了解金属性质的基础上,了解材料选择要考虑的问题:如价格、资源、是否美观、是否便利以及废料是否易于回收等。

二、教学重点

(1) 金属材料的物理性质。

(2) 物质性质与用途的关系。

(3) 合金与纯金属的比较。

三、教学难点

合金的概念和合金形成条件的理解,培养学生运用探究方法得出相关结论的能力。

四、教学过程

【板书】第八单元　课题1　金属材料

【活动】观看《美国队长》的电影片段。

【引入】这是电影《美国队长》中的主角遇见将来一直陪伴他的标志性武器——用振金制造的盾牌的片段。陪伴队长一直在追求自由和正义的道路上披荆斩棘。在故事中,“振金”是漫威世界里最坚硬的金属材料之一,今天我们就开始一起学习《第八单元课题1金属材料》,说起金属材料,同学们并不陌生。我们生活中常见的物品,如锅、壶、刀、水龙头等,他们大都是金属材料制成的。

【讲述】金属材料除了纯金属,也包括合金。人类很早就开始利用金属材料了。那么在历史上推动生产力发展的重要金属有哪些呢?

【板书】一、金属材料使用的历史

【讲述】人类发展的历史就是以金属材料的使用作为标志的。至今,铜和铁作为金属材料一直被广泛地应用着。铝的利用要比铜和铁晚得多，那仅是100多年前的事情。为什么铝到100多年前才开始广泛利用呢？（与冶炼难易程度有关），冶炼的难易与什么有关？这涉及金属的化学性质，我们下节课再具体讨论。

【活动】“金属材料制品与其他材料制品分类”小游戏。

【讲述】其实同学们已经积累了不少有关金属的感性知识。与氧气、氢气等非金属不同，金属具有一些相似的物理性质。

【图片展示】金属的一些物理性质和用途

【归纳】金属的性质和用途

【板书】二、金属的性质和用途

【讲述】除了共同性质，每种金属还有各自的特性，例如，铁、铝等大多数金属都呈银白色，但铜却呈紫红色，金呈黄色；在常温下，铁、铝、铜等大多数金属都是固体，但体温计中的汞却是液体……由此可知熔点最低的金属是什么？

【活动】“金属之最搭配”小游戏。

【金属的个性与用途】

金属的导电、导热性、熔点、密度、硬度等物理性质也各有不同，如表所示。这也使得不同的金属有了不同用途。

【讨论】

(1) 为什么菜刀、镰刀、锤子用铁不用铝制？

(2) 灯泡里灯丝用什么金属制成？为什么不用锡？用锡出现什么情况？

(3) 当我们选择做电线的金属时主要考虑什么性质？最好的是什么？为什么一般我们用铜？长距离输电时，有时候也会考虑使用导电性较差的铝导线(我国铝包钢绞线)原因是什么？

(4) 有的铁制品为什么要镀铬，如果镀金会怎样？

【总结】用途主要由性质决定，但还需综合考虑价格等多种因素。

【讨论】如果现在要选择制作1元、5角、1角硬币的材料，需考虑哪些因素？有没有同学直到现在不知道用的1元、5角、1角硬币使用的是什么材质？它们主要是纯金属还是合金？

【讲述】实际上，生产过程中我们大量使用的金属材料往往不是纯金属，而是它们的合金。

什么是合金？根据概念分析：① 合金从物质分类角度属于哪一类物质？② 合金中是否一定含金属？可不可能有非金属？③ 金属特点是什么？

在众多合金中，人们使用最多的要数铁合金了，生铁和钢就是使用最广泛的两种铁合金。

【板书】三、合金

【讲述】你现在能否说出生铁和钢的差异？据此，大家猜猜将生铁百炼成钢，需要怎么做？

从汇报中，我们可以发现生铁和钢比纯铁更硬，不锈钢的耐腐蚀性也比铁好得多。那么合金与其成分金属的性质有何差异？我们先来看硬度。

【视频】纯金属和合金的硬度比较。看到什么现象？说明有什么硬度关系？由此得到什么结论？

【视频】接下来我们比较合金与成分金属的熔点。我们以焊锡和武德合金为例进行分析。焊锡是锡铅合金，主要用于焊接金属，武德合金是铅、铋、锡、镉组成的合金，主要用做保险丝，电路中电流过大时，熔断保护电路。从用途来看，合金熔点较高还是较低？进一步分析表中数据，你得到什么结论？

【综上所述】合金一般比其成分金属硬度大，熔点更低，抗腐蚀性通常更好，正因为性能优于纯金属，因此用途更广。

【讲述】目前制得纯金属只有 90 多种，但制得合金已过几千种，除之前介绍的铁合金，常见的还有铜合金、铝合金、金合金、钛合金，常用的有黄铜、青铜、白铜。黄铜强度高，耐腐性好，可作水管、散热器；青铜耐腐蚀性很好，可用作轴承、锁具等；白铜易加工、耐腐蚀，可用作铜币，光泽好美观，可代替银制饰品。

铝合金密度小耐腐蚀性好，广泛用于门窗等建材、锅具等生活用品等诸多领域，其中硬铝强度大，用于火箭、飞机、轮船等。

金合金中常见的是 18K 黄金，其中 K 是纯度指标，24K 理论上是含金量100%,18K含金量为75%,它比纯金更耐磨,常用作饰品、钱币。

随着科技发展,越来越多新型合金被制出来并逐步在生产生活各个领域得到了应用。

【讲述】钛和钛合金的性能:钛合金密度小,抗腐蚀性能非常好,可塑性好、机械性能好。钛合金与人体有很好的"相容性"。

【分组实验】形状记忆合金制作的金属丝放到热水中恢复"五角星"形状。

【讲述】形状记忆合金的简介

【讲述】其实合金的不同特性除了与合金成分有关,也与金属加工工艺有关,淬火和回火是金属热处理中常用的方法,请同学们课后实验并查阅资料,了解这种处理方法对金属硬度、韧性等性能的影响。

【小结】面对本节课的学习,我们知道了金属材料曾经在历史进程中起到了推动生产力的发展的重要作用。现在金属材料依旧发挥着不可替代的作用。所以我们要掌握好金属材料的性质,善加利用,让金属材料在未来使世界变得更加美好!

五、板书设计

8.1　金属材料

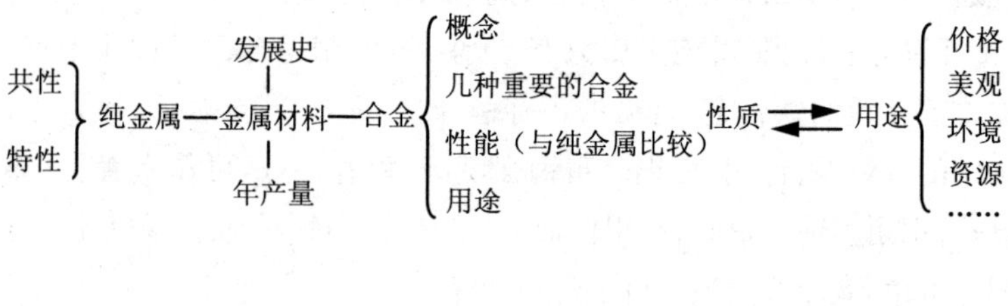

六、教学反思

这节课的设计,主要依据《义务教育化学课程标准(2011年版)》,

一方面让学生了解金属的物理性质，另一方面知道在金属中加入其他元素可以改变金属材料的性能，知道生铁和钢等重要合金，同时也让学生认识金属材料在生产、生活和社会发展中的重要作用。

整个过程，以学生为主体，基于学生体验为落脚点，不断联系生活、联系实际，从生活出发，从实验出发，从实实在在的图像、感受、实验现象出发，不断地组织学生讨论、分析、归纳、概括，有利于提升学生分析问题、解决问题的能力。本节课的课件制作用到"希沃白板5"，其中的两个相关小游戏能提高学生的学习兴趣，有利于激发学生学习的积极性和趣味性。

（该课获2018南京市信息化能手比赛课堂教学现场赛特等奖）

“‘铁与人体健康——铁的重要化合物’复习课”教学案例

周　勇

一、教学准备

【教学目标】

（1）复习铁离子、亚铁离子的性质检验相互转化和在生产生活中的具体应用。

（2）对学业水平测试第24题和第26题的相关训练。

（3）培养学生在e环境中学会自主、合作、探究。

【课前准备】布置学生上网查阅铁元素与人体健康的关系

二、教学过程

【引入】铁与我们日常生活密切相关，它与人体健康有何关系？

【学生】学生根据查阅铁元素与人体健康有关资料进行汇报。

【展示】铁与人体健康有关录像。

【教师】铁是人体内第一大必需的微量元素，是血红蛋白重要组成。

【教师】某同学近期有下列症状：头痛、上课注意力不集中、记忆力减弱等，医生建议检查血常规，展示验血报告单，数据显示患者的血红蛋白含量明显偏低。诊断——缺铁性贫血，贫血就要补血。展示常见补血剂。

（一）实验探究一——设计实验鉴别补铁性药片中含有的是亚铁盐还是铁盐?

【学生】分组讨论发言

设计方案：取样→研磨→盐酸酸溶→取样加入 KSCN→加入氯水或 H_2O_2 溶液→观察现象?→得出结论。

【展示】亚铁血红蛋白的携氧示意图。

【结论】Fe^{2+} 是血红蛋白的重要组成，所以亚铁盐是一种常用的补血剂。高铁血红蛋白无携氧功能。

【教师】检验 Fe^{3+}、Fe^{2+} 有哪些方法? 其中哪种更准确更灵敏?

【学生甲】根据溶液颜色，Fe^{3+} 是棕黄色。

【学生乙】我认为可以选择氢氧化钠溶液。

【归纳】列表对比 Fe^{3+} 的三种检验方法并进行评价

【思考】阅读补铁药使用说明书思考：药片包衣的作用是什么?为何与维生素 C 同服，有利于吸收?

【学生】防止亚铁离子被空气中氧气氧化成铁离子。

【学生】维生素 C 是抗氧化剂，具有还原性，可以将人体无法吸收的铁离子变成易被人体吸收的亚铁离子。

【学生】反思总结：Fe^{3+}、Fe^{2+} 相互间的转化

$Fe^{2+} \rightarrow Fe^{3+}$：化合价升高，被氧化，需要加入氧化剂。

常见的氧化剂 O_2、Cl_2、H_2O_2、酸性 $KMnO_4$、HNO_3 溶液等

$Fe^{3+} \rightarrow Fe^{2+}$：化合价降低，被还原，需要加入还原剂。

常见的还原剂 Fe、Cu、S^{2-}、I^-、Vc 等。

【应用】亚硝酸盐中毒，如何急救?

【学生丁】吃生鸡蛋。

【学生戊】喝牛奶。

【教师】喝牛奶、生鸡蛋是重金属盐中毒的处理方法，上网查亚硝酸盐中毒的原因。

【学生】误食亚硝酸盐(具有较强氧化性)则导致血红蛋白携氧能力降低而中毒。服用维生素 C 可解除。

【教师】铁是不是越多越好呢?

铁是人体需要的微量元素，不缺铁就不需要补，过量的铁摄入会导致中毒。

（二）实验探究二——设计实验测定该补血剂中铁元素的含量

【学生】分组讨论，在 QQ 群中发帖展示。

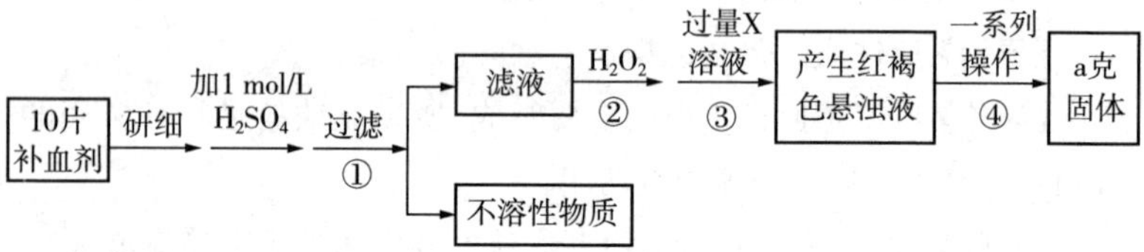

【教师】步骤④中一系列处理的操作步骤有哪些？

【学生】过滤、洗涤、灼烧、冷却、称量。

【问题】如何检验洗涤干净？怎样冷却？怎样做到固体已灼烧分解完全？

【计算】若实验无损耗，每片补血药中铁元素的含量是多少？

【延伸】步骤①得到的滤液加水配成 100 mL 溶液，取 25 mL 溶液，用 a mol/L 酸性 $KMnO_4$ 溶液进行滴定：$5Fe^{2+} + MnO_4^- + 8H^+ = 5Fe^{3+} + Mn^{2+} + 4H_2O$ 消耗 $KMnO_4$ 溶液的体积为 b mL。每片补血剂含铁元素的质量是多少？

【教师】上述方案：沉淀法和滴定法，哪个更好？

设计实验的原则：科学性、简约性、绿色化、经济性。

【教师】古人云：药补不如食补，你们知道哪些食品中含铁较多吗？

【作业】通过网络对下列关键词的进行检索，完成一篇小论文，并将你的收获与你的同学、朋友、父母等进行交流。关键词：补铁试剂、含铁食品、维生素 C。

三、教学反思

本节复习课以现实生活中“补铁”问题作为情境线，引导学生在生活中发现问题，分析问题，最后利用化学知识来解决生活中的问题。可以说是从生活到化学，又从化学回到生活，生活情境成为本节课的明线，而化学知识成为暗线。并摸索将 iPad 融入课堂教学。

在课堂上充分发挥轻便的手持移动终端的功能，引导学生“跳出教材”，通过网络等资源拓宽学习途径，丰富教材内容，拓展课堂的时间和空间，让学生涉足的领域更为广泛。同时学会运用有效手段，收集加工化学资料与信息，能用文字、图表、化学用语来表述有关信息。

尝试在“e 学习”环境中凸显学生主体性，体验它的互动性、及时性和个性，通过小组合作的学习方式，在 QQ 群中发帖展示，让学生懂得改进与分享，体验分工与合作在小组活动中的作用，促进其主动与他人交流，能清楚地表达自己的观点，欣赏他人，形成良好社交技能，有利于培养学生多方面的能力，同时提高了课堂的有效性和针对性，优化现有课堂教学模式。

“二氧化碳制取的研究”教学案例

韩恩峰

一、教学目标

（一）知识和技能

（1）掌握实验室制取二氧化碳的反应原理和方法。

（2）能设计出实验室制取二氧化碳的简易装置。

（3）了解实验室制取气体的一般思路。

（二）过程和方法

（1）通过实验室制取氧气的复习和对比，确定实验室制取二氧化碳的装置、验证方法，进一步得出实验室制备气体的一般思路和方法。

（2）通过多种能得到二氧化碳的反应原理的分析，得出选择大理石（或石灰石）与稀盐酸反应制备二氧化碳的原因，引导学生得出实验室制备气体时，还需要考虑的一些基本因素，使学生的知识得到整合和升华。

（3）通过引导、点拨、激励，在实验设计的探究中运用对比、分类、归纳、概括等方法，培养学生认识问题、分析问题、解决问题的能力。

（三）情感态度和价值观

（1）通过分析和探究实验室制取二氧化碳的方法，使学生初步形成对实验观、分类观、科学价值观的认识；在学生进行具体问题具体分析的过程中进行辩证唯物主义教育。

(2) 培养理科学习中严密的逻辑思维能力。

(3) 通过相关实验的探究分析，激发学生探究的兴趣。

二、教材分析

本课是九年级上册第六单元课题 2 第一课时教学。通过第二单元氧气实验室制法的学习，学生已基本掌握了实验室制备气体的一些思路，还掌握了一些物质之间反应可以生成二氧化碳的知识。该课题主要研究实验室中制取二氧化碳。教材首先给出了制取二氧化碳的反应原理，然后，让学生从反应物的状态、反应条件、气体密度与空气密度的比较、气体的溶解性以及是否与水反应等因素，来确定二氧化碳的发生和收集装置。这是本课题知识的核心部分，而且涉及面的广度是学习本门课以来少见的。

教材还给出了一些仪器，用活动与探究的方式，由学生自己组装二氧化碳的制备装置，并进行讨论与反思。这是本课题培养技能及方法的核心内容。

最后，利用设计的装置制取二氧化碳并验证，这是该课题检验学习成果和进行及时评价的平台。

在“学完本课题你应该知道”中，总结了实验室中制取气体的思路和方法，这是难点之一。本节课学生通过制取二氧化碳的研究与实践，将为进入高中阶段进一步学习其他气体的制取打下扎实的基础，这样的设计符合学生的思维发展，有利于提高学生不断探索、不断创新实践的科学学习态度。

三、学情分析

学生对实验室里如何制取气体已经有了初步的认识。知道了实验室常用三种方法来制取氧气(高锰酸钾加热；氯酸钾和二氧化锰混合加热；过氧化氢溶液和二氧化锰混合)。由于反应物的状态和反应条件不同，它们的制取装置不同。通过氧气性质的学习和收集装置的结合，学生也有了选择收集装置的部分经验。通过氧气制取的学习，学生已基本具备一定的实验操作技能和设计实验的能力，在前期的学习中也培养了勤于动手、善于合作的科学探究素养，这都为本节课的探究活动顺利开展奠定了基础。但由于学生接触化学的时间不长，实验动手能力和分析能力较弱，还不具备自主的实验探究能力，需要教师及时提醒一些操作规范，探究过程中多些引导。

生活中，学生已经积累的经验：二氧化碳的密度比空气大；不燃烧也不支持燃烧；可以灭火等。学习中，学生已经知道一些能产生二氧化碳的反应原理，但却不知道怎样选择才适合实验室制备气体，以及还需要考虑的因素。教师要利用学生已有的知识对其进行引导，使知识得到补充完善；及时回归课本，使原有知识得以升华，使能力得到提升。本节课中学生的实验探究体验将为后续学习中的各类探究活动积累经验，活动中的小组分工合作意识、动手能力、实验设计能力将进一步增强，为下一阶段的学习乃至进入高中阶段的学习做了很好的铺垫。

四、教学设计思路

在“二氧化碳制取的研究”的教学设计中，注重的不再是教师的教，而是让学生如何依据自己的实际情况尝试进行自主的建构、学会一定条件下的自主学习。教学内容安排上主要设计：二氧化碳制取的化学反应原理、实验装置、实践制取二氧化碳三个环环相扣的教学环节，方法与过程则采用“启发质疑—实验探索—总结实践”三个步骤。做到从学生已有知识出发呈现问题，通过探究解决问题，实现主动获取知识、发展能力的主体发展教育。教学中，教师更多的是作为学生学习活动中的指导者、参与者、合作者、服务者，与学生之间努力体现出一种平等协作的关系。

本节课的教学设计中多处体现多媒体技术的整合运用，看似简单、不够华丽，但却很实用。这些技术的合理、协调使用将丰富知识的呈现形式，变换角度引起学生的注意力，激起学生的学习兴趣，提高课堂效率。

【教学重点】

(1) 实验室制取二氧化碳原理和装置的探究。

(2) 实验室制取二氧化碳装置的设计。

(3) 归纳实验室制备一般气体的步骤。

【教学难点】

实验室制备气体的知识整合和能力的培养。

【教学准备】

(1) 所需的药品和用品：稀盐酸、(块状)石灰石、稀硫酸、碳酸钠、浓盐酸、澄清石灰水、火柴。

仪器：集气瓶、玻璃片、试管、导管(单孔)、药匙、镊子、酒精灯等。

(2) 制作 PowerPoint 课件。

(3) 供学生上课用的学案。

五、教学过程

(一) 导入新课

投影图片：

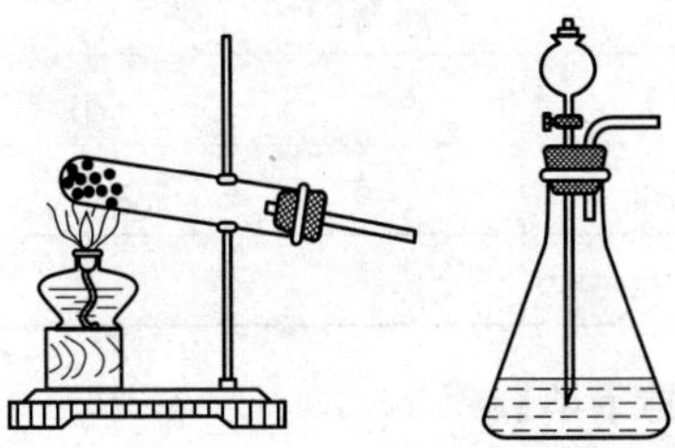

A　　　　B

由图中的装置我们能联想到第二单元学过的哪个实验？……“实验室制取氧气”

A、B 装置都可以用作实验室制取二氧化碳的**发生装置**吗？二氧化碳气体究竟是怎样制取的呢？本节课我们将一起来研究。

（二）探究活动一——探究实验室制取二氧化碳的反应原理

在我们学过的反应及生活常识中，有哪些可以产生二氧化碳呢？它们适合用于实验室制备二氧化碳吗？（根据学生回答酌情进行补充，同类例子进行归纳，引导学生分析不适合的理由。）

（1）含碳元素物质的燃烧。（不适合，制得的气体可能不纯）

（2）呼吸作用。（不适合，制得的气体可能不纯）

（3）晃动汽水等碳酸饮料瓶获得。（不适合，成本较高）

……

【教师讲述】通过讨论，由于制得的气体可能不纯、成本较高等原因，以上这些反应都不适宜运用实验装置，在实验室中制取二氧化碳。下面，老师再向同学们介绍三个能够生成二氧化碳的反应，让我们通过一组较为粗略的对比实验，看看哪些反应适合实验室制取二氧化碳。

【学生分组实验】

※投影实验内容

按照下表的“药品组合”，逐一取试管进行实验，并填写现象与结论。

药 品 组 合	现象 反应是否有气泡、 速率的快与慢	结论 是否适合实验 室制 CO_2
稀盐酸和碳酸钠粉末		
稀盐酸和块状石灰石		
稀硫酸和块状石灰石		

【投影实验注意事项】

（1）碳酸钠粉末、块状石灰石已加入试管中，请在实验时核对标签。

（2）请用“倾倒法”向贴有对应标签的试管内加入稀盐酸或稀硫酸，酸液浸没固体即可，注意节约试剂，并控制三支试管中酸溶液量近似相等。

(3) 注意规范操作,注意安全。

(4) 实验时要注意观察和对比三支试管中气泡产生的快慢,并及时将实验中观察到的现象记录在表中。

学生实验,教师巡回指导。

交流汇报探究实验结果。

【教师讲述】针对上述实验现象,同学们想一想,实验室里制取二氧化碳的最佳反应是什么?(学生思考后得出结论:稀盐酸和石灰石的反应速率适中,适用于实验室制取二氧化碳气体。)那么,能不能用石灰石与浓盐酸的反应呢?

【演示】浓盐酸的挥发性,并闻浓盐酸的刺激性气味。

引导学生回答:石灰石与浓盐酸反应会导致制取的二氧化碳气体中,混入氯化氢气体或杂质。所以,不宜选择浓盐酸作原料。

整理实验原理的确定因素。

【讲述】确定实验室制取气体的反应原理时,我们要综合考虑以下因素:制得的气体较纯;原料成本较低;反应速率适中等。由于石灰石和稀盐酸的反应符合上述几点要求,因此,我们将该反应确定为实验室制取二氧化碳气体的反应。

【边投影边讲述】大理石的主要成分是碳酸钙,因此,也可以用大理石来替代石灰石与稀盐酸反应。该反应的原理是,石灰石或大理石中的碳酸钙与稀盐酸中的氯化氢反应,生成氯化钙和碳酸,碳酸不稳定,很容易分解成二氧化碳和水。将第一个反应式中的碳酸用水和二氧化碳加以替换,这样,就得到了该反应的总的化学方程式。

【投影反应原理】

$CaCO_3+2HCl=\!=\!=CaCl_2+H_2CO_3$;$H_2CO_3=\!=\!=H_2O+CO_2\uparrow$

总反应的化学方程式:

$$CaCO_3+2HCl=\!=\!=CaCl_2+H_2O+CO_2\uparrow$$

【过渡】确定了实验室制取二氧化碳的原理,接下来,我们该研究什么呢?

……制取装置!

（三）探究活动二——探究实验室制取二氧化碳的装置

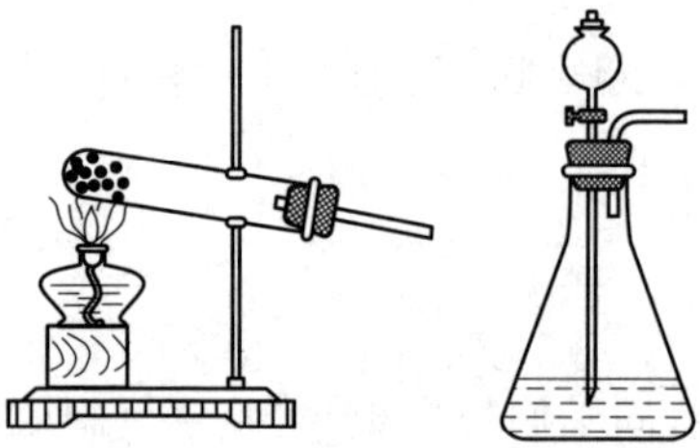

A　　　　B

投影图，呼应并解决本课开始时提出的问题。

师生活动(学案)。

例 1　请根据下列装置图，回答有关问题：

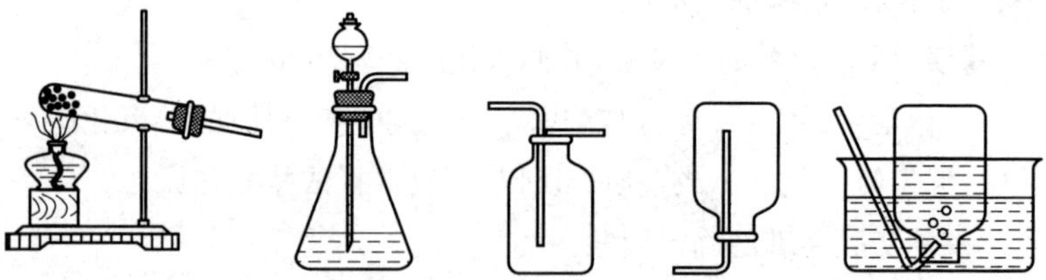

A　　B　　C　　D　　E

(1) 上述装置中你会如何选择组合成制取二氧化碳的装置________________。

(2) B装置中用到了长颈漏斗，该仪器的作用是什么？________________。

(3) 在实验室制取二氧化碳时，下列仪器中，哪些可以代替长颈漏斗？________________，哪些可以代替锥形瓶？________________。

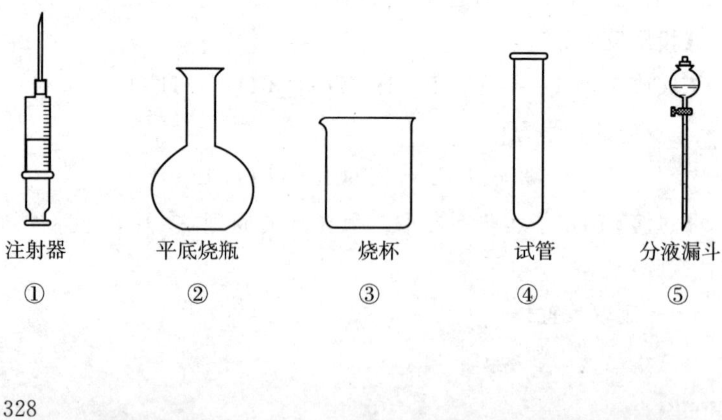

注射器　平底烧瓶　烧杯　试管　分液漏斗

①　②　③　④　⑤

(4) 小雨同学想用碳酸钠粉末和稀盐酸反应来制取二氧化碳，为了较好地控制反应速率，应选用的发生装置是________________(填字母)。

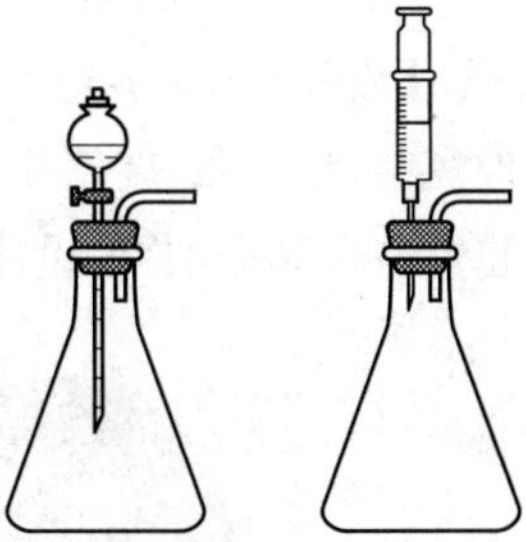

A　　　　B

问题1：确定二氧化碳的发生装置时要考虑的因素(反应物的状态和反应发生的条件)，请一位同学说一说这两个方面的情况(固体和液体；不需要加热)。由此可推知，实验室制取二氧化碳的发生装置和哪一个制取氧气反应的发生装置相似(过氧化氢溶液的分解)。

问题2：确定二氧化碳的收集装置时要考虑的因素(二氧化碳的密度、溶解性、能否与水反应)。虽然二氧化碳的性质是本单元课题3的学习内容，但相信同学们对此已经有了一定的了解(学生表述，老师补充：密度比空气大；能溶于水；能和水发生反应)。由此可推知，收集二氧化碳气体应该采用向上排空气法。

【教师】结合学生的回答，确定实验室制取气体装置时必须考虑的因素，逐渐变得清晰而且有条理。如果学生有语言表述不清楚的地方，及时引导学生阅读课本第113～114页相关内容，明确选择气体发生装置和气体收集装置时应考虑的因素，掌握选择的方法。

【过渡】同学们对实验室制取二氧化碳装置的认识已经到了能选择、会变通的地步，如果给出若干种实验仪器，相信同学们也一定能够设计出富有个性的实验装置来。现在有请几位同学到台前来点击屏幕上的仪器，设计组接装置，要求每位同学设计的装置不能相同。

师生活动(投影)。

学生设计实验装置(媒体呈现仪器，学生点击组装)，教师或学生适当点评。

【过渡】通过刚才的学习，我们确定了制备二氧化碳气体的反应原理及制取装置的选择，接下来，就要请同学们亲自动手操作一下如何制取一瓶二氧化碳并验满。

（四）探究活动三——制取一瓶二氧化碳气体并验满

【教师】假如，我给大家只提供这些仪器：大试管、单孔带导管的橡皮塞、集气瓶、玻璃片。你能组装一套适合实验室制取二氧化碳的装置吗？请画出你的设计草图。（投影上述仪器的图片）

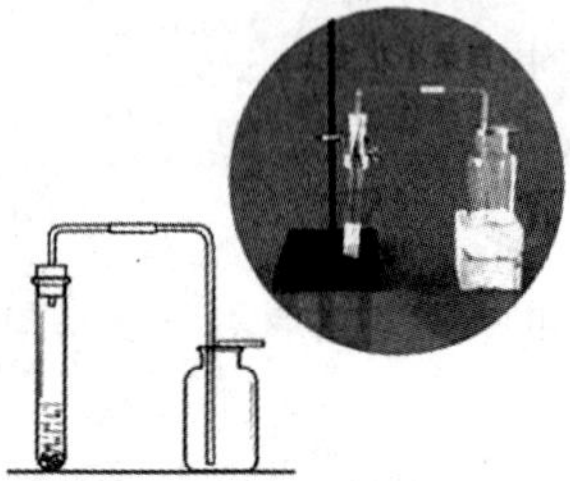

【学生】设计并展示成果。

（1）学生回忆操作步骤

（2）媒体投影

a. 按要求连接好仪器

b. 检查装置的气密性

c. 装入药品（先加固体，后加液体）

d. 收集并验满气体

（3）讲述：至于相关的操作要点，请同学们在实验过程中自行回忆，同组的同学要相互提醒，密切配合！

（4）学生实验，教师巡回指导。

（5）请两位同学汇报实验成果。

（找一位学生）你准备用什么方法说明你收集到的气体是二氧化碳？

（另一位学生）你收集到的二氧化碳气体充满集气瓶了吗？把验满方法给大家演示一遍。

【课堂小结（投影）】

（1）过渡：本节课的学习任务已经基本完成了，请同学们想一想，今天这节课你的收获有哪些？

（2）学生回答本节课所学到的知识，所运用的方法。完成本节课的板书内容要点。

（3）结束语：从刚才的发言中不难看出，本节课，同学们不仅学到了一些新的知识，也感悟了不少新的方法，有了知识垫底，有了方法引路，今后，同学们必将在科学学习的道路上轻松探索，快速前进！今天的课后作业是如下：

【布置作业】

（1）完成课本116页六道习题。

（2）利用家庭里的物品，设计并完成制取二氧化碳气体的实验。

五、板书设计

课题2　二氧化碳制取的研究

(一) 反应原理

(1) 原料:石灰石(大理石)和稀盐酸反应

固体　　　　　液体

(2) 原理:$CaCO_3 + 2HCl = CaCl_2 + H_2O + CO_2\uparrow$

(二) 制取装置

发生——固、液;不加热。

收集——向上排空气法。

(三) 实验步骤:连、查、装、收。

学案:略。

(该课获2012年南京市信息化教学能手大赛一等奖)

“生物群落的基本单位——种群(第1课时)”教学案例

杨克俊

一、学习目标

(1) 知识目标:说出种群的概念,列举种群的特征。

(2) 能力目标:会灵活运用样方法和标志重捕法调查某生物种群的密度。

(3) 情感态度与价值观目标:在模拟实验过程中体验科学实验的研究方法,形成合作创新意识。

二、教学过程

【引入新课】视频

【新课】

种群的概念:在一定时间内占据一定空间的同种生物的所有个体称为种群。

【课内评估1】

下列各项属于种群的有　　　　　　　　　　　　　　(　　)

A. 一片森林中的全部蛇　　　　B. 一块草原上全部成年绵羊

C. 两个池塘里的全部鲫鱼　　　D. 一片农田里的全部水稻

种群的特征分为空间特征和数量特征。

1. 种群密度是指单位面积或体积内某一种群全部个体的数量,

是种群最基本的数量特征。

思考:测定种群密度常用的方法有哪些?

(1) 样方法

① 样方法:____。

② 范围:____。

③ 积极思维:如何测定菜地中蜗牛的种群密度?

④ 学生阅读教材,思考与讨论:① 样方的选择　② 计数　③ 算平均值

(2) 标志重捕法

① 标志重捕法:____。

$$\frac{\text{标准数}\ M}{\text{种群数量}\ N}=\frac{\text{重捕中标志数}\ m}{\text{重捕个体数}\ n}$$

② 假定:重捕取样中的标志个体所占比例与样地个体总数中的标志个体比例相等。

③ 前提:____。

④ 在标志重捕法操作中应注意事项:P. 62 页。

⑤ 范围:____。

⑥ 边做边学(模拟实验):模拟动物种群密度调查的标志重捕法。

【实验原理】重捕取样中的标志个体所占比例等于样地个体总数中的标志个体比例。

【实验目的】掌握动物种群密度调查的标志重捕法。

【实验器材】置物筐、托盘、烧杯、蓝色玻璃球和黄色玻璃球。

【实验步骤】

① 从筐中取出 20 个蓝色玻璃球放入烧杯中,再将盘中的 20 个黄色玻璃球放入筐中。(思考:哪种玻璃球代表标志动物(M)?)

② 充分混匀后,从筐中取出一捧玻璃球(n),计数;再数出其中黄色玻璃球数(m)。

③ 计算蓝色玻璃球总数(N)。

④ 重复 2～3 次,求 N 的平均值。

统计记录表：

	标志数（M）	重捕数（n）	重捕中的标志数（m）	估算总数（N）	估算平均值
第 1 次					
第 2 次					
第 3 次					

讨论：如何减少“种群密度”调查中的误差？________________________。

2. 探讨：种群还有哪些特征与种群数量有关？这些特征与种群密度有什么关系？

【课内评估 2】

1. 种群是由个体组成的。下列各项中，不属于种群特征的是 （　　）

A. 种群密度　　B. 出生率和死亡率

C. 年龄结构　　D. 寿命

2. 一生物兴趣小组的同学在牛首山用样方法调查某珍稀蝶类幼虫的种群密度，统计出 5 个样方（样方面积为 1 hm^2）的种群数量分别为 4、6、8、8、9 只。那么，该种蝶类幼虫的种群密度（单位：只/hm^2）是 （　　）

A. 4 只/hm^2　B. 7 只/hm^2　C. 8 只/hm^2　D. 9 只/hm^2

3. 在某池塘中，第一次捕获鲫鱼 100 条，做上标记放回后，第二次捕获鲫鱼 90 条，其中有标记的 25 条，则池塘中共有鲫鱼 （　　）

A. 29 条　B. 360 条　C. 390 条　D. 394 条

4. 下图为人类种群年龄结构的 3 种类型，哪种类型的种群数量在一段时间内保持相对的稳定？

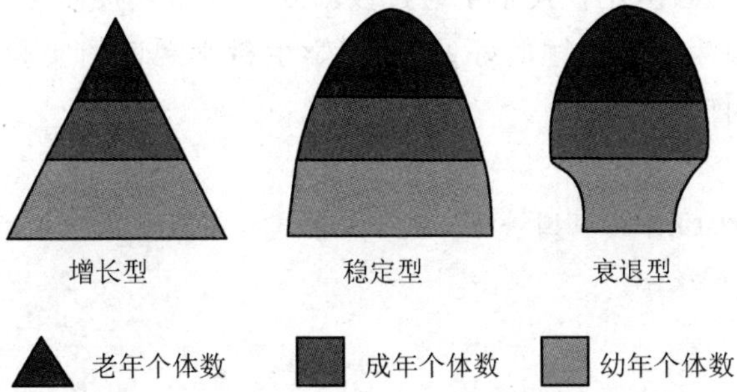

【拓展探究】用样方法调查草地中某种双子叶植物的种群密度。

【作业】完成学案。

三、教学反思

(1) 本节课的容量大,涉及很多概念,课上给学生时间利用 iPad 收集图片资料,并允许资源共享。引导学生利用图片资料来分析这些概念,帮助学生理解这些概念,从而能正确运用这些概念判断生物学现象。这样的学习过程,由直接的感性认识上升为理性认识,符合学生的认知规律,也能培养学生知识迁移能力,有效解决了课容量大的问题。

(2) 课前,请有特长的学生依据《微观世界》,制作了微视频来引入新课,清晰的画面、真实的动物生活场景,极大地调动了学生的学习兴趣。

(3) 样方法测定植物种群密度部分内容比较抽象,学生不易理解,也可以用微视频来说明样方法测定植物种群密度的实验及统计数据的方法。

(4) 动物会移动,标志重捕法在教室调查动物种群密度是不可能的,只能进行模拟动物种群密度调查的标志重捕法实验。多次实验取其平均值,可以减少实验误差。可以采用电脑统计每个小组的实验结果,全班学生可以分成 15 个小组,这就相当于 1 个小组重复 15 遍,以最先做好的小组为第一组,以此类推,引入竞争机制。这样，不仅使学生通过数据处理结果直接体验运用数学办法解决生物学问题的好处，培养学生科学严谨的实验态度，还能节省时间。

（2015年省级国培项目高中生物骨干教师提高培训班示范课）

“植物生命活动的调节”教学案例

李可祥

一、教学准备

【案例应用类型】课堂教学

【主题说明】

植物体内不仅有生长素，还有赤霉素、细胞分裂素、脱落酸和乙烯等其他植物激素。这些植物激素在植物体内也具有很重要的作用。植物体的生长发育、开花结果等是受到植物体内多种植物激素共同控制的。每种植物激素除了有它独特的作用外，它们之间还具有协同作用或拮抗作用的关系，它们共同使生命成为一个极其复杂的自我调控系统。

植物激素在植物体内含量极微，难以提取，价格高昂，所以只能用于科学研究，而难以用于生产实践。科学家们合成和筛选出许多化学结构和生理特性与植物激素功能相似或相对抗的活性物质，就称之为植物生长调节剂。人工合成的植物生长调节剂，价格便宜，种类齐全，被广泛地应用于农业生产。然而，植物生长调节剂的应用也引起了当今人们的很大争议。本节课有实验和大量的与生产、生活相关的内容，利用 iPad 和无线网络搜集相关资料可以开阔学生的视野，提高学生搜集有效资料的能力。

【学时】40 分钟，1 课时

【学习目标】

(1) 知识:

① 知道植物体内除生长素以外的其他植物激素,了解它们的合成部位及主要作用。

② 理解植物的生长发育是受植物体内多种植物激素协调控制的。

③ 了解植物生长调节剂在农业上的应用。

(2) 能力:

① 分析问题,和学生共同探讨植物体内的其他植物激素。

② 通过实例,让学生了解植物体是一个由多种激素共同控制的复杂的系统。

③ 培养学生利用 iPad 搜集网络信息的能力。

(3) 情感态度与价值观:

通过各种激素的发现过程的简介,教育学生具有严谨的科学实验作风、不断探索新知识的精神,实事求是的科学态度。

【教学重点和难点】

(1) 重点

① 植物体内的五种植物激素。

② 植物体内所有激素相互协调,共同发挥作用。

③ 植物生长调节剂在生产上的应用。

(2) 难点

① 植物体内的激素产生部位以及它们的生理功能。

② 植物体内所有激素相互协调,共同发挥作用。

【技术应用与分析】

iPad,多媒体电脑、触屏显示器等现代化的教学媒体和无线网络。

iPad:可以用于学生上网搜集资料,领取学习任务,完成课前和课堂的反馈练习。还便于教师深入学生中开展教学活动,拍摄生物课外兴趣小组的活动等。

多媒体电脑:可用于开展播放 PPT 课件,视频等教学活动。

触屏显示器:可增加教师与学生的互动性。

无线网络:是便于学生上网搜集资料必不可少的手段,它大大缩短了课堂与世界的距离。

【特色活动设计】

(1) 利用 iPad 课前拍摄生物课外兴趣小组“利用乙烯利催熟香蕉的实验”过程,在课堂中播放。

(2) 课堂中针对“如果你是水果销售员,面对半青不熟的水果,你认为应当使用乙烯利催熟吗? 作为一个消费者,你又怎么看?”的问题,全班同学利用 iPad 上网搜集有关证据,分正反方展开辩论。

(3) 课前的复习练习和课堂的反馈检测,可以当堂进行,及时批改和反馈。

二、导入新课

教师将与上节课内容有关的下列复习题,发送到每个学生的 iPad 上。

1. 将燕麦胚芽鞘置于两块琼脂块上,并用云母片(具不透水性)插入燕麦胚芽鞘的尖端部分,如下图所示,从右侧照光,培养一段时间后,扩散到琼脂上的生长素浓度为(　　)

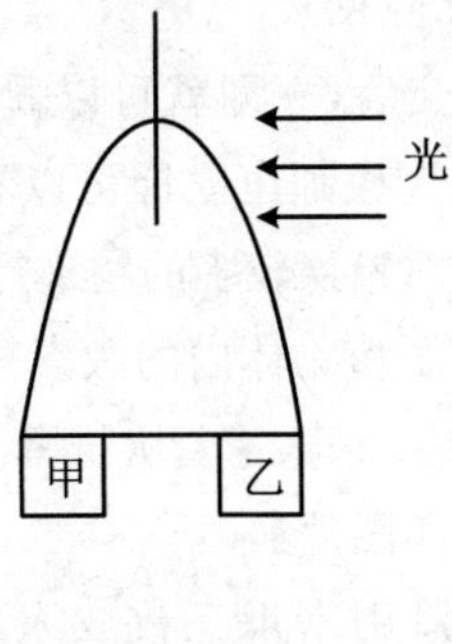

A. 甲>乙　　B. 甲<乙

C. 甲=乙　　D. 不能进行对比

2. 下列关于胚芽鞘生长与向光性的各种实验研究中,采用的方法和目的不一致的是(　　)

A. 将胚芽鞘置于黑暗与单侧光下,观察单侧光对其生长的影响

B. 用锡箔帽和锡箔环套在胚芽鞘尖端与尖端下面一段,研究其感光部位

C. 将切除尖端的胚芽鞘与完整的胚芽鞘一起培养,观察尖端对其生长的影响

D. 将含 IAA 琼脂块与空白琼脂块分别放在切除尖端的胚芽鞘上,研究其向光性原理

3. 下列关于植物生长素生理作用的叙述正确的是(　　)

A. 顶芽生长占优势时侧芽生长素的合成受到抑制

B. 燕麦胚芽鞘中生长素的极性运输与光照方向无关

C. 草莓果实的自然生长过程与生长素无关而与乙烯有关

D. 温特实验中的生长素从胚芽鞘尖端基部进入琼脂块的方式是主动运输

4. 用生长素类似物除去水稻田中的杂草,其原理与下列实验相似的一项是(　　)

A. 用一定浓度的生长素培育无子番茄

B. 用一定浓度的生长素促进扦插枝条生根

C. 除去发育着的种子,子房发育停止

D. 植物的顶端优势现象

学生做完上述题提交后,立即就可以看到答案(1. C　2. D　3. B　4. D)并进行订正。教师也立即可以看到每道题的得分率和错误的学生名单,可以针对错误较多的题进行讲评。

师:上节课我们学习了植物体内的激素——生长素,植物体内是不是仅有这样一种激素呢?请大家看大屏幕。

【PPT展示一段文字和图片】

"红柿摘下未熟,每篮用木瓜三枚放入,得气即发、并无涩味"(宋·苏轼《格物粗谈·果品》)。这种"气"究竟是什么呢?人们一直不明白。到 20 世纪 60 年代,气相层析技术的应用使人们终于弄清楚,是成熟果实释放出的乙烯促进了其他果实的成熟。乙烯与生长

素一样，也是一种植物激素。乙烯有什么功能？植物激素还有哪些？让我们带着这些问题开始今天的新课学习。

三、新课学习

（一）其他的植物激素

1. 其他的植物激素

师：那么几种植物激素到底是如何发现的呢？它们的生理功能是什么？分别在植物的哪个部位合成呢？请大家看屏幕

【PPT 展示有关文字和图片】

（1）赤霉素

1926 年，科学家观察到，当水稻感染了赤霉菌后，会出现植株疯长的现象，病株往往比正常植株高 50％以上，并且结实率大大降低，因而称为恶苗病。科学家将赤霉菌培养基的滤液喷施到健康水稻幼苗上，发现这些幼苗虽然没有感染赤霉菌，却出现了恶苗病的症状。1935 年，科学家从培养基滤液中分离出致使水稻患恶苗病的物质，称之为赤霉素（简称 GA）。

合成部位：主要是未成熟的种子、幼根和幼芽。

主要作用：促进细胞伸长、从而引起植物增高；促进种子萌发和果实成熟。

（2）细胞分裂素

1955 年，F. Skoog 等培养烟草髓部组织时，偶然在培养基中加入放置很久的鲱鱼精子 DNA，髓部细胞分裂加快，如加入新鲜的 DNA，则全然无效，可是当新鲜的 DNA 与培养基一起高压灭菌后，又能促进细胞分裂。后来从高压灭菌过的 DNA 降解物中分离出一种物质，化学成分是 6—呋喃氨基嘌呤，它能促进细胞分裂，被命名为激动素。在激动素被发现后，又发现多种天然的和人工合成的具有激动素生理活性的化合物。当前，把具有和激动素相同生理活性的天然的和人工合成的化合物，都称为细胞分裂素。

合成部位：主要是根尖。

主要作用:促进细胞分裂。

(3) 脱落酸

植物在它的生活周期中,如果生活条件不适宜,部分器官(如果实、叶片等)就会脱落;或者到了生长季节终了,叶子就会脱落,生长就会停止,进入休眠。在这些过程中,植物体内就会产生一种抑制生长发育的植物激素,即脱落酸。

1964 年,美国 F. T. Addicott 等从未成熟将要脱落的棉桃中,提取出一种促进棉桃脱落的激素,命名为脱落素Ⅱ(abscisinⅡ)。另外,英国 P. F. Wareing 等从槭树的将要脱落的叶子中,提取出一种促进芽休眠的激素,命名为休眠素(dormin)。后来证明,脱落素Ⅱ和休眠素是同一物质。1965 年确定其化学结构。1967 年在第六届国际生长物质会议上就统一称为脱落酸(abscisic acid,简称 ABA)。

合成部位:根冠、萎蔫的叶片。

分布:将要脱落的器官和组织中含量多。

主要作用:抑制细胞分裂,促进叶和果实的衰老和脱落。

(4) 乙烯

早在 1901 年,俄国植物生理学家 Neljubow 报道,照明气中的乙烯会引起黑暗中生长的豌豆幼苗,产生"三重反应",他认为乙烯是生长调节剂。以后许多工作也说明煤气、煤油炉气体和各种烟雾,都有调节植物生长的效果,它们都含有乙烯。英国 Gane(1934)首先证明乙烯是植物的天然产物。美国 Crocker 等认为乙烯是一种果实催熟激素,同时也有调节营养器官的作用。后来,由于气相色谱技术的发展,大大推动了乙烯的研究。许多试验证实,乙烯具有植物激素应有的一切特性。Burg(1965)提出,乙烯是一种植物激素,不久便得到科学界的承认。

合成部位:植物体各个部位。

主要作用:促进果实成熟。

2. 边做边学——乙烯对香蕉的催熟作用

(1) 实验原理:乙烯利在 pH 大于 4.1 时分解产生乙烯,乙烯具有催熟作用。

(2) 实验方法:播放用 iPad 拍摄的生物课外兴趣小组所做的"利用乙烯利催熟香蕉的实验"过程。

(3) 实验现象:用乙烯利处理过的香蕉比用等量蒸馏水处理过的香蕉成熟时间明显缩短,具体表现在颜色由绿变黄,且明显变软。通过品尝发现甜度大大增加了。

搜一搜:你知道哪些水果在上市前有可能使用了乙烯利催熟?

学生利用 iPad 无线上网搜索后回答。

生:番茄、香蕉、苹果、葡萄、柑橘等在生产实际中会应用乙烯利催熟。

(二) 激素间的相互关系

师:这是植物体内的 5 种激素,但是植物体内是不是仅有这 5 种激素呢? 近 20 年来,科学家还发现植物体内还有一些天然物质也在调节着生长发育过程,如油菜素等。

师:植物体内有多种激素,在植物的生长发育和适应环境变化的过程中,各种植物激素发挥作用是孤立的还是共同作用的呢? 请大家看大屏幕上的一个例子。

【PPT 展示一段文字和图片】

材料:科学家在对黄化豌豆幼苗切段的实验研究中发现,低浓度的生长素促进细胞的伸长,但生长素浓度增高到一定值时,就会促进切段中乙烯的合成,而乙烯含量的增高,反过来又抑制了生长素促进切段细胞伸长的作用。

师:由上面这个例子,请大家看看能得出什么样结论呢?

生:不难看出植物体内各种激素是相互联系,共同调节植物的各项生理活动。

师:在植物生长发育的过程中,任何一种生理活动都不是受单一激素的控制,而是各种激素相互作用的结果。也就是说,植物的生长发育过程,是受多种激素的相互作用所控制的。例如,细胞分裂素促进细胞增殖,而生长素则促进增殖的子细胞继续增大。又如,脱落酸强烈地抑制着生长,并使衰老的过程加速,但是这些作用又会被细胞分裂素所解除。再如,生长素的浓度适宜时,促进植物的生长,同时开始诱导乙烯的形成。当生长素的浓度超过最适浓度时,乙烯的含量增加,而当乙烯对细胞生长的抑制作用超过了生长素促进细胞生长的作用时,就会出现抑制生长的现象。研究激素之间的相互关系,对于生产实践有着重要的意义。

师:但是植物生命活动的调节也不光是植物体内激素的调节这么简单,植物激素在植物生命活动的调节中起一定作用,但植物的生长发育过程的本质是基因组在一定时间和空间上程序性表达的结果,当然光照、温度等环境因子的变化,会引起植物体内包括植物激素合成在内的多种变化,进而对基因组的表达进行调节。

师:经过科学家多年的研究,合成了大量的植物生长调节剂。

搜一搜:你知道哪些农产品在生产过程中使用了植物生长调节剂?

生:我曾经在书看上过,用GA(赤霉素类)打破莴苣、马铃薯、人参种子的休眠;促进苋菜、芹菜等的营养生长,增加产量。用NAA促进甘薯、黄杨、葡萄的生根;对苹果、鸭梨进行疏花疏果,促进脱落;对棉花进行保花保果,防止脱落。用乙烯利促进黄瓜、南瓜的雌花分化;促进香蕉、柿、番茄的果实成熟。施用矮壮素(生长延缓剂)防止棉花徒长、促进结实。

搜一搜:生产过程中施用植物生长调节剂,会不会影响农产品的品质?

生:植物生长调节剂使用得当,不会影响产品品质,甚至可以改善品质。例如,适当施用GA可以提高葡萄品质。如果使用不当,或片面追求短期经济效益,则有可能影响产品品质。例如,用2,4-D处理番茄增加坐果后,如果不配合整枝施肥,会出现果实多而小的情况;为提早上市而采摘远未成熟的柿子再催熟,其果实品质就不一定好。

辩一辩:如果你是水果销售员,面对半青不熟的水果,你认为应当使用乙烯利催熟吗?作为一个消费者,你又怎么看?(要求:每个小组选择一种角色)

生1:我如果是个销售员的话,看到自己的水果还没熟,我肯定会利用催熟剂，这样可以早点把成本收回来，而且一些反季节的水果还可以卖个好价钱。

生2：我不会自己催熟，因为如果弄不好乙烯利的浓度，还有可能会把我的水果催得熟过头，那就我不就亏本了嘛。

师：大家说得都非常好，我们学习生物就是为了要在日常生活中能活学活用。目前，市场上有许多水果、蔬菜是用植物激素刺激生长或催熟的。但同时人们对食品的安全问题越来越担心，如有人担心儿童吃了激素催熟的水果、蔬菜后会出现性早熟。你持何观点？请课后查找有关支持你的观点的资料，提交到老师的邮箱。

四、本节小结

- 植物的激素调节
  - 生长素
    - 生长素的发现
    - 生长素的生理作用
  - 其他植物激
    - 素赤霉素
    - 细胞分裂素
    - 乙烯
    - 脱落酸
  - 植物生长调节剂的应用

五、教学评价

教师将与本节课内容有关的下列复习题，发送到每个学生的iPad上。

1. 在早春低温时，为了让水稻种子早发芽，稻农常将种子置于流动的河流或溪水中浸泡一段时间。这种做法与下列哪种激素变化的相关性最大(　　)

A. 脱落酸　　　　B. 细胞分裂素

C. 赤霉素　　　　D. 生长素

2. 下列关于植物激素作用及其应用的叙述不正确的是(　　)

A. 生长素对根、茎、叶等不同器官的作用都表现出两重性

B. 用一定浓度的赤霉素溶液处理大麦种子可促进种子萌发

C. 用一定浓度的乙烯在适当时期处理苹果植株可提高产量

D. 用一定浓度的生长素溶液处理扦插枝条可促进枝条生根

3. 向日葵和番茄都能产生果实和种子，向日葵的果实是平时我们吃的“瓜子”。在上述两种植物开花期间，遇到连续的阴雨天，影响了植物的传粉，管理人员及时喷洒了一定浓度的生长素。下列对采取这一措施产生结果的叙述正确的是(　　)

A. 两种植物都能形成无子果实，产量未受影响

B. 两种植物都能形成无子果实，产量下降

C. 番茄形成有子果实，产量上升；向日葵不能形成无子果实

D. 番茄形成无子果实，产量未受影响；向日葵形成无子果实，严重影响产量

4. 中国科学院的植物生理学家研究了某种果实成熟过程中的激素变化，如下图所示，下列说法中不合理的是(　　)

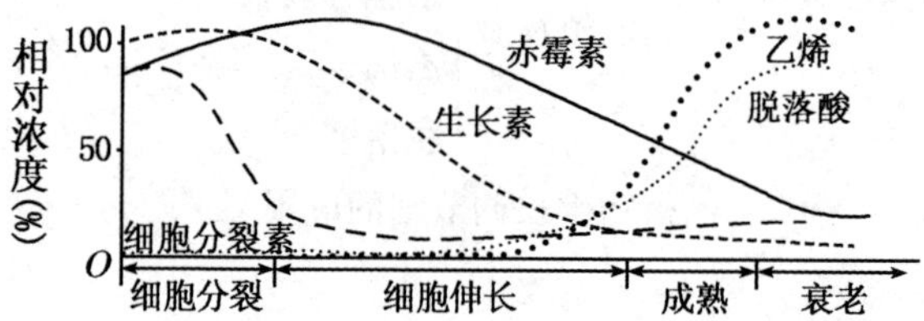

A. 在果实生长发育的各个时期，生长素均起主导作用

B. 在果实的细胞分裂和细胞伸长时期生长素浓度较高

C. 在果实成熟时，果实中含量升高的激素有乙烯和脱落酸

D. 在果实生长发育过程中是多种植物激素共同协调起作用

学生做完上述题提交后，立即就可以看到答案(1. B　2. C　3. D　4. A)并进行订正。教师也立即可以看到每道题的得分率和错误的学生名单，教师可以针对错误较多的题有选择地进行讲评。

【课后作业】

《生物学习评价手册·必修 3》$P_{42\text{-}43}$

六、教学反思

本节课是面向南京市高中全体生物教师的一堂公开课，是我在学习 iPad 后的首秀。

iPad 和无线网络用于课堂教学，缩短了课堂与世界的距离。可以使学生通过网络查找相关的资料，学会在网络浩瀚的资源中查找所需要的有效的资料。另外，课前和课堂的反馈测试，教师能及时看到每道题的得分率及错误学生的名单，可以进行有效的弥补教学。这些都是传统课堂所无法实现的。

不足之处有很多，如教师和学生对设备的使用还不够熟练，网络的保障不够理想，课堂上还时有掉线的情况。iPad 开发的教学类的软件很少，其他软件与 iPad 兼容性不高等。

互联网有我们学习所需要的资源，也有一些糟粕。就像是打开了窗户让新鲜空气进来了，但苍蝇和蚊子等也会进来一样，我们现在的网络也需要安装“纱窗”。

本节课虽有一些不足，但个人觉得收获很大。在备课时，得到了本教研组和技术组很多老师的帮助，以及一些技术专家的指导，在此我深表感谢。

“与洋葱有关的实验研究”教学案例

谢　俊

一、教学准备

【案例应用类型】课堂教学

【主题说明】生物学实验是培养学生科学素养、创新意识和实践能力的重要途径。洋葱是常用的生物学实验材料之一，在高中生物教学中应用非常广泛，各种材料都能在相关实验中与专题探究密切联系，阅读过相关资料与论文，结合学生的核心素养培养与应试实验题复习等方面的需要，觉得对洋葱进行实验研究非常有必要。

【学时】40 分钟，1 课时

【学习目标】

(1) 知识目标：举例说出与洋葱各部分材料有关的实验课题。

(2) 能力目标：尝试像科学家一样探究。

(3) 情感态度价值观目标：提高生物核心素养。

【教学重点和难点】

(1) 重点：实验研究，质疑讨论。

(2) 难点：培养调查研究和分工协作的能力。

【技术应用与分析】

“极课”检测功能：将事先选择好的题目做成判断题和选择题类型作为课前测试，分析学生基本学情，突出复习的重点与实验操作的要点。

白板功能，将学生小组的分组情况与复习实验的学案资料展示，引导学生阅读，结合思考，为实验专题的复习做准备。

生物互动实验室的展示与互动功能:师生的显微镜操作界面展示,学生小组的过程性作业提交,让生物实验复习过程中的生成性资料丰富起来,过程中关注学生小组的规范操作及其相关的思维性活动,以小组汇报与问答式活动作为实验复习中的驱动性任务。

【特色活动设计】

有专题前测作为实验复习的引入,通过数据的收集与分析,了解学生的基本情况与实验基本能力;通过学案的统计,调查学生对于洋葱材料的实验设计与想法,为分组提供有效信息;通过小组的显微镜活动,锻炼动手操作能力,提高实验研究与探究能力,提高生物科学核心素养。

二、教学过程

引导学生走进教材,主动参与获取知识;质疑讨论,主动参与思维;巩固联系,主动参与自我评价。

（一）像科学家一样研究:科学探究

科学探究不仅是科学家进行科学研究的基本方式,也是我们学习生物科学的重要方式。

探究的一般过程是从发现问题、提出问题开始的,发现问题后,根据自己已有的知识和生活经验对问题的答案作出假设。设计探究的方案,包括选择材料、设计方法步骤等。按照探究方案进行探究,得到结果,再分析所得的结果与假设是否相符,从而得出结论.并不是所有的问题都一次探究得到正确的结论。有时,由于探究的方法不够完善,也可能得出错误的结论。因此,在得出结论后,还需要对整个探究过程进行反思。所以科学探究的一般过程大致包括六个环节:提出问题、作出假设、制订计划、实施计划、得出结论、表达和交流。

（二）洋葱

洋葱全身都是宝,在生物实验内容中各部分都能与相关重要实验紧密联系。今天我们就以洋葱这种生物材料为例,尝试像科学家一样研究,来探究我们必修实验的内容。

洋葱,百合科、葱属草本植物。洋葱可用于降低血压、提神醒脑、缓解压力、预防感冒,还能增强新陈代谢能力,抗衰老,预防骨质疏松,是适合中老年人的保健食物。洋葱的茎短缩形成扁圆锥形的茎盘。茎盘下面生根,其根没有主根,为弦状须根;上部长叶,洋葱的叶由叶身和叶鞘两部分组成,由叶鞘部分形成假茎和鳞茎,叶身暗绿色,呈圆筒状,中空,管状叶直立生长。

(三) 实验课题研讨

经过实验室的水培和土培两种方式培育,洋葱的须根和管状叶都生长出来了,长势良好,我们来讨论看看:与洋葱有关的实验研究有哪些?

引导学生讨论并说出以下课题:

1. 三大物质鉴定(还原性糖、脂肪、蛋白质)

分别用管状叶、鳞片叶和根做实验材料,讨论实验过程(试剂的规范使用与预期结果),实验材料的可行性(管状叶和鳞片叶外表皮的颜色较深,可能会影响现象的观察)和处理方法(可研磨出组织液再鉴定,也可切片做临时装片,鳞片叶紫色外表皮可以手动撕掉)。

2. 有丝分裂

选材根尖分生区(讨论,太长的根不能选,因为分裂比较缓慢或者已经停止,应选择约 5 厘米比较适宜,取 3 毫米左右),熟悉实验原理和过程,重视显微镜操作。

3. 观察质壁分离

讨论实验原理和选材。鳞片叶的外表皮、内表皮(提供染色的蔗糖溶液)、管状叶肉细胞(提醒原生质层绿色)。

4. 观察叶片结构和叶绿体、细胞质环流

切片,做临时装片,显微镜操作及生物结构鉴别

5. 提取和分离叶绿体色素

6. 观察细胞中 DNA、RNA 的分布

7. 提取细胞中的 DNA

8. 探究生长素类似物对于洋葱生根的最适浓度

学生可以想到的与之相关的理论上合适的等都给予肯定,只讨论,本节课不研究,课后有兴趣的同学可以进行课外探究。

（四）小组分工协作共同探究

经小组分配明确课题任务，分发实验材料，组内分工协作，实验探究与实验任务单同时完成，过程中老师及时巡视与指导、讨论。适时上交照片作业。

（五）总结

（1）照片、讨论并评价。

（2）实验报告的设计与完成。

三、教学反思

学生在高中生物学习过程中通常只能有机会完成教材内固定的几个模式实验，有一些新的想法和尝试需要在探究过程中去体会或验证。本节课重点在以洋葱作为实验材料，交流在哪些实验研究中可以应用，从实验材料的选择与创新，实验操作的处理与规范，实验过程的科学与有序，实验结果的收集、整理与分析，实验结论的交流与分享，实验反思等方面进行探究与训练。在探究过程中以小组的形式进行选题和实践，培养学生研究能力、实验能力，让学生打开思维，迁移发散，亲历探究的过程，符合新课程“核心素养”的培养要求。在小组内分工协作，引导学生参与和思考，合作学习，用问题引导，用任务驱动，通过实验与探究，抓住理性思维。高二生物班的学生，有一定的学科基础，处在快速生长点，有生成的过程，值得好好培养生物学科的能力与素养。教学过程中通过课前的准备与讨论，课上的思维碰撞与课题研究及确定，实验的亲历探究，实验报告的书写与交流汇报，以探究性学习与合作学习作为抓手，关键是思维的培养。

这样的探究性活动应该穿插在学科教学过程中，增加学生亲历科学的机会，同时老师对课前的选题参考、实验操作过程中的指导要到位，要加强学生的汇报环节，重视信息的收集整合与分析，培养学生语言表达的能力、逻辑思维与分析能力。

（2016年10月中华中学第八周对外展示公开课）

“清朝前期的文学艺术(第1课时)”教学案例

吴　虔

一、教学准备

【案例应用类型】课堂教学

【主题说明】

本课围绕清朝的文学艺术这一主题，分为两个部分，分别为《红楼梦》、昆曲与京剧艺术。清朝的文学艺术发展，是清朝的社会政治、经济状况的反映，它反映了清朝在由盛转衰的过程中，社会经济繁荣的盛世景象，以及统治阶层日益暴露的腐朽危机以及尖锐的社会矛盾。

在这一部分，教材介绍了《红楼梦》的创作背景，《红楼梦》创作于乾隆年间，前80回由曹雪芹所写。曹雪芹出身官僚地主家庭，后来因家道中落，迁居北京，贫病交加。在这样的生活状况中，他创作了《红楼梦》，全书未完稿就去世，高鹗续写了后40回。

教材表述了《红楼梦》的主要内容，以贵族贾府的兴衰及男女主人公贾宝玉、林黛玉的爱情故事为主线，展示了清朝社会生活的方方面面，写作手法高超，人物刻画极为出色。

教材指出，在明清时期我国古代小说创作出现的不朽名著中，《红楼梦》是其中最杰出的代表，对小说的发展具有深远影响，是中国封建社会的百科全书，也是世界文学宝库中一流的珍品。

【学时】40分钟，1课时

【学习目标】

了解曹雪芹创作《红楼梦》，知道《红楼梦》的思想内容和创作特色；了解昆曲、京剧的演变历程，知道京剧是“国粹”。

通过各种信息化手段，呈现《红楼梦》的社会历史意义和京剧的艺术成就，理解文学艺术是一定社会政治、经济的反映。

通过本课学习，知道从思想主题和艺术表现手法两个方面鉴赏文艺作品，提高鉴赏文艺作品的素养；培育人文主义精神和健康的审美情趣，激发对祖国传统文化的自豪感。

【教学重点和难点】

重难点：《红楼梦》的文学成就。

尽管《红楼梦》是我国文学艺术的瑰宝，但实际上阅读过原著，深刻体会了其文学成就，又能从历史的角度正确理解其价值的七年级学生数量是很有限的。若不利用好各类媒体、各种媒介对其魅力进行展示，学生也难以通过课堂教学主动深入理解。这些学生认知发展的障碍，必须通过针对性的教学设计加以突破，从而提升课堂教学的品质。

【技术应用与分析】

(1) 幻灯片播放：播放幻灯片，衔接各个教学环节，整合各类教学资源，使教学过程顺畅、有效、生动。

(2) 图片展示：利用精美图片，创设历史情境，帮助学生直观认知、联想、提取历史信息。

(3) 音乐播放：通过音乐的播放，使学生的情绪、专注、观察能力得到调节，更好地投入学习，对学习主题产生更深刻的印象。

(4) 文本精研：展示文本材料，引导学生认真研读，从中得出恰当的历史认识，继而升华成准确的历史认识，合理地加以表达。

(5) 视频播放：使用视频资料，以声光结合、充满动态的方式，从学科的角度审视文化的影像，服务于全课的教学。

【特色活动设计】

(1) 巧说图片：在导入环节，利用好贴近学生生活、亦贴近课堂主题的图片，完成导入。

(2) 静听音乐:在教学中,在优美著名的音乐声中,叙述和体会文学作品的巨大魅力。

(3) 细研文字:从不同角度,利用不同解读方式,对不同类型的文字材料进行解读,获取历史信息。

(4) 趣观视频:匹配最具动态特色及魅力的教学内容,观看视频,简洁地抓住相关的核心知识。

二、教学过程

(一) 导入

上课! 同学们好! 今天,让我们一起学习第 21 课《清朝前期的文学艺术》。大家都知道,我国古代许多时期都有其具有代表性的文学体裁,比如唐诗、宋词、元曲。而明清时期最有特色的则是——小说。这一时期诞生了许多经典著作,而今天我们要从这里谈起。

(二) 创作背景

这是一幅壁画,很多同学可能都见过,请了解的同学介绍一下,在哪里看到过这幅壁画,它取材于哪一部文学著作?

南京地铁三号线夫子庙站的壁画,取材于清朝小说巨著《红楼梦》。实际上南京的三号线有 8 个站的壁画,都是取材于《红楼梦》的经典片段,这条三号线已经是当今南京旅游的新热点。

为什么在南京会有这样一条以《红楼梦》为主题的地铁线呢? 让我们坐着它去寻找答案。在三号线的大行宫站,出站后有一处著名建筑“江宁织造府”,它是建筑大师作品,它所在的位置曾经是清朝皇帝南巡时的住所。江宁织造府曾三代属于同一家——曹家。大家想到哪位与《红楼梦》相关的人物了?

正是曹雪芹,现在请大家阅读教材第 107 页大字部分第一段,找一找:《红楼梦》的作者是谁? 成书的时间是何时?

曹雪芹确实是作者,是不是全书都是曹雪芹所写? 不是的,高鹗续写了后 40 回。成书于乾隆晚期。

这部作品在我国文学史上的地位太高了,也是穿越时代的经典。

让我们一起来欣赏一段音乐。

（三）主要内容

这段旋律似乎让同学们静了下来，但相信大家的父辈如果听到这一段音乐，一下就会被带回到他们美好热血的青春年华。它是1987版《红楼梦》电视剧的主题曲，在1987年这部电视剧首播时，每次这首主题曲一响起，就到了家家户户围坐观赏的时刻，街上人流稀少，许多人吃饭洗漱到一半，端着碗拎着毛巾看电视剧，一整集播映完毕才继续；学校里的少年热烈讨论剧情，老师们也忍不住加入讨论之中；学校门口小贩兜售主要人物的贴纸，谁如果最先集齐一套就会成为校园名人。这部电视剧如此吸引人，当中固然有演职人员水平高、拍摄技巧特别棒的因素，但大家应当清楚，最核心的魅力在于什么？

是的，作品本身。有没有同学从头到尾读过一遍《红楼梦》全书的？请用自己的语言，尽可能简短地把你看到的《红楼梦》的主要情节给大家叙述一下。

建议大家掌声鼓励！《红楼梦》有73万多字，这位同学从头到尾读过一遍并且用如此简短的语言叙述一遍，这就很了不起。在他的表述中，作品内容的三大要素都被提到，那就是：第一，主角：贾宝玉、林黛玉；第二，主线：表面上是两个主角的爱情悲剧故事，其实暗含着更大的主线。

这部作品中多次出现了这样的字眼"南京""金陵"，有著名的"金陵十二钗"。这些塑造出色的角色，并不是一个个单一的个体，他们的背后有着家族、血缘的关系。这些家族是贾、王、史、薛，这四大家族的命运和两位主角的命运有着暗合，同样也是悲剧，由盛转衰，这构成了红楼梦隐含的主线。

随着主线的发展推进，也揭示出了第三个要素——作品的主题，代表着封建统治阶级的四大家族的命运，也暗示了封建社会的命运，清王朝和整个封建社会的历史，将由盛转衰。

（四）文学成就

而《红楼梦》的魅力，还远远超过这些。我国《红楼梦》专家周汝昌曾说，要研究中国文化，最好、最简便也是最有意思的方式就是读《红楼梦》。因为当中有太多的传统文化，地理、官制、饮食、历史、社会生活等，包罗万象，还加入了极为细致的文笔。举个例子，请一位同学读一下以下材料，大家看看，这段材料表述的是什么物品：

你把才下来的茄子把皮去了，只要净肉，切成碎钉子，用鸡油炸了，再用鸡脯子肉并香菌，新笋，蘑菇，五香腐干，各色干果子，俱切成钉子，用鸡汤煨干，将香油一收，外加糟油一拌，盛在瓷罐子里封严，要吃时拿出来，用炒的鸡瓜一拌就是。

——《红楼梦》第四十一回

大家说得对，这是一道菜。像这样的菜式能不能算作我国饮食的传统文化？像这样的菜式，在原著中先后出现了几十处，可以说把其中的一部分研究透彻，就足够成就一本中国传统饮食专著了。

不过，以这道菜的叙述为例，请推测一下，当时的统治阶级是否希望《红楼梦》在社会上广泛传播？为什么？

如大家所说，即使仅仅是一道菜，《红楼梦》这样细致形象的描写，深刻地揭示了统治阶级生活的腐朽奢侈，统治阶级不会希望它广泛传播。但是否这就会扼杀世人对《红楼梦》这部作品的推崇呢？让我们阅读以下材料：

好事者每传抄一部，置庙市中，昂其值，得金数十，可谓不胫而走者矣。

——程伟元《红楼梦序》

这段《红楼梦》售卖情况让大家联想起什么场景？对，一本书能够引起当时人们竞价拍卖，这已经显示了它在当时人们心中的价值，每位阅读者，都一遍又一遍地享受着这场文学的盛宴、文学的熏陶。

作品中有许多女性角色，而且是才女，她们常常做的一件事就是写诗。

让我们来感受一下其中的诗作品，请四组分别朗读：

二十年来辨是非，榴花开处照宫闱。三春争及初春景，虎兕相逢大梦归。

——贾元春

凡鸟偏从末世来，都知爱慕此生才。一从二令三人木，哭向金陵事更哀。

——王熙凤

才自精明志自高，生于末世运偏消。清明涕送江边望，千里东风一梦遥。

——探春

桃李春风结子完，到头谁似一盆兰。如冰水好空相妒，枉与他人作笑谈。

——李纨

大家朗读和聆听的时候有没有注意到，这些诗句是不同的角色，在不同的场景下，于不同的情绪下写出的，但其实都是作者写就，他能代入一切这些不同的因素，完成这样巨大的写作挑战，这是何等的成就。

《红楼梦》的魅力并不仅仅为中国读者传颂，更使外国读者深深折服，让我们一起读一读以下材料，试着指出材料中是如何概述《红楼梦》的文学地位的：

这样一个关心精神文明的欧洲，怎么可能把《红楼梦》这样一部保持完整的巨大艺术品、这样一座文化丰碑忽视和遗忘了一百年之久呢？

——（德）库恩 德语版《红楼梦》后记

巨大艺术品、文化丰碑。说出这段话的库恩，在1981年翻译完成《红楼梦》德语版时，深情写下了这段文字，这版《红楼梦》在德国掀起了红楼热、中国热。这样的情形在每种语言版本出版时都上演了一遍。库恩后来获得了德国政府授予的骑士勋章，因为他完成的翻译工作对任何一个外国人而言都实在是艰难无比。

刚才大家读到的诗词，每首都很难翻译，在原著中有93首；像“茄鲞”这样的菜式，全书至少有47种；人名，如妙玉、黛玉、宝玉，721个有姓名的角色，是不是太难了？

还有这些：

那是什么硬正仗腰子的，也来唬我……

——《红楼梦》第九回

贾芸听他韶刀不堪，便起身告辞。

——《红楼梦》第二十四回

鬼鬼唧唧的，不知干些什么事。

——《红楼梦》第六十一回

大家看我用红字标出的是什么？是的，南京方言，大家都会用方言来读吗？可是对外国翻译家来说，真的是太困难了。

当然国外翻译家们也非常努力，外国读者也得以阅读到《红楼梦》的美好文字，比如下面这首《题石头记》：

满纸荒唐言，一把辛酸泪。都云作者痴，谁解其中味。

——［清］曹雪芹《题石头记》

再来看看英文翻译版：

Pages full of idle word; Penned with hot and bitter tears. All men call the author fool; None his secret message hears.

——［英］霍各斯 译

所以，全世界都折服于《红楼梦》的伟大成就，但只有中国人，我们读的，才是世界最佳版本的《红楼梦》。

《红楼梦》确实太伟大了，不过大家想想，这部文学著作，在它面世的时代，能否成为人们生活中最主流的娱乐方式？为什么？

大家都说不能，除了统治者的态度之外，大量民众不识字也是个问题。那么人们当时的娱乐方式还有什么呢？看看江宁织造府中的这个建筑——戏台。

大家想到戏曲，就会想到脸谱，不同脸谱的主题颜色代表着不同的角色个性特点。如，红色代表忠诚，黑色代表勇猛，金色代表狡猾，白色代表奸诈，蓝色代表出身低微。下面让我们欣赏一批大家熟悉的人物的戏曲脸谱——后羿、白起、项羽、曹操、关羽、夏侯惇、杨戬、孙悟空。

脸谱是戏曲角色塑造中的一部分，要撑起一台戏，还需要方方面面的配合，比如一般舞台不能空无一物，而是要利用布景装饰成剧情需要的场景。

台前的表演人员会献上精彩的表演，离不开台下一个不可或缺的团队——乐队，各种乐器融汇而成的听觉演出，也是戏曲的重要组成部分。

一场大戏，到此才可正式上演。戏曲艺术是我国传统艺术的代表，许多地区拥有其独具特色的戏曲流派。其中有两种流派最为著名，当前双双入选了联合国教科文组织的“世界非物质文化遗产”名录，它们在清朝分别经历了重要的发展阶段。

他们都有哪些特色，又经历了怎样的发展过程呢，下面请大家阅读教材 109 页最后一段至 111 页第一段。从阅读中大家已经对相关的情况有了了解，下面请根据刚才阅读的教材内容，分组完成以下表格：

第21课 清朝前期的文学艺术		二、昆曲和京剧
戏曲流派	昆曲	京剧
主要特色		
发展情况	明朝万历末期： 清朝前期： 清朝中期以后：	乾隆时： 道光年间： 此后：
代表人物、作品		

下面请大家交流以下表格的完成情况：

第21课 清朝前期的文学艺术		二、昆曲和京剧
戏曲流派	昆曲	京剧
主要特色	既集中体现南曲轻柔婉转的特点 又保留部分北曲慷慨激昂的唱腔	唱词通俗易懂 唱调高亢爽朗
发展情况	明朝万历末期：日趋成熟 成为全国性剧种 清朝前期：发展到达顶点 清朝中期以后：走向衰落	乾隆时：四大徽班进京 誉满京城 道光年间：形成“皮黄戏” 此后：成为最主要剧种流传四方
代表人物、作品	汤显祖《牡丹亭》 洪昇《长生殿》 孔尚任《桃花扇》	四大徽班 （三庆、四喜、和春、春台）

通过刚才的阅读和对表格的填写，大家对两种戏曲的特殊和发展情况都有了了解，但戏曲艺术是一种表演艺术，需要真正领略其风采，还是要靠观赏。下面请大家一起来观看一段视频，近距离了解一

下戏曲艺术的代表——京剧。注意:京剧中有哪些主要角色?京剧中有哪些主要表演形式?

观看视频后请回答:

主要的角色有生、旦、净、丑。主要表演形式有:唱、念、做、打。

下面再让我们来尝试判断一下图中的角色各是哪一个角色行当。

京剧融合了各个地方戏种的特色,可以说是得我国戏曲艺术的精粹,所以也被国人称为——国粹。

这就是清朝的文化,这就是清朝的文学和艺术,其水平在我国历史上独树一帜,写下了中国封建社会在文学艺术方面具有总结、巅峰意义的一页。而在社会发展的浪潮之中,它们也在默默预示着我国封建社会历史的由盛转衰,旧的时代和新的时代,正酝酿着更替。

今天的课就学习到这里,下课,同学们再见!

三、教学反思

本课较为全面地介绍了曹雪芹创作《红楼梦》的历程、思想内容和创作特色。本课在教学中很好地利用了信息化手段,使《红楼梦》的社会历史意义和京剧的艺术成就得到充分的彰显,更反映了当时社会的政治、经济局面。同时也使学生了解了昆曲、京剧的演变历程,知道京剧是"国粹"。通过本课学习,学生在鉴赏文艺作品方面的能力得到了锻炼,感受到从思想主题和艺术表现手法两个不同的角度鉴赏文艺作品的乐趣。在充分结合了乡土历史资源和学生的日常生活实际的基础上,学生的人文主义精神和审美情趣有所提高,爱祖国、爱家乡、爱传统文化的自豪感得到激发。

(该课获2018南京市信息化能手比赛课堂教学作品赛特等奖)

“河流地貌的发育”教学案例

赵宏霞

一、教学背景

信息技术迅速发展，深刻改变着人类的生活方式、学习方式和工作方式。如何在高中地理课堂教学中运用互联网备课、高效率地利用优质网络教育资源，是广大一线地理教师面临的挑战。同时，如何培养学生“e”环境下的地理学习能力，是高中地理课堂教学面对的一个重大挑战。

本人从事高中地理教学20余年，有着丰富的教学经验。同时多次参与国家级、省级信息技术与课堂教学相整合的相关课题研究，有着较为扎实的互联网使用基础。作为一所省四星级高中，我校硬件设施优，学生生源素质高，符合基于网络备课、上课的基础。

二、教学课题

人教版　必修1　第四章　地表形态的塑造　第三节　河流地貌的发育　第1课时

三、课标要求与解读

【课标要求】结合实例，分析造成地表形态变化的内、外力因素。

【课标解读】该标准的行为条件是“结合”，对学生达到水平要求所采用的方法进行了限定，即要通过实际例子来实现；该标准的行为动词是“分析”，属于理解层面的要求，即要求学生能够理解造成地表形态变化的各种外力因素。

四、教材分析

本节内容以河流地貌为案例，剖析外力对地表形态的塑造过程，以及河流地貌对人类活动的影响。本节内容共两课时，第一课时主要学习流水侵蚀地貌，第二课时主要学习流水堆积地貌和流水地貌对人类活动的影响。

五、教材个人处理

根据课标要求，整合教师优势备课资源，在实际教学过程中，没有完全依照人教版教材内容进行教学，而是采取了“一个故事、一本书、一个案例、三种侵蚀地貌”的思路。

一个故事：20 世纪 80 年代中国长江漂流探险的故事。

一本书：为了纪念长漂 20 年而编写的《长江漂流风云录》。

一个案例：长江流域。

三种侵蚀地貌：流水溯源侵蚀地貌、流水下蚀地貌、流水侧蚀地貌。

五、教学目标

知识与技能：结合实验视频，分析流水侵蚀地貌的形成过程，掌握流水侵蚀地貌的类型。

过程与方法：(1) 小组分工合作，完成相关学习任务。(2) 运用互联网，查找相关资料，理解实际生活中的流水侵蚀地貌。(3) 运用比较法，学习不同类型的流水侵蚀地貌。

情感、态度与价值观：(1) 进一步培养与他人合作交流的学习能力，加强科学、严谨的治学态度。(2) 进一步培养对“e 学习”的兴趣。(3) 通过长江漂流的故事，对学生进行爱国主义情感教育。

六、教学重点与难点

（1）重点:河流的演变过程及对侵蚀地貌与堆积地貌形成的理解。

（2）难点:河流演变过程中凹岸侵蚀和凸岸堆积的分析。

七、教学方法

（1）教法:综合程序教学法。此地理教学法在我校有 30 多年理论基础和实践经验。

（2）学法:① 图表分析法。学生通过读图析图,对知识的理解和掌握,提高读图能力。② 合作学习法。小组讨论解决问题,以发挥学生主体作用,充分激发学生学习兴趣。

八、教学过程

（一）导入

【教师行为】

1. 前段时间,我在网上闲逛,偶然之中看到南师附中的保志明老师晨会发言稿《我的"功利"阅读之路》,她用自己的阅读、成长之路,劝导孩子们读书不要"功利",早日进入全阅读境界,多读书、读好书。今天我给大家带来一本非常特别的书——《长江漂流风云录》。

2. 猜猜这本书多少钱? 展示书店价、淘宝价、当当网电子书价

3. 这本书的诞生,有一个传奇故事。布置学习清单 1: 六人小组分工、合作:

（1）搜索有关"长江漂流"的资料;(ab)

（2）简单叙述"长江漂流"的故事;(cd)

（3）搜索 1986 年"长江漂流"相关视频。(ef)

【学生行为】

1. 快速阅读博客

2. 猜测、比较

3. 完成清单；相关资料发布在“讨论版”中；资料交流。

【设计意图】

启发学生学习兴趣；启发学生理解网络对学习、生活影响；分工合作，培养资料搜索、筛选能力

【课件资料来源】

博客链接；网购资料屏幕截图；搜索引擎；在线资料；网络讨论版

（二）溯源侵蚀

【教师行为】

1. 学习情境：长漂大事记：1986 年 6 月 13 日，一支由 13 名科考队员、公安武警和记者组成的小分队，向长江源头挺进。

2. 学习清单 2：六人小组分工合作：

（1）搜索长江源头的位置。（ab）

（2）视频网址 http://video.sina.com.cn/v/b/79152767-1994506363.html　思考：此实验验证的地理原理？长江源头位置会有变化吗？（cd ef）

3. 资料：《长江源头科考回忆录》

4. 视频思考：小红旗的位置表示什么？当流水不断侵蚀，发现小红旗倒下来了。这个实验说明河流的侵蚀的方向在哪里？它让河流有怎样的变化？

5. 资料 ：长江源头的变化

	2005 年	2006 年
经度	94°36′2.3″E	94°36′E
纬度	32°43′35.5″N	32°44′N
海拔	5374 米	5395 米

6. 溯源侵蚀的现象，在瀑布地区很常见。观看贵州黄果树瀑布，画面下部有两道坎。这是怎么回事？

7. 学习清单 3：独立完成

（1）搜索世界上的著名瀑布风景图片

（2）思考瀑布的成因？

【学生行为】

（1）有感情阅读。

（2）完成清单，相关资料发布在“讨论版”中，资料交流。

（3）有感情朗读。

（4）回答问题：河流源头、有向源头侵蚀现象、更长。

（5）分析资料。得出结论：长江的源头存在溯源侵蚀。

（6）解释成因，实际运用。

（7）完成清单，相关资料发布在“讨论版”中，资料交流。

【设计意图】

为“溯源侵蚀”准备情景；分工合作，培养资料搜索、筛选能力；培养爱国情感；师生对话，突破教学难点；培养地理图表分析能力；结合实例，进一步理解溯源侵蚀；解释成因，实际运用。

【课件资料来源】

电子书；搜索引擎；在线资料；网络讨论版；网络搜索融入课件资料等

（三）下蚀

【教师行为】

1. 学习情境：虎跳峡漂流回忆录

2. 学习清单 4 独立完成：

（1）搜索三峡的位置？（文字？地图？）

（2）思考三峡、虎跳峡河谷形状特征和成因？

3. 观察一组对比实验的视频。注意思考以下三个问题：① 白色盒子是什么？② 两者差异是什么？③ 印证结果是什么？

	流速	水流集中程度	主要侵蚀方向和程度
落差大的水流	快	强(集)	向下侵蚀明显
落差小的水流	慢	弱(分散)	向下侵蚀不明显

长江从源头—宜昌河段，是上游部分。河流落差大，水流湍急。如此集中的能量，对河谷的下蚀作用明显，使河谷不断加深，形成“V”型河谷。漂流时自然极其危险。

【学生行为】

(1) 有感情朗读。

(2) 完成清单，相关资料发布在“讨论版”中。

(3) 观察、比较、文字表述。

【设计意图】

培养爱国情感；分工合作，培养资料搜索、筛选能力；理解下蚀作用主要发生在河流上游落差大的地方；进一步理解河流上游下蚀的原因

【课件资料来源】

电子书；网络在线资料；网络讨论版；搜索引擎；视频下载；课件展示；自制课件展示

(四) 侧蚀

【教师行为】

1. 学习情境：长漂大事记：1986 年 10 月 26 日，科漂队漂过长江三峡，进入宜昌，结束长江上游的科考漂流活动，进入长江中游。

2. 独立完成学习清单 5

(1) 搜索荆江河段的卫星地图？

(2) 思考荆江河段的河谷形状特征和成因？

3. 观察视频：思考落差对侧蚀的影响

4. 观察自制动画：凹岸和凸岸有什么不同？

5. (1) 绘制 AB 连线横剖面图？

(2) 思考 AB 河岸需要特殊加固的一岸是？

【学生行为】

(1) 有感情朗读。

(2) 完成清单，相关资料发布在“讨论版”中，资料交流。

(3) 得出结论：落差小，侧蚀明显。

(4) 得出结论：凹岸侵蚀，凸岸堆积。

(5) 绘图，讨论。

【设计意图】

培养爱国情感；分工合作，培养资料搜索、筛选能力；对比实验观察，理解侧蚀；进一步理解凹岸和凸岸，区别于左岸和右岸，进而理解凹、凸岸对人类活动影响

【课件资料来源】

电子书；网络在线资料；视频下载；荆江流域网络资料基础上自制动画

（五）课堂小结和实际应用

1. 三种流水地貌的异同

2. 六人小组分工合作完成学习清单 6

（1）搜索张家界澧水河谷的位置？（abc）

（2）搜索张家界澧水河谷景观图片？（def）

（3）小组合作：结合关键词“地壳　上升　溪流 下蚀”思考张家界澧水河谷成因？

【学生行为】

1. 回忆，小结。

2. 完成学习清单；相关资料发布在“讨论版”中；资料交流。

【设计意图】

形成知识整体性，学会实际应用

【课件资料来源】

网络课件资料截取后改编；搜索引擎；网络在线资料

（六）总结

当年的勇士们，用生命和激情演奏了一首属于自己、属于中国、属于全世界的《长江之歌》，今天的我们跟随这本书，重温他们的一些故事，并且用地理的视角分析了流水的侵蚀地貌，如溯源侵蚀、下蚀和侧蚀；以及流水的堆积地貌，如洪积—冲积平原、河漫滩平原、三角洲平原。

同一时期不同河段，有不同的流水侵蚀地貌或者流水堆积地貌。在我们眼中，长江是一条有生命的河流。同一河段不同时期，流水的作用也是有差别的。哲学家赫拉克利特早就说过“人不可能两次踏进同一条河流”。

这节地理课虽然结束了，相信大家阅读之路、探索之路、学习之路在不断延伸。你所理解的长漂精神是什么？大家可以继续关注当年科学考察、漂流探险队员如今的状况以及目前长江漂流、科学考察新进展。

九、教学反思

1. 在一个新的学习环境中，最重要的是理念——我的课为谁服务？服务什么？“流水地貌的发育”首先是一节地理课。课堂教学基于地理课程标准，为学生能够更好地“学”而服务，同时培养学生“e学习”的意识和能力、合作学习的精神。

2. 校园的网速和稳定性不足，让移动学习成为面临障碍。

3. “e学习”环境的构建需要一个漫长的时间，作为地理教师日常教学中要有这样的意识并落实在行动上。

十、板书

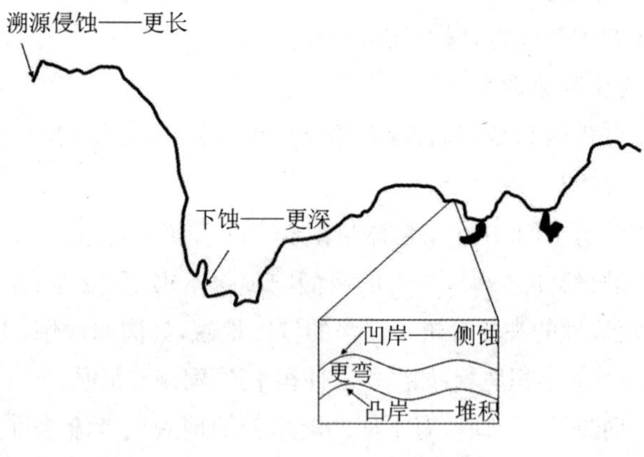

“气压带和风带”教学案例

赵玉瑾

一、教学准备

【课标解读】

“绘制全球气压带、风带分布示意图，说出气压带、风带的分布、移动规律及其对气候的影响”。根据课时要求，本节课将重点解读有关全球气压带、风带的形成、分布和移动规律，在教学方法上采用学生自主、探究学习与计算机技术、网络平台相结合的方式，教师引领、指导，从中分析大气运动的规律性，进而完成对于教学目标的实现。

【教学重难点】气压带和风带的分布规律

【教具与媒体应用】多媒体网络教室

二、教学过程

（一）回顾

回顾“冷热不均引起的大气运动”

（1）大气的受热过程

（2）热力环流

（3）大气的水平运动

教师：上节课我们学习了第二章第一节——冷热不均引起大气运动，现在请同学打开书本，结合老师传给你们的第一个文件，将上节课的内容做一回顾，等下我们来请同学们说一说。

问题1:说出以下数字代表的含义(太阳辐射、地面辐射、大气逆辐射)。

问题2:请你用语言描述热力环流的形成过程。

(A为地受热,大气膨胀上升,B为地受冷,大气收缩下沉;A′为高气压,B′为低气压;A为低气压,B为高气压;气流由高气压指向低气压)

问题3:高空风与近地面风在风向上有何不同?完成相关练习。

(二)新课

【探索与发现】

(1)瑞典大片森林因酸雨而枯亡,北欧各国却将责任归咎于英国,并将英国告上法庭,你认为这么做的依据是什么?

(2)新闻思索:为何英国可以建成世界最大的海上风力发电站?

其实这与大气环流有关,今天我们就一起来学习一下全球气压带和风带的分布,学完了本课大家就能找到这个问题的答案了。

【标题】第二节　气压带和风带

大气时刻不停地运动着,运动的形式和规模复杂多样,既有尺度较小的局地运动,就像我们上节课所学,也有规模很大的全球性运动。

大气运动是有规律的。全球性的有规律的大气运动,通称为大气环流,它反映了大气运动长时期的平均状态。由于不同纬度地区所得到的太阳辐射是不同的,因而高低纬度间因太阳辐射而产生的热量差异,会驱使大气不断地运动、输送和交换热量。

【板书】1. 考虑高低纬间热量差异

活动题:假设大气是在均匀的地球表面上运动的,而且不考虑地球自转的影响,此时,引起大气运动的因素是高低纬度间的受热不均。

问题:那从理想状态上来讲,我们地球最冷和最热的地方是在哪呢?

学生回答,教师总结:在终年炎热的赤道地区,大气受热膨胀上升(画出赤道的人,表示上升);在终年严寒的两极地区,大气冷却收缩下沉。这样,在高空,赤道形成高气压,极地形成低气压,气压梯度力的方向指向极地,大气由赤道上空流向两极上空。在近地面,赤道地区形成低气压,两极形成高气压,气压梯度力的方向指向赤道,大气由两极流回赤道。因此,在北半球,赤道和极地之间形成了单圈闭合环流。

【板书】单圈环流

过渡:这种单圈环流能不能持续下去?

教师:实际上赤道与极地间的这种闭合环流是不存在的,因为地球时刻不停地自转着,大气一开始运动,马上就受到地转偏向力的影响,如果考虑地转偏向力,仍然假设地球表面是均匀的,引起大气运动的因素是高低纬之前的受热不均和地转偏向力。我们以北半球为例,请同学们结合老师给你们的动画资料,结合书本知识,分析大气的运动状况。三圈环流又是如何产生的呢?同桌之前可以讨论交流。

【板书】2. 考虑高低纬间热量不均,地转偏向力

【板图】教师与学生合作完成绘图(PPT 演示中)

赤道地区空气受热膨胀上升,在近地面形成了什么气压?(低气压),我们给它一个名称,叫做赤道低气压,那么在南北纬 5°之间就形成了赤道低气压带。标

在高空形成什么气压?(高气压)。

在气压梯度力作用下,由赤道上空向北流向北极上空,这叫做什么风?(南风)

受地转偏向力影响,由南风逐渐偏转成西南风,到什么时候就不再偏转?直到与等压线平行。到 30°N 附近上空时,风向偏转到与等压线平行,变成了西风。这样气流就不能继续向北流向北极,而是变成自西向东运动了。由于赤道地区上空的空气源源不断地流过来,又不能继续北进,便在 30°N 附近堆积下沉,这样使得低空气压增高,形成?副热带高气压带。标

在低空,水平气压梯度力的方向是由副高指向赤道低气压带,大

气在向南流动过程中逐渐哪里偏转？右，形成了什么风？（东北风）。由于它常年稳定，非常讲信用，所以称为东北信风带。

这样在赤道与30°N之间形成一个低纬度环流圈。

极地地区由于终年严寒，所以大气冷却收缩下沉，形成什么气压？高气压

这里给它一个名称叫作极地高气压带。

在副热带地区也有一个高气压带，这两个高气压带的气流肯定是要往低气压流动，请问这两只气流有什么不同？（一个是暖气流，一个是冷气流）。

冷暖气流在北纬60°相遇，那么会形成锋面。锋面在我们后面也会具体学习到，这里的锋面有个特殊的名称，叫作极锋。

两支气流相遇以后肯定要继续运动，暖气流暖而轻，冷气流冷而重，所以暖气流会？（爬升到冷气流之上，在这里就形成了上升的气流，气流上升，在近地面就形成了低气压，成为副极地低气压带。）

上升气流到高空，又分别流向副热带和极地上空，从而形成了中纬度与高纬度环流。

盛行西风带、极地东风带

57页活动题3——画图思路

(1) 明确赤道和极地的冷热，确定赤道低压和极地高压的位置，利用高低压相间分布的规律，画出7个气压带。

(2) 根据水平气压梯度力从高压指向低压，地转偏向力南左北右的原则画出6个风带。

过渡：请问气压带和风带的位置在一年之内是否是固定不变的呢？

【板书】3. 考虑高低纬间热量不均，地转偏向力，太阳直射点的南北移动

不是。由于地球的公转，产生了太阳直射点的变化，太阳直射点随着季节南北移动，导致了气压带和风带在一年之内也做周期性的季节移动。比如说我们北半球，夏季太阳直射在北半球，所以接受热量最多的地方也向北移动，赤道低气压带也向北移动，同理其他气压

带和风带也向北。冬季，就是整体的南移。

注意是整体移动，而气压带风带之间的距离是相对不变的。

同时，也是由于气压带风带在一年之内有规律的南北移动，常使一个地区在不同的季节出现完全不同的天气和气候状况。

【板书】气压带和风带的南北移动

三、课堂小结

探索与发现：学生利用网络搜集资料，对于事件进行分析，小组讨论，分享成果。

http://world.people.com.cn/GB/1029/42356/12800455.html

http://v.youku.com/v_show/id_XMjA5MDUwODEy.html

视频：世界最大海上风力发电站在英国投入运营。

四、课后反思

根据课标要求及课时安排，本节课需要完成的教学目标是：绘制全球气压带、风带分布示意图，说出气压带、风带的分布和移动规律。此部分内容难度大，抽象性强，并从着重培养学生学习能力的目的出发，我在教学设计时采用学生自主、探究学习与计算机技术、网络平台相结合的方式，将教材中抽象的问题直观化。并紧扣课标要求，由学生参与绘制全球气压带风带示意图，教学效果良好。

教学设计分为两部分，第一部分是对前一节内容的回顾，这就为本节知识的学习奠定了理论基础；第二部分是新课，首先由两则新闻引入，激发学生好奇心理，再由假设层层递进，揭示了大气环流从单圈环流到三圈环流再到气压带风带的南北移动的过程。其中引入计算机网络平台，由学生操控计算机完成动画演示，帮助理解书本知识，最后将理论知识用于解决实际问题，学生利用网络搜集资料，对于事件进行分析，小组讨论并分享成果。

“e学习”创新形式，探究了适于学生学习的基于网络的教学模式，课堂效果好，学生达成度高。本节课在教学中也体现出了一些问题，例如，对于某些细节的处理还不够精致，语言表达需要更加精准，更加简明扼要的直击要点，我会精心总结，在今后的教学中再接再厉。

（中华中学第八周对外展示公开课）

“中国经济发展进入新时代”教学案例

陶德华

一、教学内容与学情分析

本课为新修订的教材“经济与社会”第十课的第一框。在新课程改革背景下，课题和教材内容都是全新的且政治理论性较强，没有之前可以借鉴的教学案例。

这届高一学生基本出生于2003年左右，适逢我国经济社会大发展的优越时代，家庭生活水平普遍提高，但相距改革开放之前的年代较远，缺乏前后变化对比的实践和生活经验，对中国特色社会主义进入新时代的感性认识不强。加之正处于青春期、叛逆期，特别反对简单空洞的说教。只有通过本框学习，让学生对中国特色社会主义进入新时代有了全面准确的理解和认同，才能为第二框的进一步学习奠定基础，也才能践行新发展理念，自觉参与促进中国特色社会主义经济社会不断发展的伟大实践。

二、设计思路与教学方式

根据新课标精神和要求，着眼于学生的真实生活和长远发展，体现思想政治活动型学科课程特点，采取新课标倡导的议题式教学方式，从关注“教师的教”向关注“学生的学”转变，注重培养学生透过现象看本质、分析综合、概括归纳等思维品质和能力，着力提升学生的政治认同和社会参与等学科核心素养。围绕“如何准确理解新时代”议题，确立四个话题，明确课前、课中和课后三个阶段的不同任务。

让学生在智慧学习空间下，利用多媒体等信息技术手段，开展自主学习与合作探究。课堂依据学生课前自主合作学习的成果，创设学生熟悉、认可的真实情境，引导学生将党和国家的理论观点政策与生活经验有机结合，在自主辨析的思考中感悟中国特色社会主义理论的力量，坚信中国共产党的正确领导，正确理解中国特色社会主义进入新时代的重大政治判断。

三、教学目标与重点难点

教学目标：结合实例，叙说我国改革开放，尤其党的十八大以来，取得的重大成就和历史性变革及人民对美好生活的需要，阐释新时代我国社会主要矛盾的转化，懂得发展的宏观要求，认同中国特色社会主义进入了新时代，增强制度自信、理论自信和道路自信，增强为实现中华民族伟大复兴的中国梦而奋斗的自豪感、使命感和责任感，自觉增强本领，积极投入建设中国特色社会主义现代化强国的新征程。

教学重点与难点：正确理解中国特色社会主义进入了新时代，培养和提升学生的政治认同和公共参与等学科核心素养是本课的教学重点。正确理解新时代我国社会主要矛盾，是本课的教学重点，也是教学难点。

四、教学过程与设计意图

(一) 课前准备

(1) 分组分工：全班学生按每组 6 人，分成 9 个小组。在组长带领下，每 3 个组分别进行“新变革”“新矛盾”“新征程”三个话题的自主学习与合作探究(教师将学习任务提前下发到“e 学习”专用平台)。

(2) 学生自主学习与合作探究：根据课堂教学各环节设置的问题，查阅、搜集、整理资料，共同合作完成小组汇报课件，并确定课堂汇报的代表。

(3) 教师审核各小组提交的课前自主学习成果，经学生修改后正式提交至“e学习”专用平台，并确保在课堂上正常运行。

【设计意图】发挥学生主体作用，促进学生自主学习、合作学习，在查阅、搜集、整理信息等过程中，增强对中国特色社会主义伟大变革和未来美好生活的感性认知，培养分析、综合、概括等思维品质和能力。

（二）课中教学

教师提醒学生：(1) 注意觉察自己内心的变化和感受，尤其在标注※的环节，乐于和同学分享。(2) 认真对同学们的表现进行评价，在标注☆的环节结束后，自主进入“e学习”专用平台，对小组汇报情况进行评价和点赞。

【设计意图】关注学生的情感体验。引导学生认真观看、聆听同伴分享的课前学习成果，进一步感受祖国的巨大变革，激发内心对未来更加美好生活的期待和憧憬；增强尊重他人及其劳动成果的意识，学会客观公正地评价同伴的学习情况。

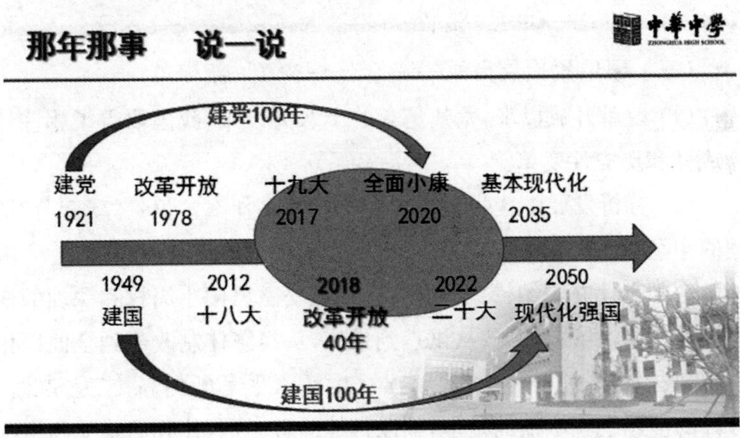

教师：同学们，“历史，总是在一些特殊年份给人们以汲取智慧、继续前行的力量。”你能说一说在中国发展的历史长河中，这些年份的特殊意义吗？（在学生发言时，依次呈现各时间对应的文字）教师过渡并导入新课：今年是中国改革开放40周年。40年来，在中国共产党的带领下，全国人民众志成城、砥砺奋进，用双手书写了国家和民族发展的壮丽史诗，带领中国人民迈进了中国特色社会主义的新时代，开启了新的征程。怎样正确理解中国特色社会主义进入了新时代？……带着这一系列的问题(详见 PPT)，我们以“如何准确理解新时代”为议题，结合同学们课前自主、合作学习的成果，进行第十课第一框“中国经济发展进入新时代”的深入学习和探究。

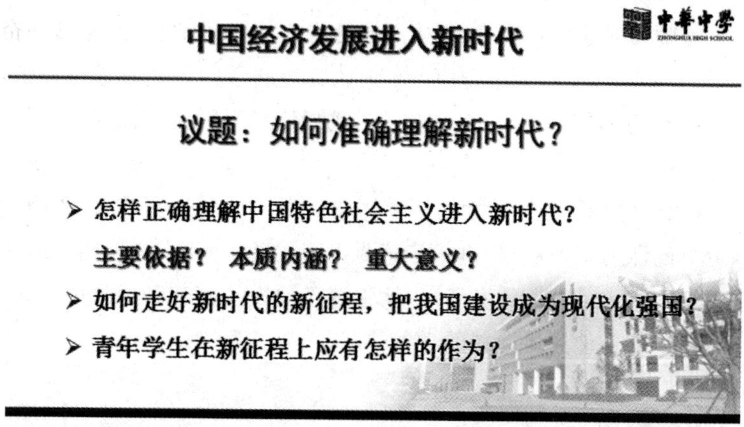

（三）硕果累累展风采——合作探究1 新变革

(1) 改革开放以来，尤其是党的十八大以来，我国取得了哪些伟大成就和历史性变革？

(2) 分析发展中这些变化的主要原因是什么？负责“新变革”话题的小组代表汇报课前学习成果，结合实例回答以上问题。

教师点评并归纳：三个同学，一是从安徽凤阳小岗村和深圳的变化，让我们看到改革开放从试点到推广，从经济体制改革到全面深化改革，我国经济社会快速发展，人民生活水平不断提高；二是借助2分钟的沙画视频浓缩的精华，配以自编的解说词，让我们感受到祖国在交通、军事、国防、生态等方面的巨大成就；三是从人们消费方式的不断改进，让我们领略了网络科技的发展；随着“一带一路”倡议的深入实施，我国从“融入世界”到“引领世界”，逐步走近世界舞台中央，中国国际地位和影响力显著提升。同学们说得都非常好！从经济生活的角度，书上的一组数据更说明了党的十八大以来的历史性变革。

教师分享信息：南京市中心新街口和本校所在地河西新城的前后对比图；自己随手抓拍的蓝天白云图片；小时候，春节期间，外地农民到南京周边农村讨饭的现象很普遍；暑假去邻国旅游，所见所闻，切身感受同样是社会主义国家，却与我国的发展相差甚远。

教师：了解了这些变化，你有什么感受？为什么会发生这些变化呢？请结合同学们的汇报分享，说说你的观点。

教师总结呈现主要原因：中国共产党正确领导，全国人民砥砺奋进，坚定不移贯彻新发展理念，转变发展方式，提升发展质量和发展效益。强调：这些成功的经验应该不断发扬光大。

【设计意图】在强大的视听感觉的冲击下，让学生直观感受我国改革开放，尤其是近五年来的历史性变革，增强学生作为一名中国人的自豪感和自信心，坚决拥护中国共产党领导，增强制度自信、理论自信、道路自信等。

教师过渡：从大家的分享来看，我们的国家日新月异，我们的生活越来越好。请问，如果一直过这样的日子，你们满意吗？（学生：不满意或摇头。）你们和家人还想过怎样的好日子呢？

（四）各抒己见话期盼——合作探究2　新矛盾

（1）你和你的家人对现实和未来生活还有哪些美好期盼？

（2）制约满足人民美好生活需要的主要因素是什么？

（3）新时代我国社会的重大转变与不变的是什么？

负责“新矛盾”话题的小组代表汇报课前学习成果，回答上述问题。再请其他学生分享不同的美好需要。

教师点评并归纳：这组同学向我们展示了未来一幅幅科技发达的现代化生活场景，生活空间可以在陆地和太空间穿梭：金山银山不如绿水青山的理念得到落实，绿水蓝天不再是奢望；交通拥堵、教育资源不足、分配不公、行贿受贿等均不再是问题；他们还从理论的高度，向我们说明人们不仅有物质需要，还有社会需要和心理需要，根据马斯洛的需要层次理论，未来人们已从最初级的生理和安全的需要发展到追求最高的自我实现的需要。听了他们的汇报分享，请问你们内心有什么感受呢？

学生诉说心声，教师分享同感：健康长久地活着，享受未来的美好生活！

教师：当前制约满足人民美好生活需要的主要因素是什么呢？刚才小组代表的汇报分享告诉了我们一些答案。

教师概括强调我国社会主要矛盾转化的依据：第一，我国社会生产力水平总体上显著提高，社会生产能力在很多方面进入世界前列，我国长期所处的短缺经济和供给不足状况已经发生了根本性的转变，再讲落后的社会生产已不符合实际。第二，人民生活水平显著提高，对美好生活的向往在领域和重心上已经超出了物质文化的范畴和层次，在民主、法治、公平、正义、安全、环境等方面的要求日益增长。只讲物质文化需要，已经不能真实地、全面地反映人民群众的愿望和要求。第三，影响满足人民美好生活需要的因素很多，但主要是发展不平衡不充分的问题，其他因素都是由此派生出来的。

教师：我国社会主要矛盾转变了，不变的是什么呢？

学生稍作思考后回答。教师强调：社会主要矛盾发生变化，关系全局，影响深远。但必须认识到，我国社会主要矛盾的变化，并没有改变我们对我国社会主义所处历史阶段的判断，我国仍处于并将长期处于社会主义初级阶段的基本国情没有变，我国是世界最大发展中国家的国际地位没有变。

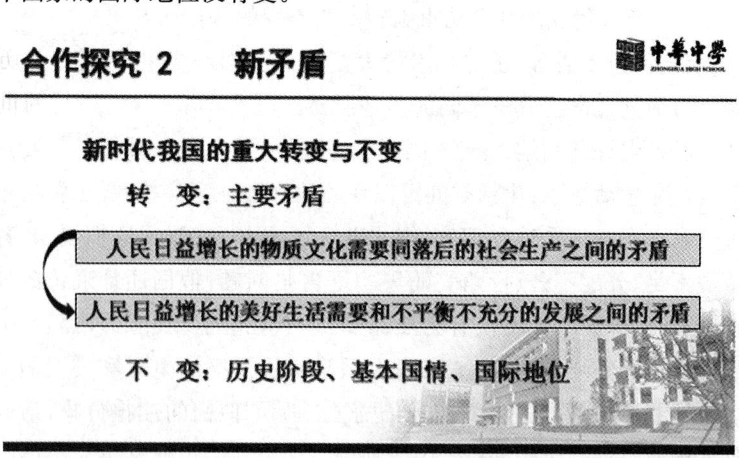

【设计意图】结合学生的课前学习成果汇报和描述，激发学生对未来美好生活的向往和追求，培养学生热爱生活、创造美好生活的热情；引导学生准确理解和把握新时代我国社会的重大“转变”与“不变”的内容。

教师过渡：根据以上合作探究1和2的学习情况，能不能请同学们概括总结一下你对中国特色社会主义进入新时代的理解？

（五）总结提升更认同——合作探究3　新时代

（1）判断中国特色社会主义迈进新时代的主要依据是什么？

（2）新时代的本质内涵是什么？

（3）作出这一重大政治判断的意义何在？学生思考回答后，教师归纳并强调迈进新时代的四个主要依据，并在PPT上显示关键词：实践基础（我国改革开放，尤其是党的十八大以来的历史性变革）、直接依据（我国社会主要矛盾的转变）、理论标志（习近平新时代中国特色社会主义思想形成，开辟了马克思主义中国化的新境界）和特殊时期（“两个一百年”的历史交汇期）。

教师：习总书记在党的十九大报告中对中国特色社会主义新时代的本质内涵做了高度凝练和科学概括。请同学们齐读“这个新时代，是承前启后、继往开来……”

教师：习总书记关于新时代的表述，分别是从哪几个方面进行高度凝练和科学概括的？

教师带领学生边分析，边在PPT上对应显示关键词：时代的历史脉络、时代的实践主题、时代的人民性、时代的民族性、时代的世界性。

教师：请哪位同学简单概括一下，中国特色社会主义新时代的本质内涵？

学生发言后，教师用PPT呈现：简言之，中国特色社会主义新时代，本质上就是中华民族实现强起来的时代，我们要在全面建成小康社会基础上分两步走……实现中华民族伟大复兴的中国梦。

教师：中国特色社会主义新时代这一历史方位的准确判断具有重大意义。党的十九大报告中分别用“三个意味着”概括了对中华民族的"历史性意义"、对科学社会主义发展的"政治性意义"和对发展中国家走向现代化提供借鉴的"世界性意义"。

【设计意图】在前面两个探究活动的基础上，通过师生问答的方式，对教材内容进行适当拓展和挖掘，引导学生加深对中国特色社会主义进入新时代的全面准确的理解。

教师过渡：同学们，经过以上学习和总结，我们理解了走进新时代的主要依据、本质内涵和重大意义。责任在肩，任重道远。新的时代已经进入，新的征程已经开启，经济社会的发展还将继续。如何在理解新时代的基础上，用心走好新征程，切实解决新的社会主要矛盾，实现中华民族伟大复兴的中国梦呢？

（六）畅想未来绘蓝图——合作探究 4　新征程

(1) 关于实现中华民族伟大复兴的中国梦，党和国家的宏观要求与规划安排是什么？

(2) 如何在新征程中，将职业梦想与中华民族伟大复兴的中国梦紧密结合，充分实现自己的人生价值？

负责"新征程"话题的小组代表汇报课前学习成果，回答问题(1)。

教师提醒学生注意：从 2020 年到 2035 年再到 2050 年，两个 15 年的具体目标不同，是从"全面建成小康社会"到"基本实现社会主义现代化"再到"实现社会主义现代化强国"的伟大跨越，体现了中华民族从富起来到强起来的伟大复兴中国梦从理想成为现实的历史过程。党和国家宏观要求的重点是：着力解决好发展不平衡不充分的问题(贯彻新发展理念，建设现代化经济体系。这将在第二框详细学习)；准确判断我国所处的历史阶段、基本国情和国际地位(坚持实事求是的原则)；坚持党在社会主义初级阶段的基本路线不动摇(党和国家生命线、人民的幸福线)；分两个阶段，实现两个一百年奋斗目标(坚持量变到质变的原则)。

教师总结过渡：明确了党和国家的宏观要求与规划和具体安排，必须贯彻落实。作为国家的一分子，我们青年学生应该有怎样的作为呢？课前请同学们看了两段视频。中科院院士林俊德 26 岁便带领团队发明了导弹自记仪，他参与了我国全部 45 次导弹发射，最终为争取时间保存科研数据，放弃手术治疗。而清华骄子梁某经历了本科、硕士、博士的学习，27 岁尚不能做出职业选择，还要询问高晓松等人。视频中最让你感动、最触动你内心的是什么？（稍作停顿，让学生在内心沉淀、体验自己的感受后再分享。）

教师：请结合视频和你的感受，并根据本框学习情况，畅想未来——“我与 2035、2050 有个约会”。同学们写下自己的愿望，分别放入两个时光礼盒中，请班长和政治课代表负责封存，到时相聚再打开。现场请两位学生代表进行 1 分钟演讲，谈谈自己的未来设计。

教师点评并总结：我们要努力学好本领，把职业梦想和中华民族伟大复兴相结合，在岗位奉献中实现人生价值。通过今天的学习，希望同学们能进一步感受新变革，把握新矛盾，理解新时代，迈上新征程，共同创造中华民族伟大复兴的中国梦！

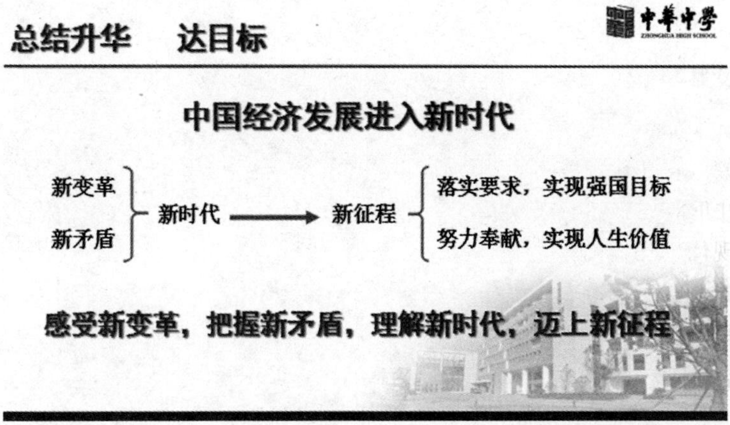

【设计意图】结合学生的感受与体验，对比林俊德和梁某在相似年龄段的不同作为和人生经历，培养学生的家国情怀，理解党和国家为实现中国特色社会主义现代化强国目标所提出的要求、规划和安排，激励学生把个人理想和国家发展紧密结合，自觉投身新征程。

七、课后作业

(1) 在这节课的学习中,你最突出的感悟和收获是什么?请分享至“e学习”专用平台。

(2) 根据课前和课堂表现,对小组成员的学习态度及表现进行自评和互评,组长上报各组评价结果。

(3) 完成同步习题。

【设计意图】了解学生的学习效果和目标达成情况,多元评价学生学习过程的表现情况。

(2018年10月23日国家级对外展示课,该文原载于核心期刊《思想政治课教学》2018年第1期)

“中国‘孝文化’的继承与发展”教学案例

刘　青

一、教学目标

（一）知识目标

（1）以中国传统“孝文化”为背景让学生了解中国传统文化的表现、特点和现实意义。

（2）通过对比新旧二十四孝标准让学生了解应如何正确对待中国传统文化，理解文化继承、发展与创新的关系。

（二）能力目标

（1）通过感受中国汉字的内涵和特点，有基本说文解字的能力。

（2）通过对比新旧二十四孝标准提高阅读和提取信息的能力。

（3）通过课堂活动培养学习合作和探究的能力。

（4）以 iPad 为载体掌握现代信息工具和手段的能力。

（三）情感态度价值观

（1）通过对“孝”字的丰富内涵的解读，感受到中国传统文化的源远流长和博大精深，增强民族文化的自信心。

（2）通过对“新二十四孝”行动标准的筛选和增加，加强学生对“新二十四孝”标准的认可，把对孝顺父母的感情落实在日常的行动中。

二、教学重难点

（1）教学重点：中国传统文化的表现、特点和现实意义以及对待中国传统文化的正确态度。

(2) 教学难点：针对“e学习”课堂的开放性，教师高度把握课堂的能力和学生在“e学习”课堂中对知识的掌握和活动的参与度。

三、教学手段

“e学习”教学平台、班级讨论版、超级黑板等软件。

四、教学过程

（一）导入

教师：大家一定听过这句话——“百善孝为先”，自古以来，人们都把“孝”看成是重要的传统美德，今天我们就借助“e学习”的平台一起来探讨“中国‘孝文化’的继承和发展”，首先我们来看一段动画——“孝”字的演变。

（二）探究活动

【探究活动1】

从“孝”字的演变我们请同学来说文解字，说说你理解“孝”字的内涵。

学生说一说：“孝”字是上下结构的字，上为老，下为子。小时候，上面老的连自己的完整都不顾，把孩子整个庇护在自己身下，为孩子遮风挡雨，撑起一片蓝天。长大了，子字成了老字的全部支撑，子字把老字整个儿背了起来，也就是说子女要把照顾老人的责任承担起来，和老人相依为命。

教师：大家说得非常好，汉字是世界上唯一流传至今而从未中断的文字，为什么呢？因为汉字有着深厚的文化底蕴和独特的文化魅力。

【探究活动2】

教师：了解了“孝”字的丰富内涵，我们再来谈谈日常生活中“孝文化”的具体表现。老师在课前布置大家去查找资料，下面请小组展示。

各小组展示成果，按节日、习俗、建筑、诗词、思想的顺序。

教师：通过以上小组的展示，我们能感受到中国传统文化可以通过传统习俗、传统建筑、传统文艺、传统思想等形式表现出来。(PPT)

探究问题：

从“孝文化”的内涵和表现你能感受到中国传统文化有哪些特点？

教师总结：

传统文化的表现、特点：

(1) 主要表现：传统习俗、传统建筑、传统文艺和传统思想；

(2) 特点：具有继承性、鲜明的民族性和相对稳定性；源远流长、博大精深。

【探究活动 3】

过渡：我们前面提到了孝文化传承到今天有一个继承与发展的过程，下面我们就这个话题进一步探讨，请大家打开 ibooks，大家去看二十四孝故事和新二十四孝标准，同时老师留了两个问题：

(1) “旧二十四孝”故事中的做法是否都积极可取？

(2) 结合材料请你用辩证法的观点谈谈如何对待中国传统的孝文化。

本小组再分为 2 个小组，分别去探讨 2 个题目。记录员记录讨论结果的关键词，制作员现场制作课件展示讨论结果投影到小组屏上。

教师总结：

如何正确对待传统文化：

(1) 正确态度是“取其精华，去其糟粕”“批判继承，古为今用”。

(2) 要把握好文化继承与发展的关系。在继承的基础上发展，在发展的过程中继承。

(3) 要把握好文化继承与创新的关系。要体现时代精神。

(4) 坚持正确方向，克服错误倾向，克服“历史虚无主义”和“守旧主义”。

【探究活动 4】

过渡:刚刚我们提到了继承传统文化要体现时代精神,“新二十四孝”标准正是时代精神的体现,我们一起来看一下。

由全国老龄办、全国心系系列活动组委会共同发布“新二十四孝”行动标准。

(1) 经常带着爱人、子女回家。

(2) 节假日尽量与父母共度。

(3) 为父母举办生日宴会。

(4) 亲自给父母做饭。

(5) 每周给父母打个电话。

(6) 父母的零花钱不能少。

(7) 为父母建立“关爱卡”。

(8) 仔细聆听父母的往事。

(9) 教父母学会上网。

(10) 经常为父母拍照。

(11) 对父母的爱要说出口。

(12) 打开父母的心结。

(13) 支持父母的业余爱好。

(14) 支持单身父母再婚。

(15) 定期带父母做体检。

(16) 为父母购买合适的保险。

(17) 常跟父母做交心的沟通。

(18) 带父母一起出席重要的活动。

(19) 带父母参观你工作的地方。

(20) 带父母去旅行或故地重游。

(21) 和父母一起锻炼身体。

(22) 适当参与父母的活动。

(23) 陪父母拜访他们的老朋友。

(24) 陪父母看一场老电影。

请同学们说一说这里面中学生能做到的有哪些？老师现场标注。请小组成员投票做得最好的前三条，用红颜色标注，做得最不好的三条用绿颜色标注。请记录员记录情况并投屏。

教师选出某一小组的情况，做得好的表扬，找出共性；做得都不太好的，请学生说一说为什么这一点做得不好？大家总是觉得父母唠叨，限制自己的自由，常常不愿意和父母沟通，我知道我们班有一位同学和父母在沟通方面可以说是零障碍，他就是乔乾伟同学，我们来现场连线他的妈妈，听听妈妈在这个问题是怎么看的，他们母子平时是怎么沟通的。让孩子现场对妈妈说："妈妈，我爱你！"

结束语：父母的唠叨才是世界上最温暖最动听的声音，请从现在开始给父母最好的爱，就像你小时候父母总是将最好的东西留给你一样，当他们慢慢老去，请牵着他们的手陪着他们慢慢地走，就像你小时候他们牵着你的手一样。

音乐：以歌曲《时间都去哪了》结束（谢谢大家，请同学将 iPad 等教学用品放回原处）。

五、教学反思

作为一节省级的"e 学习"示范课，在准备的过程付出了大量的时间和精力，从对"e 学习"懵懵懂懂，到后来上课亦可以熟练地用相关手段上课，这个过程虽然辛苦，但收获却很多。

首先，转变了课堂观念，"e 学习"课更加强调学生的主体性，让学生用好手上的 iPad 等相关学习用具，所以教师要更加注意退居二线，让每个学生都融入课堂。

其次，在课程的设计上要突破传统课堂的模式，设计的活动和环节要更加符合"e 学习"课堂开放、互动、评价的特点，在我的设计经过多次修改后，也理清了上课的思路。

再次，要学会整合身边的资源和借助一切机会学习，在准备这次示范课的过程中，我接触了很多计算机老师、身边的 iPad 高手、还有苹果公司的专业技术人员，让我发现学习可以随时随地、无处不在。

这节虽然得到了听课老师的一致好评，但静下心来，确实有很多方面值得进一步去提高：

（1）在课堂评价方面，除了强调老师对学生的评价，更应该强调生生评价。

（2）在课堂准备方面，因为学生实际是没有很多时间去准备资料的，所以要进一步提高课堂效率。

学情分析：

中国人认为“百善孝为先”，我们的学生对于这一点非常认可，但是在实际生活中却经常发生与父母的矛盾甚至争吵，在新时期究竟怎样传承和发展我们的孝文化呢，同学们对此需要有正确的认识。

（2014年5月15日江苏省“e学习”政治学科观摩展示研讨活动示范课）

“企业的经营”教学案例

戴　俊

一、教学准备

【案例应用类型】课堂教学新授课

【教学主题】

“经济生活”第二单元:生产、劳动与经营第五课:企业与劳动者第一框:企业的经营

【主题说明】

本课旨在帮助学生理解经济生活中中观层面(企业为主体)面对复杂经济形势的应对之策,与微观层面(以个人为主体)及宏观层面(以国家为主体)共同构成经济生活的知识框架

【学时】40 分钟,1 课时

【学习目标】

(1) 企业、公司的相关知识及两种公司类型的对比分析。

(2) 企业经营与发展的因素。

(3) 企业经营与发展的结果及其作用。

【教学重点和难点】

(1) 教学重点:企业的经营之道。

(2) 教学难点:有限责任公司和股份有限公司的区分比较。

【技术应用与分析】

采用三星平板电脑、迎家智慧课堂、Sharp 触摸屏及 Smart 电子白板等技术手段,优化和提升传统课堂的教学实效。

【特色活动设计】

利用三星平板电脑及课堂的网络环境，组成即时的课堂检测反馈系统，并利用网络及客户端，在大屏展示和反馈学生的现场做题情况。

二、教学过程

师：上课，同学们好！

生：老师好！

师：请坐，请同学们把书打开到36页，今天，我们学习第五课的第一框：企业的经营。下面，给同学们两分钟的时间，熟悉书本，整理框架，为本框学习奠定基础。（锁屏）

师：我们日常生活中所需要的商品和服务是由千千万万个企业提供的，企业作为市场经济活动的主要参与者，发挥着重要的作用。我们学校附近也有很多企业，提供着诸多的产品和服务，下面我们请同学们说说看。

生：回答。

师：好，请同学们看一下百度地图。

师：从现实的例子我们可以发现，企业对生产和生活的影响是无处不在的，提供了诸多的商品和服务，当然，企业从事生产经营活动的目的是什么？

生：营利。

师：由此，我们可以总结出企业的含义：企业是以营利为目的而从事生产经营活动，向社会提供商品或服务的经济组织。

师：那企业的地位是什么？

生：市场经济活动的主要参与者，是国民经济的细胞。

师：那如果按照所有制形式，我们可以将企业分为哪些类型？

生：国有企业、集体企业、非公有制企业。

师：当然，无论是哪种所有制企业，都有一定的企业组织形式，我们在日常生活中听到的企业名称都是以什么为结尾的？

生:公司。

师:对的,是公司,公司制是企业的主要组织形式,除了公司以外,我国还存在大量的个人独资企业和合伙企业。

师:企业为老百姓的生活消费提供了大量的产品和服务,作为学生,虽然足不出校,但其实在我们校园里面也有公司在为我们默默地服务着。你知道有哪些公司在校园里面为师生的生活和学习提供了产品和服务呢?

生:回答。

师:对,是物业和食堂二楼,那有没有同学关注这两家公司的名称是什么?

生:回答。

师:提供物业管理服务的是新鸿运物业公司,提供食堂二楼餐饮服务的是梅花餐饮管理公司。这两家公司的工作人员在我们学校为师生提供着优良的产品和服务,希望同学们能够尊重他们的劳动,做一个文明的消费者。

师:鉴于这两家公司在我校的重要地位,我们今天就对他们进行专题研究,我们首先来看新鸿运物业公司,请同学们结合书本,借助网络和老师提供的材料,通过小组合作研究两个问题:第一,新鸿运物业公司属于什么形式的公司?成立的目的和要求是什么?第二,新鸿业物业公司的组织结构及其作用是什么?这样的结构有什么优点?请第一、三、五小组研究第一个议题,第二、四、六小组研究第二个议题,小组形成小组意见后由组长展示,下面请各组分别接收材料并开始研究

生:研究并发言(学生讲)

师:我们总结一下刚刚小组的发言,公司生产经营的目的肯定是为了营利,成立也需要符合法律法规的要求,有人、财、物的基础,履行一定的登记手续,由此,我们可以得出公司的含义,公司是依法设立的,由独立的法人财产,以营利为目的的企业法人,法人是社会组织在法律上的人格化。公司成立必须按照法律法规和有关政策的规定,办理一定的登记手续,取得法律上的承认。公司的形式有有限责

任公司和股份有限公司，新鸿运物业公司属于股份有限公司。公司的组织机构有决策/执行和监督机构，请同学们把书翻到第 38 页，决策机构包括了股东会或股东大会及董事会，负责处理公司的重大经营管理适宜，执行机构主要是董事会聘用的经理，负责组织实施公司的日常经营管理事宜，监察机构主要是监事会，负责监督董事和高级管理人员的工作，这些机构权责明确，互相制衡，可以有效地提高公司的运行效率和管理的科学性。

师：好，刚刚我们研究了物业公司，下面我们来研究同学们更加关心的吃的问题，我想做一个小调查，同学们喜欢在食堂一楼用餐还是在二楼用餐？

生：回答。

师：大家都喜欢吃，但是吃什么和在哪儿吃，还是有很大区别的，那如果我们班成立一家餐饮管理公司，承包中华中学食堂一楼，我们该如何经营与发展，更好地满足师生的用餐需要呢？好，下面请各个小组认真研究集思广益，小组形成意见后由组长展示(锁屏)。

生：研究并发言。

师：我们总结一下刚刚小组的发言，现代市场竞争是激烈的，一个公司想要经营和发展的好，一定要制定正确的经营战略，公司要依靠技术进步、科学管理等手段，形成自己的竞争优势，也要诚信经营，树立良好的信誉和企业形象，企业的信誉和形象是企业的无形资产，在信息传递飞速的网络社会尤为重要，当然，同学们刚刚还讲了诸多影响因素，我在这里也总结和补充了一下，请同学利用课后在复习知识卡片的时候再了解。

师：公司的经营是复杂的系统工程，并不是每个企业都能够做好的，可能会出现兼并或破产的情况，请同学把书翻到 41 页，兼并是指经营管理好，经济效益好的优势企业兼并那些相对劣势的企业，这样扩大优势企业的规模、提高资源利用率，增强优势企业的实力。提高整个社会的资源利用效率，促进国家经济发展。当然，兼并中有种特殊情况，就是强强联合，请同学课后阅读 46 页上的名词点击。如果对那些长期亏损，资不抵债又扭亏无望的企业，则应按照法定程序实施破产结算，这样有利于强化企业的风险意识，促使企业改善经营管理，提高竞争力。有利于社会资源的合理配置和产业结构的合理调整。

师：好，下面我将本课我们学习所形成的四个卡片发送给同学们，请利用2分钟的时间结合本课的知识框架，回顾知识点，我们马上就会有一个检测。

生：回顾/检测/教师讲解检测。

师：总结提升。

三、教学反思

本节课为利用新平台和手段的“e学习”课，采用三星平板电脑硬件平台和迎嘉智慧课堂软件平台，整体课程较为流畅，基本达到预期效果。之前也上过很多节“e学习”课，但因为软硬件平台存在的诸多问题，课程更多的是强调形式而非课程内容本身，这次学校在三星平板上转配的软件平台是一个很好的突破，使得课程本身回归到它该走的方向。当然，在整个上课过程中，较之之前，更好地处理了平台的开放方向和上课学生注意力的集中性的矛盾，配备的软件锁屏功能能够更好地实现老师的教学意图，集中学生的注意力，同时，课堂的实时资料传输系统为老师为实现教学目的而准备的诸多资料提供了一个及时且有选择的路径，另外，最大亮点在于小组合作的展示系统，能够稳定、即时地展示学生的学习成果，达到小组合作的预期目标。最后，课堂检测及反馈的完善使得“e学习”平台的功能有了本质的提升。当然，在这节课中也存在了诸多问题，如知识点不全面，且不能很好地处理知识的开放性和问题的集中性的矛盾，这个对自己提出了更高的要求，既要修炼内功，提高自身素养，也要以更加开放、包容的态度去接受新技术背景下的教学模式的改革。

（中华中学第八周对外展示公开课）

"'期中考试'试卷讲评课"教学案例

杨　梅

一、教学准备

【案例应用类型】期中考试试卷讲评课

【主题说明】针对期中考试情况进行学情分析，帮助学生找出试卷出现问题的原因，举一反三，提高学生分析问题、解决问题的能力。

【学时】40 分钟，1 课时

【学习目标】

(1) 通过学生自主订正试卷，让学生知道在做题过程中应细心谨慎，并且加深对知识点的理解。

(2) 通过主观题讨论、讲解、展示，逐步提高学生审题、规范答题的能力。

(3) 对学生的试卷中高频错题进行整理，通过学习小组的合作订正和讨论，培养学生的合作精神，分析能力和逻辑推理能力，让不同层次的学生均有提高。

(4) 引导全体学生积极主动参与，构建和谐、有效、生动的课堂。

【教学重点和难点】

本节课是针对必修班学业水平测试进行的一节试卷讲评课。学业水平测试对学生能力和水平的要求是基础性的，因此本节课重点、难点主要包括三个方面：

(1) 通过展示高频错题，引导出错的学生说出出现错误的原因，了解隐藏在学生思维深处的错因，进行答卷失误分析，帮助学生提高解题能力。

(2) 通过试卷讲评,让学生了解试卷特点和解题思路,引导学生思考试题考查方向及知识点之间的联系。针对典型题目,帮助学生掌握基本做题方法和技巧,引导学生突破已有思维定势,抓住试题本质,排除干扰,得出结论,做题既要注重结果,更要注重过程。

(3) 归类讲解,对某一类题目的做题方法进行高度概括和总结,总结出做题规律,规范做题格式,真正使学生分析一道题,明白一个道理;纠正一道错题,会做一类题。

【技术应用与分析】

(1) 使用 iPad 硬件平台、AirPlay、Mindjet Maps、TP-Link、QQ 等,借助网络环境与技术工具,帮助学生构建思维体系及进行更加充分的小组合作学习。

(2) Sharp 专业触摸液晶显示屏,更好地展示和呈现学生活动成果,实现教师的教学意图。

【特色活动设计】

(1) 判断题在线练习。通过网络平台,让学生在线练习高频错误判断题,及时统计错误率,及时进行讲解,更直观地对学生的错误进行反馈。

(2) 学生分组讨论主观题,完成任务清单,并根据小组讨论,展示屏上直观展示出小组讨论结果。这样可以让教师、学生更加清晰地了解答题优点和不足,及时进行反馈,进一步加深印象,深化答题模式。

二、导入新课

展示班级均分:主观题 19.8 分,客观题 59.2 分。

三、任务清单一

(一) 要求

(1) 对照彼此答案。

(2) 找出不同答案题目,对照得分率,讨论。

(3) 给出本组正确答案。

通过多媒体展示参考答案,并对学生讨论内容进行点评和总结,展示知识清单和高频考点:

考　点	等　级
商品的含义及基本属性	A
货币的本质	A
货币的基本职能	B
信用卡的功能	A
外汇和汇率的含义	A
供求关系对商品价格的影响	B
价格与价值的关系	B
价值规律的内容及表现形式	B
价格变动对生活消费和生产经营的影响	B
影响消费水平的主要因素	A
消费类型	A
生产与消费的关系	B
我国现阶段公有制主体地位的体现	A
我国现阶段非公有制经济的种类	A
实行公有制为主体,多种所有制经济共同发展的基本经济制度的原因和意义	A

学生讨论,教师指导,总结客观题解题技巧:

以选择题选项为突破口,以排除法为主要方法。

(1) 排误:排除本身错误的选项。

(2) 排异:排除不符合题意的选项。

把握题意关键:明确主体、明确范围、明确问题指向。

(二) 高频判断题再现

(1) 货币是从商品中分离出来充当一般等价物的商品。

(2) 单位商品价值量与社会劳动生产率成反比。

(3) 可持续性消费是绿色消费的核心。

(4) 国有经济是国民经济的支柱和主体。

(5) 我国要毫不动摇地巩固和发展公有制经济。

通过网络平台,让学生在线练习高频错误判断题,及时统计错误率,及时进行讲解。

四、任务清单二

(一) 主观题做题技巧

展示一般材料主观题做题技巧:

(1) 审准设问。审准知识限定,即试题设问所规定的课本知识范围。

(2) 审清材料。提取出材料有效信息,即材料中的主旨、关键词句。

(3) 组织答案。知识点+材料,不要忘记:分点回答,表述成段。

(二) 展示本次考试题目

任务清单二要求:

(1) 根据"主观题做题技巧",在试卷中找出设问和材料中的关键词。

(2) 判断本小题考查内容。

(3) 对老师推送的样卷进行点评。

(4) 形成本组正确答案,并进行展示。

展示样卷,与小组讨论展示的答案作对比,找出样卷问题,强化规范答题。

总结主观题知识清单,了解 B、C 级考点在主观题中的运用。

五、本课小结

试卷讲评是每个教师都要接触的课型,通过讲评既要解决学生中存在的问题，还要反思前期的教学，为自己的教学工作起到真正的指导作用。我认真分析试卷，选取针对性的练习，对症下药收到良好的效果。下面就成败作以下分析：

（一）成功之处

(1) 课前做好试卷分析、试题研究，同时关注考试说明的要求和教材上习题的变式，提炼易混易错高频考点，讲评时才能点拨到位，切中要害。

(2) 充分发挥学生的主导作用。把选择判断的权利交给学生，在讨论中得出正确的结论，激励他们相互补充、相互检查，不仅自己的负担减轻，学生的责任感也增强，从而提高了他们自主探究学习的能力。

(3) 在“e学习”背景下，有选择地运用软件辅助试卷讲评，及时、有效对课堂效果进行反馈，同时也激发了学生学习的兴趣。

（二）不足之处

在“e学习”背景下，多媒体的运用能力还是不够熟练，在正式讲评前进行了多次试讲依旧不够理想，同时也没有真正做到通过相关软件为课堂讲评服务，因此应该进一步提高自己在“e学习”教学过程中对软件的学习掌握能力。

（2015年南京市政治教研活动公开课）

“建设社会主义文化强国”教学案例

宋　薇

一、教学准备

【案例应用类型】课堂教学新授课

【主题说明】

“文化生活”第四单元以发展中国特色社会主义文化为主题，以文化建设为主线，包括为什么建设、建设什么、如何建设等内容。第九课从国家层面，讲发展中国特色社会主义文化的原因、目标和道路，明确了我们要建设什么样的文化。第九课第一框“建设社会主义文化强国”主要明确坚持中国特色社会主义文化发展道路的原因，如何建设中国特色社会主义文化强国。

【学时】课内教学 40 分钟，1 课时；课外 10 分钟。

【学习目标】

联系所学知识，感悟中国特色社会主义文化的形成历程，阐释坚持中国特色社会主义文化发展道路是建设社会主义文化强国的必由之路，明确如何发展中国特色社会主义文化，推动社会主义文化繁荣兴盛，增强对中国共产党的热爱之情，树立建设社会主义文化强国的信念，积极投入建设社会主义文化强国的新征程。

【教学重点和难点】

(1) 教学重点：如何建设社会主义文化强国。

(2) 教学难点：为什么说中国共产党是中国先进文化的积极引领者和践行者。

【技术应用与分析】

利用爱剪辑自制微视频，回顾中国特色社会主义文化形成历程，并在课前发布，组织学生观看。在设计导入环节时，利用格式工厂截取、合并视频《上新了，故宫》，增强导入的趣味性与针对性；利用平板电脑将文创产品的图片及设计理念发至学生电脑，利用"课堂互动"功能让学生了解如何推动中华优秀文化创造性转化、创新性发展；利用平板电脑的"作业讲评"功能，收藏学生对未来的畅想，让学生对自己的畅想进行说明。

【特色活动设计】

在"我和2035、2050年有个约"的环节中，学生通过平板电脑将自己对中国特色社会主义文化强国的畅想上传到班级空间，学生彼此进行点评。学生通过投影将手绘图呈现出来，展现未来的美好发展前景。

二、教学过程

（一）导入环节

教师引导：文化是引领一个民族前行的旗帜。文化兴则国运兴，文化强则国运强。这节课我们以"怎样建设社会主义文化强国"为议题，共同学习第九课第一框题。我们主要解决以下三个问题：什么是中国特色社会主义文化？为什么坚持中国特色社会主义文化发展道路？怎样建设社会主义文化强国？

（二）进行新课

教师陈述：最近有一档综艺节目很火，那就是《上新了，故宫》。节目引用了一段溥仪的自述。现在请大家一起观看这段视频。

教师播放视频：《上新了，故宫》的宣传片及溥仪自述。

教师陈述：溥仪认为西方文明是先进的，所以洋老师庄士敦来自英国的一切都是好的。无独有偶，胡适也认为中国唯一的出路是自己认错，全心全意学习西方，肯认错了，方肯死心塌地去学人家。与此相反，康有为认为中国立国数千年，礼义纲纪，云为得失，皆奉孔子之经，要“冒万死以力保旧俗，存礼教而保国魂”。

教师引导：你是怎样看待上述三个观点呢？请大家进行小组讨论，并选出小组发言人，代表本小组进行发言。

学生讨论，选出代表，回答问题。教师对学生的发言进行点评、总结，注意培养学生的理性思维和科学精神。

教师总结：历史证明，无论是胡适的“全盘西化论”，还是康有为的“文化复古主义”，都不能解决中国向何处去的问题，无法使中华文化走向复兴之路。“全盘西化论”否认了中华优秀传统文化的积极作用。实际上，即使在那段极为耻辱的时代，也正是中华优秀文化、传统美德和民族精神激励着无数优秀的中华儿女前仆后继地为民族独立、国家富强而奋斗。对待中国传统文化，我们应该取其精华、去其糟粕，推陈出新、革故鼎新。“文化复古主义”不愿意向西方先进文化学习，用“传统”反对“现代化”，是错误的。对待外来文化，我们也应理性看待，面向世界、博采众长，以我为主、为我所用。“全盘西化论”、“文化复古主义”不符合当时中国的实际，本质上也是五四运动中的一股逆流。五四新文化运动的重要成果，就是中国人民选择了马克思主义。马克思主义传入中国，是中华民族、中华文化由衰微走向重振的重要转折点。

教师用多媒体课件展现党在革命、建设、改革中推动中华文化发展的实例。教师引导学生总结中国特色社会主义文化形成历程及作用。

学生活动。

教师总结：中国特色社会主义文化源于中华民族五千年优秀传统文化，熔铸于革命文化和社会主义先进文化，植根于中国特色社会主义的伟大实践。中国特色社会主义文化是激励全党全国各族人民奋勇前进的精神力量，是中华民族获得空前发展、重新走向辉煌的必然选择。

教师用多媒体展示教材提供的关于文化发展的三个视角。

教师提问：请结合上述视角谈一谈，为什么必须坚持中国特色社会主义文化发展道路？

学生活动:小组分别就三个视角进行讨论,选出发言人。发言人陈述本组观点。

教师总结:建设社会主义文化强国,必须坚持中国特色社会主义文化发展道路。坚持中国特色社会主义文化发展道路是由我国社会制度、发展道路和党的性质宗旨决定的;是由中华优秀历史文化传统决定的;是由我国文化自身发展规律和人民群众的根本意愿决定的。

发展中国特色社会主义文化,就是以马克思主义为指导,坚持中华文化立场,立足当代中国现实,结合当今时代条件,发展面向现代化、面向世界、面向未来的,民族的、科学的、大众的社会主义文化,推动社会主义精神文明和物质文明协调发展。

教师介绍:《上新了,故宫》打破了大家对故宫的刻板印象,"零距离"走进公众视野,并打造承载故宫故事的文创产品,创新传承故宫文化。电视端收视率全国第一。同时,互联网热度值全网第一。

教师利用平板电脑将文创产品的图片及设计理念发至学生电脑。

教师提问:《上新了,故宫》何以走红?请结合该节目的走红的原因,谈一谈如何发展中国特色社会主义文化。

学生活动:小组讨论,推选代表,发言人代表小组发言。

教师及时进行引导和点评。

学生总结:发展中国特色社会主义文化,推动社会主义文化繁荣兴盛,必须推动社会主义精神文明和物质文明协调发展。必须坚持为人民服务、为社会主义服务,坚持百花齐放、百家争鸣。必须推动中华优秀传统文化创造性转化、创新性发展,不断铸就中华文化新辉煌。

教师总结:没有文化的繁荣兴盛,就没有中华民族的伟大复兴。习近平总书记在党的十九大报告中指出,从2020年到2035年,我国将基本实现现代化;从2035年到2050年,我国将建成富强、民主、文明、和谐、美丽的社会主义现代化强国。请大家放飞梦想,描绘2035年、2050年我国的文化发展的崭新图景。

学生讨论并通过平板电脑将自己对中国特色社会主义文化强国

的畅想上传到班级空间,学生彼此进行点评。学生通过投影将手绘图呈现出来,展现未来的美好发展前景。

教师总结:通过大家的描述,我们更加清晰地看到我国文化发展前景。发展中国特色社会主义文化,离不开有理想、有作为、有担当的青年一代。青年强则国家强,青年兴则文化兴。同学们,让我们撸起袖子加油干吧!

三、教学反思

(1) 现代信息技术的应用为学生提供了生动活泼的学习情境,给高中思想政治课堂带来了巨大的变化,可以激发学生学习的积极性与主动性。平板课堂作为一种新兴教学手段,在课堂实时反馈上效果显著。在最后一个教学环节中,学生将自己的畅想上传到班级空间,在互相点评中实现思维碰撞,同学们的文化自信油然而生。在信息化与思想政治课教学的融合过程中,设备并不是唯一,所有的技术都是"教具",都应为教学服务。

(2) 学生是学习的主体,教师必须注意观察、研究学生。在备课过程中,我注意到了要充分发挥学生的主体性,但是在具体实施过程中,由于担心学生说得不够,离自己的预设太远,我还是急于替学生来表达。另外,在比赛过程中,对于学生超出我预设的生成性回答,我没有给予恰当的点评,以致错失了一个很好的情感升华的机会。

(3) 要想使"文化生活"上出"文化味",教师必须要有深厚的文化底蕴和长期的人文知识积累,需要不断锤炼自己的教学语言。临时抱佛脚可能得到一时的成绩,却不会成为一生的成就。"腹有诗书气自华",教师有了厚重的积淀,驾驭课堂就会潇洒自如,就会不断激发学生思维的火花,就会让课堂更加灵动、精彩和实效!

(2018 年南京市优质课大赛一等奖)

“股票、债券和保险”教学案例

张风丽

一、教学准备

【案例应用类型】课堂教学

【教学主题】股票、债券和保险

【主题说明】“股票、债券和保险”是高一政治必修一第二单元第六课的第二框题，作为与生产密切相关的金融投资知识，它是现代经济生活重要的内容，积极投资有利于国家经济发展，有利于社会稳定。在学习了“储蓄存款和商业银行”后，懂得如何合理地选择投资方式，对中学生有很重要的现实意义，有助于提高学生参与经济生活的能力，增强学生的理财观念。

【学时】40 分钟，1 课时

【学习目标】

(1) 知识目标

① 了解股票、债券、保险的含义、保险业务的基本分类、订立保险合同的基本原则。

② 知道股票的特点以及股票投资收入的构成、股票投资的基本特征。

③ 知道国债、金融债券、企业债券三种投资方式的不同。

(2) 能力目标

① 比较购买股票、购买债券等投资理财方式异同的分析能力。

② 利用有关知识分析在不同条件下如何合理投资理财的实践

能力。

(3) 情感、态度与价值观目标

① 培养理性投资理财的观念、增强投资理财风险防范与控制的意识。

② 培养勤俭节约、积极投资意识,努力为国家经济建设作贡献。

【教学重难点】投资股票的风险与收益,三类债券的比较,股票和债券的比较。

【技术应用与分析】

环节一:数据分析,借助 Smart 的板书功能。设计意图:基于学生生活,拉近课堂与学生的距离。

环节二:财商论坛 ,借助云盘和 iPad 完成。设计意图:充分发挥学生的积极性,培养学生探究学习、合作学习和研究性学习的能力。

环节三:参与理财,借助教研平台发布任务、班级圈及随手拍,师生、生生之间交互性增强,提高学生对投资理财知识的综合应用能力。设计意图:提高学生参与理财的实践能力,增强风险意识。

环节四:最强大脑,实时反馈数据,发布作业实时反馈。设计意图:统计数据,检测课堂的有效性。

【特色活动设计】环节三:参与理财,借助教研平台发布任务、班级圈及随手拍,实时反馈,学生老师,学生之间交互性增强,体验感深化了学生对投资理财知识的综合应用能力。

二、教学过程

环节一:数据分析,借助 Smart 的板书功能,结合对高一部分学生家庭投资理财现状的初步调查,分析大数据导入投资理财的选择,如何优化投资理财结构,让家庭财富增值,一起走进和财商相关的话题,财商论坛。设计意图:基于学生生活,拉近课堂与学生的距离。

环节二:财商论坛 ,借助云盘和 iPad 完成,结合课前的任务清单,每两个小组自愿认领一个学习任务,在初步预习的基础上,自主学习,合作交流,查阅资料,3 个理财经理汇报成果。自主学习 4 分钟，汇报2～3分钟。老师适当总结点评和拓展思维。设计意图：充分发挥学生的积极性，培养学生探究学习、合作学习和研究性学习的能力。

环节三：参与理财，借助教研平台发布任务、班级圈及随手拍，实时反馈，学生老师，学生之间交互性增强，体验感深化了学生对投资理财知识的综合应用能力。假设你家有现金10万元，父母请你设计投资理财方案，完成老师推送理财表格，并说明理由（第一组、第二组第三组和第四组，每组合作完成老师推送的理财表格）；第五组：风险评估委员会A（对第一组和第二组进行评估）；第六组：风险评估委员会B（对第三组和第四组进行评估）。

大众评审和专家评审分别投票，点赞，并陈述理由。设计意图：提高学生参与理财的实践能力，增强风险意。

环节四：最强大脑，实时反馈数据，发布作业实时反馈。设计意图：统计数据，检测课堂的有效性。

三、教学反思

课程改革随着教育的发展而不断地创新，随着“互联网+”教育在教育领域中的兴起，特别需要具有创新精神和时代精神的教育者，不断促进现代教育技术与传统教育方式的渐进式融合，我校在深入研究《基于移动终端的普通高中课堂教学优化与实施的研究》省级课题，教学实践的探索式推进，期望为研究成果的达成积累阶段性成果。

（一）创新设计思路，实现形式活泼化

从教学效果来看，总的来说实现了预设的教学目标，顺利地完成教学任务，教学氛围良好，能够有意识地引导学生参与课程，尊重学生的课堂主体地位，充分发挥学生合作学习和探究学习的积极性，学生对课堂知识的掌握吸收效果较好，亮点是能够有效利用iPad教学手段，选取恰当的资源深化对课堂知识的体验，提高学生参与经济生活的能力。

（二）交互式教学，增强教学实效性

人的感受力很大一部分是发生在与他人的互动过程中，课堂应该是一个动态的课堂，教师不能再唱独角戏。教师是组织者和实施者，学生是课堂的主角。比如，在本课堂上，我充当的是主持人，课堂上的主角是同学们。学生心中的老师是一个共同探究的伙伴，这样的感觉很美妙。另外有了互动，学生会尝试着让自己做得更好，上这节课前，几乎每个同学都进行了预习，这种主动性是不多见的。同时，在课堂上，我们也感受到了学生语言的幽默。这会加深同学对一些知识点的记忆，而且也增添了课堂的娱乐性。真正做到寓教于乐。

（三）整合教学资源，寻找共鸣切入点

现在教学资源来源越来越广泛了，教师在寻找教学资源时，不仅考虑自己的教，更应考虑学生的学。课前导入，基于学生家庭理财的现状，拉近了学生和课堂的距离。课堂是知识的积累，是能力的提高，是情感的滋养，是态度的转变，课堂是学生和老师生命中跳动的音符，材料必须满足知识、能力、情感态度价值观"三位一体"共鸣的需求。

（四）灵活驾驭课堂，合理引导学生

课堂是动态的，智慧是在碰撞中产生的，这是课堂知识的生长点，但是，如果任其发展，而没有调控的话，必然偏离教学目标，因此，必须灵活操控课堂，灵活引导学生。在参与理财的环节，学生合作完成一份理财方案，在发言人陈述方案和风险评估人的评价中，老师驾驭课堂的能力显得尤为重要；在大众评审环节，老师引导学生合理利用 iPad，客观地进行互动也是本节课的亮点。

在全面落培养学生核心素养的课程改革中，我们要注重激发学生学习兴趣，让他们全面、充分、自由的发展。在课程实施中我们应重视培养学生的合作能力和实践能力。在教学中要以情境教学为主，逐步培养学生的高阶思维能力。教育"机智"是课堂预设与意外精彩的不期而遇，在网络延迟的突发情况下，我灵活地处理教学过程，稳定学生课堂情绪的波动；如何更好地处理移动终端的使用时间，优化课堂教学，在激发学生兴趣的同时，拓展课堂的深度和广度，发散学生的思维空间，如何把新的教学方式引导到常态化教学，是我进一步探索的方向。

（2016 年 10 月中华中学第八周对外展示公开课）

“实现人生价值”教学案例

叶　子

一、教学准备

【案例应用类型】课堂教学复习课

【主题说明】

本课时的主要任务是帮助高三学生整理哲学价值观的知识框架，必须要在明确各个知识点的基础上进行梳理。

【学时】40 分钟，1 课时

【学习目标】

(1) 知识目标：① 思想道德建设的重要性。② 如何加强思想道德建设。

(2) 能力目标：① 知识归纳整理、熟练运用多媒体的能力。② 小组分工和团队合作精神。③ 对生活中现象做出正确价值判断的能力。

(3) 情感态度价值观目标：树立正确的人生观和价值观，做出正确的价值判断和价值选择，努力实现人生价值。

【教学重点和难点】

(1) 重点是价值观的导向作用。

(2) 难点是树立正确的价值观和人生观。

【技术应用和分析】

移动终端等新技术新媒体融合了包括图像、视听等多种形式的学习资源，这些资源经过教师的筛选、组合，形成了优秀的教学资源。教师在课堂实践中寻找切入点，可以为学生提供更为宽广、更有创意的学习空间。但是要根据不同年级、不同课型、不同目的来选择运用移动终端的新技术，来达到为课堂服务的效果，使得移动终端成为高效课堂的一个有力助手。比如，在这节课中，我主要在两个环节运用了移动终端系统，一个是学生小组合作探究考点的成果展示，另一个是课堂训练与及时反馈，这是高三复习课非常重要的两个环节，可以通过移动终端及时了解学生的掌握情况，提高复习效率。

【特色活动设计】

基于学生已有知识，借助移动终端的便捷性，即时展示各小组合作学习成果，拓宽教学资源的空间，激发学生的学习热情；通过云学平台的课堂检测即时统计功能，迅速反馈学生课堂学习效果，进行及时、高效、有针对性的矫正和纠错。

二、教学过程

（一）导入

2017 年天猫双 11 购物节创造了 1682 亿元的单日成交额记录。为什么消费者要去购买商品，因为商品具有使用价值，除了使用价值之外，商品还具有价值，它是价值与使用价值的统一体。在高一、高二的学习中，除了谈到过商品的价值，还学习过人的价值，而人的价值和商品的价值究竟有哪些不同，我们一起来进入今天价值观的复习。

（二）考点展示

(1) 哲学意义上的价值。

(2) 人的价值的内涵与评价。

(3) 价值观的导向作用。

(4) 价值判断与价值选择。

(5) 价值的创造与实现。

(6) 树立正确的人生观和价值观。

教师：本课一共有 6 个考点，请 1～5 组的同学分别整理前五个考点，第 6 组的同学尝试思考一下“树立正确的人生观和价值观”与前五个考点有什么联系。

（三）成果展示

每组展示时间不超过2分钟，组员可以补充发言。教师在学生发言的基础上进行补充和整理。

（1）第一组：哲学意义上的价值。

哲学意义上的价值就是一事物对主体的积极意义，即一事物能够满足主体需要的积极功能和属性。哲学上所说的价值和具体领域的价值是共性和个性的关系。

（2）第二组：人的价值的内涵与评价。

内涵	① 社会价值：个人对社会的责任和贡献。 ② 自我价值：在满足社会和他人需要的同时，自己也获得相应的劳动报酬，得到社会对自己价值的承认，实现对自我的满足。
特点	人既是价值的创造者，又是价值的享受者。
评价	主要是看他的贡献，最根本的是对社会发展和人类进步事业的贡献。

（3）第三组：价值观的导向作用。

含义	人们在认识各种具体事物的价值的基础上，会形成对事物价值的总的看法和根本观点。
导向作用	① 价值观对人们认识和改造世界的活动有重要的导向作用。 ② 价值观是人生的重要向导。

（4）第四组：价值判断与价值选择。

关系	价值判断是价值选择的基础
特点	社会历史性
	阶级性
	主体差异性
标准	自觉遵循社会发展的客观规律
	自觉站在最广大人民的立场上

(5) 第五组:价值的创造与实现。

① 在劳动和奉献中创造价值。

② 在个人和社会的统一中实现价值。

③ 在砥砺自我中走向成功。

(6) 第六组。

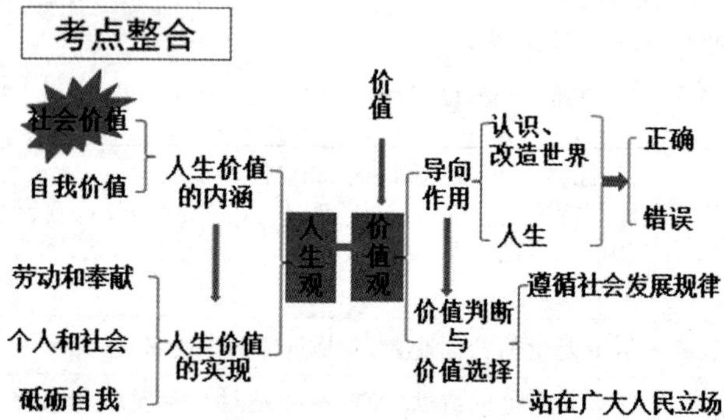

实现人生价值

(四) 聚焦社会

播放视频:阿里巴巴 18 周年年会马云演讲节选。

展示图片:马云基金会、《功守道》电影。

思考:(1) 运用“实现人生价值”的知识,分析马云的成功体现在哪里? 对你有什么启示?

(2) 从“经济生活”的角度,你认为阿里巴巴的成功之道是什么?

(五) 训练反馈

学生登陆云学系统,下载作业进行训练,结束后提交,立刻查看每题的作答情况,根据错误率讲评重点题目和选项。

1. (2014 · 全国Ⅰ)2013 年 12 月,中共中央办公厅印发《关于培育和践行社会主义核心价值观的意见》。习近平强调,把培育和弘扬社会主义核心价值观作为凝神聚气、强基固本的基础工程,使社会主义核心价值观成为人们日常工作生活的基本遵循守则。重视培育和

践行社会主义核心价值观的根据是(　　)

① 价值观作为一种社会意识,对社会存在具有巨大的反作用

② 价值观作为个人行为准则,对人们的行为具有驱动、制约和规范作用

③ 价值观作为对事物价值的总的看法,决定事物的性质和价值

④ 价值观作为一种理想追求,决定人类社会的前途和命运

A. ①②　　B. ①④　　C. ②③　　D. ③④

2.(2015·江苏高考)政府解决公共领域问题时,往往召开听证会。为达到预期效果,召开听证会需要注意一些事项,如下图所示。这是因为(　　)

◇ 各方代表比例要合理,特别是要有人大代表和政协委员。

◇ 听证会参加人员要遵守听证会的规则。

◇ 听证会申请人不宜主持听证会。

◇ 听证会应邀请媒体参加。

◇ ……

① 价值判断影响价值选择　② 公民应有序地进行政治参与

③ 人大代表和政协委员有质询权　④ 客观事物本质的展现有一个过程

A. ①②　　B. ①③　　C. ②④　　D. ③④

3. (2015·全国Ⅰ)2014年,日本方面认为美国某出版公司出版的教科书《传统与遭遇:环球视角看过去》中有关“南京大屠杀”“慰安妇”等内容与其立场“有出入”,要求修改。鉴于教科书中的内容和历史事实相符,该书作者明确拒绝了日方的“请求”。由此可见(　　)

① 尊重历史事实是形成正确价值判断的前提

② 价值判断因具有主体性而没有客观的评价标准

③ 历史事实随价值判断的改变而发生变化

④ 价值判断和价值选择深受历史观的影响

A. ①②　　B. ①④　　C. ②③　　D. ③④

4. (2017·北京高考)熊猫光伏电站属于联合国开发计划署的推广项目,是根据一位中学生的独特创意设计的。首个熊猫电站正在中

国山西大同建设，该电站主体外观被设计成熊猫图案，由黑色的单晶硅太阳能电池和白色的薄膜太阳能电池组合而成。这启示我们（　　）

① 抓住事物的特点，有助于发现清洁能源推广的新形式

② 青少年关心和思考现实问题能够激发他们的创造性

③ 充分发挥能动性，能使人们的实践活动获得无限自由

④ 思维创新是青少年实现人生价值的根本途径

A. ①②　　B. ①④　　C. ②③　　D. ③④

（六）课堂延伸

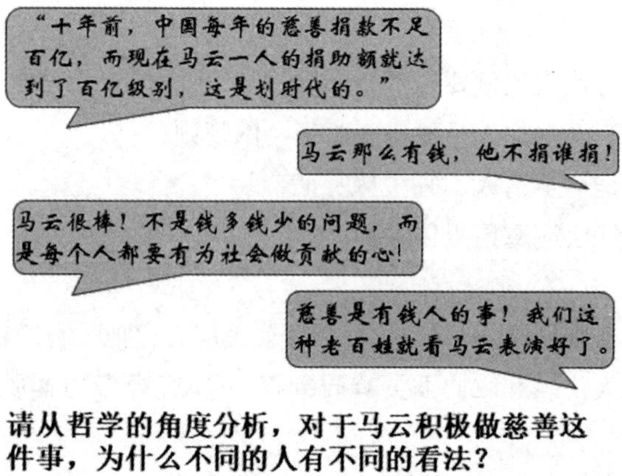

三、教学反思

应用了云学系统和希沃授课助手，对于高三复习课来说，极大提高了巩固训练的效率，与传统课堂相比，学生可以在完成练习后立马看到自己的得分以及错题，同事知道正确答案可以开始反思订正，不需要等到全班完成后老师报答案，同时，老师一方面减轻了批改的压力，另一方面可以及时获得反馈信息数据，进行针对题目、针对学生的矫正，效果很好。

（2017年11月23日南京市高三政治教研活动公开课）

“认识自我”教学案例

刘　阳

一、教学准备

【案例应用类型】课堂教学

【主题说明】帮助学生澄清自我概念，掌握认识自我的科学方法，在人际互动中悦纳自我。

【学时】40分钟，1课时

【学习目标】

(1) 了解心理学中“巴纳姆效应”及“约哈里窗”相关知识。

(2) 借助移动终端及教育平台，完成《“我是谁”测验》及《自我接纳程度测试》。

(3) 通过现场互动，增进互信，加深了解，学会更加客观地看待自己。

【教学重点和难点】

(1) 利用网络平台完成两则心理测试，并完成班级范围内的数据分析。

(2) 利用iPad互动功能，呈现彼此间评价，引导学生发现不一样的自己。

【技术应用与分析】

(1) 夏普触屏液晶电视。

功能：显示、触摸控制。

效果：① 视频显示流畅清晰，增加吸引力。

② 触摸控制即时有效，节省时间。

(2) Smart 白板。

功能：投影，PPT 动作切换，画笔功能。

效果：① 更加自由流畅地切换 PPT，节省时间，提高课堂表述的流畅性。

② 画图示范，直观且易于理解。

(3) iPad 平板电脑及“凤凰优越”教学平台。

功能：Safari 浏览器、教学平台收发作业、即时批改、现场投票、抢答等功能。

效果：① 扩大课堂信息量，作业即时批改，现场投屏，基本呈现所有学生的答案。

② 提高课堂活跃度，现场投票、抢答功能活跃气氛，激发思考动力。

③ 丰富课堂内容，学生不仅能够书写，也可绘画和拍照，形式多样，内容多变。

④ 人机交互即时性，呈现每位学生的观点，增强课堂参与感，体现对个体思想的尊重。

【特色活动设计】

(1) 课程导入：巴纳姆效应

过程：思考、小组讨论关于“星座排行生成器”的看法。采用抢答方式回答。

结果：激活课堂氛围，导入课程。

(2)《自我接纳程度测试》

过程：要求学生利用 Safari 浏览器，登录相关网址完成心理测试题。

结果：现场统计学生得分，以数据说明大部分人处于“基本接纳”自己的状态。

(3) 课堂活动：写给右边的你

过程：要求学生为右边的同学拍摄一张照片，并撰写评语。

结果：学生纷纷拍照，写下对他人的看法与观点。有些同学通过这样的方式发现了自己的特别之处，很开心。同学间的了解更加深入,班级凝聚力增强。

二、课程导入

出示软件"星座排行生成器",引发思考与话题。

讲解"巴纳姆效应",人们易于相信关于人格特征的一般性,笼统性描述。

揭示本课主题,认识自我。通过多种方式收集关于自身的信息。

三、课堂测验

(一) 要求学生拍照上传课前的预习内容

课前预习校本课程中《"我是谁"测验》(要求 5 分钟内完成 20 个以"我"开头的句子,不要求逻辑及正确与否,单纯记录脑中所想。)

现场展示学生撰写内容,要求从以下四个角度进行分类:

A 类:生理特点,如"我个子矮"

B 类:社会关系,如"我是一名学生"

C 类:个人行为和情绪特点,如"我是开心果"

D 类:宽泛内容,如"我是人类"

在所有结果中出现频率最多的类型即为个人的个性类型倾向。

现场统计班级类型分布,发现 C 类型的较多,其次为 D 类型。

(二)《"我是谁"测验》内容拓展

该测试最早用于测量美国人自我意识。

心理学家们发现,20 世纪 60 年代多数 B 类型。

20 世纪七八十年代,更多地转变为 C 类型。

引导学生立足心理学视角,进行社会学、历史学的思考。

(三) 播放视频《跳跳羊》

引导学生意识到心态转变过程中,自我接纳的重要性。

(四) 完成《自我接纳程度测试》

四点量表,共计 16 题,要求学生依据实际情况作答。

得分越高,则自我接纳程度越高。

现场统计学生得分分布范围。(大部分处于中间值,基本接纳自身状况)

四、知识新授

现场讲解“约哈利窗”。

美国心理学家 Joseph Luft 与 Harrington Ingram 联合提出,为纪念他们的贡献,将两人姓氏拼接,共同命名该窗户。从自身及他人两个维度,共同描述自我认知概念,想要更多地激发自身潜能,不断地开放与展示自己。

约哈里窗

	自己知道的	自己不知道的
别人知道的	公开部分	盲点部分
别人不知道的	隐私部分	潜能部分

五、课堂活动

写给右边的你。

要求学生为右边的同学拍一张照片,并写一句最具有代表性的评语。

教师搜集学生所有内容后,现场大屏幕展示,并采访相关同学,询问其个人感受。

六、共享感受

“我”的新发现。

要求学生回顾本课感受,记录下关于自己的新发现。

教师依据学生陈述内容，适时总结。

七、教学反思

此课例为笔者的第二次“e学习”尝试，对比了传统心育课堂与技术影响下的课堂的差异，具体内容如下：

	传统心育课堂教学	运用新媒体新技术心育课堂
教学关系	师生问答、小组讨论、个体分享	教师提供测验工具，学生自行运用，搜集关于自身的信息
教学效果	个别小结与集体分享	课堂容量扩大，数据统计高效及时，学生能够获得更多的信息，帮助其改变原有认知状态
教学创新	以素材取胜	跨越学科的界限，跨越设备限制，为学生提供更多的学习及交流的机会
资源创新	搜集各种网络信息	以学生为素材，体现个性与共性的融合，利于增强自信，增进班级凝聚力
交互过程	师生互动，生生互动	 教师、学生、技术三者之间的三维互动
课程思考	主要围绕课堂生成的差异性，课程主题的鲜明性进行思考	怎样使技术服务于教学，体现创新性

在发现新技术带来的教学革新之外，以下不足也需要在今后的教学实验中得到重视与解决。

（1）软件设计中，注重表达的多样性。统计图形需要多样化。

（2）大数据时代，教师应注重原始信息的提炼能力的提升。

（3）弱化课程传统结构性，增强互动性，鼓励多样性，扩大课堂的接纳程度，更加彰显“以学生为中心”的新课程主旨。

附录1　南京市中华中学基于移动终端的普通高中课堂教学评价标准和评分表

<table>
<tr><td colspan="2">授课教师</td><td></td><td>学科</td><td></td><td>班级</td><td></td><td>时间</td><td></td></tr>
<tr><td colspan="2" rowspan="2">课 题</td><td colspan="5" rowspan="2"></td><td colspan="2">第　　课时</td></tr>
<tr><td>评价人</td><td></td></tr>
<tr><td colspan="2">一级指标权重</td><td>二级指标评分</td><td colspan="5">二级指标内容</td><td>得分</td></tr>
<tr><td colspan="2" rowspan="2">学习目标
20%</td><td>10分</td><td colspan="5">基于课程标准。</td><td rowspan="2"></td></tr>
<tr><td>10分</td><td colspan="5">体现学科素养的培育。</td></tr>
<tr><td colspan="2" rowspan="2">学习内容
20%</td><td>10分</td><td colspan="5">体现基础性与综合性的统一。</td><td rowspan="2"></td></tr>
<tr><td>10分</td><td colspan="5">联系学生生活实际,具有整合性和开放性。</td></tr>
<tr><td rowspan="5">学习过程
50%</td><td rowspan="3">师生行为
30%</td><td>10分</td><td colspan="5">注重自主学习和合作学习。</td><td rowspan="3"></td></tr>
<tr><td>10分</td><td colspan="5">注重培养搜集、处理、呈现、分享信息的能力。</td></tr>
<tr><td>10分</td><td colspan="5">注重质疑、思辨、探究、建构能力的培养,激发潜能,鼓励创新。</td></tr>
<tr><td rowspan="2">混合学习
20%</td><td>10分</td><td colspan="5">恰当应用信息技术,充分发挥其服务、支持和优化学习的功能。</td><td rowspan="2"></td></tr>
<tr><td>10分</td><td colspan="5">满足个性化学习需求,体现在线学习和面对面学习的均衡。</td></tr>
<tr><td colspan="2" rowspan="3">学习效果
10%</td><td>6分</td><td colspan="5">体现先进的教育理念,学习目标达成度高。</td><td rowspan="3"></td></tr>
<tr><td>2分</td><td colspan="5">信息的运用、拓展、迁移等能力得到提升。</td></tr>
<tr><td>2分</td><td colspan="5">记录学习轨迹,为可持续性学习积累素材。</td></tr>
</table>

续表

<table>
<tr><td rowspan="2">综合
评价</td><td rowspan="2"></td><td>总分</td><td></td></tr>
<tr><td>等级</td><td></td></tr>
</table>

注:总分为100～85分的,等级为A(优秀);总分为84～75分的,等级为B(良好);总分为74～60分的,等级为C(合格);总分为60分以下的,等级为D(不合格)。

附录2 南京市中华中学基于移动终端的课堂教学设计表

<table>
<tr><td>学科</td><td></td><td>课题</td><td></td><td>设计者</td><td></td></tr>
<tr><td>课时</td><td></td><td>授课时间</td><td></td><td>班级</td><td></td></tr>
<tr><td>教学目标</td><td colspan="5"></td></tr>
<tr><td>教学重点难点</td><td colspan="5"></td></tr>
<tr><td>主要运用数字化设备</td><td colspan="5"></td></tr>
<tr><td>学习者分析</td><td colspan="5"></td></tr>
<tr><td colspan="6">教学过程</td></tr>
</table>

序号	教学环节	教学内容	设计意图	技术应用与优化之处
1				
2				
3				
4				
5				
……				

附录3　网络与数字化环境下的教学实验探索

——基于移动终端的普通高中课堂教学设计优化与实施网络视频课程导学

（一）主要内容

本课程围绕数字化学习、移动学习，结合教育技术领域尤为关注的教学设计这一话题，结合我校开展江苏省“e学习”试点和南京市“网络与数字化环境下的教学实验项目”的实践和体会，与同行分享我校努力最大限度地摆脱传统教学思想的禁锢，坚持以学生为主体的教学理念，优化并实施“基于移动终端”的课堂教学设计，提升课堂教学效率和质量的一些做法和思考。

（二）主要目标

希望有更多的老师与我们一同“探索‘e学习’与普通高中课堂教学的联系，不断深化课堂教改实验，探索基于移动终端的普通高中课堂教学设计优化与实施的可行性和必要性”。也希望通过这个课程培训能为更多的教师优化教学设计与实施提供可行的实验范例，推动“e学习”由实验性向常态化教学方向发展。

（三）学习要点

（1）网络与数字化环境下的教学实验的现实和理论背景。

（2）学校开展网络与数字化环境下的教学实验需要做哪些工作。

（3）在不同课型中进行“基于移动终端的普通高中课堂教学设计优化与实施”的操作方法。

（四）主要模块

本课程包括四个课时：第一课时是综述，主要包括、理论和现实背景、中华中学的主要做法和反思等简介。第二、三、四课时分别由三位实验教师代表分别从新授课、复习课和试卷讲评课三种不同课型,结合教学实例谈谈具体操作方法和感受。

（五）课程开发主要成员

特聘专家:南京市教学研究室　政治教研员　范　斌

授课教师:中华中学　陶德华(南京市政治学科带头人　综述)

中华中学　刘　阳(新授课)

中华中学　戴　俊(复习课)

中华中学　杨　梅(试卷讲评课)

附录 4　中华中学获国家版权局计算机软件著作权证书

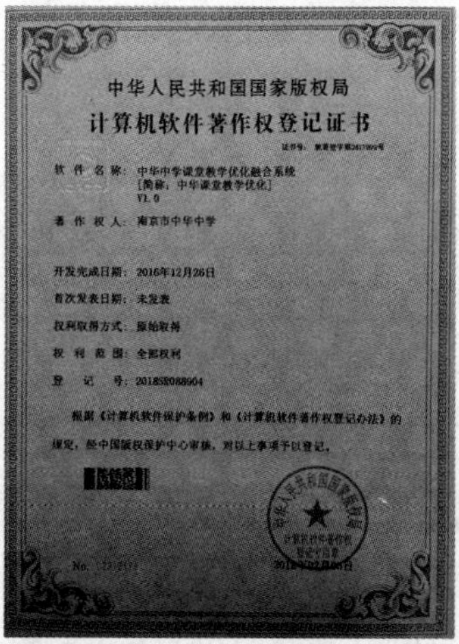

中华人民共和国国家版权局

计算机软件著作权登记证书

软 件 名 称：中华中学课堂教学优化融合系统
[简称：中华课堂教学优化]
V1.0

著 作 权 人：南京市中华中学

开发完成日期：2016年12月26日

首次发表日期：未发表

权利取得方式：原始取得

权 利 范 围：全部权利

登 记 号：2018SR088904

根据《计算机软件保护条例》和《计算机软件著作权登记办法》的规定，经中国版权保护中心审核，对以上事项予以登记。

中华人民共和国国家版权局

计算机软件著作权登记证书

软 件 名 称：中华中学智慧教育云平台
[简称：中华智慧教育]
V1.0

著 作 权 人：南京市中华中学

开发完成日期：2016年06月30日

首次发表日期：未发表

权利取得方式：原始取得

权 利 范 围：全部权利

登 记 号：2018SR088922

根据《计算机软件保护条例》和《计算机软件著作权登记办法》的规定，经中国版权保护中心审核，对以上事项予以登记。

附录5　南京市中华中学智慧校园建设成果(集体和师生获奖成果情况)

南京市中华中学教育信息化工作获奖成果(部分)

1996年,被评为江苏省电化教育示范学校

1997年,被评为江苏省OEH多媒体教育网络实验学校

1998年,被教育部确认为全国现代教育技术实验学校

1998年,被评为江苏省青少年科技教育特色学校

1999年,被评为江苏省电化教育先进单位

1999年,被评为江苏省青少年科技教育特色学校

2000年,被评为江苏省示范校园网

2000年,被评为江苏省青少年科技教育创新基地

2000年,被评为南京市中小学科技活动先进集体

2001年,被评为江苏省中学生学科奥林匹克竞赛培训基地

2002年,被评为江苏省青少年电子技师认定单位

2004年,被评为南京市科技特色学校并成立了科技活动中心

2005年,被评为南京市中学生信息技术活动基地

2007年,被评为南京市信息技术教育示范学校

“九五”“十五”期间是国家重点教科研课题“基于网络环境下的学与教”实验学校,被北京师范大学何克抗教授称为“中华模式”

2012年,被评为南京市首批数字化校园示范校

2012年,被评为南京市科技创新“星光计划”星光基地学校

2013年,被评为南京市技术装备评估示范校

2014年,被评为江苏省中小学优秀校园网站

2015年至2020年,被评为南京市科技创新“星光计划”特色示范项目学校

2016 年，被评为南京市“文明网站”

2016 年，成为南京市首批智慧校园试点学校

2017 年，被评为南京市首批智慧校园示范学校

2017 年，被评为南京市“网络与数字化环境下的教学实验项目”先进集体

2018 年，学校向更高层次寻求发展。

南京市中华中学近几年有关信息化教学评比获奖情况（部分）

在 2015 年全国有关数字化学习评比中获奖 2 项

在“2015 年新媒体新技术教学应用研讨会暨第八届全国中小学互动课堂教学实践观摩活动”教学课评比中，刘阳老师的“欣赏爱，懂得爱”、唐超老师的“曲线运动”荣获二等奖。

2015 年江苏省数字化学习评比活动中获奖 8 项

课例：

认识自我（心理健康教育）	作者：刘　阳	一等奖
以畜牧业为主的农业地域类型（地理）	作者：赵玉瑾	二等奖
权力的行使：需要监督（政治）	作者：张风丽	三等奖
中国民族资本主义的曲折发展（历史）	作者：刘亚雄	三等奖
平面直角坐标系（数学）	作者：高一子	三等奖

论文：

《直指人心——探索 iPad 在心育课中的作用》（心理健康教育）

作者：刘　阳　一等奖

《例谈几何画板在初中函数教学中的应用》（数学）

作者：高一子　二等奖

《微课：超重和失重的研究》（物理）　作者：朱柏瑾　三等奖

“e 学习”实验工作受到南京市教育局表彰

2017 年 9 月 26 日，南京市教育网络安全和信息化领导小组办公室在南京师范大学附属中学举办了“网络与数字化环境下的教学实验项目”成果展示现场会。会上，领导宣读了《关于公布“网络与数字化环境下的教学实验

项目”先进单位和先进个人名单的通知》，南京市中华中学等 28 所学校获得项目实验的先进单位称号，我校陶德华、杨克俊、刘阳三位教师同其他学校的共 119 位教师获得项目实验的先进个人称号。与会的领导为先进单位和先进个人代表颁发了铜牌和证书。

2018 年南京市信息化教学能手比赛中五位教师获特等奖

在 2018 年南京市信息化教学能手比赛中，在淘汰率达 40％的情况下，我校 6 位教师参赛（限定名额），5 人获得特等奖。其中，曹晓琰（高中数学）、徐建权（初中语文）和刘广祥（初中化学）三位教师分别获得“现场赛”特等奖；金星（高中语文）和吴虔（初中历史）两位教师分别获得“作品赛”特等奖，其中金星老师以特等奖第一名的成绩入围江苏省的比赛。

2015 年南京市“第二届中小学教师微课竞赛”中 18 位教师获奖

我校在南京市 2015 年度“第二届中小学教师微课竞赛”推评工作中送评 21 节优课，其中 4 节课获特等奖，4 节课获一等奖，3 节课获二等奖，7 节课获三等奖，成绩喜人。

特等奖

1　王苏莹　中学语文　抓景物特征，品诗歌情感 ——以《观沧海》为例

2　朱丹丹　高中语文　依“坐”看心

3　赵　珺　初中英语　9A Unit 2 Grammar

4　赵宏霞　高中地理　国际日界线

一等奖

1　金　星　高中语文　俯仰于天地，登高则情满——唐代登高诗的情感意蕴解析

2　黄　杰　初中物理　水平仪的使用

3　钱嘉伟　高中物理　人造卫星运动的快慢

4　郑　黄　盛初中化学　奇妙的干冰

二等奖

1　钟艳玲　初中思想品德　消费者的权利

2　高一子　初中数学　轴对称与平面上的最短路径问题

3　陈梦颖　初中英语　7A Unit 8　Grammar　Present continous tense

三等奖

1　杨　梅　高中政治　时事新闻及点评

2　王　璇　初中信息技术　声音的合成

3　陶　佳　高中信息技术　视频剪辑快易通

4　张　云　初中英语　初中英语任务型阅读技巧与方法

5　朱柏瑾　高中物理　机械能守恒

6　林　庆　高中历史　《鸦片战争》之战争原因分析

7　唐　超　高中物理　电场线

2016 年南京市"第三届中小学教师微课竞赛"中 25 位教师获奖

我校在南京市 2016 年度"第三届中小学教师微课竞赛"推评工作中送评 25 节优课全部获奖。其中 11 节课获一等奖，9 节课获二等奖，5 节课获三等奖，成绩喜人，无论获奖数量还是层次，都位居同类学校第一。

一等奖

1　陈　卉　初中语文　女娲造人

2　胡　珺　初中数学　数形结合　分类讨论

3　张　云　初中英语　8B Unit 6 Grammar

4　韩恩峰　初中化学　读部分酸、碱和盐的溶解性表

5　庄晓卉　初中思想品德　学会诊断问题

6　刘明飞　初中地理　人类的聚居地—聚落

7　李　玲　高中语文　记叙文中的描写

8　唐　超　高中物理　火车转弯问题

9　钱嘉伟　高中物理　几种典型电场及其电场线

10　陈柳青　高中化学　油脂的皂化反应

11　赵宏霞　高中地理　热力环流与高高低低原则

二等奖

1　王苏莹　初中语文　酬乐天扬州初逢席上见赠

2　何晓静　初中数学　整式的加减

3　高　燕　初中物理　测电阻的方法

4　谢　伟　初中信息技术　目录页制作

5　程　果　初中美术　簪花　仕女

6　袁康蕊　高中语文　啼血子规鸣，声声总关情

7 吕永秀 高中化学 甲烷的性质——取代反应

8 陶 佳 高中信息技术 Camtasia Studio 基本时间线编辑

9 叶 子 高中政治 影响消费水平的因素

三等奖

1 陈晓浒 高中语文 流浪人,你若到斯巴……

2 钱 华 高中化学 影响平衡移动的因素

3 张海宁 高中生物 物质的鉴定试验

4 赵玉瑾 高中地理 海啸

5 杨 梅 高中政治 世界是永恒发展的

2017 年南京市"第四届中小学教师微课竞赛"中 31 位教师获奖

我校在南京市 2017 年度"第四届中小学教师微课竞赛"中再创佳绩,其中 4 节课获一等奖,17 节课获二等奖,10 节课获三等奖,成绩喜人,无论获奖数量还是层次,都再次位居同类学校前列。

一等奖

1 陈 卉 初中语文 写人要抓住特点

2 韩恩峰 初中化学 除杂题、框图推断题解题思路

3 钟艳玲 初中思想品德 法律的特征

4 陈柳青 高中化学 氢化油

二等奖

1 徐建权 初中语文 了解风格迥异的古代送别诗

2 王苏莹 初中语文 发现离题的方法及其补救措施

3 张 云 初中英语 9A Unit 7 Grammar

4 张艳霞 初中思想品德 关注社会热点,培养理性精神

5 王小香 初中地理 海陆变迁

6 刘 赢 高中语文 《红楼梦》中的落花意象

7 涂珊珊 高中语文 记叙文的线索与顺序

8 周春丽 高中语文 写景散文的写作

9 严 卉 高中数学 直线与平面的位置关系

10 黄 芳 高中物理 布朗运动

11 钱嘉伟 高中物理 万有引力和重力

12 唐 超 高中物理 电流的微观表达式

13　赵宏霞　高中地理　鲁尔区的区位

14　杨克俊　高中生物　探究红色叶片植物的自养奥秘

15　谢　俊　高中生物　自交与自由交配的计算问题

16　陶　佳　高中信息技术　CS软件编辑声音

17　左永军　高中美术　彩色铅笔

三等奖

1　张丽丽　初中语文　审清材料　找准立意

2　佘　丹　初中数学　三角形全等的判定

3　高一子　初中数学　点的坐标变化与图形位置变化的关系

4　严婷婷　初中历史　中考历史材料分析题答题方法指导

5　颜笑华　初中历史　汉武帝巩固大一统王朝

6　叶　子　高中政治　《企业与劳动者》小高考复习课

7　赵玉瑾　高中地理　河流地貌的发育

8　丁文婷　高中生物　氨基酸的结构

9　朱青松　高中信息技术　Camtasia Studio 视频编辑——添加字幕

10　程　果　初中美术　水墨交融写青山

2015 年南京市“一师一优课、一课一名师”评比活动中 18 位教师获奖

我校在南京市 2015 年度“一师一优课、一课一名师”推评工作中送评 20 节优课，5 节课获一等奖，10 节课获二等奖，3 节课获三等奖，成绩喜人。

一等奖

1　高一子　中学数学　平面直角坐标系

2　吕　娜　中学数学　三角函数周期性

3　卞姗姗　中学历史　两极世界的形成

4　吕永秀　中学化学　化学反应速率

5　朱青松　信息技术　用声音传递爱

二等奖

1　黄文娟　中学语文　寻觅春天的踪迹

2　赵婷婷　中学语文　寒风吹彻

3　曹晓琰　中学数学　正切函数的图像与性质

4　张　云　中学英语　Reading What a brave young man!

5　沙银霞　中学英语　Planning a holiday for your family

6　夏　雁　中学政治　处理民族关系的原则:平等、团结、共同繁荣

7　陆　俊　中学生物　生态系统中的能量流动

8　杨小娜　中学地理　欧洲西部

9　赵玉瑾　中学地理　以畜牧业为主的农业地域类型

10　朱德利　中学体育　田径——跨栏跑

三等奖

1　江　莉　中学语文　端午的鸭蛋

2　毛南燕　中学数学　一次函数综合应用

3　朱柏瑾　中学物理　超重与失重

2016 年南京市“一师一优课、一课一名师”评比活动中 19 位教师获奖

我校在南京市 2016 年度“一师一优课、一课一名师”活动评比中,7 位老师获一等奖,5 位老师获二等奖,7 位老师获三等奖,成绩喜人,无论是获奖人数还是获奖的层次在去年的基础之上又有提高!

一等奖

1　颜笑华　初中历史　社会生活的变化

2　黄蓉华　初中数学　正数与负数

3　金　星　高中语文　登高

4　宋　辉　高中数学　逆矩阵与二元一次方程组

5　钱　华　高中化学　元素周期表

6　朱熙春　高中通用技术　常见的技术图样

7　朱青松　高中信息技术　选择计算机动画制作工具

二等奖

1　张媛媛　初中语文　口技

2　徐建权　初中语文　智子疑邻

3　张　云　初中英语　Reading 1

4　张鸿亮　高中生物　动物细胞培养和核移植技术

5　刘　阳　高中心理健康教育　正确认识自己

三等奖

1　魏彦姝　初中数学　数学活动

2　赵　萌　初中数学　图形的旋转

3　程　果　初中美术　关注你、我、他

4　徐丽丽　初中思想品德　追寻高雅生活情趣

5　黄　芳　高中物理　通电导线在磁场中受到的力

6　唐　超　高中物理　曲线运动

7　叶　子　高中思想政治　征税和纳税

2017 年南京市"一师一优课、一课一名师"优课评比中 35 位教师获奖

2017 年南京市"一师一优课、一课一名师"推评活动结果揭晓，我校 12 门学科共 35 位教师获奖，其中一等奖 5 名，二等奖 10 名，三等奖 20 名，成绩喜人，无论是获奖人数还是获奖的层次在去年的基础之上又有提高！在本次推评选中，我校的优课奖比例高达 95%。

一等奖

1　施伟敏　高中语文　断章

2　姚发权　高中数学　三角函数的周期性

3　唐　超　高中物理　太阳与行星间的引力

4　赵瑞芬　高中生物　转基因生物的安全性问题

5　黄　杰　初中物理　电压和电压表的使用

二等奖

1　毛晓丽　初中英语　Task：Charity work

2　孔维勇　初中体育与健康　篮球

3　金　星　高中语文　水龙吟

4　叶　子　高中思想政治　走进国际组织

5　朱青松　高中信息技术　常用的创造技法

6　朱　威　高中体育与健康　急停急起、变方向换手运球

7　刘明飞　初中地理　极地地区

8　程　果　初中美术　水墨交融写青山

9　高　婧　初中物理　水循环

10　刘　阳　高中心理健康教育　关心不越界

三等奖

1　王　璇　初中信息技术　程序设计入门

2 谢　伟　初中信息技术　常见的图片处理软件
3 陈　颖　高中语文　满江红
4 刘芳芳　高中语文　寡人之于国也
5 刘　嬴　高中语文　一滴眼泪换一滴水
6 项　红　高中语文　故乡的榕树
7 陈　蔚　高中物理　电流的磁场
8 黄　芳　高中物理　平抛运动
9 董玉娟　高中生物　染色体变异
10 张鸿亮　高中生物　生物群落的基本单位
11 吕　泉　高中地理　城市与城市化章末复习检测
12 董国俊　高中美术　竹子的画法
13 阮　翔　高中体育与健康　羽毛球正手击高远球
14 张　杨　高中体育与健康　足球:脚内侧传接球
15 王小香　初中地理　自然特征与农业
16 黄蓉华　初中数学　折纸与证明
17 陈　茜　初中物理　液体的压强
18 宋　岑　初中音乐　赶圩归来啊哩哩
19 陈　卉　初中语文　卖油翁
20 朱　丹　初中心理健康教育　巧妙地化解冲突

南京市中华中学学生参加有关信息技术比赛成果及优秀学生代表

信息学奥赛中华中学获奖名单(2012 年至今)

累计获省一等奖 6 人,省二等奖 13 人,省三等奖 18 人。

年份	获奖姓名	奖　项
2012	李天文	江苏省一等奖
	郭鹏远	江苏省二等奖
2013	李宇迪	江苏省一等奖
	郭鹏远	江苏省二等奖
	倪亚媛	江苏省二等奖

续表

年份	获奖姓名	奖　项
2014	李安然	江苏省二等奖
	倪亚媛	江苏省二等奖
	李宇迪	江苏省三等奖
2015	李安然	江苏省一等奖
	崔泽昂	江苏省一等奖
	陈雨凡	江苏省二等奖
	顾语涵	江苏省二等奖
	史晨昕	江苏省三等奖
	杨泽轩	江苏省三等奖
	杨源新	江苏省三等奖
	钟宏亮	江苏省三等奖
	王瀚璐	江苏省三等奖
	姜子威	江苏省三等奖
	沈加淳	江苏省三等奖
	王欣然	江苏省三等奖
	王雨欣	江苏省三等奖
	邹舒桐	江苏省三等奖
2016	顾语涵	全国一等奖
	崔泽昂	江苏省一等奖
	陈羽凡	江苏省三等奖
2017	崔泽昂	江苏省二等奖
	戴宏康	江苏省三等奖
	顾语涵	江苏省三等奖
	吴天辰	江苏省三等奖

续表

年份	获奖姓名	奖　　项
2018	戴宏康	江苏省二等奖
	陈泽恩	江苏省二等奖
	姜令闻	江苏省二等奖
	吴雁玲	江苏省二等奖
	陈子恒	江苏省二等奖
	沈至涵	江苏省三等奖
	杨博凯	江苏省三等奖
	花颢源	江苏省三等奖

创意传媒中华中学获奖名单

年份	获奖作品	奖　　项
2012	《插队 or 不插队》	全国中小学校园电视节目评比金奖，南京市中小学校园电视节目评比特等奖
	《青春纪念册》	南京市中小学校园电视节目评比二等奖
2013	《相信未来》	第六届南京市中小学校园电视节目评比特等奖，同时获得第十届全国中小学校园电视优秀节目评比金奖
	《美丽的误会》	首届南京市中小学校园广播剧评比三等奖
2014	《心镜》	第六届南京市中小学校园电视节目评比特等奖
	《每条路上都有风景》	第二届南京市中小学校园广播剧评比中获最佳导演奖
2015	《我的城》	江苏省中小学电脑作品评比一等奖
	《智能时代》	第七届南京市中小学校园电视节目评比特等奖
2016	《翱翔最美新城》	南京市中小学生电脑作品评比一等奖
	《错位》	南京市中小学校园电视节目评比特等奖；全国中小学校园电视节目评比二等奖
	《总有温暖长的过时光》	南京市中小学校园电视节目评比一等奖；全国中小学校园电视节目评比二等奖，中央电教馆

续表

年份	获奖作品	奖　项
2017	《角度》	南京市中小学生电脑作品评比二等奖
	《一去十二载，大圣归来》	南京市校园广播剧评比银奖以及最佳演播奖
	《神射手！神射手？》	南京市中小学校园电视节目评比一等奖，南京市电教馆；全国中小学校园电视节目评比一等奖
2018	《不一样的光芒》	南京市校园广播剧评比银奖
	《嘘，她来了》	中欧国际青少年电影节最佳中学生影像创作奖；南京市中小学校园电视节目评比一等奖；全国中小学校园电视节目评比二等奖

科技活动获奖名单

江苏省金钥匙科技比赛获省级奖项50多人次，其他科技类比赛逐年进步。

项目	年份	获奖姓名	奖　项
金钥匙	2012	许力	江苏省特等奖
		郭鹏远	江苏省一等奖
		崔天悦	江苏省一等奖
		汪诚	江苏省二等奖
		黄一凡	江苏省二等奖
		侯佳楠	江苏省二等奖
		凌子松	江苏省二等奖
		李超然	江苏省二等奖
	2013	许力	江苏省一等奖
		林嘉申	江苏省一等奖
		甘礼溪	江苏省二等奖

续表

项目	年份	获奖姓名	奖　项
金钥匙	2013	王娟	江苏省二等奖
		郭鹏远	江苏省二等奖
		崔天悦	南京市二等奖
		孙昱旻	南京市三等奖
	2014	王立涵	江苏省一等奖
		王吉	江苏省一等奖
		曹紫康	江苏省一等奖
		夏宇飞	江苏省一等奖
		马一天	江苏省一等奖
		李伟文	江苏省二等奖
		傅博	江苏省二等奖
		蒋文杰	江苏省二等奖
		刘凯文	江苏省二等奖
		孙宇晨	南京市一等奖
		黄钰文	南京市二等奖
		刘宪晗	南京市二等奖
	2015	薛平	江苏省特等奖
		江宇豪	江苏省一等奖
		吴子涵	江苏省一等奖
		竺文帆	江苏省二等奖
		王烇	江苏省二等奖
		付一帆	江苏省二等奖
	2016	江宇豪	江苏省一等奖
		黄昊之	江苏省一等奖
		丁江豪	江苏省二等奖

续表

项目	年份	获奖姓名	奖　项
金钥匙	2016	刘子昂	江苏省二等奖
		毛诗睿	江苏省二等奖
		苗尚青	江苏省二等奖
		凌海洋	南京市一等奖
	2017	陈冲	江苏省一等奖
		郑舒瑞	江苏省一等奖
		裴志璐	江苏省二等奖
		叶子沣	江苏省二等奖
		俞子康	江苏省二等奖
	2018	陈子俊	江苏省特等奖
		马睿	江苏省一等奖
		时奕洲	江苏省一等奖
		马永昊	江苏省一等奖
		阮晏如	江苏省二等奖
		姜令闻	江苏省二等奖
科创比赛	2016	姜璎洛《彩色荧光墨水的新型制备方法》	南京市一等奖
	2017	陈刘雯《外圆刀玻璃瓶轧盖机》	国家二等奖
	2018	时奕洲《对现有工程围挡稳固性与调节性的研究与改进》	南京市一等奖
		廖子婷《稻秆对锶和钴的吸附性能研究》	南京市一等奖
		陈子俊《基于移动终端的激光测量快速三维实体建模》	南京市一等奖
		倪可哲《基于速度坡度载重的汽车油耗模型》	南京市二等奖

续表

<table>
<tr><th>项目</th><th>年份</th><th>获奖姓名</th><th>奖　项</th></tr>
<tr><td>科创比赛</td><td>2018</td><td>吴卓超《数字化物体颜色与吸热能力对比分析仪》</td><td>南京市三等奖</td></tr>
<tr><td rowspan="8">其他</td><td>2017</td><td>宁港台中小学科技创新教育交流活动</td><td>南京市二等奖</td></tr>
<tr><td rowspan="5">2018 江苏省海峡两岸青年学生机器人擂台争霸赛</td><td>叶子涵</td><td>江苏省一等奖</td></tr>
<tr><td>陈冲</td><td>江苏省二等奖</td></tr>
<tr><td>马凌云</td><td>江苏省二等奖</td></tr>
<tr><td>宁建铭</td><td>江苏省二等奖</td></tr>
<tr><td>朱尧天</td><td>江苏省二等奖</td></tr>
<tr><td>2018 南京市第三届中小学创客大赛决赛“创客马拉松”项目</td><td>高二学生陈子俊、刘璨贤、袁之瀚、沈至婷合作的作品《大报恩寺》</td><td>南京市一等奖、最佳设计奖</td></tr>
</table>

附录 6　南京市中华中学科技创新优秀学生代表

全国最美中学生——陈刘雯

目前，我校高三在读学生陈刘雯并不是学霸，但她坚持良好的学习习惯，全面发展，就像一个散发着温暖能量的小太阳。

她热爱理科学习，在观察父亲的工作流程中，想到改进工艺，并且说干就干，从 2017 年上半年开始，流连父亲的工作车间，观察生成流水线，查找相关资料。花费了近一年的时间，运用初、高中数学和

物理知识，率先提出了利用外圆刀进行轧盖的玻璃瓶轧盖机新型设计，突破原有轧盖机轧盖速度的瓶颈。通过样机的研制和测试，验证了本项目提出和参与研制的作品能够解决原有轧盖机轧盖速度低的问题，实现每分钟轧盖速度提高到 500 瓶/分钟以上，产品合格率达 99.95％以上，提高了整条生产线的速度及合格率，更加满足目前无菌制剂的生产要求。通过这个项目她获得国家二等奖，在所有奖项里排名第 100，全国 1000 万名青少年参加了此次比赛。

由于发展全面，2019 年 1 月，陈刘雯继被评为“南京市最美中学生”“江苏省最美中学生”后，又获得“全国最美中学生”称号。

玩转科技的星光学子——陈子俊

我校 2020 届学生陈子俊同学，痴迷科学活动，遇到问题总喜欢多想几个弯，多问为什么。他利用课余时间去南京市科技馆做志愿者，为小朋友普及科学知识，在 2018 年的江苏省金钥匙科技比赛中

获得江苏省特等奖；因为3D建模出色，在2018年南京创客马拉松比赛中，带领团队获得南京市一等奖和最佳设计奖。2018年，其软件设计作品《基于移动终端的激光测量快速三维实体建模》获南京市青少年科创比赛市一等奖，江苏省二等奖。暑假参加由教育部、中国科学共同组织的高校科学营，发表《今天，明天》一文，被评为“优秀营员征文”。无论是3D软件还是APP的设计，陈子俊都乐在其中，不愧是玩转科技的智创少年。

儒雅金刚的星光学子——叶子涵

我校2020届学生叶子涵同学，看起来斯文瘦弱，喜欢阅读，讲话声音很轻。他思维缜密，在科技活动小组里常常坐在不起眼的角落里捣鼓自己的作品。2018年暑假参加了海峡两岸青年学生机器人擂台争霸赛。除了上课的时间，他都泡在实验室里查资料，试验电机、电池和车身的比配。他设计制作的拔河机器人在100多个高中

组里脱颖而出，力量大，待机时间长，获得江苏省一等奖的好成绩。同时，他还制作了擂台比赛的机器人，虽然遗憾的是没有能够走进决赛，但是他的机器人给选手们留下了深刻的印象。

“玩”进高校的编程高手——李天文

中华中学2013届学生李天文在2012年全国信息学奥林匹克竞赛中勇获江苏省一等奖，并同时获得重点大学保送名额，最终成功被南京航空航天大学计算机系录取。李天文从初中开始接触计算机编程，一开始仅仅是玩玩，没想到一学就入了迷，并立志成为编程高手。进入高中后李天文同学在繁忙的文化课之余深入学习算法，并请南京航空航天大学的编程高手利用周末休息时间单独辅导，进一步提高了编程实力。三年磨一剑，最终李天文同学在2012年全国信息学奥赛中脱颖而出，一举获得高校保送名额。

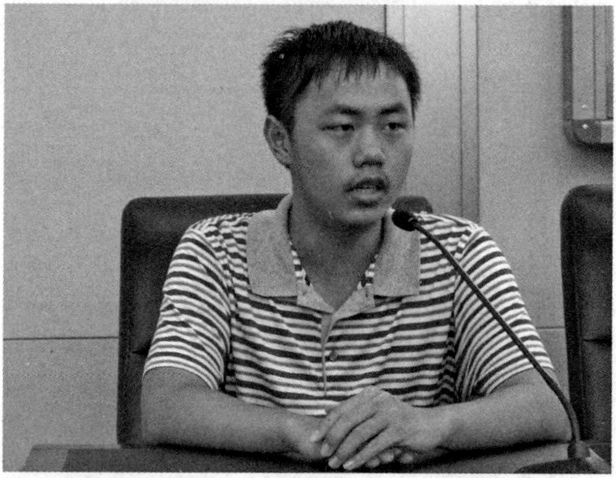

功夫不负天赋的星光学子——李宇迪

中华中学2015届学生李宇迪在2014年全国信息学奥林匹克赛中获江苏省一等奖。李宇迪同学在进入高中前并没有进行过系统的编程学习，是参加学校信息学培训活动后才正式进入编程学习。虽然起步迟，但他天赋好，又十分努力，认准目标就坚持，学习编程仅3个月就获得2013年全国信息学奥赛江苏省三等奖，接着他购买了大量信息学奥赛算法方面的书籍自学算法。功夫不负有心人，一年后李宇迪同学就在2014年全国信息学奥赛中勇获江苏省一等奖，并获得东南大学自主招生资格，最终被东南大学计算机系录取。

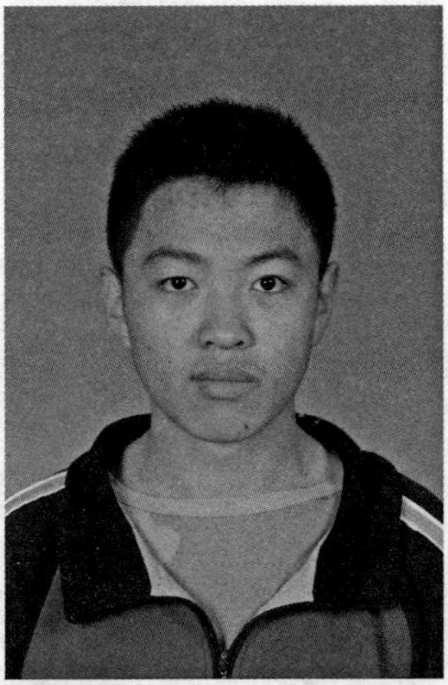

走上国际舞台的年轻“导演”——管烨

我是中华中学高三11班的管烨，我愿意用影像记录生活，发现生活中的美好。进入学校的华星电视台(传媒中心)以来，在朱老师的指导下，我花了一年半的时间拍摄和制作了自己的微电影《嘘，她来了》，在实践中积累了大量的经验。最终的评奖中，我的作品荣获中欧国际青少年电影节最佳中学生影像创作奖。本次电影节共征集到中外青少年拍摄的近千部优秀微电影，鲁汶大学、加州电影学院、伦敦电影学院、北京电影学院、中国传媒大学等专业院校的学生纷纷参赛。我校的获奖作品是省内唯一入围并获奖的作品。

《嘘，她来了》是一部学生题材的微电影，讲述了青少年在校园中遭到的来自同龄人的欺凌。影片客观真实地再现了校园冷暴力对学生带来的身体和心灵上的伤害，给社会带来更理性的思考。影片在学校播出后，在师生间引起巨大反响，一时成为热门话题。微电影作品获奖后，在省内影响很大，我们接受了包括《江苏卫视》《南京日报》《南京教育发布》在内的 14 家主流媒体的采访。

中华中学传媒活动中心的学习与实践以及朱老师的悉心栽培让我收获很多，同时也确定了未来的人生道路，而一直以来不曾变的，是我内心的赤诚纯粹，和看这个世界的角度。我坚信自己会在不远的未来，考入国内顶尖的影视传媒类高校，在更高的平台学习和锻炼，成长为最好的自己。

摄影"牛人"——冯佛成

我是冯佛成，中华中学 2017 届毕业生。作为中华中学华星电视台(传媒中心)的台长，在朱青松老师的指导下，我在专业上努力提升自己的实力，攀登自己的目标。高一时拍摄延时摄影作品《我的城·

昔时与来日》获得江苏省中小学电脑制作活动一等奖，影片广受媒体关注，受到“南京发布”“江苏卫视”等众多媒体的报道。同时获得了南京市中小学科技创新“星光学子”的荣誉称号。高二时拍摄微电影《错位》入围了北京(国际)大学生影像展主竞赛单元，同时获得了全国比赛的二等奖。摄影作品《北京，北京?》入围佳能感动典藏摄影大赛年度优秀奖。高三时经过学校专业课程的培训，在朱老师的指导下，我参加影视传媒类艺考，取得了优异的成绩，获得了北京电影学院、中国传媒大学等名校的专业合格证。现在的我正在香港研读电影专业，寻找到了个人风格和今后努力的方向，愿自己在攀登艺术高峰的同时，不忘初心，注重多面发展，未来展翅翱翔。

影视“达人”——佘康

我是佘康，中华中学 2016 届毕业生，中国传媒大学文艺编导专业大三学生。作为中华中学华星电视台(传媒中心)的台长，从高一入校我们就在朱青松老师的指导下，开始专业学习和实践活动，从此生长出梦想并开始为之努力奋斗！我们学习了电影理论知识、视听语言、拍摄技巧、非线性剪辑软件等。仅有的课余时间我们一起创作剧本，拍摄心中的故事，并最后完成制作，第一部自己的作品就此诞生。我们的微电影作品获得了全国中小学优秀校园节目评比金奖，广播剧作品获得了最佳导演奖，我也非常荣幸地被评为南京市中小学科技创新星光学子。有了高一高二的专业积累和学习，高三的时候学校又安排了艺考辅导课程，朱老师的针对性指导，让我们在艺考中取得了辉煌的成绩。我拿到了北京电影学院导演专业、中国传媒大学文艺编导专业、南京大学戏剧影视文学专业的合格证，最终被中国传媒大学录取。现在的我在北京学习和实践，参与了很多大型综艺节目的编导和策划，也取得了不错的成绩。在中华中学的学习给了我很大的帮助。我会时时挂念“华星”这个大家庭，还有最爱的朱老师，经常和我的“家人”们团聚。相信有了这样的团队，这样的依靠，我会在未来专业发展的道路上越走越好！